Eislicht

1

Anike Hage

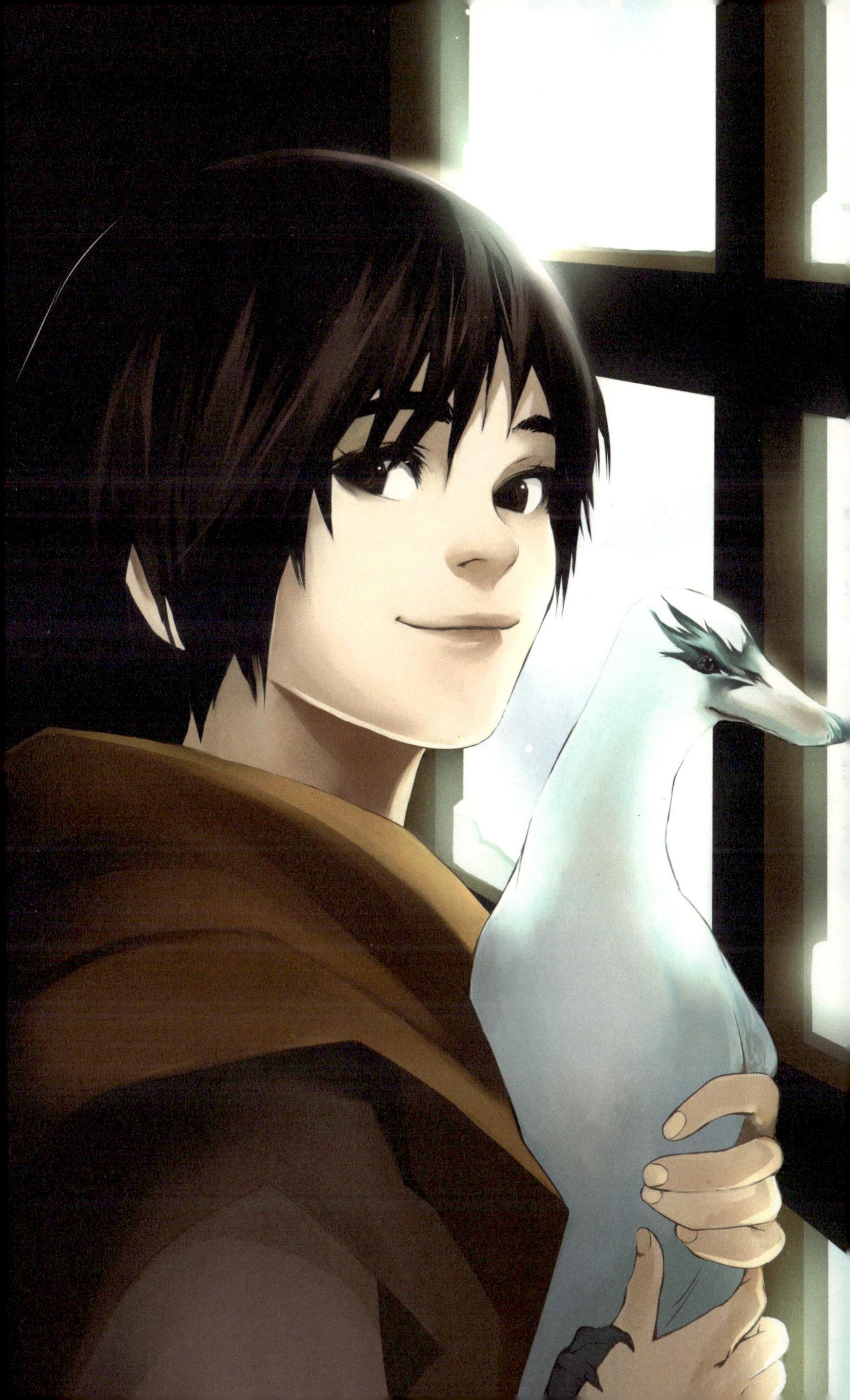

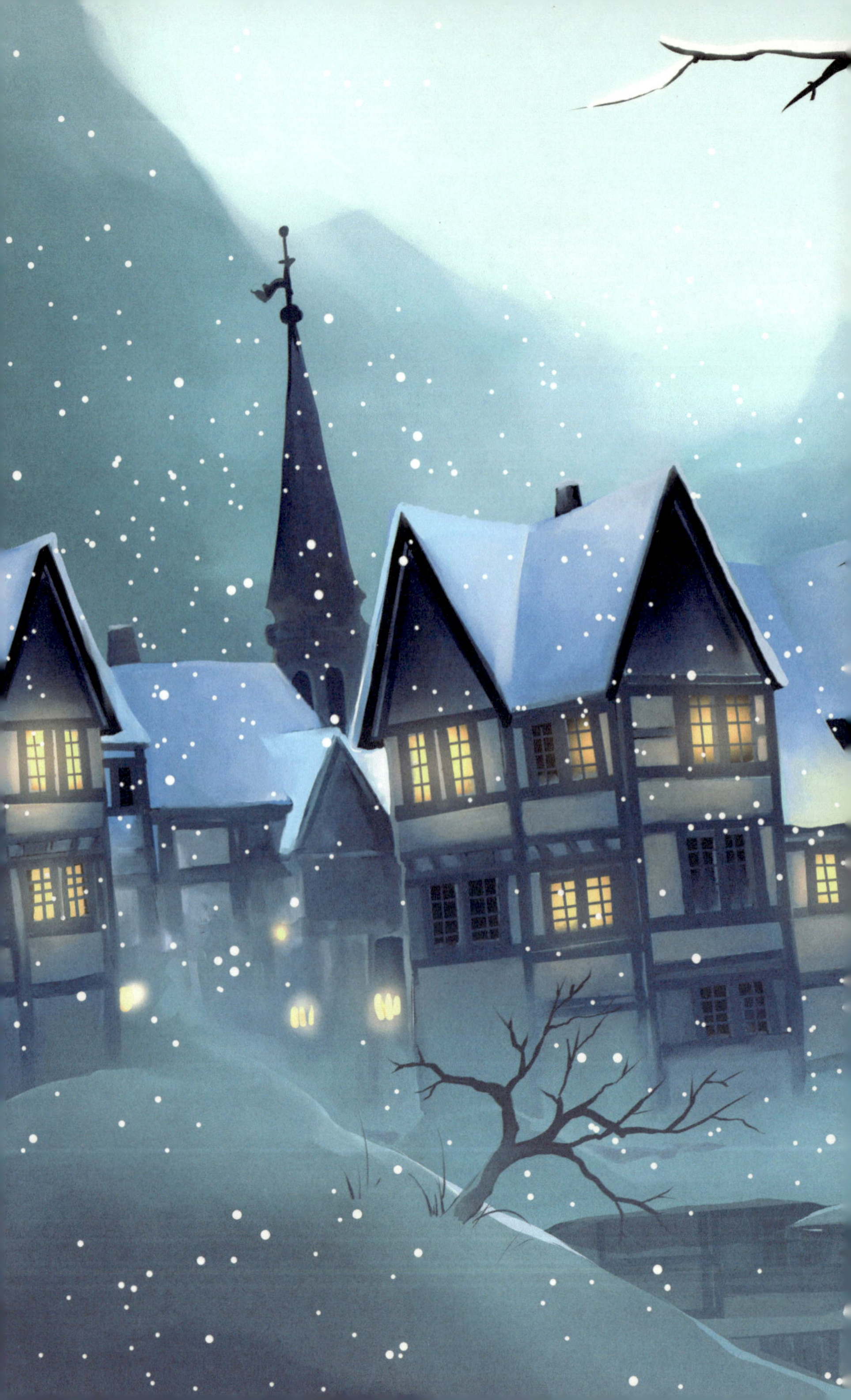

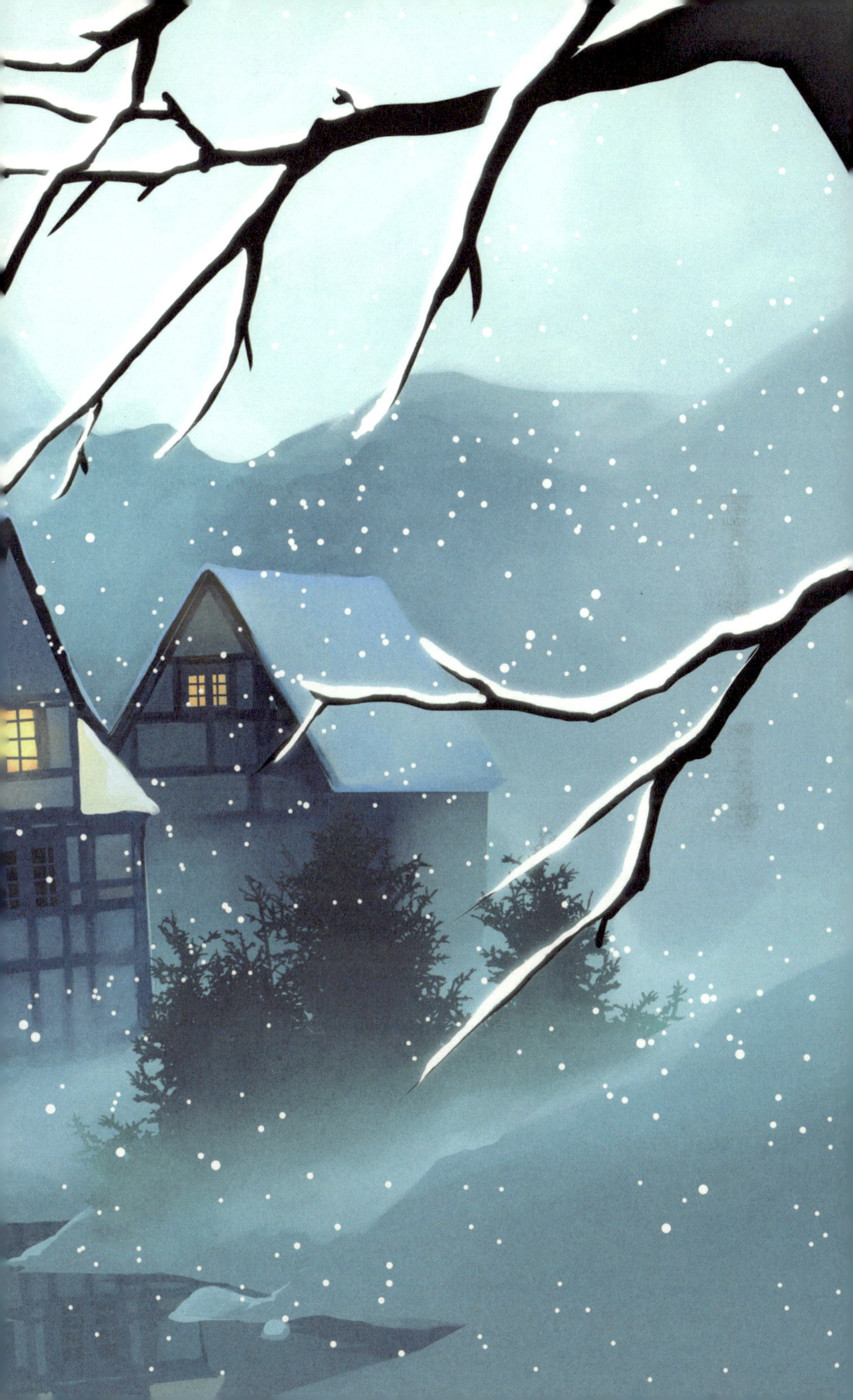

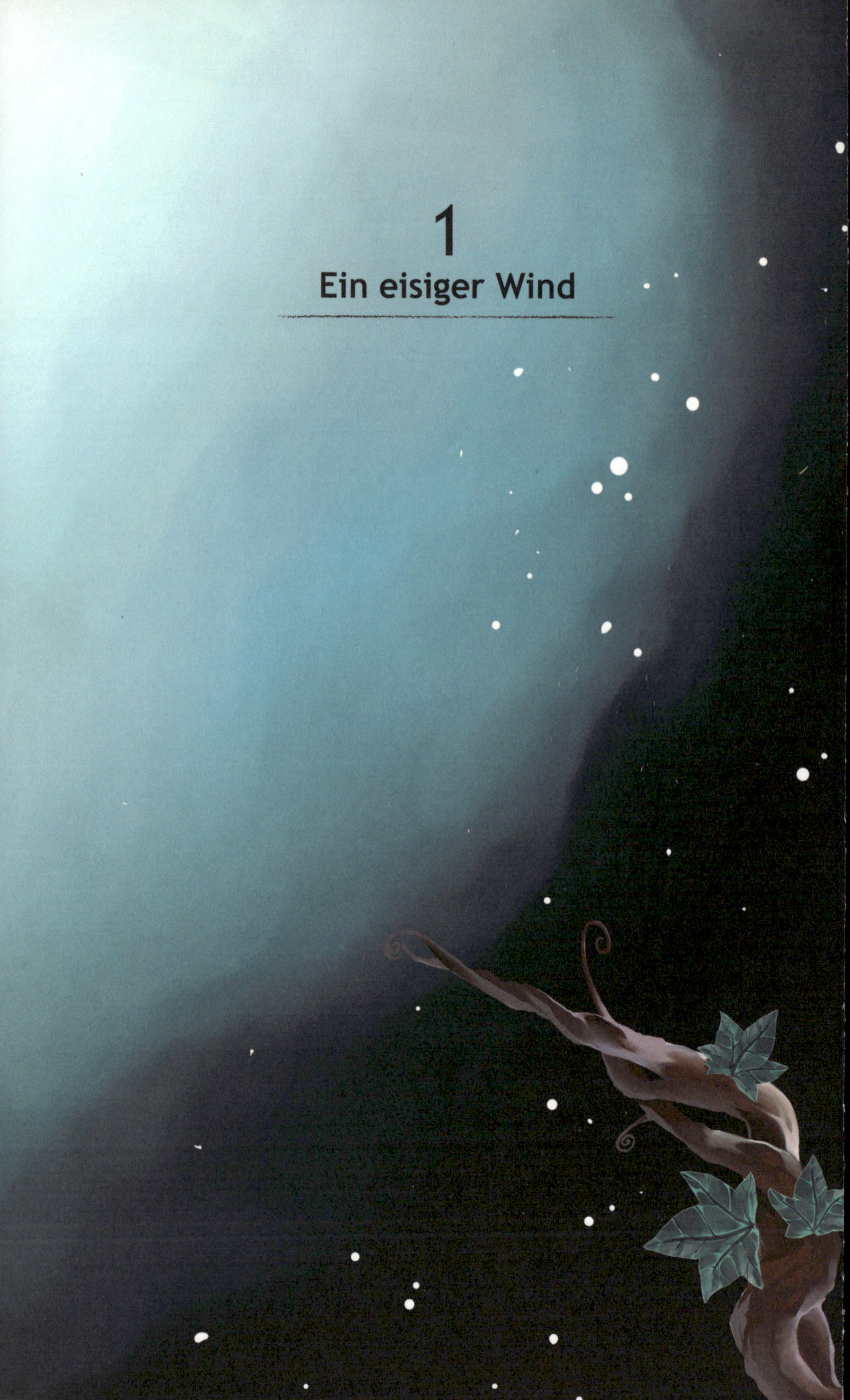

1
Ein eisiger Wind

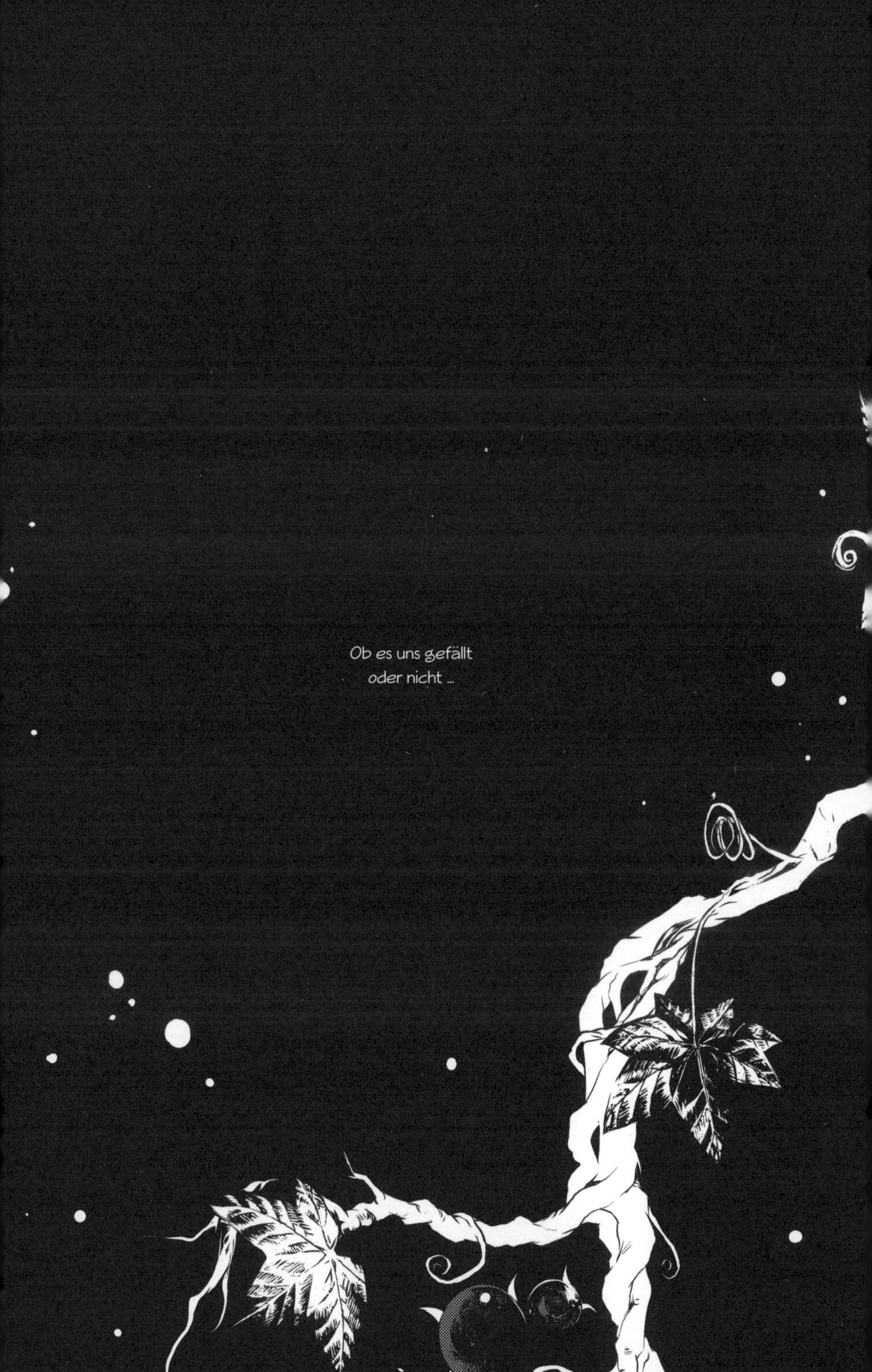
Ob es uns gefällt
oder nicht ...

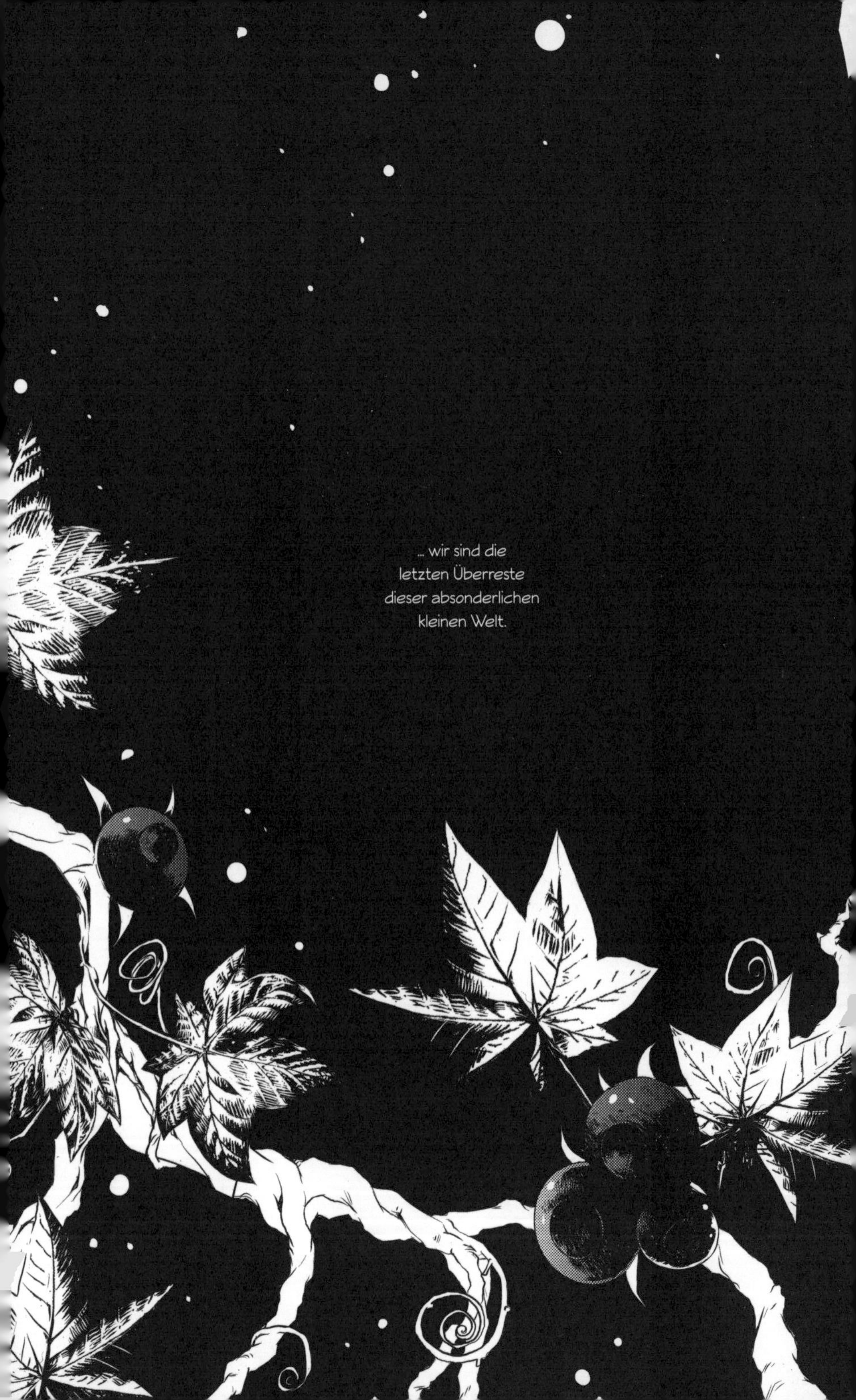
... wir sind die
letzten Überreste
dieser absonderlichen
kleinen Welt.

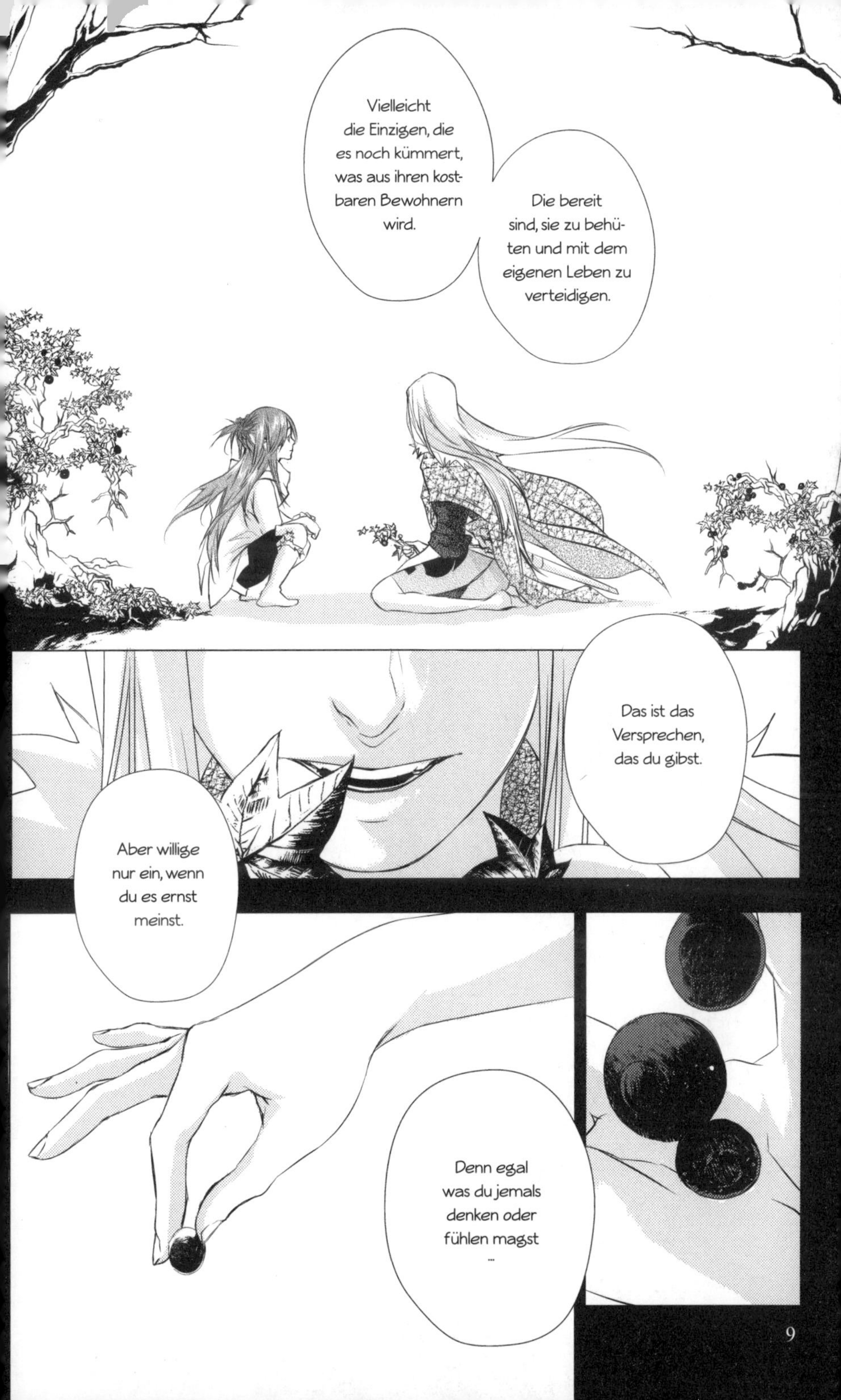
Vielleicht die Einzigen, die es noch kümmert, was aus ihren kostbaren Bewohnern wird.
Die bereit sind, sie zu behüten und mit dem eigenen Leben zu verteidigen.
Das ist das Versprechen, das du gibst.
Aber willige nur ein, wenn du es ernst meinst.
Denn egal was du jemals denken oder fühlen magst ...

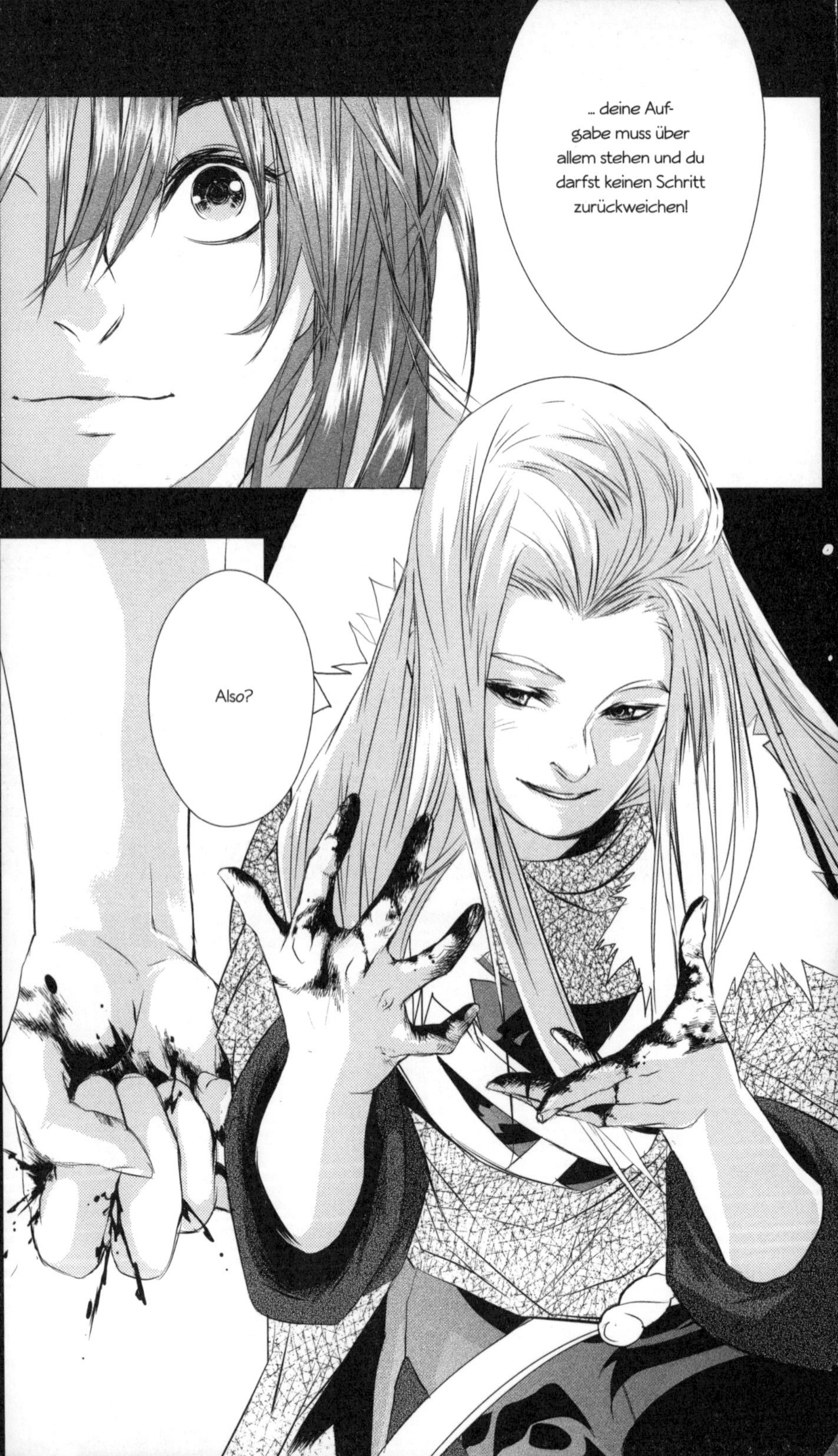
... deine Auf-
gabe muss über
allem stehen und du
darfst keinen Schritt
zurückweichen!
Also?

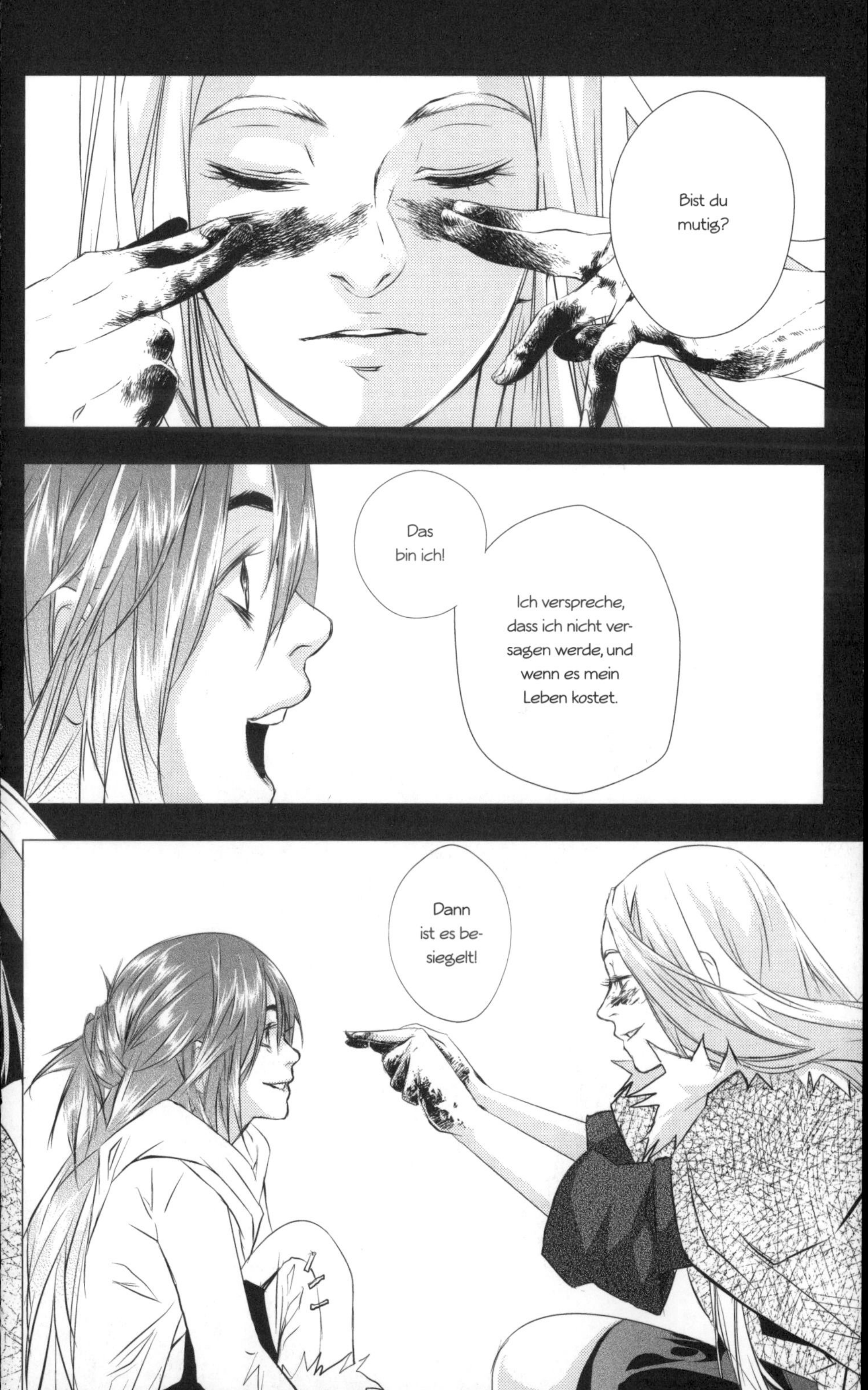
Bist du mutig?
Das bin ich!
Ich verspreche, dass ich nicht versagen werde, und wenn es mein Leben kostet.
Dann ist es besiegelt!

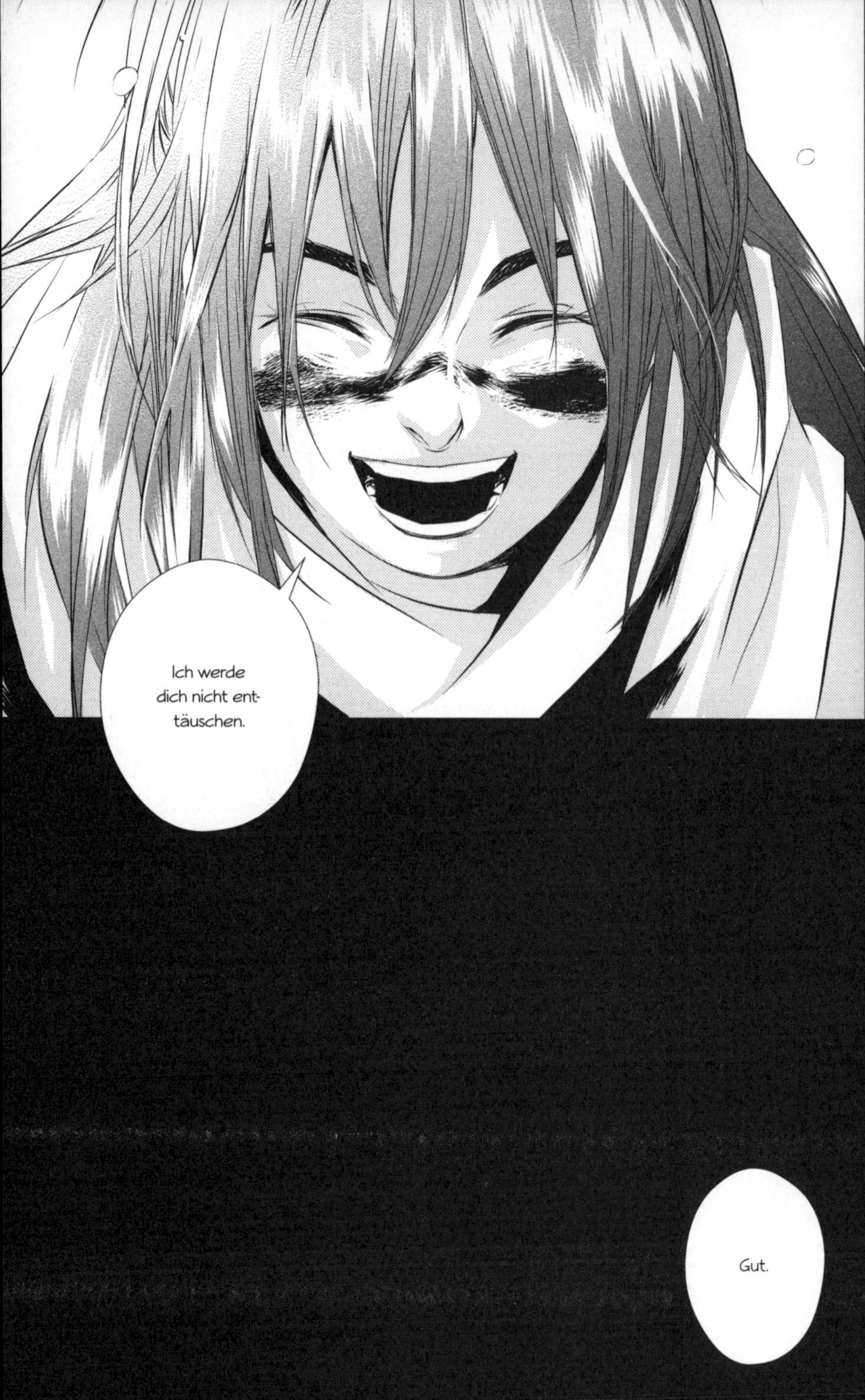
Ich werde dich nicht enttäuschen.
Gut.

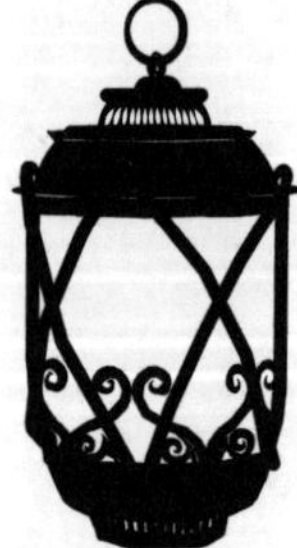

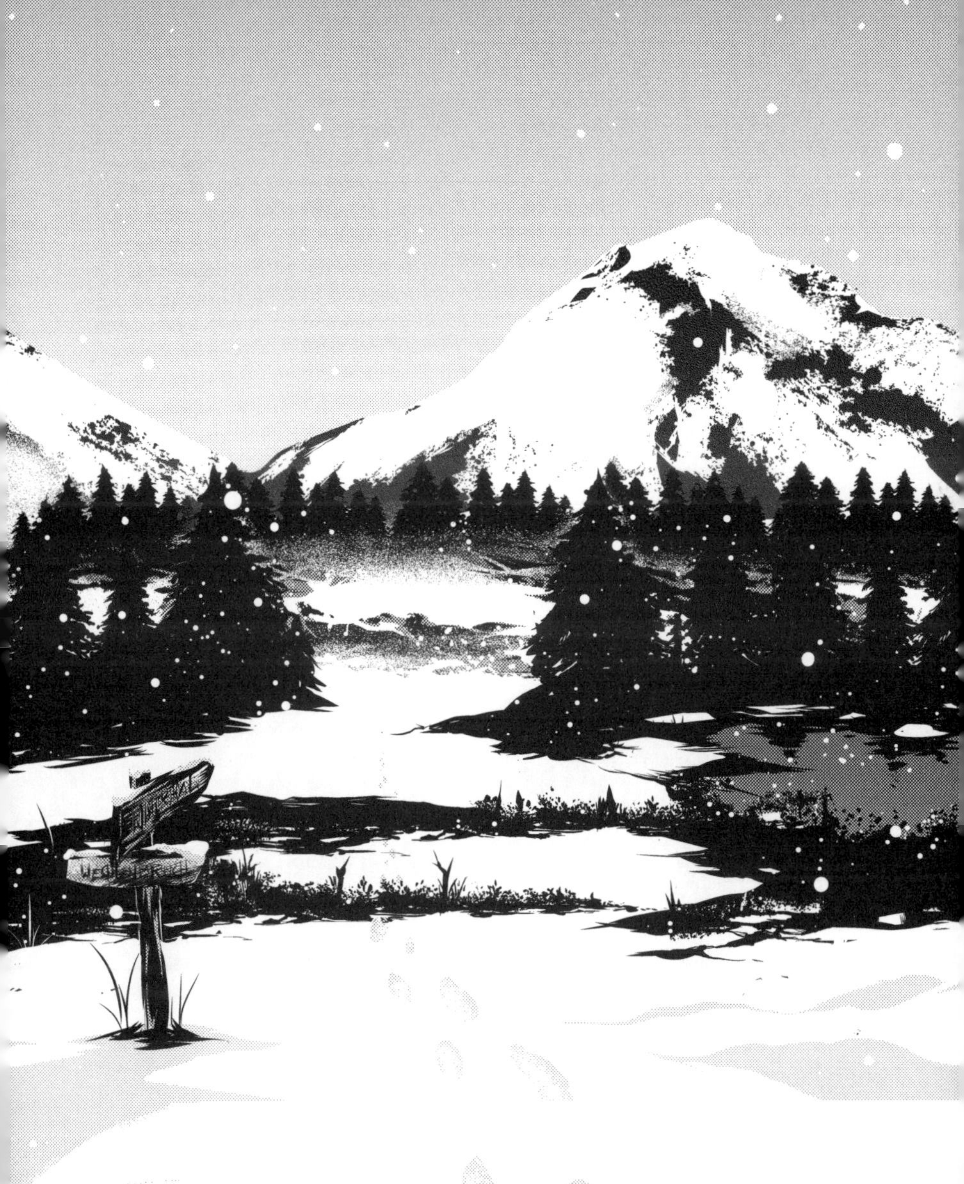

1
Ein eisiger Wind

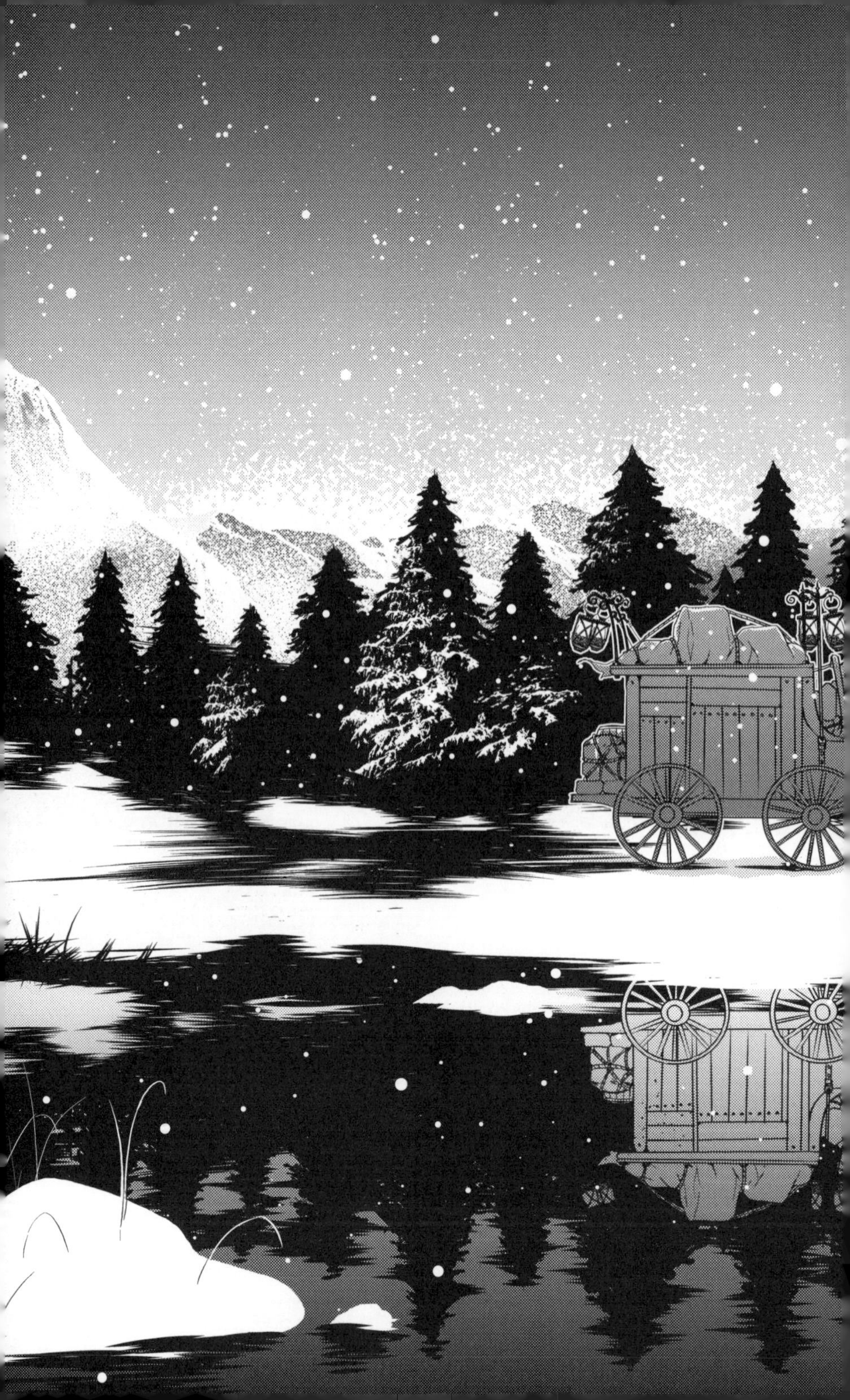

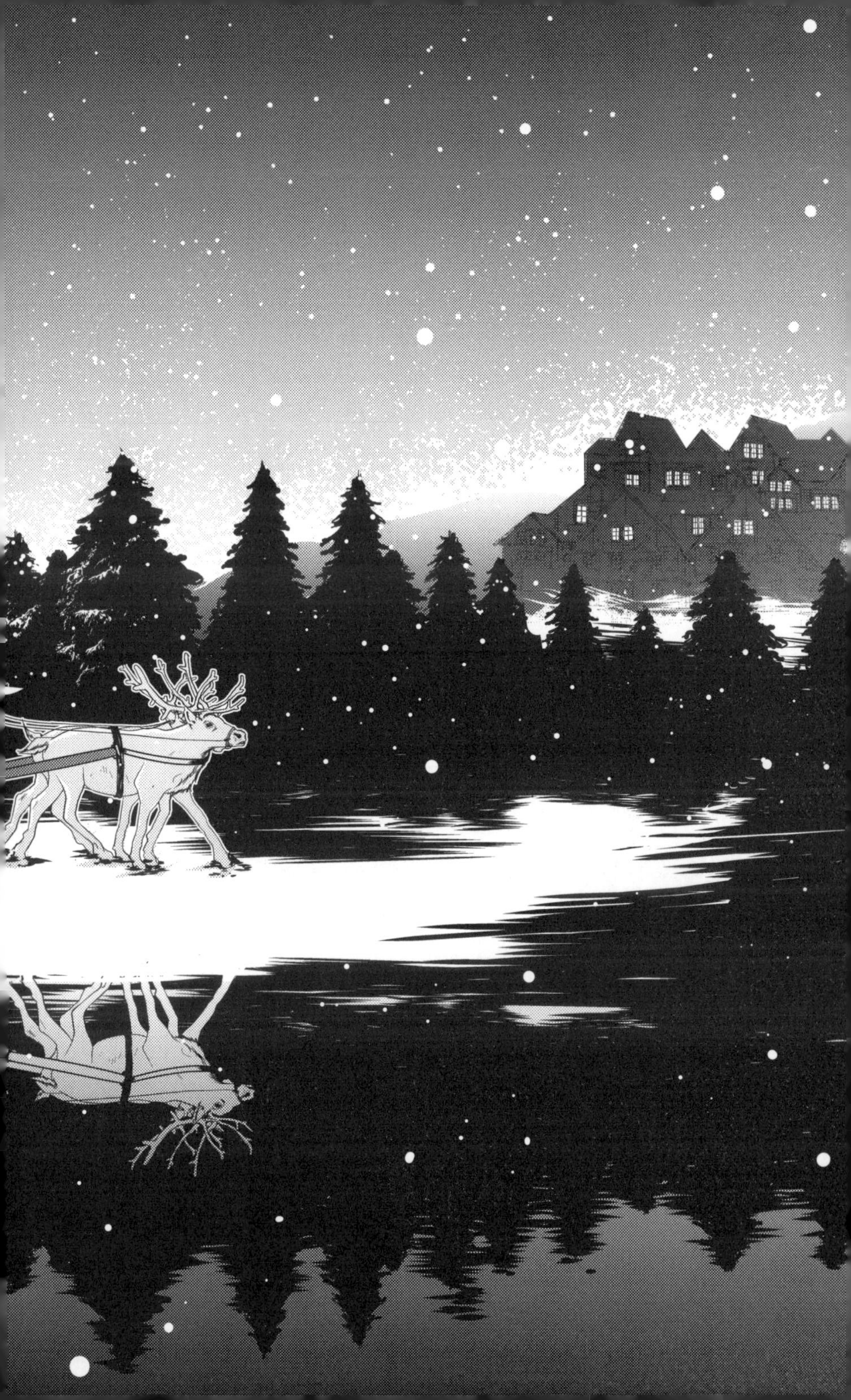

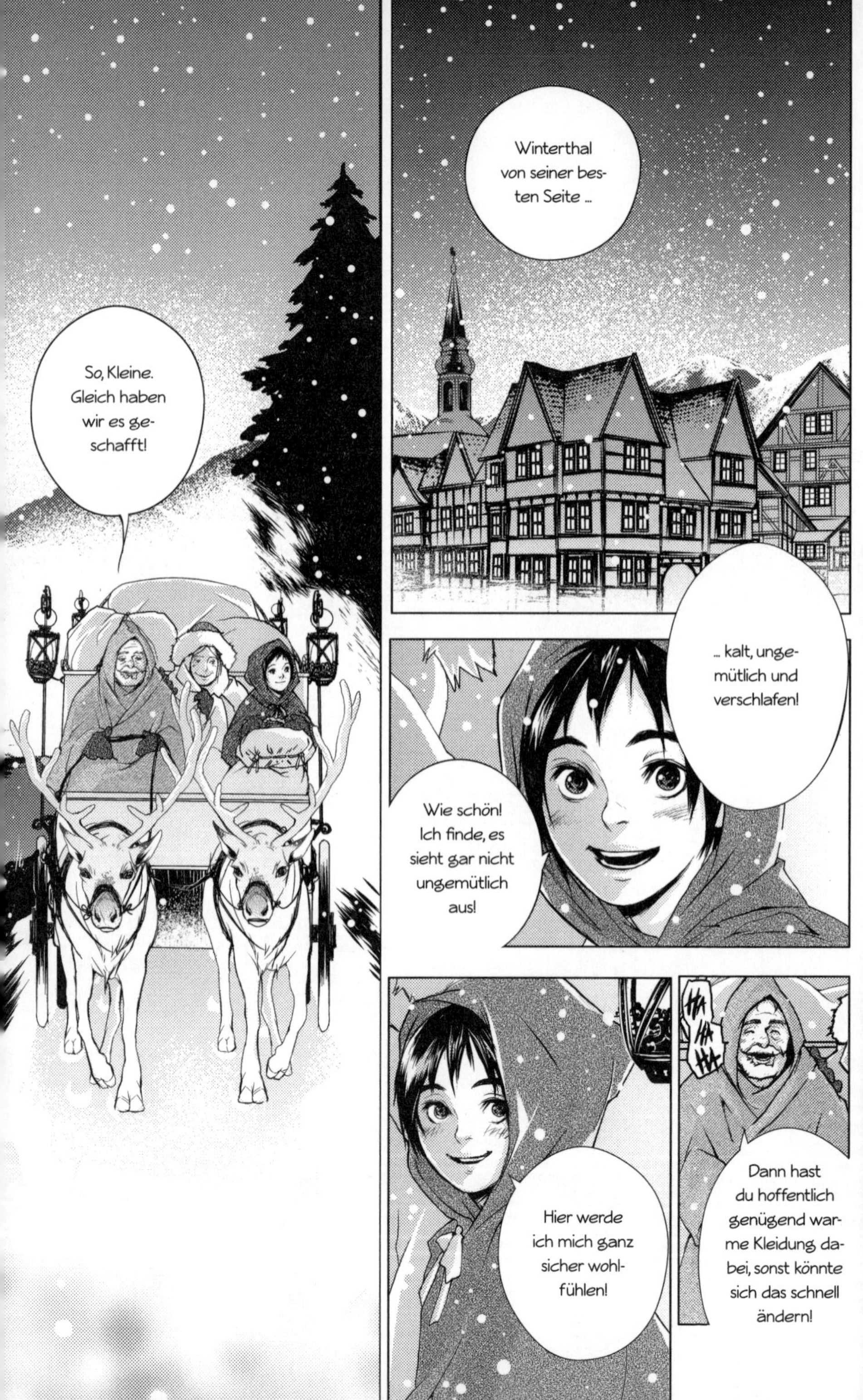

So, Kleine. Gleich haben wir es geschafft!
Winterthal von seiner besten Seite ...
... kalt, ungemütlich und verschlafen!
Wie schön! Ich finde, es sieht gar nicht ungemütlich aus!
Hier werde ich mich ganz sicher wohlfühlen!
HA HA HA
Dann hast du hoffentlich genügend warme Kleidung dabei, sonst könnte sich das schnell ändern!

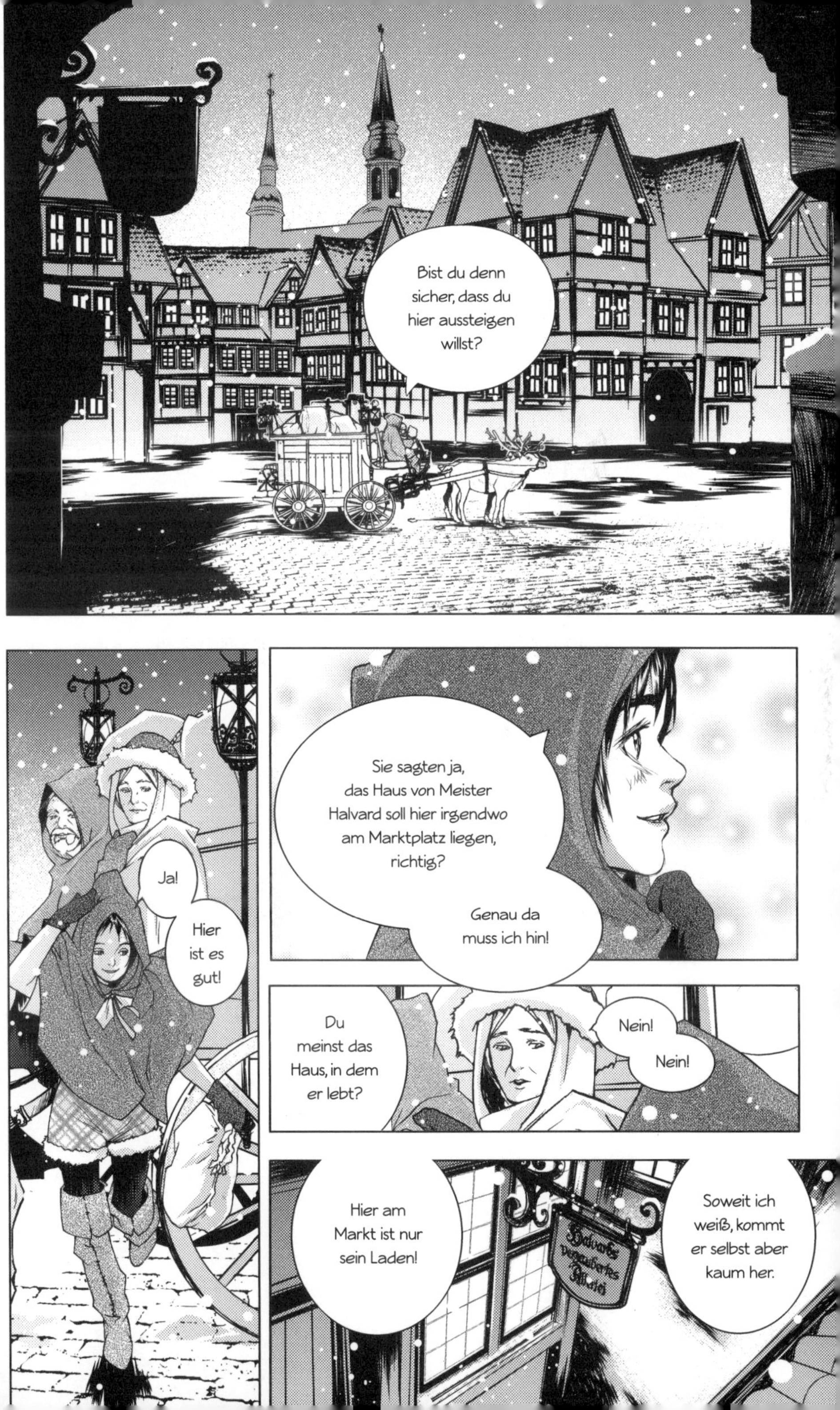

Bist du denn sicher, dass du hier aussteigen willst?

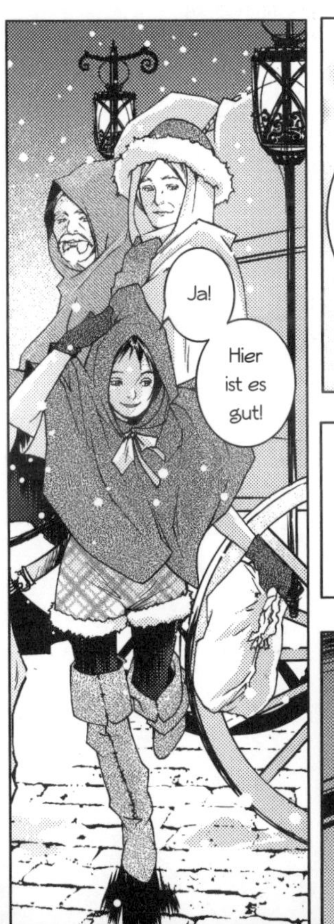

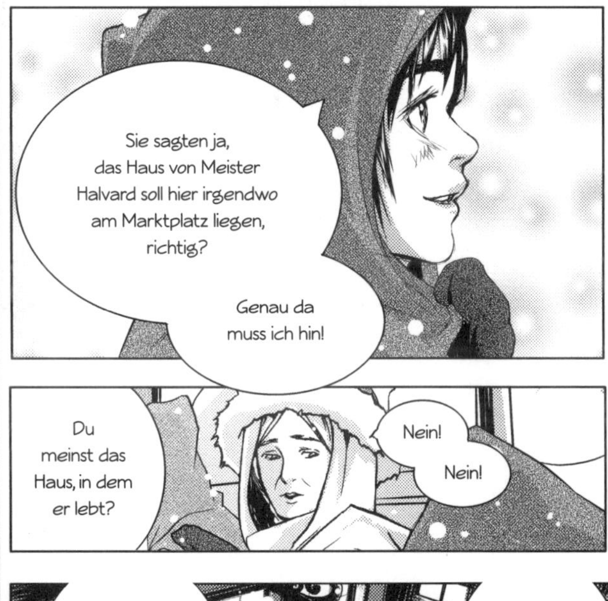

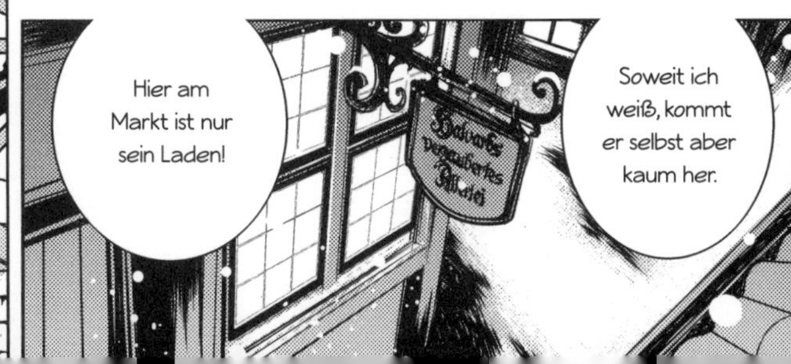

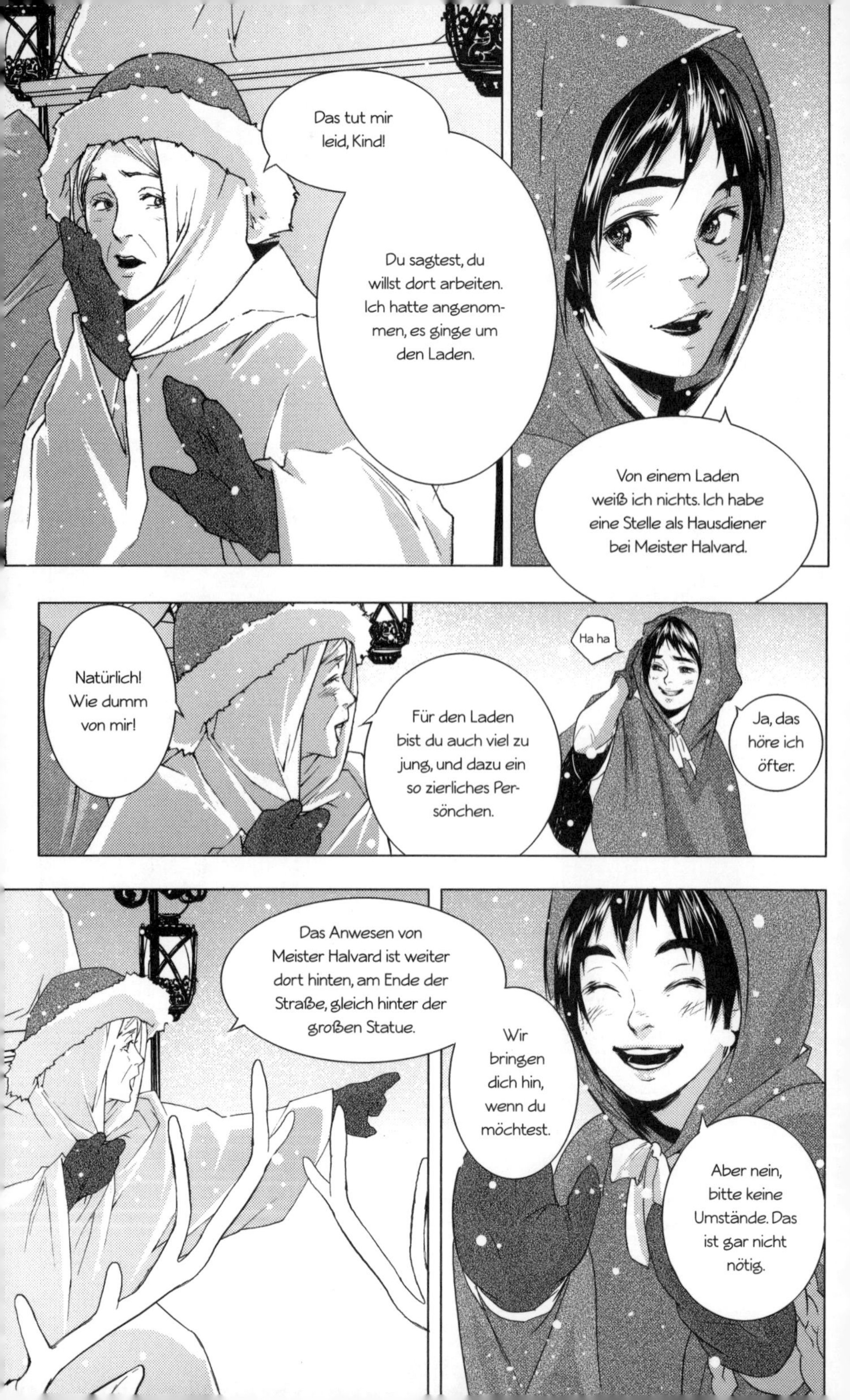

Das tut mir leid, Kind!

Du sagtest, du willst dort arbeiten. Ich hatte angenommen, es ginge um den Laden.

Von einem Laden weiß ich nichts. Ich habe eine Stelle als Hausdiener bei Meister Halvard.

Natürlich! Wie dumm von mir!

Für den Laden bist du auch viel zu jung, und dazu ein so zierliches Persönchen.

Ha ha

Ja, das höre ich öfter.

Das Anwesen von Meister Halvard ist weiter dort hinten, am Ende der Straße, gleich hinter der großen Statue.

Wir bringen dich hin, wenn du möchtest.

Aber nein, bitte keine Umstände. Das ist gar nicht nötig.

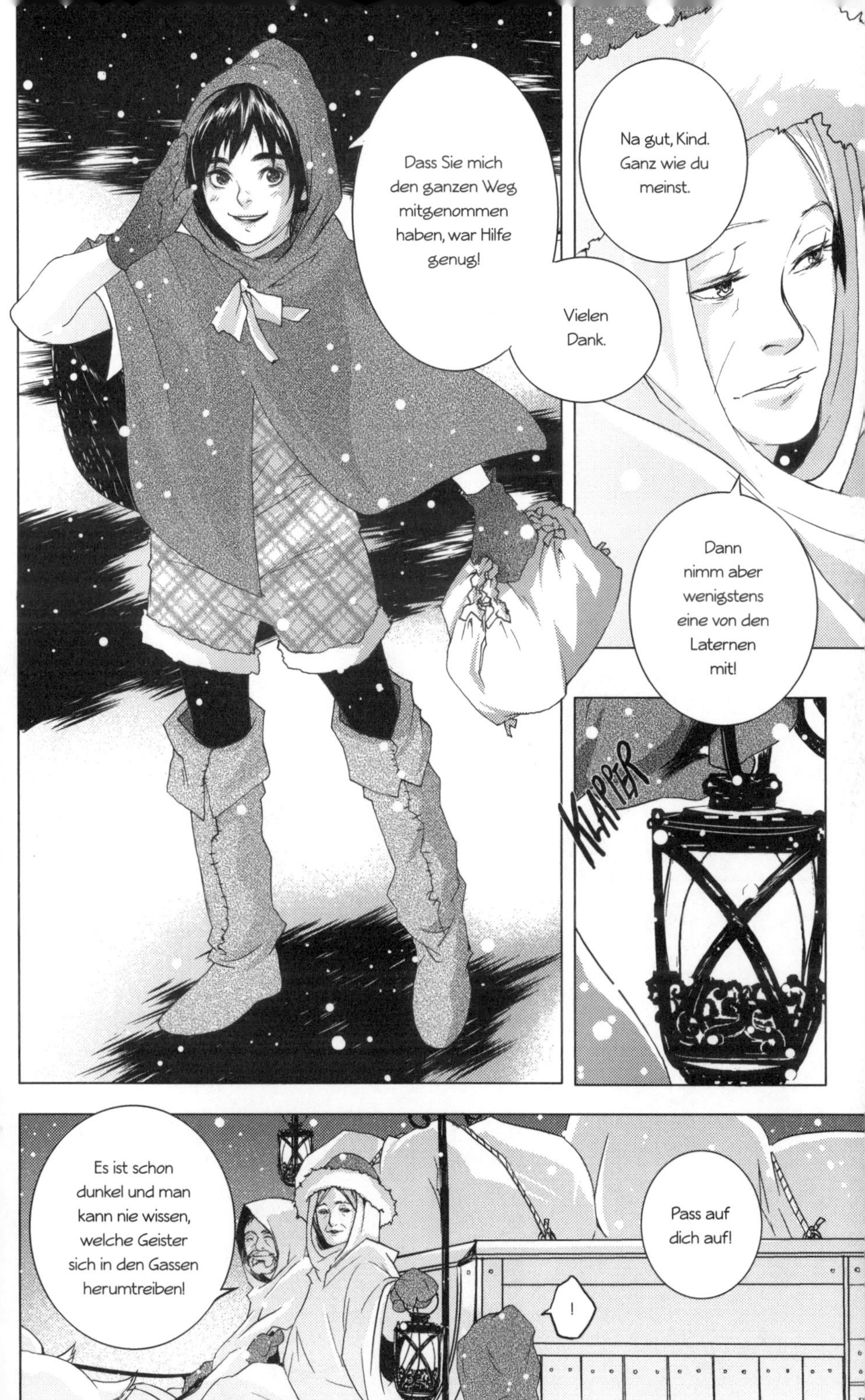
Dass Sie mich den ganzen Weg mitgenommen haben, war Hilfe genug!
Vielen Dank.
Na gut, Kind. Ganz wie du meinst.
Dann nimm aber wenigstens eine von den Laternen mit!
KLAPPER
Es ist schon dunkel und man kann nie wissen, welche Geister sich in den Gassen herumtreiben!
Pass auf dich auf!
!

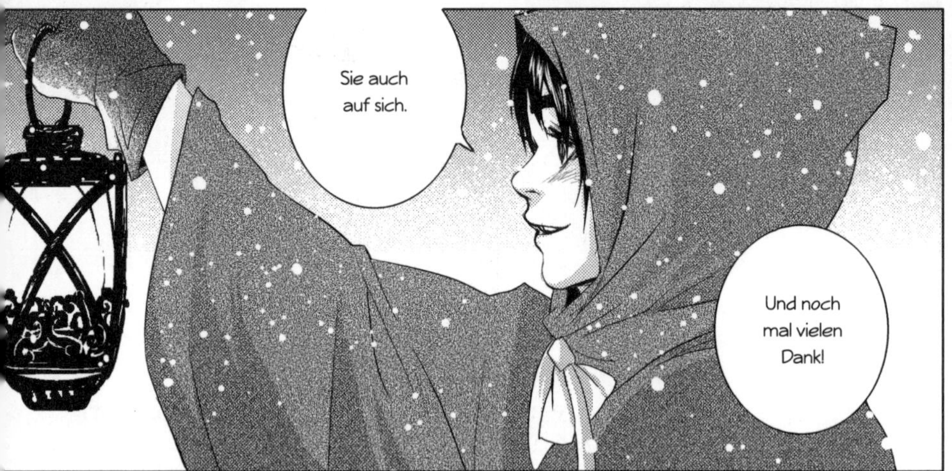

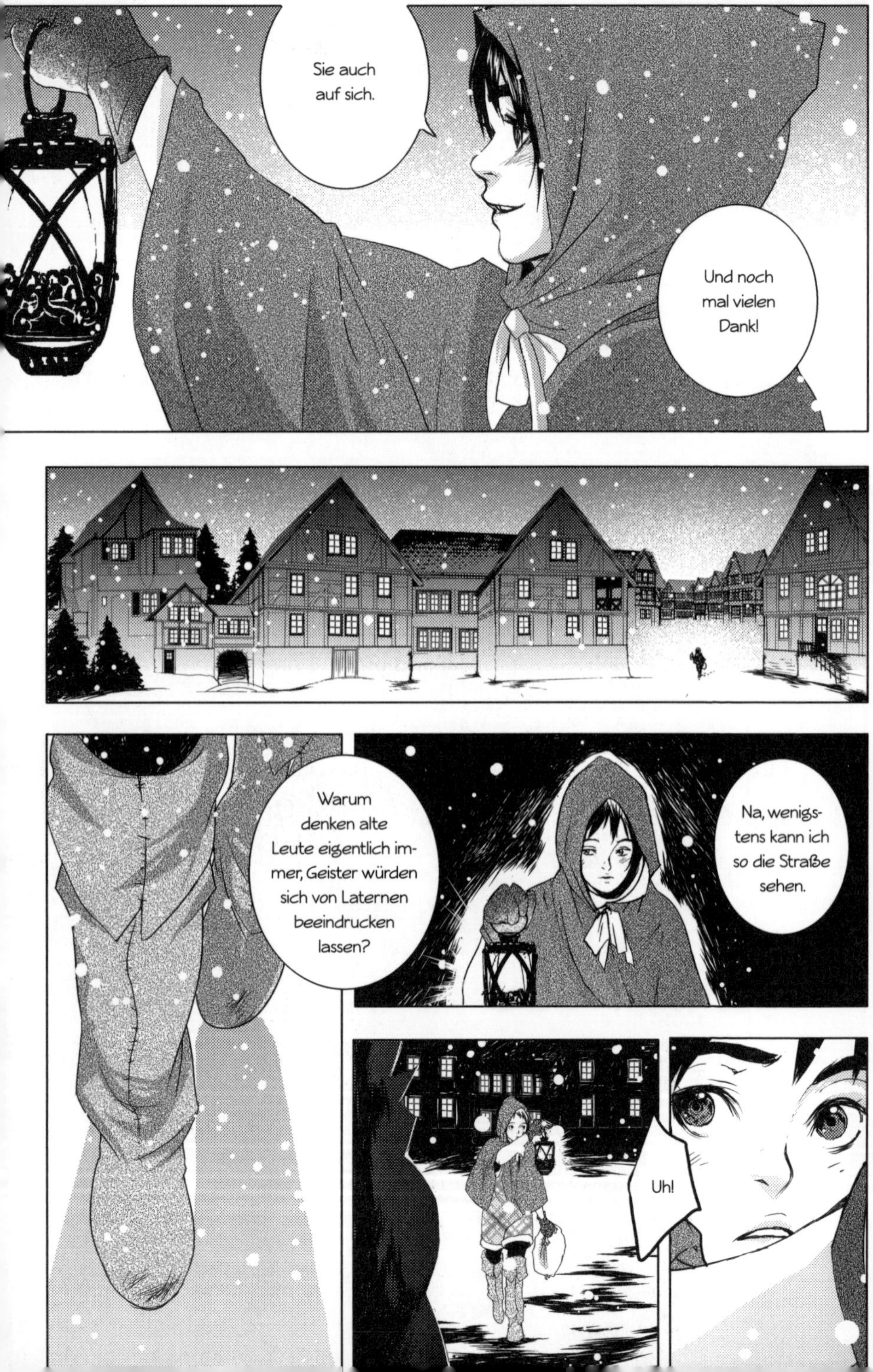

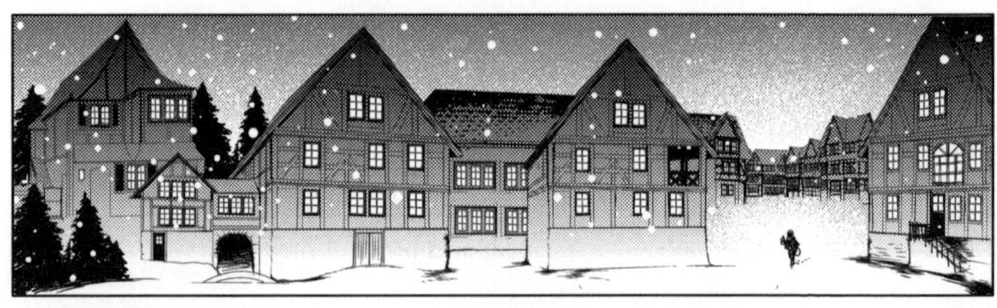

Warum denken alte Leute eigentlich immer, Geister würden sich von Laternen beeindrucken lassen?

Na, wenigstens kann ich so die Straße sehen.

Uh!

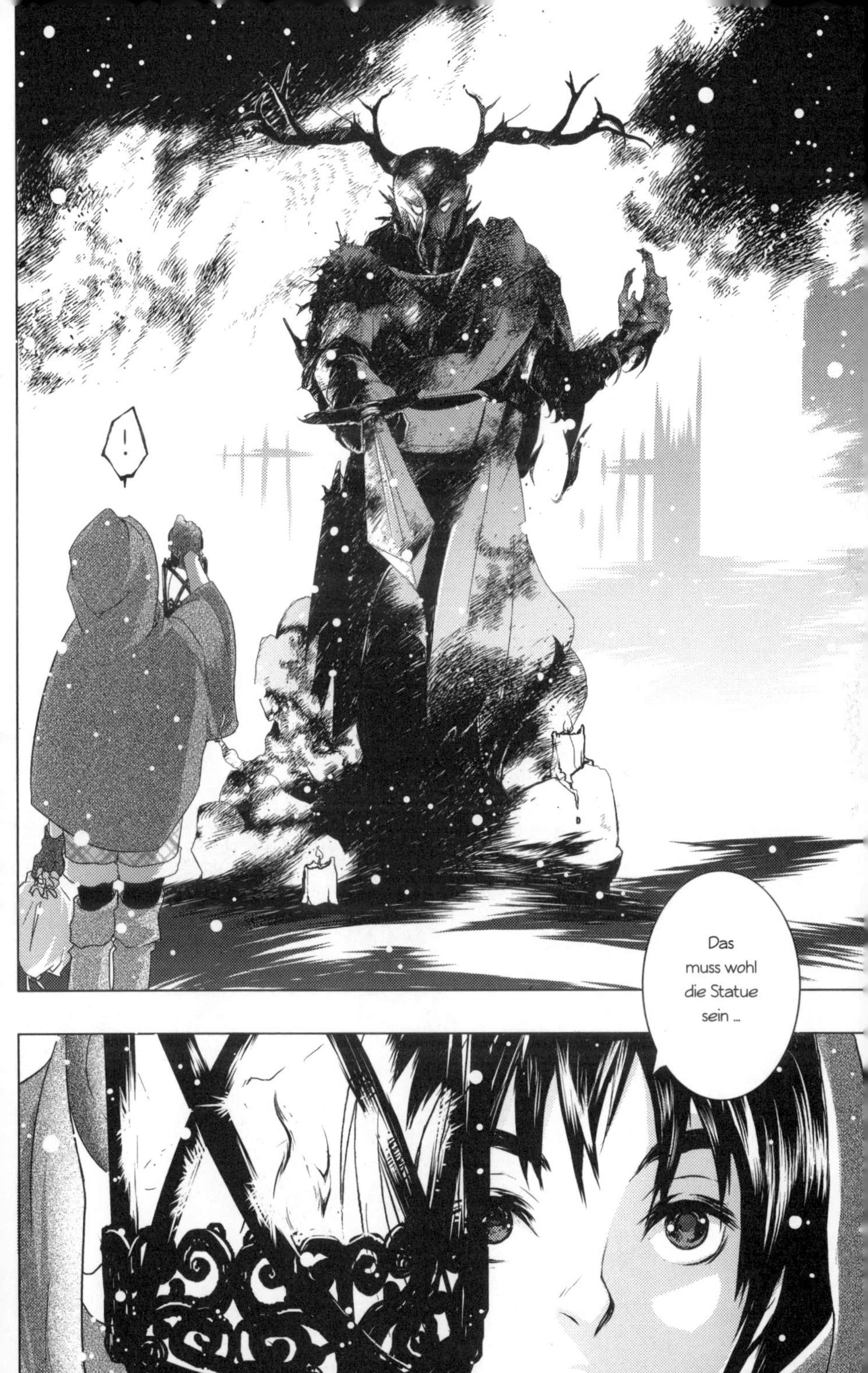
!
Das muss wohl die Statue sein ...

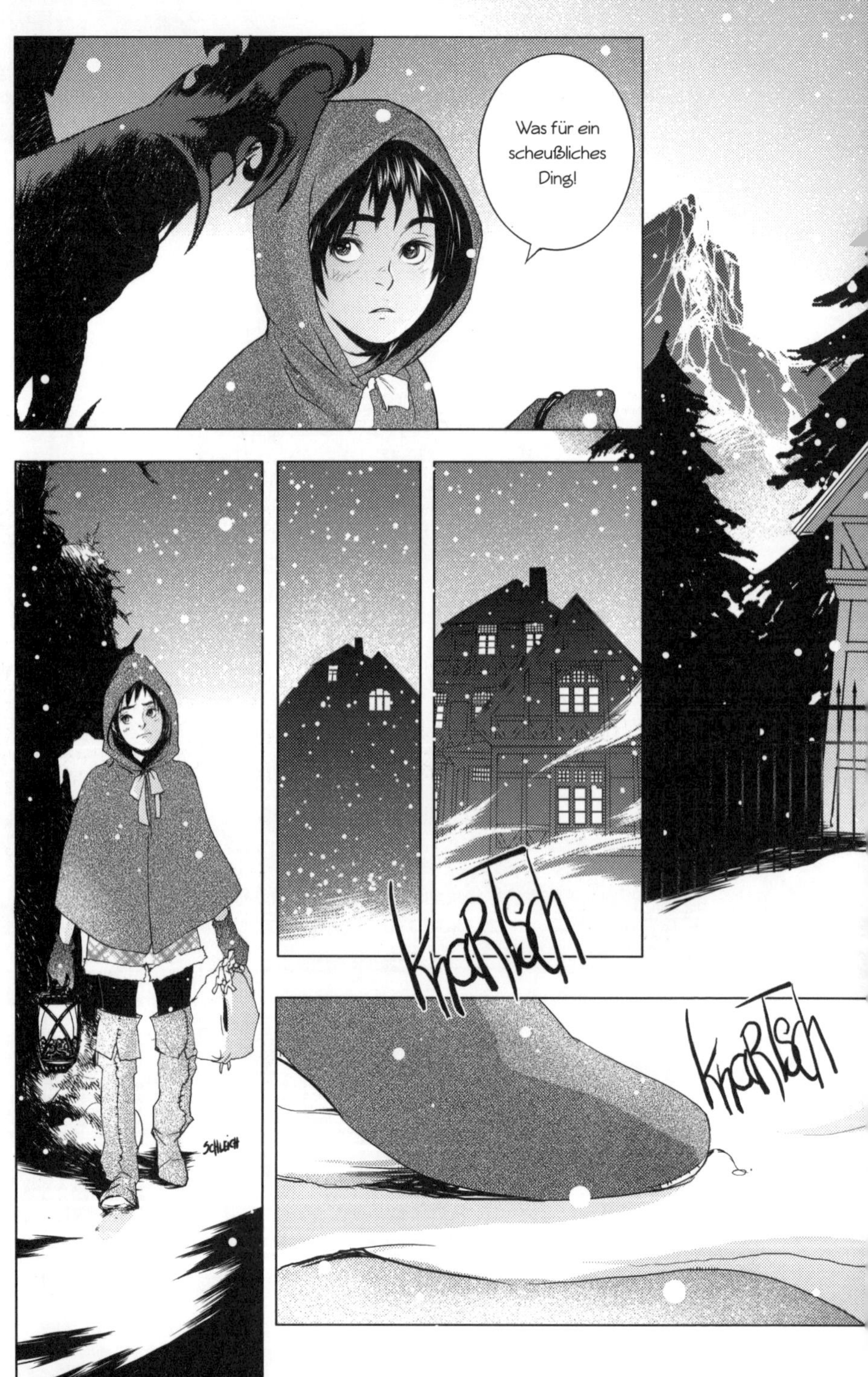
Was für ein scheußliches Ding!
SCHLEICH
KNARTSCH
KNARTSCH

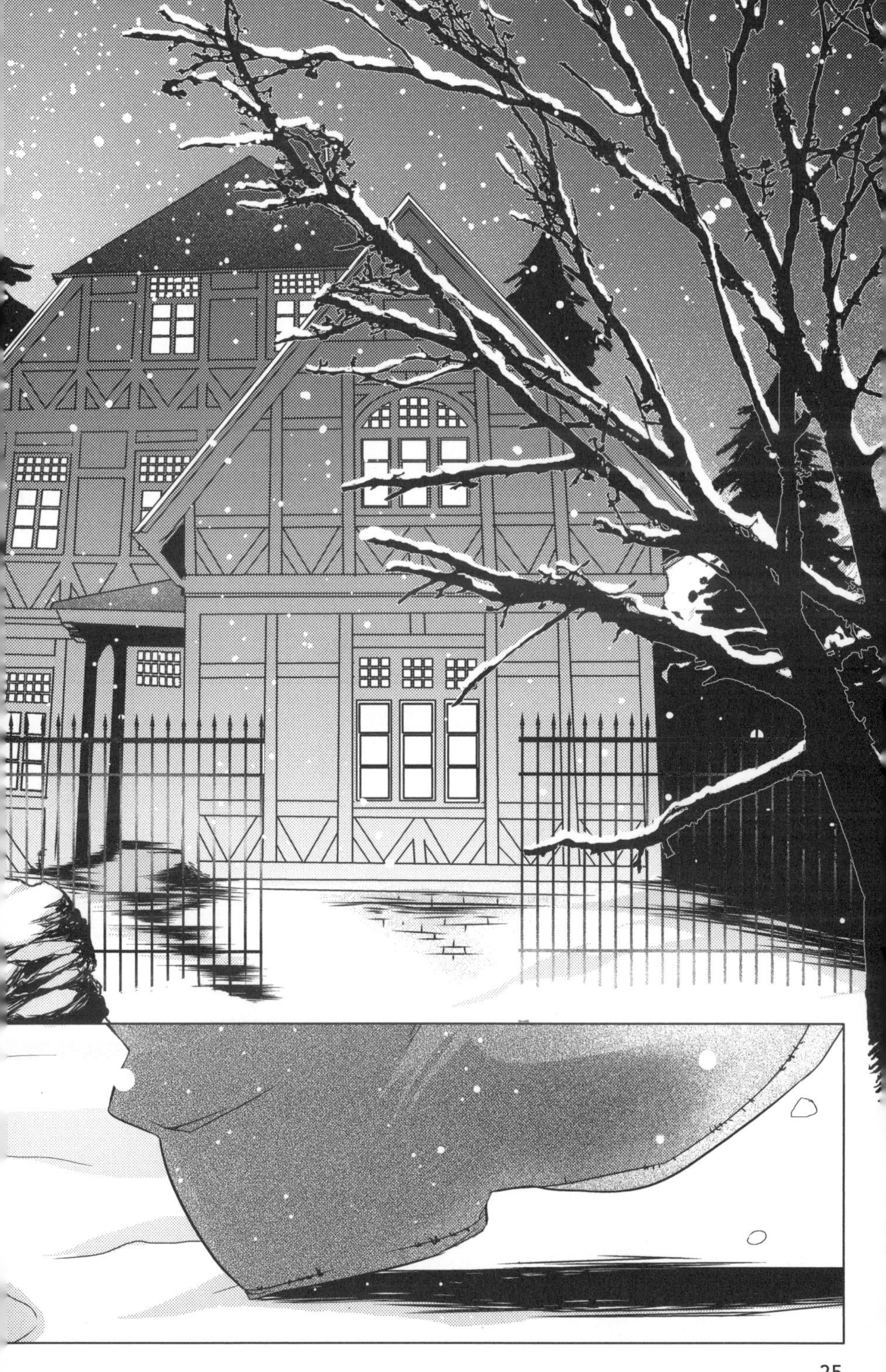

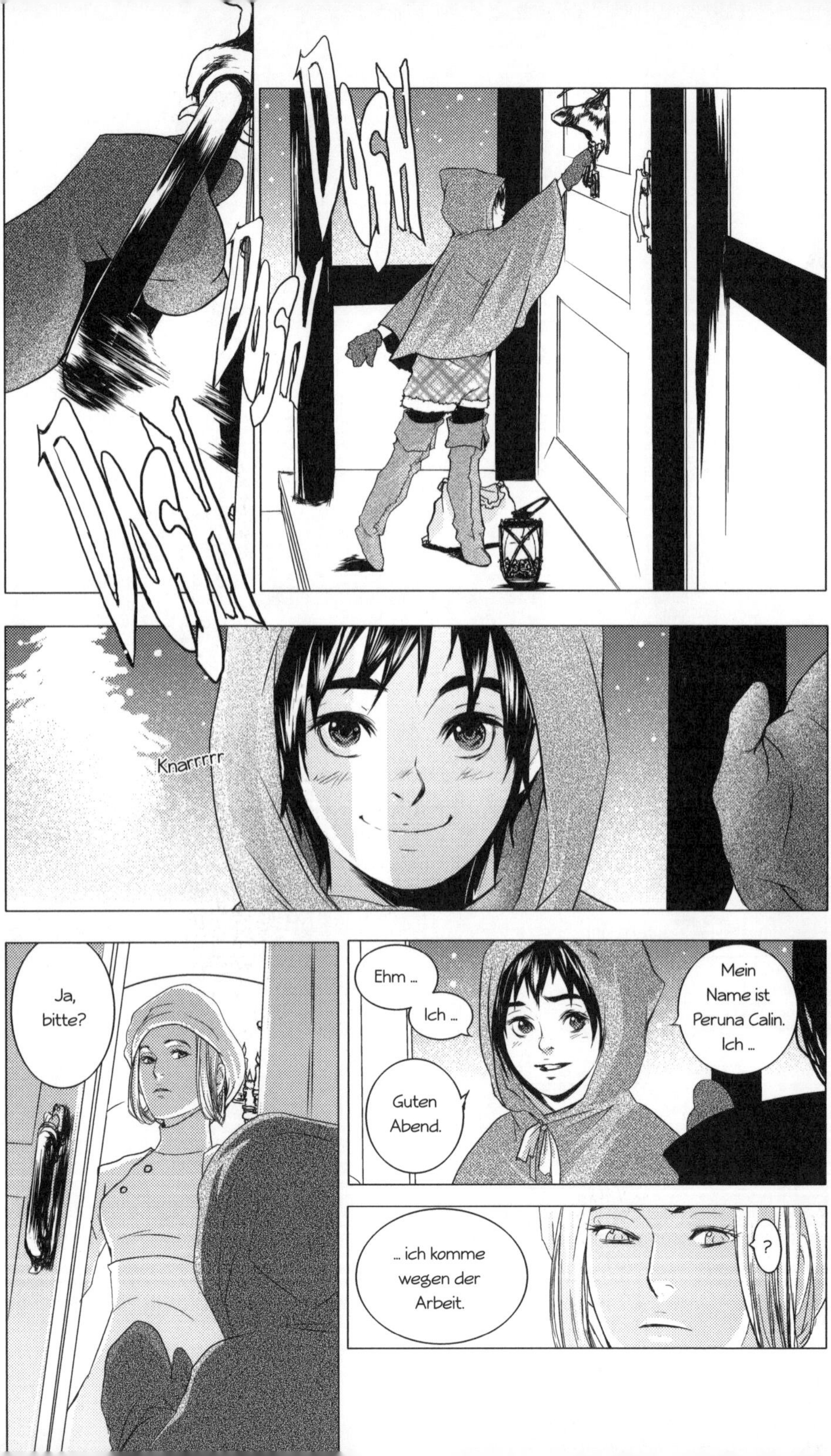

DOSH
DOSH
DOSH

Knarrrrr

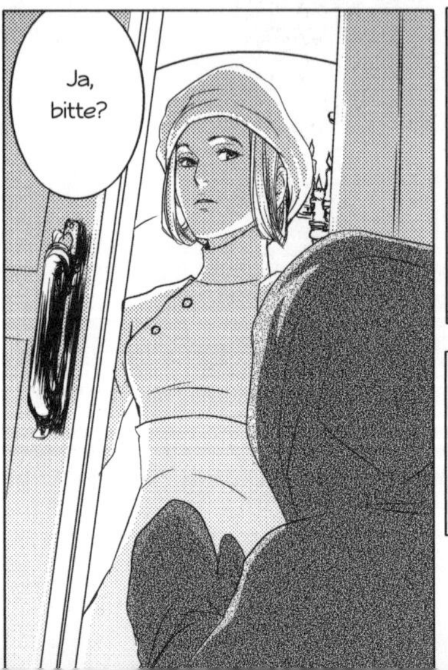

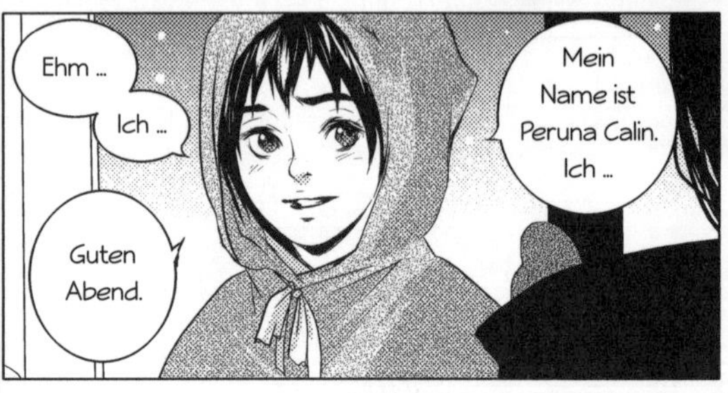

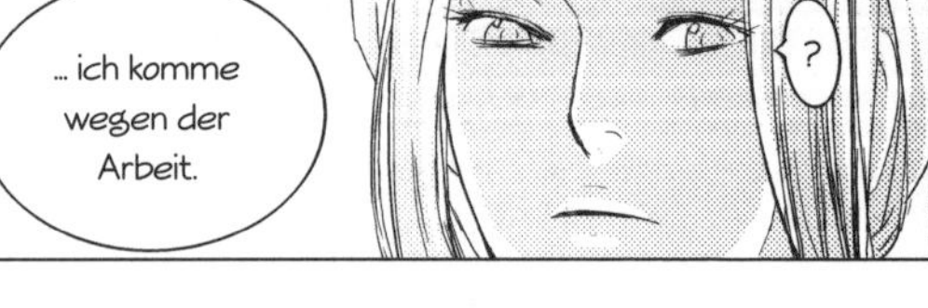

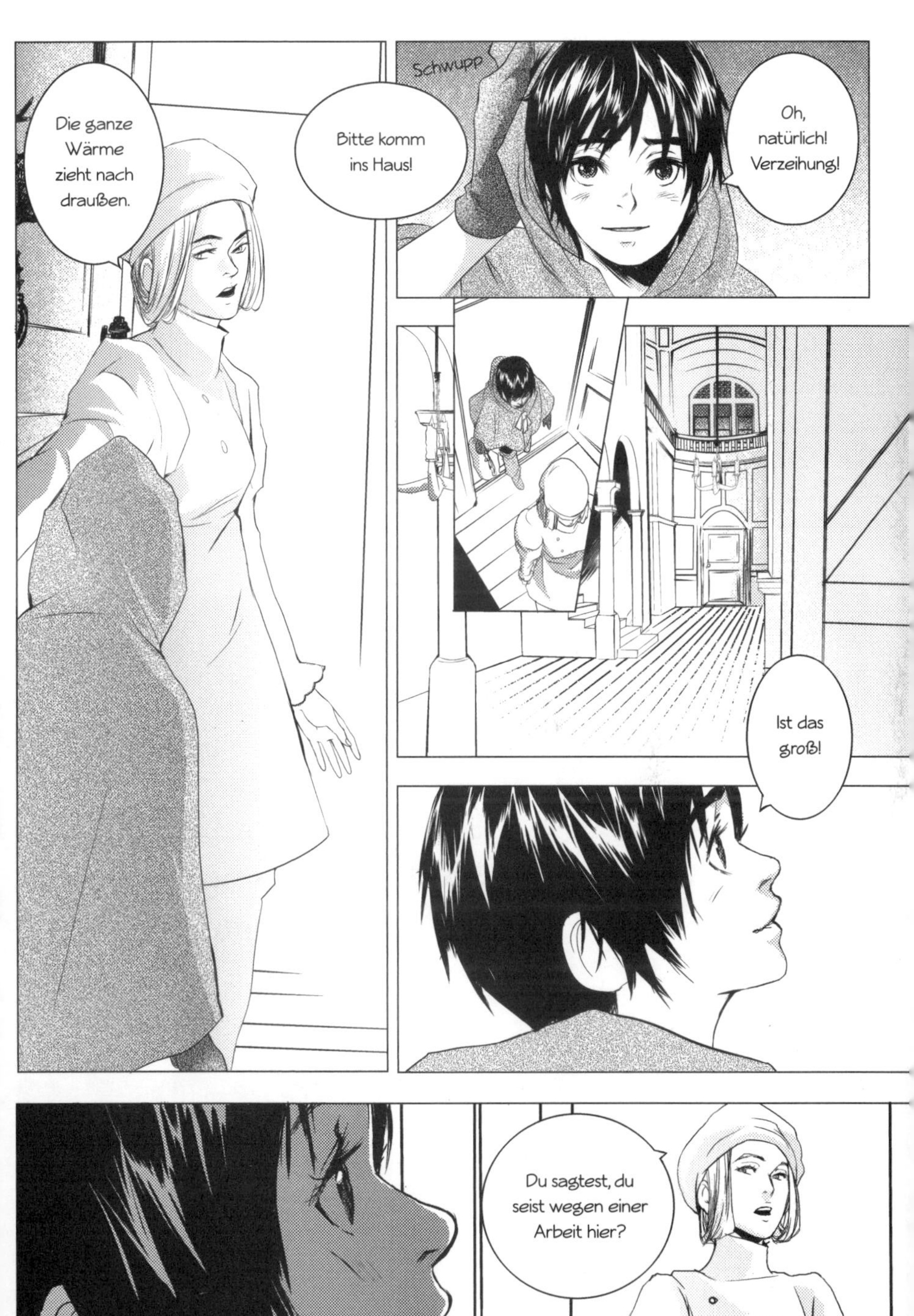
Die ganze Wärme zieht nach draußen.
Bitte komm ins Haus!
Schwupp
Oh, natürlich! Verzeihung!
Ist das groß!
Du sagtest, du seist wegen einer Arbeit hier?

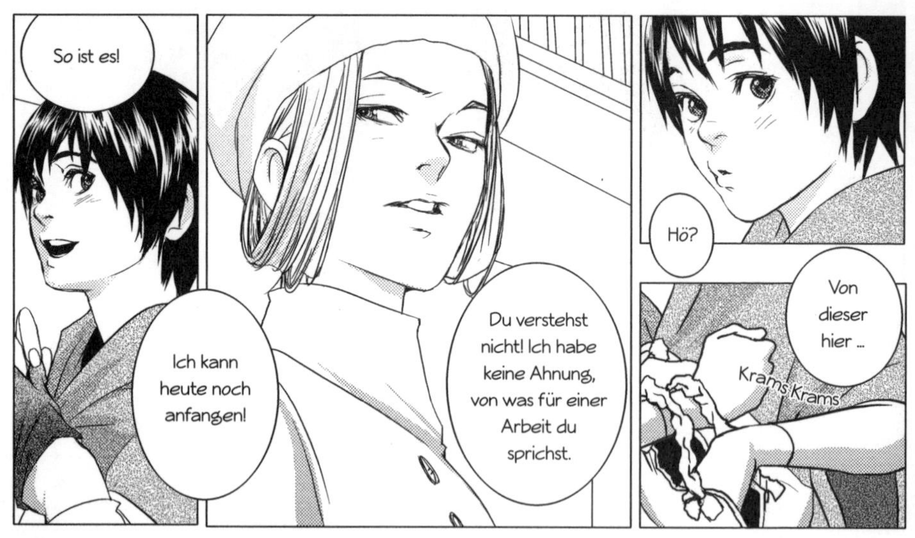

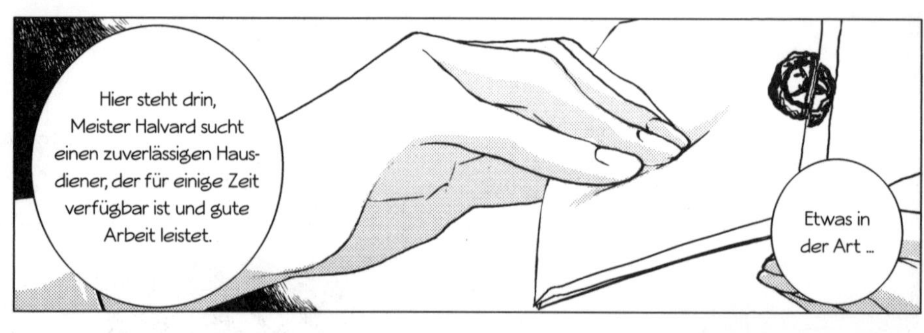

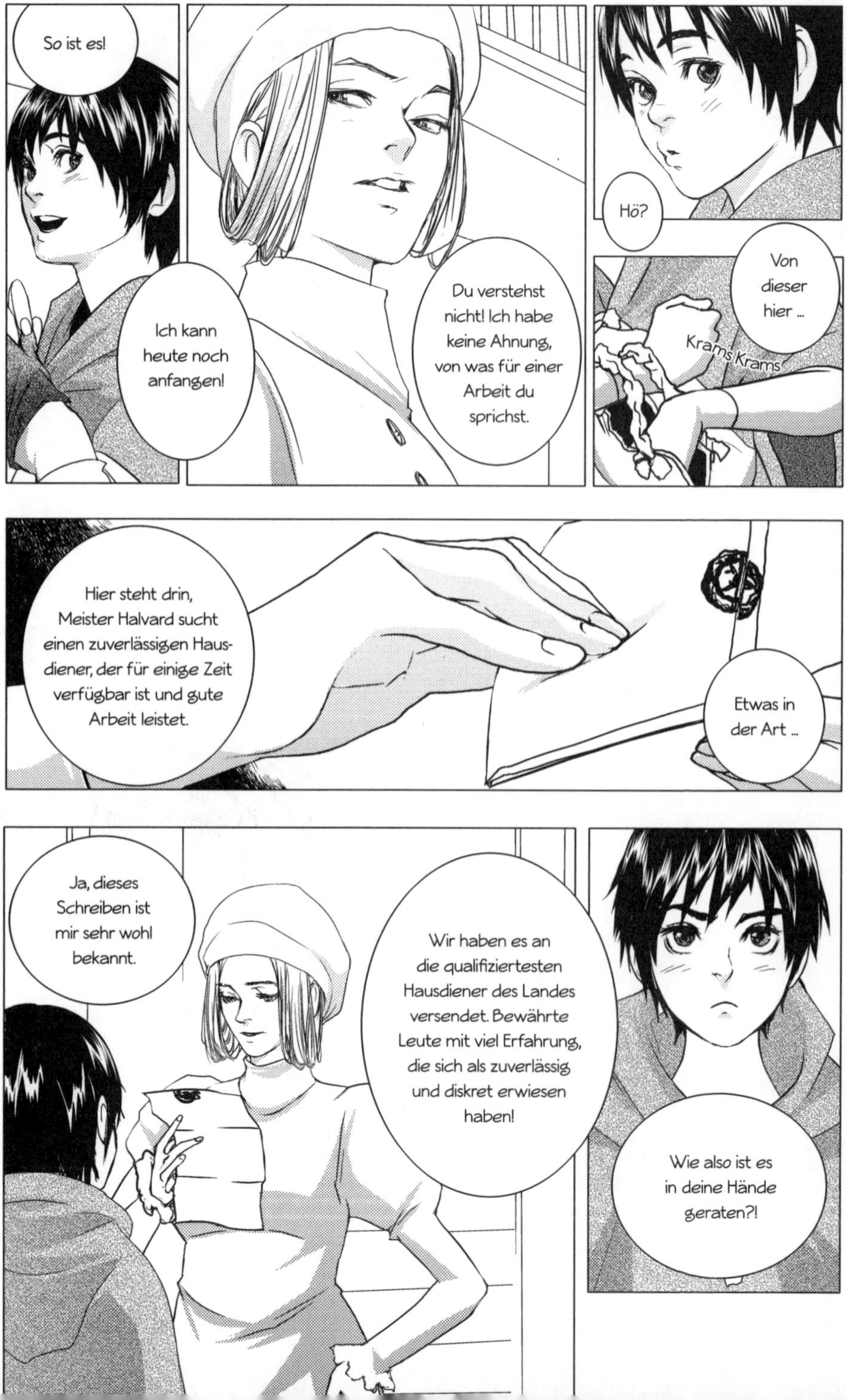

Ja, dieses Schreiben ist mir sehr wohl bekannt.

Wir haben es an die qualifiziertesten Hausdiener des Landes versendet. Bewährte Leute mit viel Erfahrung, die sich als zuverlässig und diskret erwiesen haben!

Wie also ist es in deine Hände geraten?!

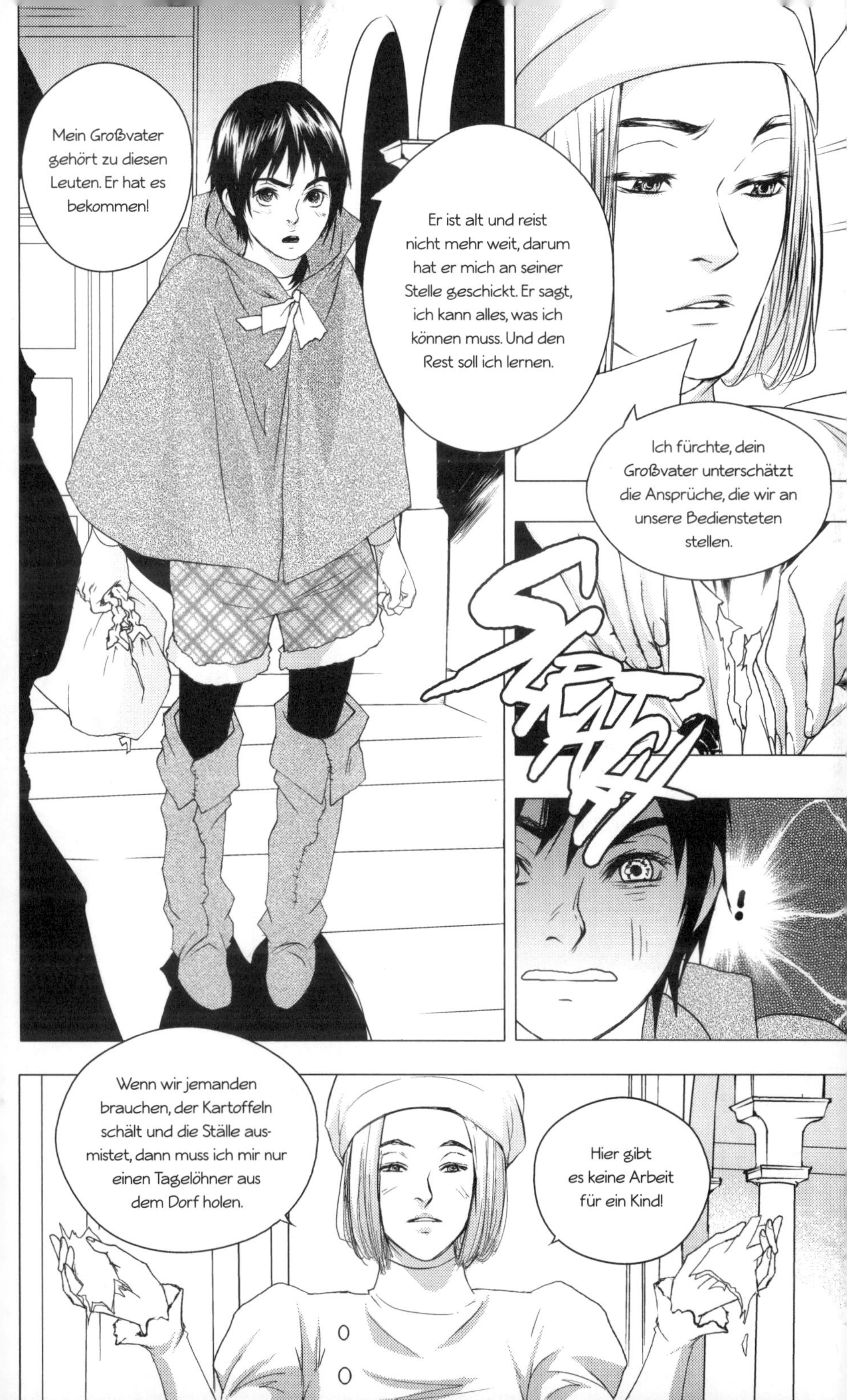
Mein Großvater gehört zu diesen Leuten. Er hat es bekommen!
Er ist alt und reist nicht mehr weit, darum hat er mich an seiner Stelle geschickt. Er sagt, ich kann alles, was ich können muss. Und den Rest soll ich lernen.
Ich fürchte, dein Großvater unterschätzt die Ansprüche, die wir an unsere Bediensteten stellen.
!
Wenn wir jemanden brauchen, der Kartoffeln schält und die Ställe ausmistet, dann muss ich mir nur einen Tagelöhner aus dem Dorf holen.
Hier gibt es keine Arbeit für ein Kind!

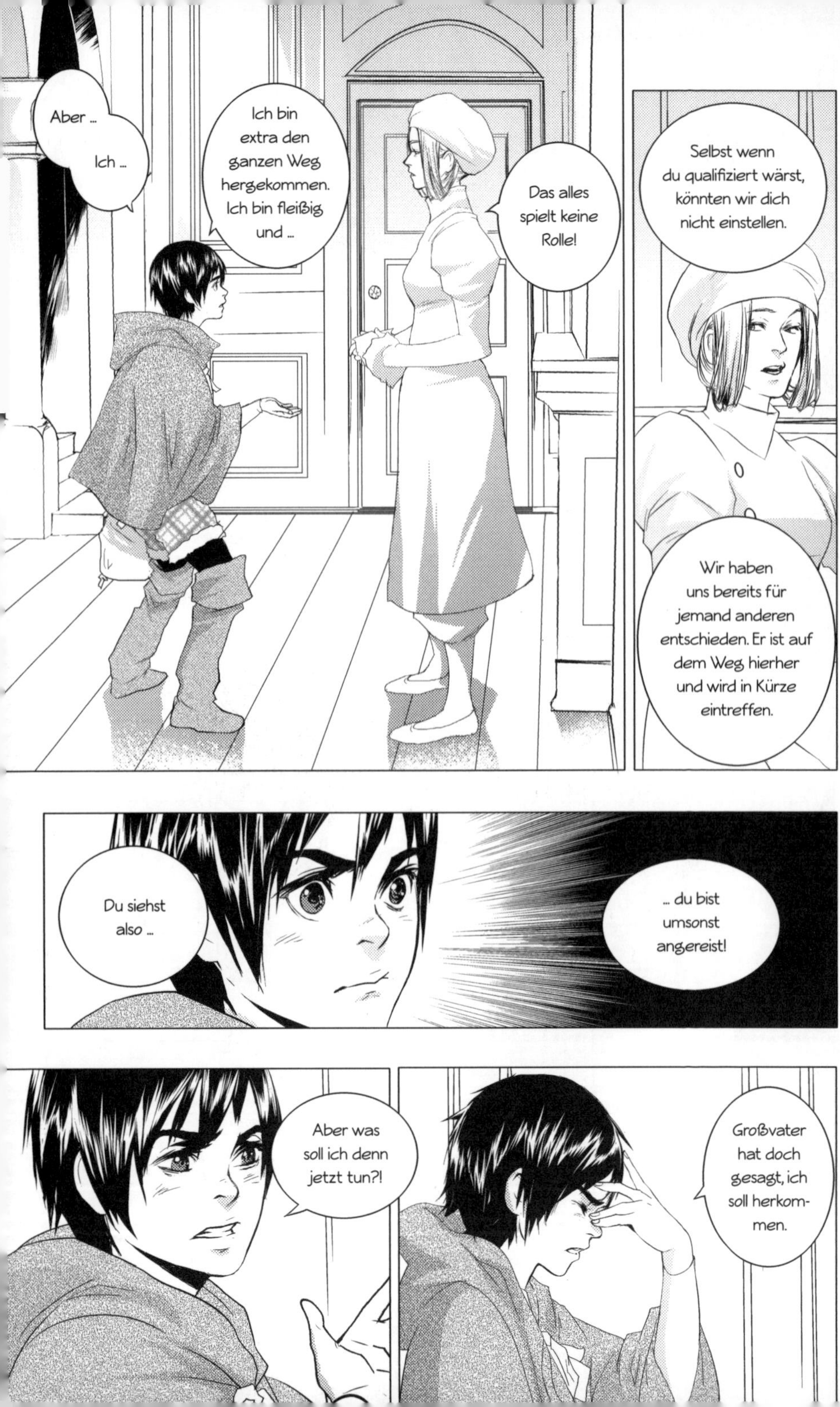

Aber ...

Ich ...

Ich bin extra den ganzen Weg hergekommen. Ich bin fleißig und ...

Das alles spielt keine Rolle!

Selbst wenn du qualifiziert wärst, könnten wir dich nicht einstellen.

Wir haben uns bereits für jemand anderen entschieden. Er ist auf dem Weg hierher und wird in Kürze eintreffen.

Du siehst also ...

... du bist umsonst angereist!

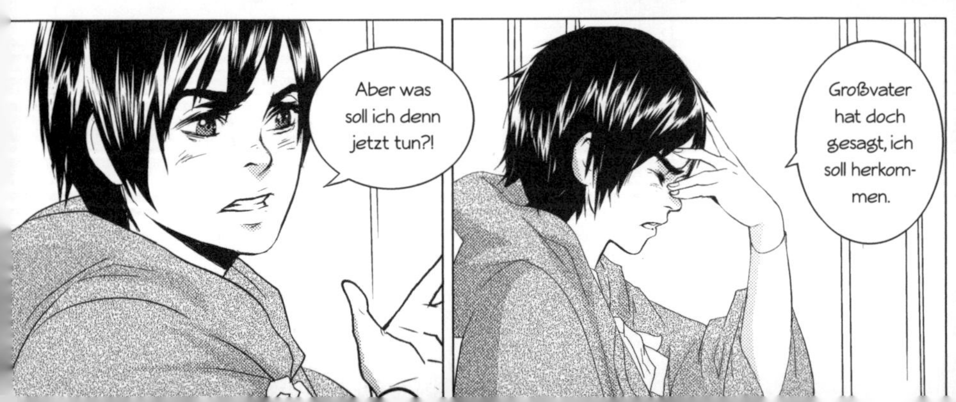

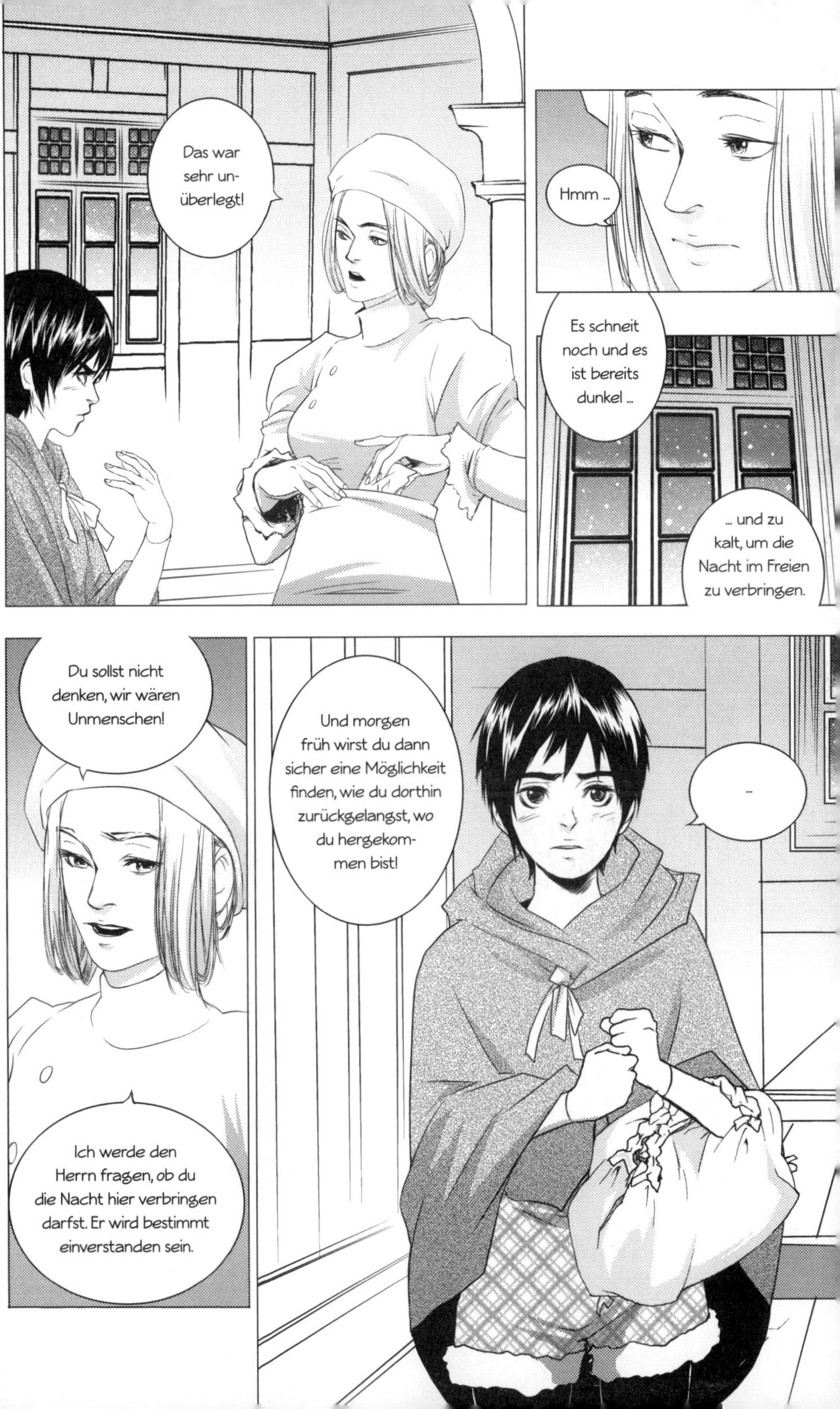

Das war sehr unüberlegt!

Hmm …

Es schneit noch und es ist bereits dunkel …

… und zu kalt, um die Nacht im Freien zu verbringen.

Du sollst nicht denken, wir wären Unmenschen!

Ich werde den Herrn fragen, ob du die Nacht hier verbringen darfst. Er wird bestimmt einverstanden sein.

Und morgen früh wirst du dann sicher eine Möglichkeit finden, wie du dorthin zurückgelangst, wo du hergekommen bist!

…

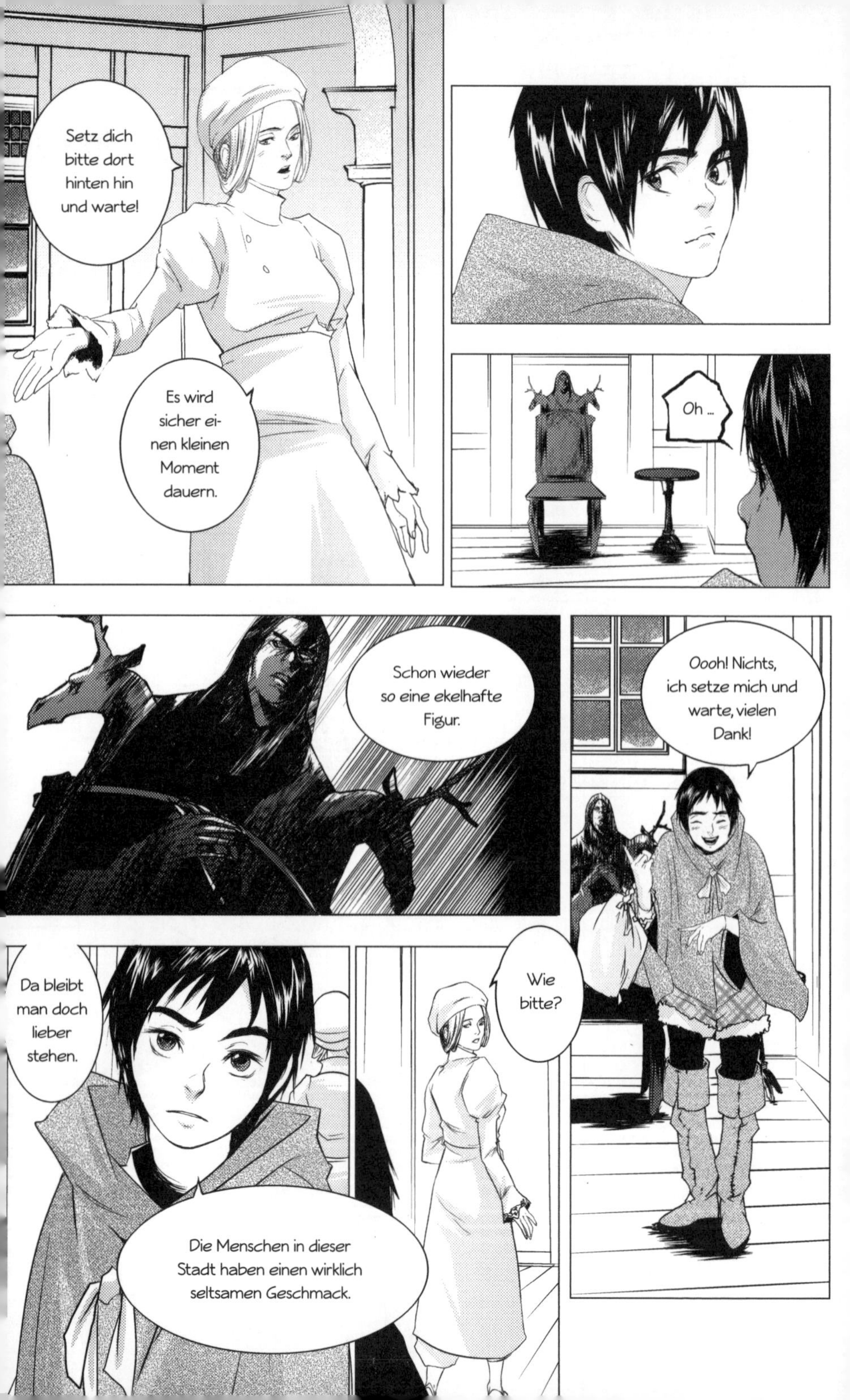

Setz dich bitte dort hinten hin und warte!
Es wird sicher einen kleinen Moment dauern.
Oh ...
Schon wieder so eine ekelhafte Figur.
Da bleibt man doch lieber stehen.
Die Menschen in dieser Stadt haben einen wirklich seltsamen Geschmack.
Wie bitte?
Oooh! Nichts, ich setze mich und warte, vielen Dank!

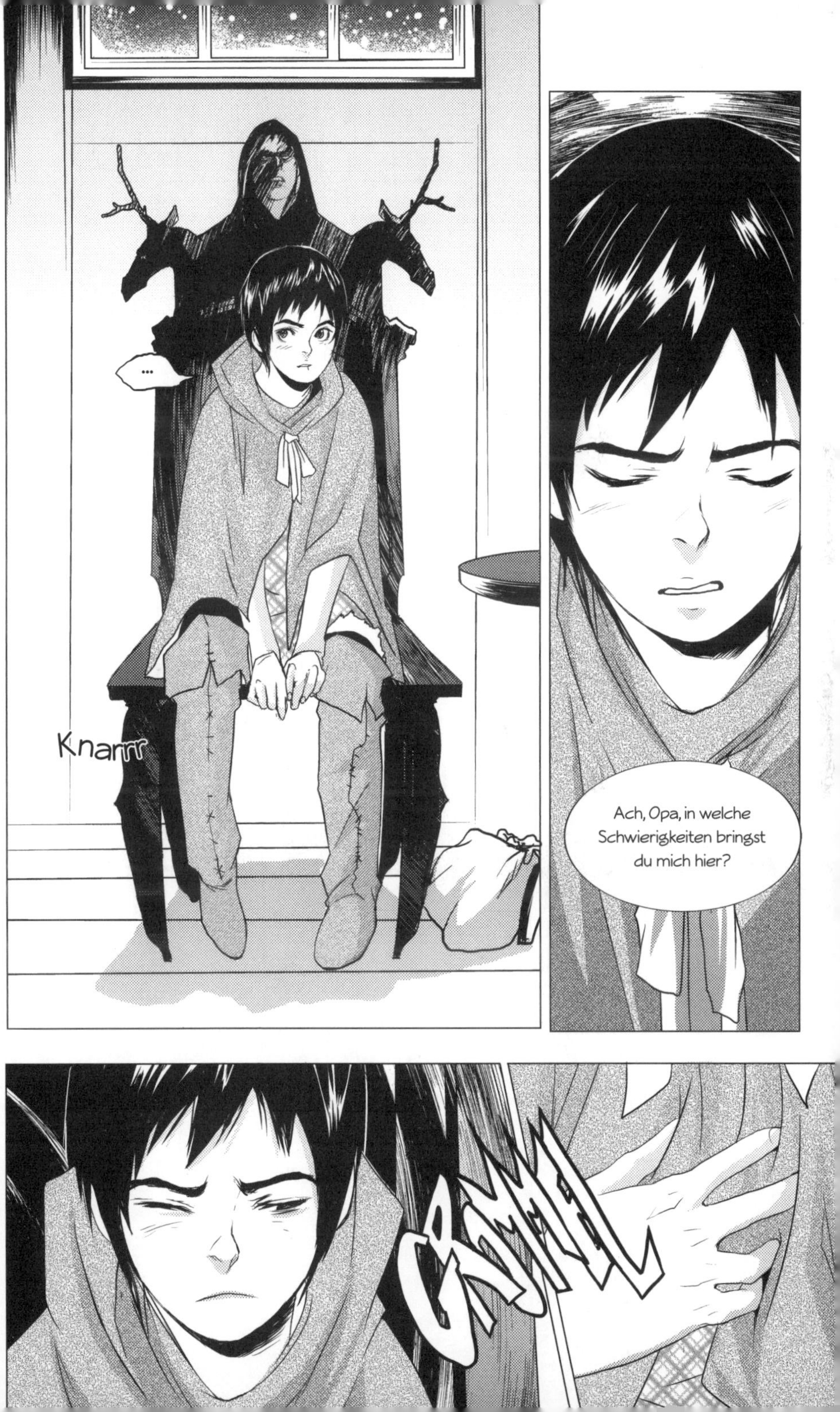

…

Knarrr

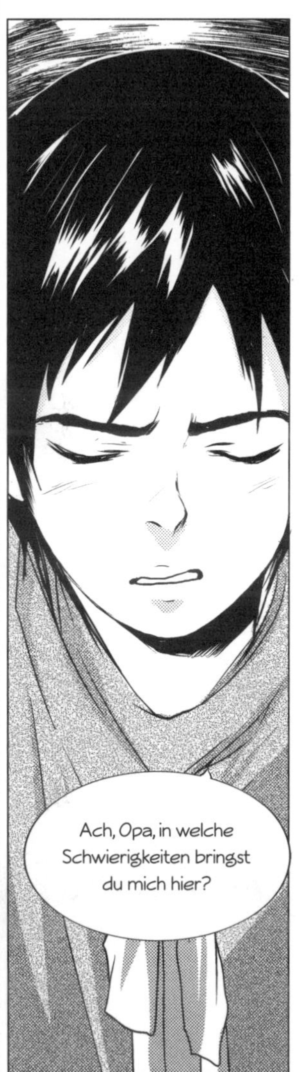

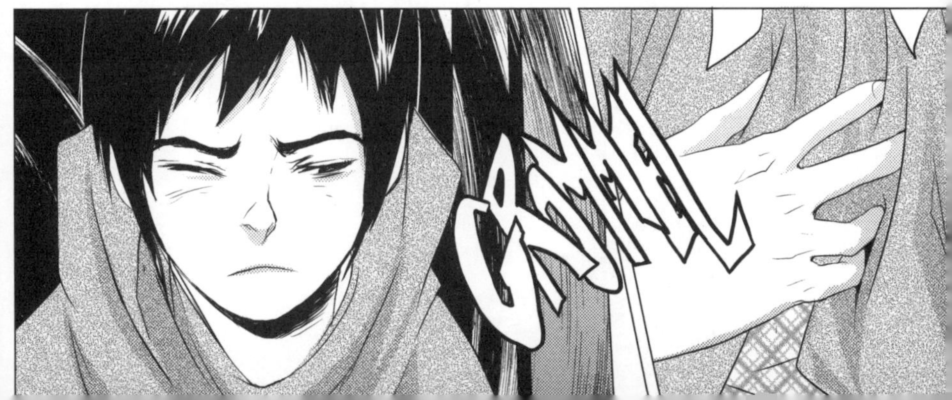

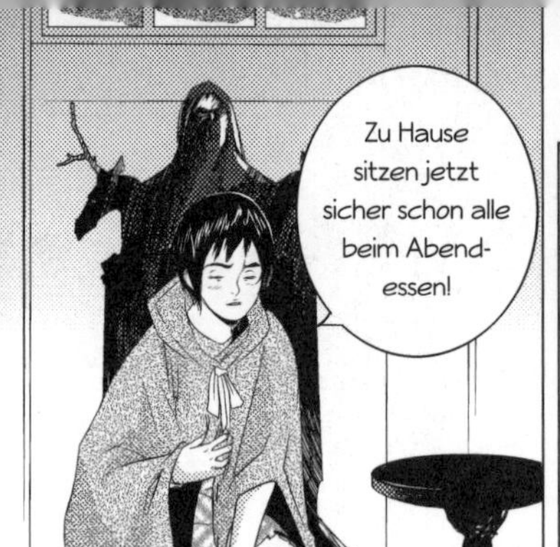
Zu Hause sitzen jetzt sicher schon alle beim Abend- essen!

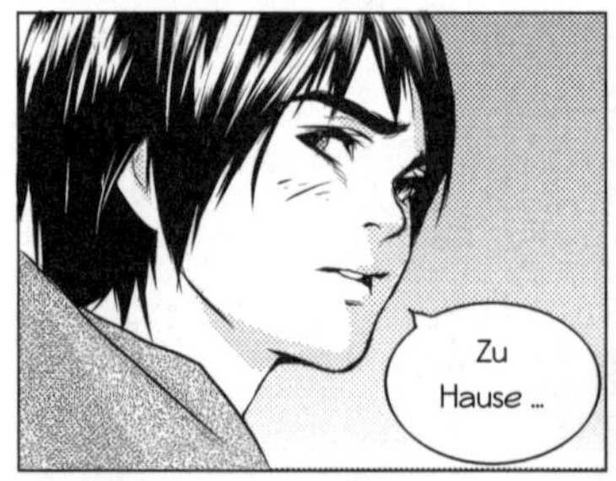
Zu Hause ...

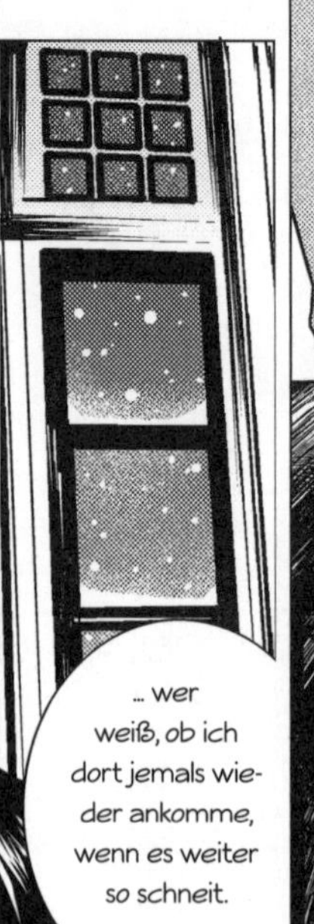
... wer weiß, ob ich dort jemals wie- der ankomme, wenn es weiter so schneit.

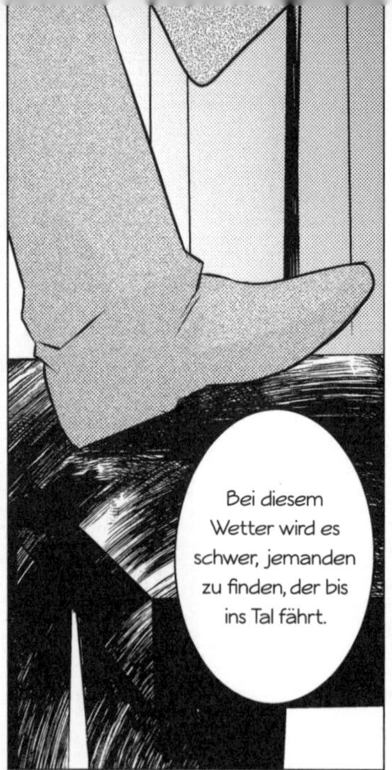
Bei diesem Wetter wird es schwer, jemanden zu finden, der bis ins Tal fährt.

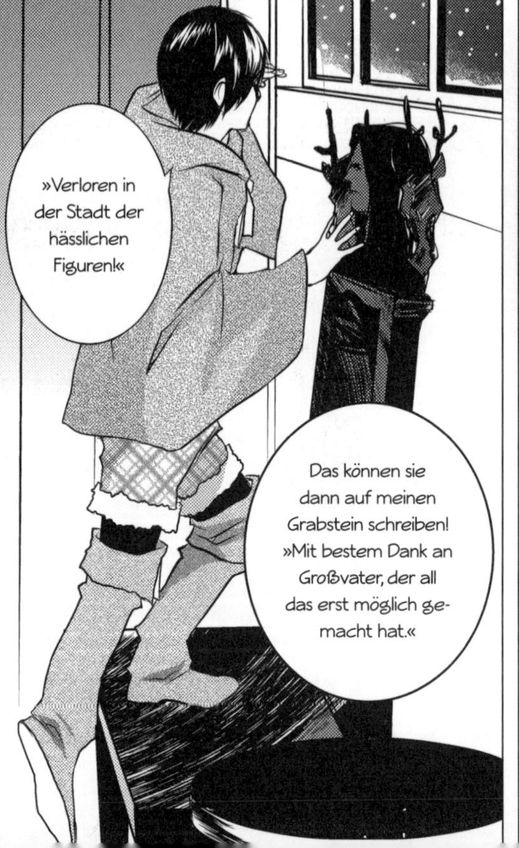
»Verloren in der Stadt der hässlichen Figuren!«
Das können sie dann auf meinen Grabstein schreiben! »Mit bestem Dank an Großvater, der all das erst möglich ge- macht hat.«

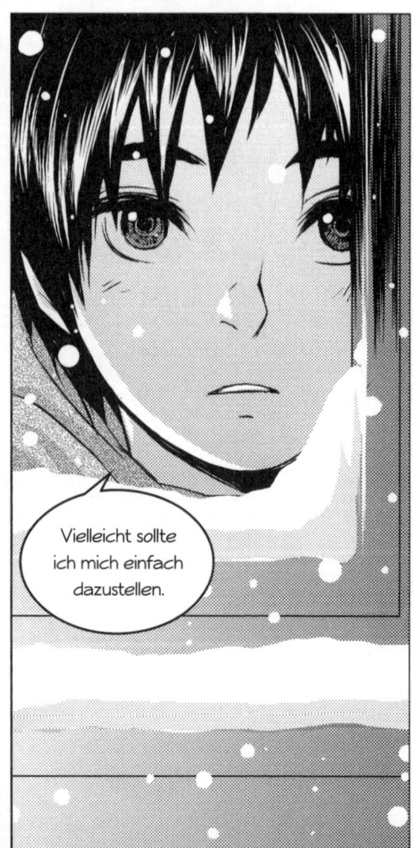
Vielleicht sollte ich mich einfach dazustellen.

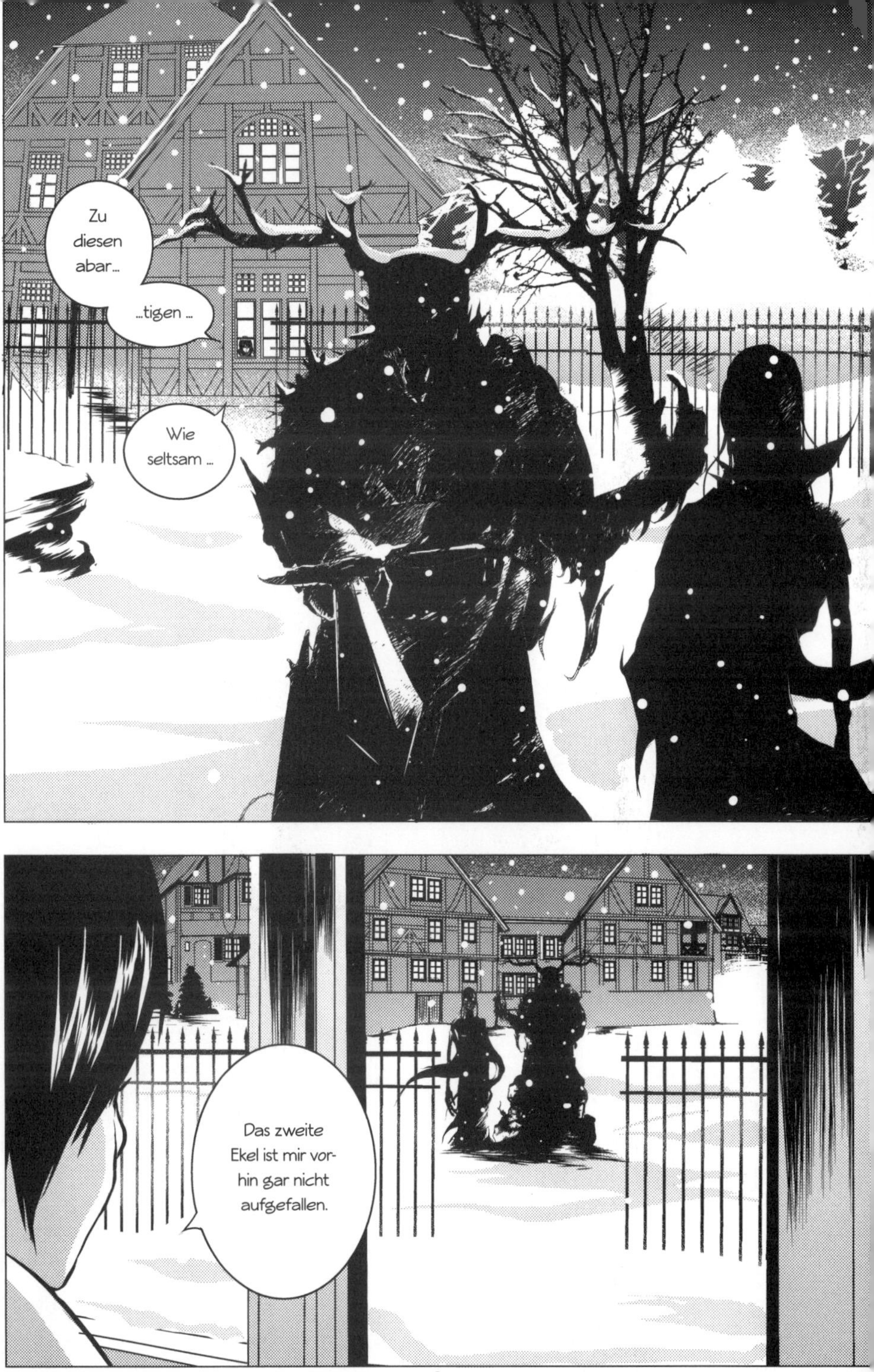

Zu diesen abar...
...tigen ...
Wie seltsam ...
Das zweite Ekel ist mir vorhin gar nicht aufgefallen.

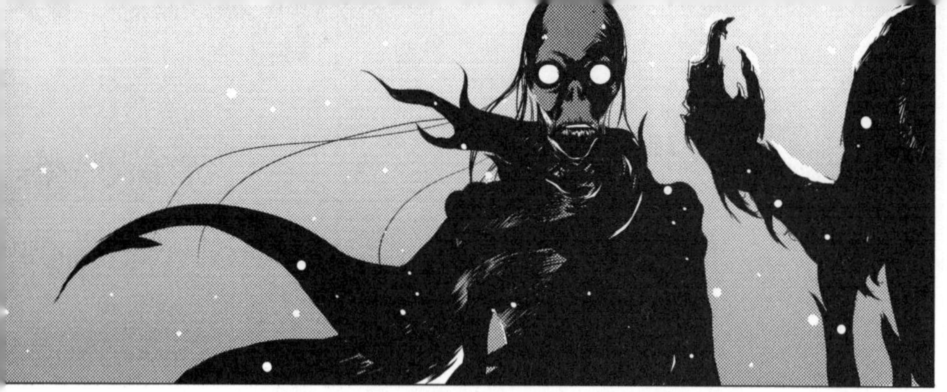

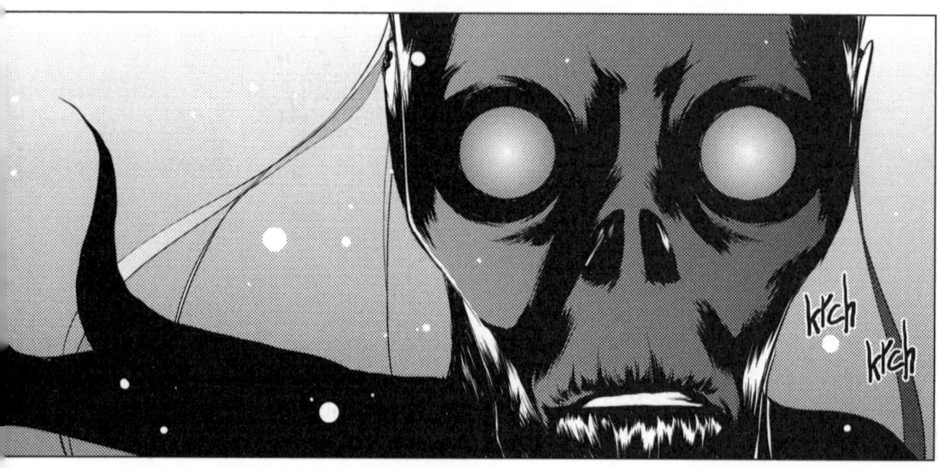
krch
krch

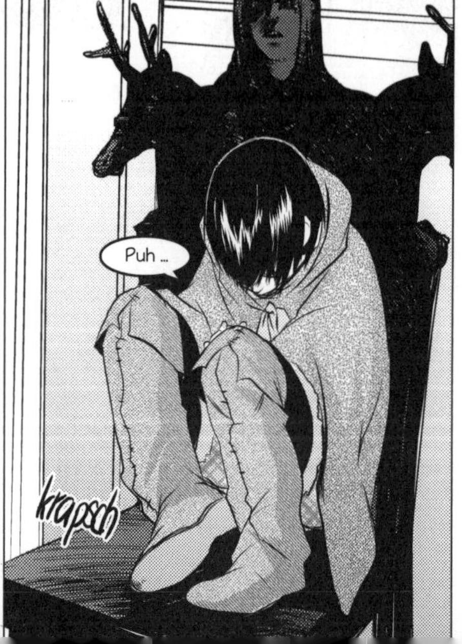
Puh ...
krapsch

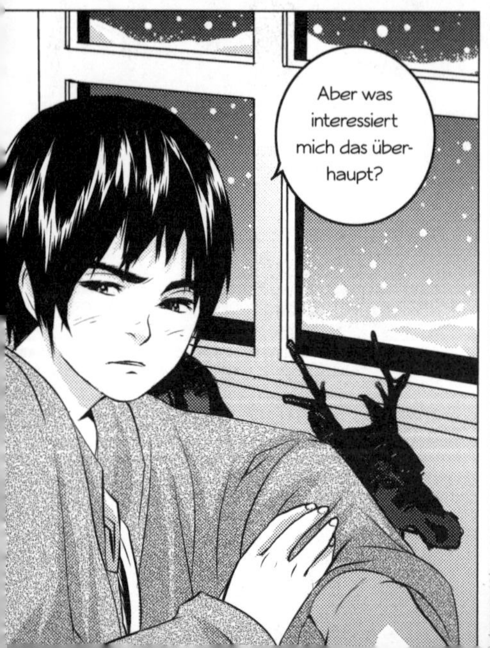
Aber was interessiert mich das überhaupt?

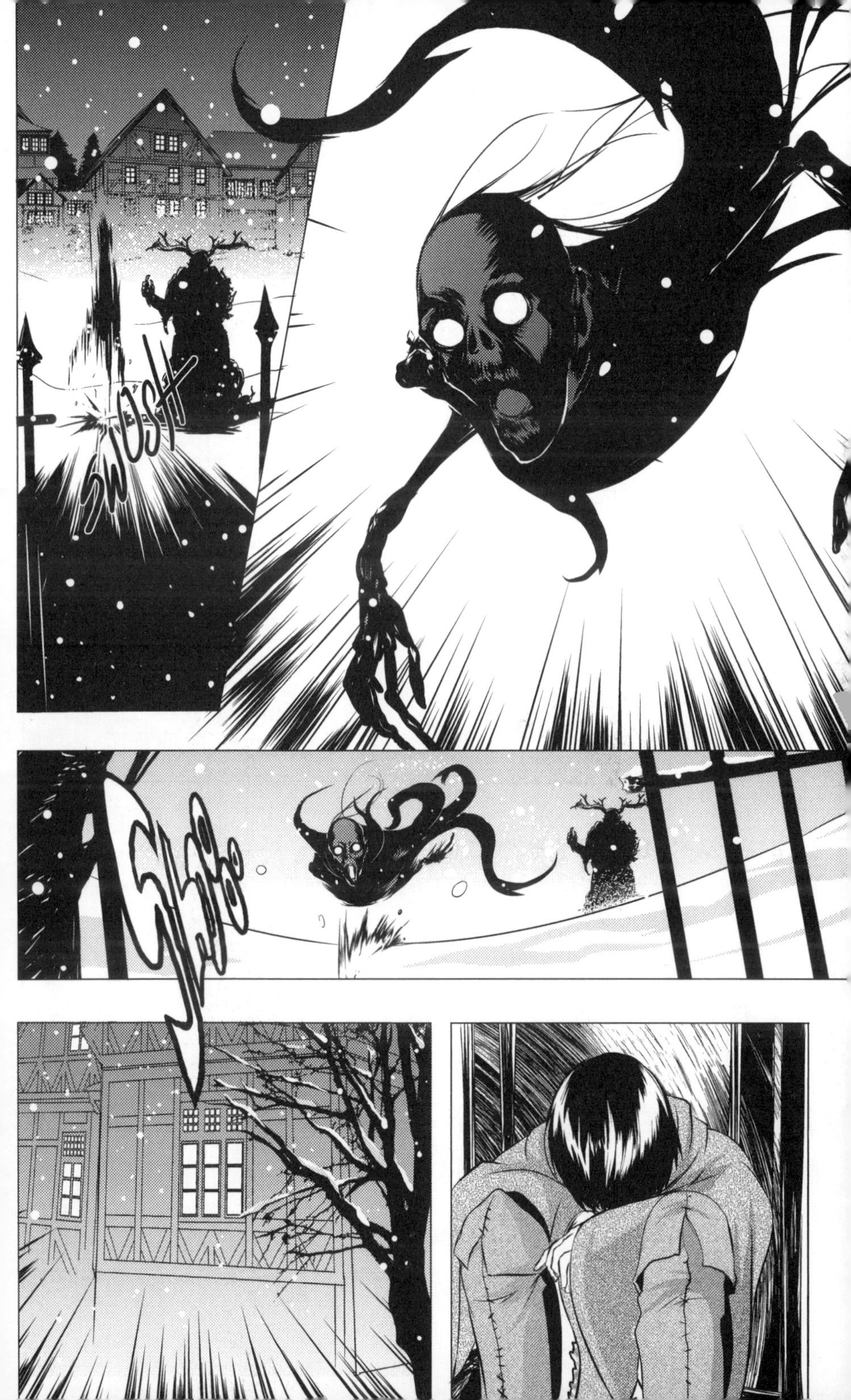
SWOSH

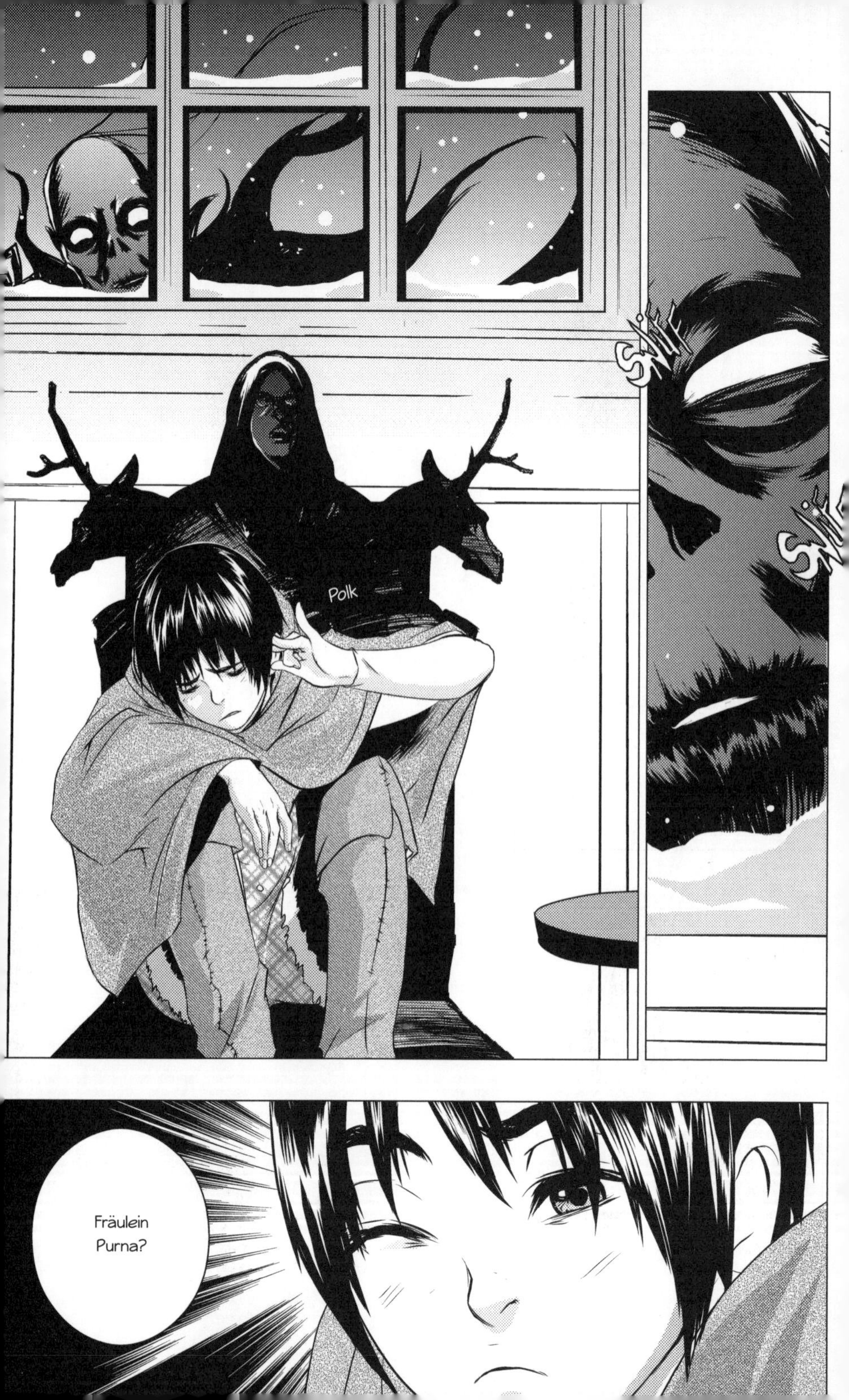

Polk

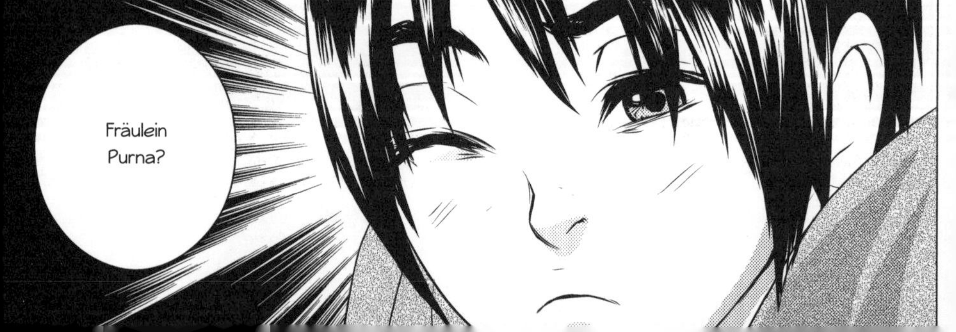
Fräulein
Purna?

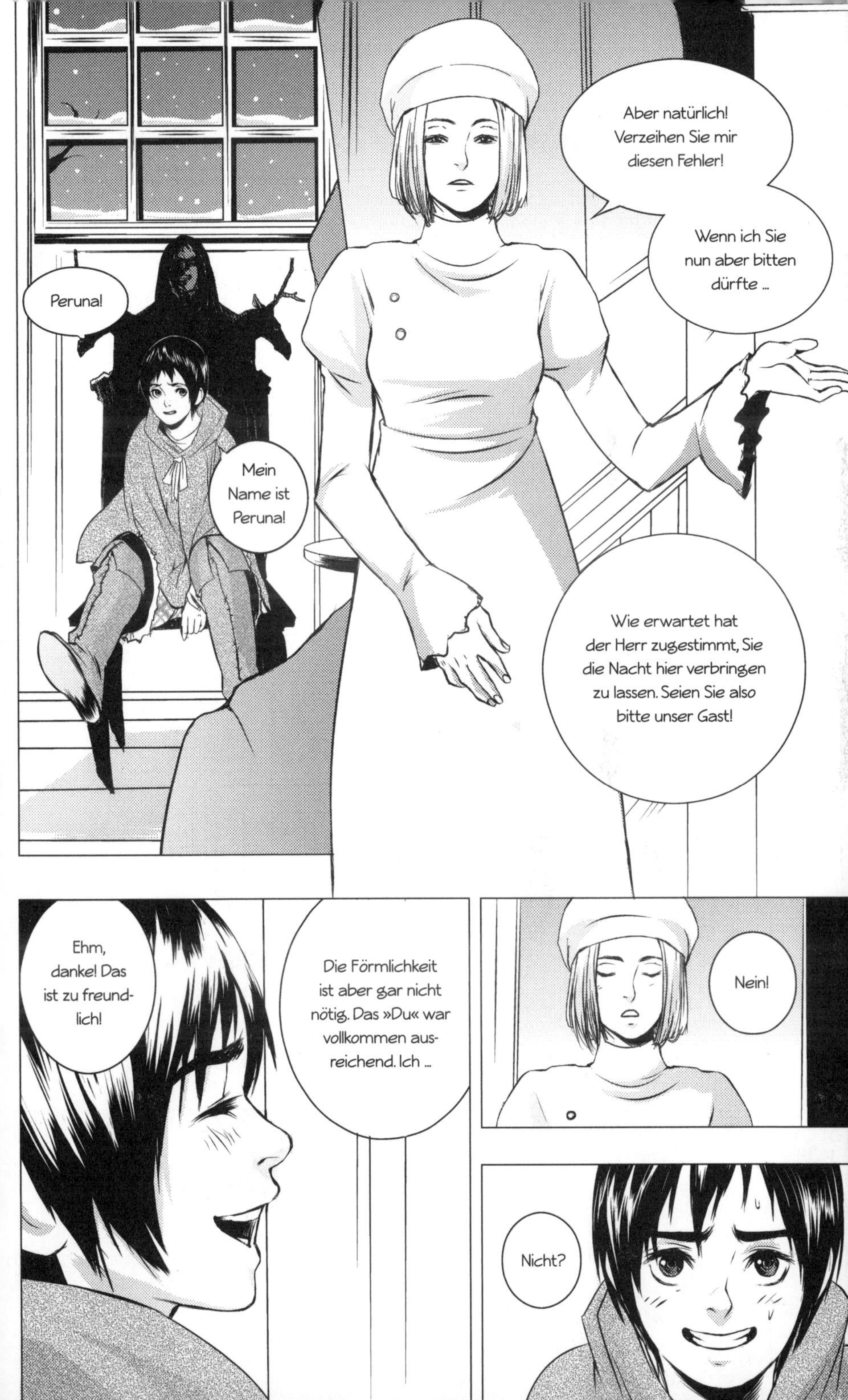
Aber natürlich! Verzeihen Sie mir diesen Fehler!
Wenn ich Sie nun aber bitten dürfte ...
Peruna!
Mein Name ist Peruna!
Wie erwartet hat der Herr zugestimmt, Sie die Nacht hier verbringen zu lassen. Seien Sie also bitte unser Gast!
Ehm, danke! Das ist zu freundlich!
Die Förmlichkeit ist aber gar nicht nötig. Das »Du« war vollkommen ausreichend. Ich ...
Nein!
Nicht?

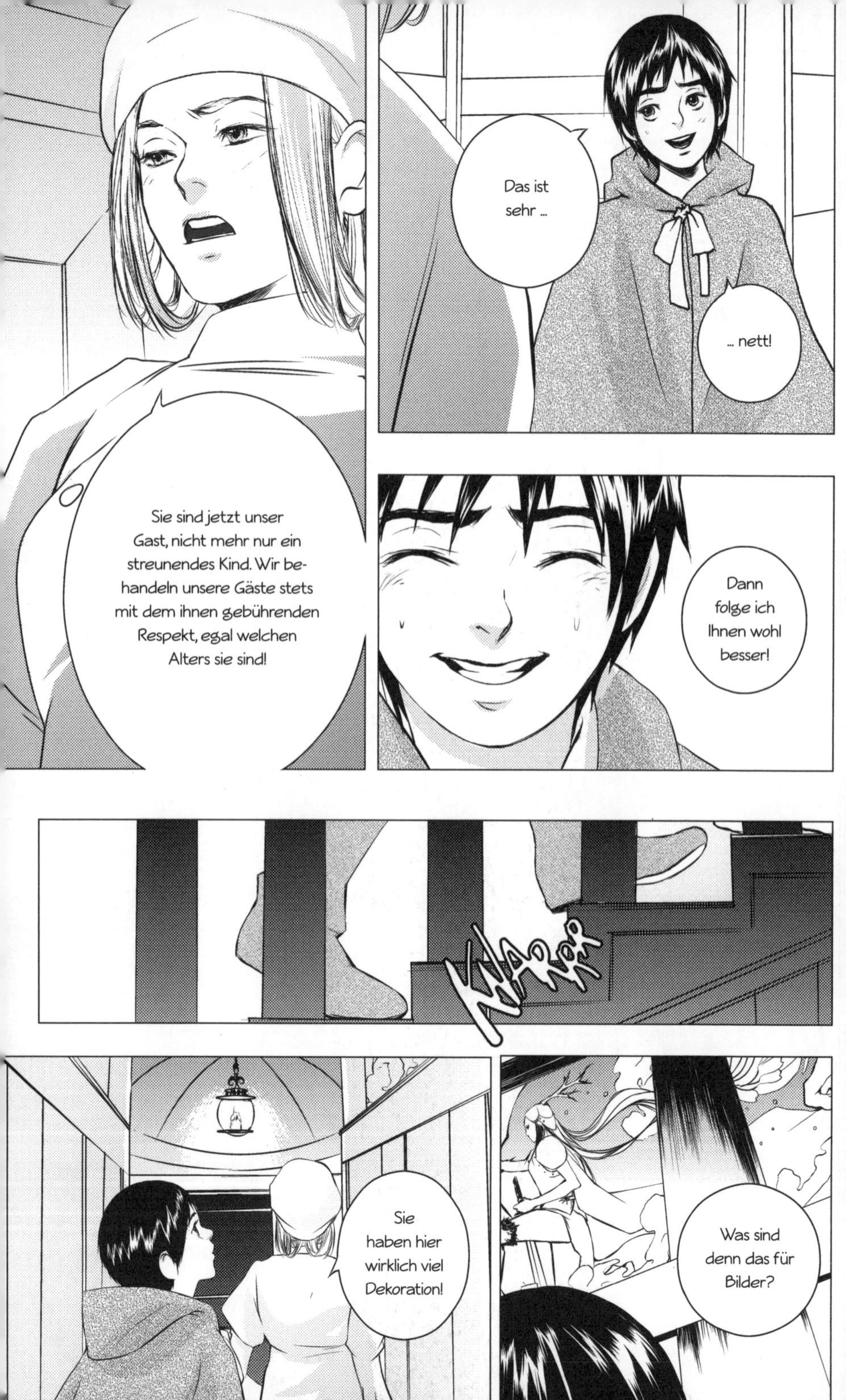
Das ist sehr ...
... nett!
Sie sind jetzt unser Gast, nicht mehr nur ein streunendes Kind. Wir behandeln unsere Gäste stets mit dem ihnen gebührenden Respekt, egal welchen Alters sie sind!
Dann folge ich Ihnen wohl besser!
Sie haben hier wirklich viel Dekoration!
Was sind denn das für Bilder?

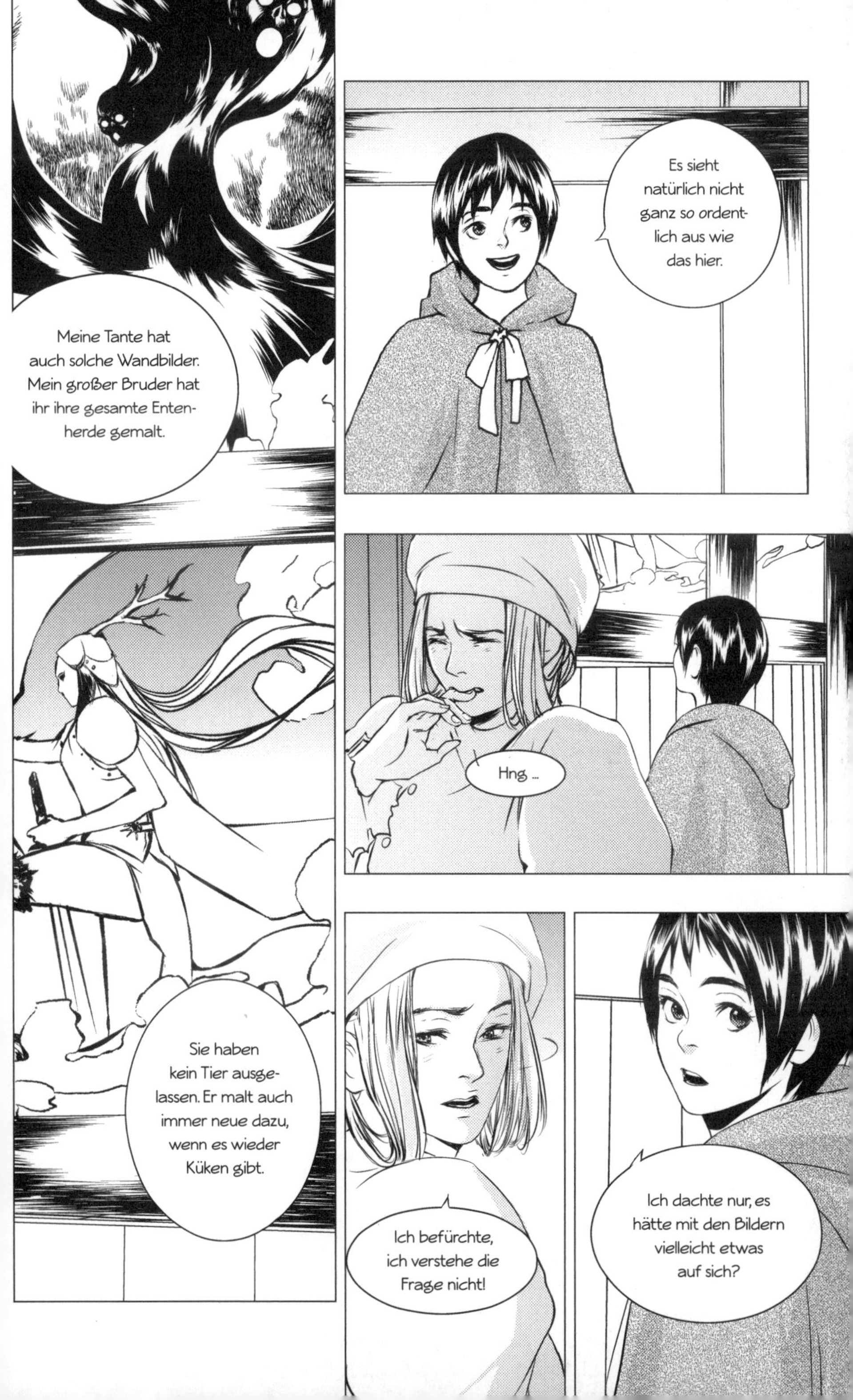
Meine Tante hat auch solche Wandbilder. Mein großer Bruder hat ihr ihre gesamte Entenherde gemalt.
Sie haben kein Tier ausgelassen. Er malt auch immer neue dazu, wenn es wieder Küken gibt.
Es sieht natürlich nicht ganz so ordentlich aus wie das hier.
Hng ...
Ich dachte nur, es hätte mit den Bildern vielleicht etwas auf sich?
Ich befürchte, ich verstehe die Frage nicht!

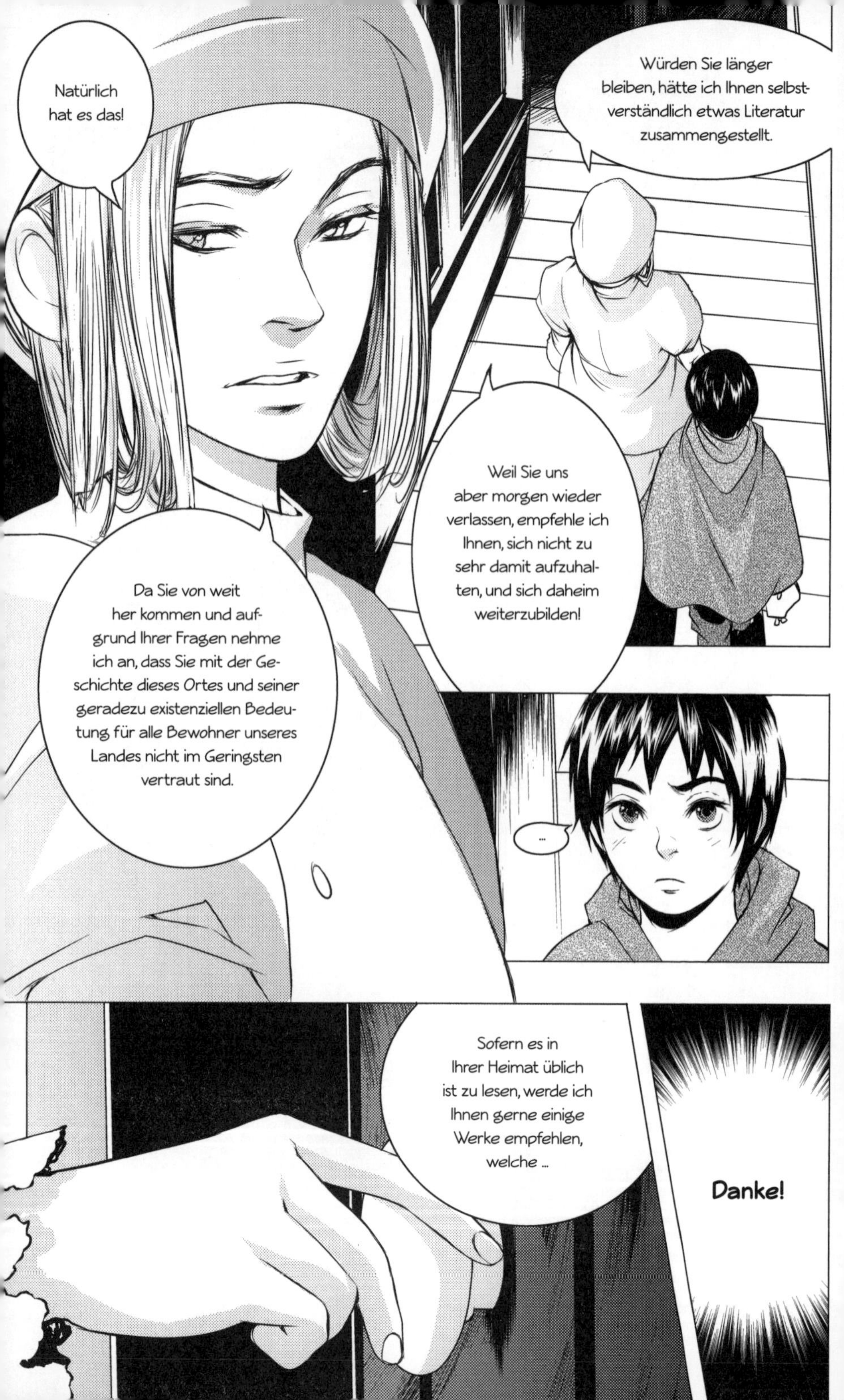
Natürlich hat es das!
Da Sie von weit her kommen und aufgrund Ihrer Fragen nehme ich an, dass Sie mit der Geschichte dieses Ortes und seiner geradezu existenziellen Bedeutung für alle Bewohner unseres Landes nicht im Geringsten vertraut sind.
Würden Sie länger bleiben, hätte ich Ihnen selbstverständlich etwas Literatur zusammengestellt.
Weil Sie uns aber morgen wieder verlassen, empfehle ich Ihnen, sich nicht zu sehr damit aufzuhalten, und sich daheim weiterzubilden!
...
Sofern es in Ihrer Heimat üblich ist zu lesen, werde ich Ihnen gerne einige Werke empfehlen, welche ...
Danke!

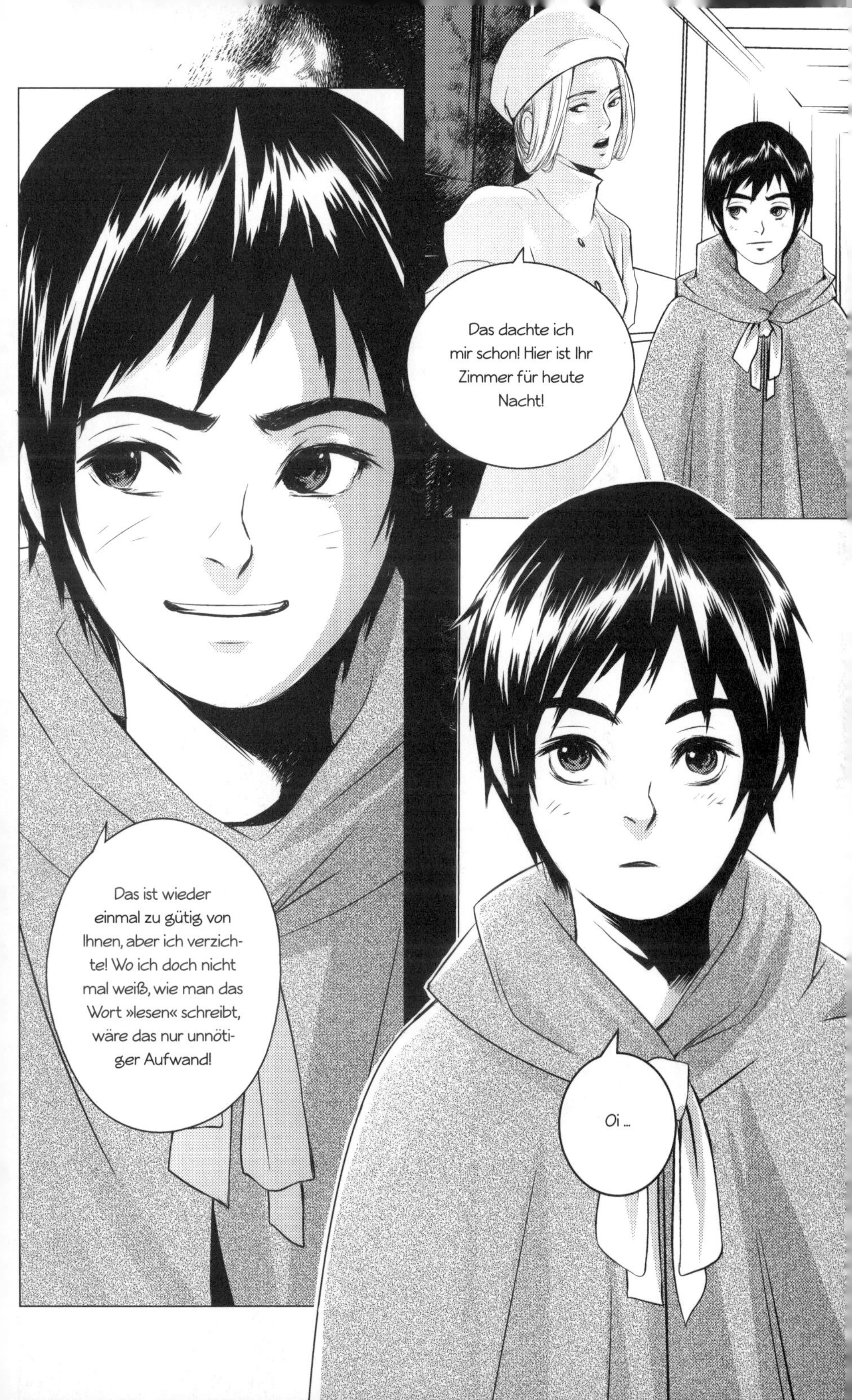
Das dachte ich mir schon! Hier ist Ihr Zimmer für heute Nacht!
Oi ...
Das ist wieder einmal zu gütig von Ihnen, aber ich verzichte! Wo ich doch nicht mal weiß, wie man das Wort »lesen« schreibt, wäre das nur unnötiger Aufwand!

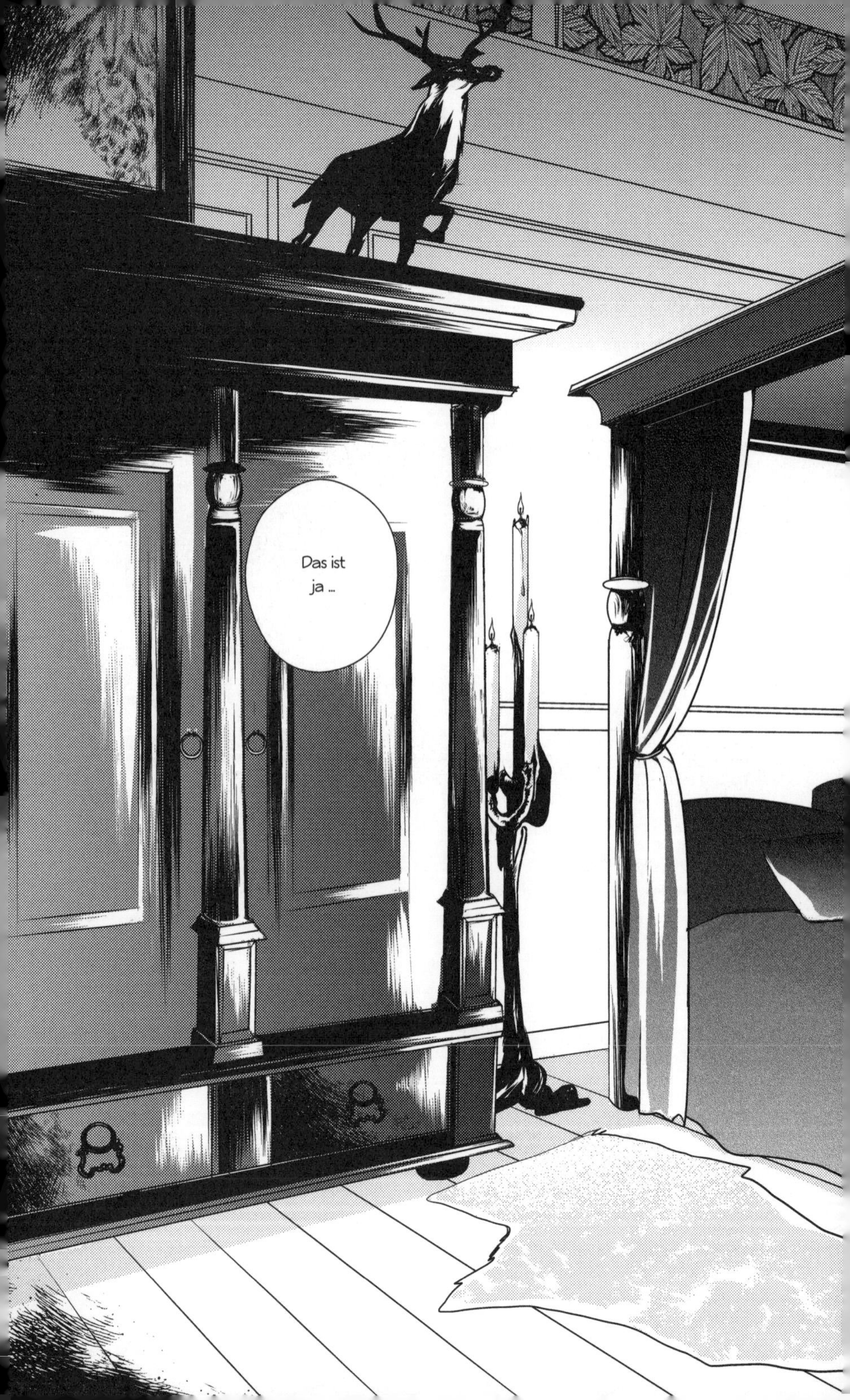
Das ist
ja ...

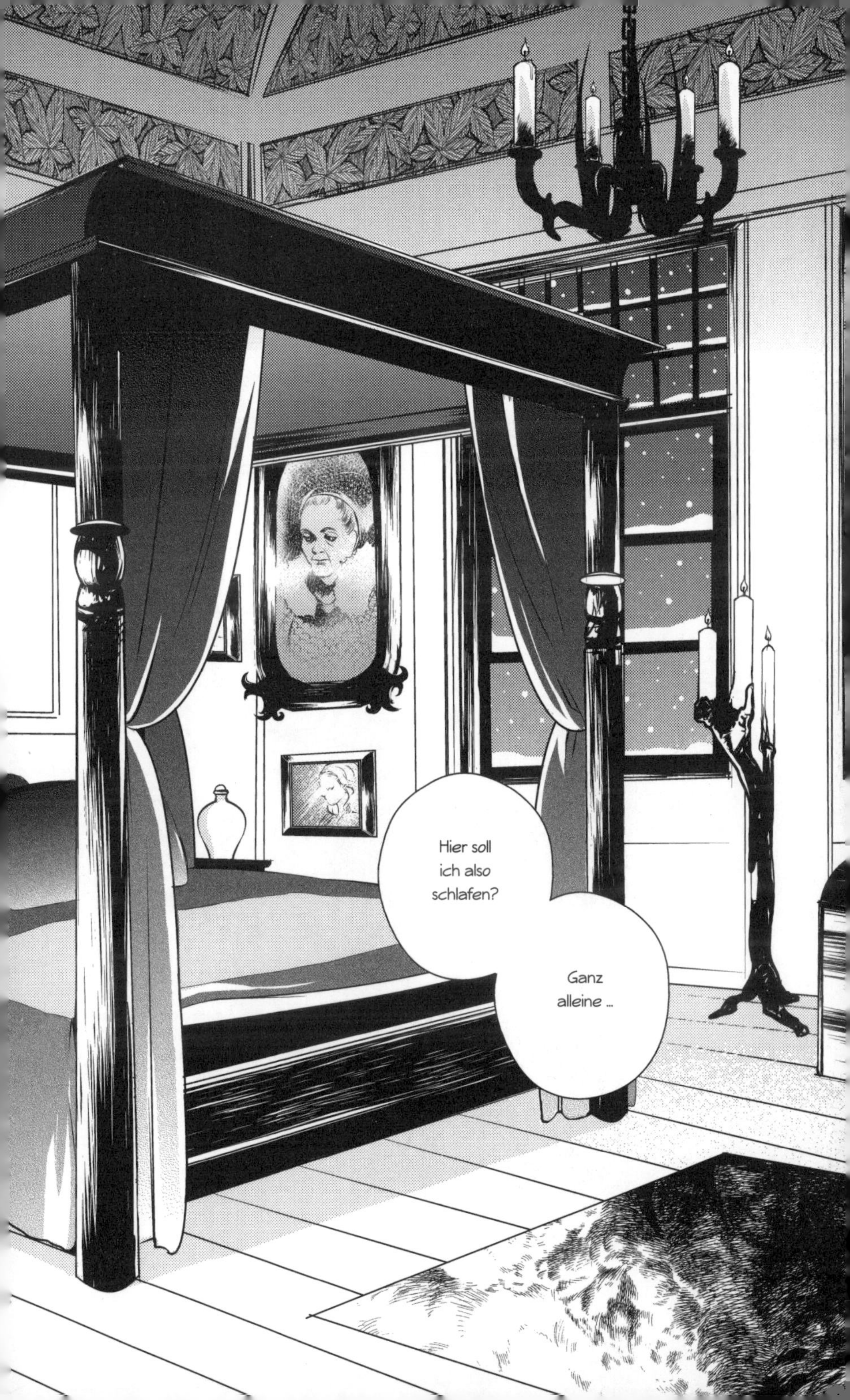
Hier soll ich also schlafen?
Ganz alleine ...

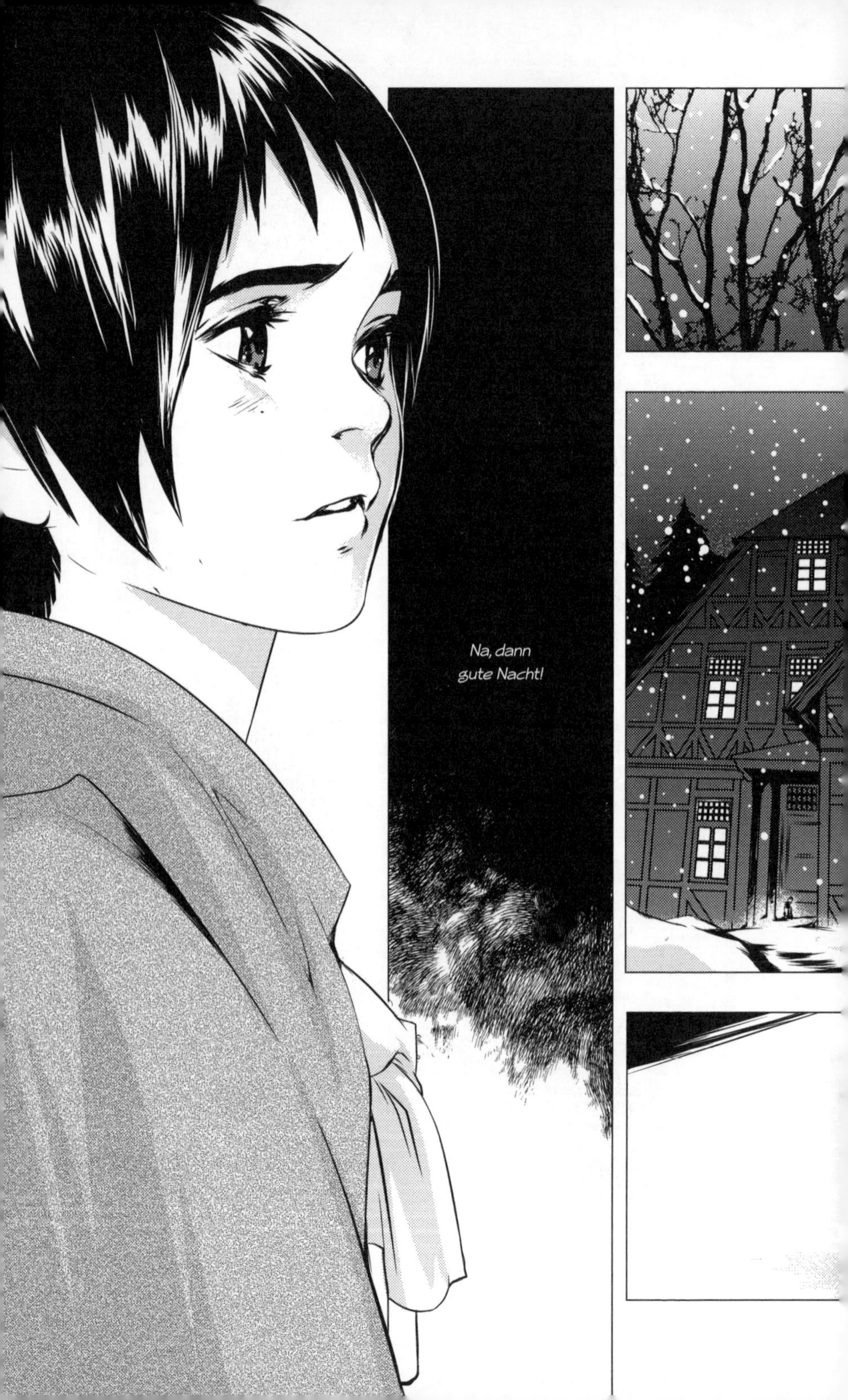
Na, dann
gute Nacht!

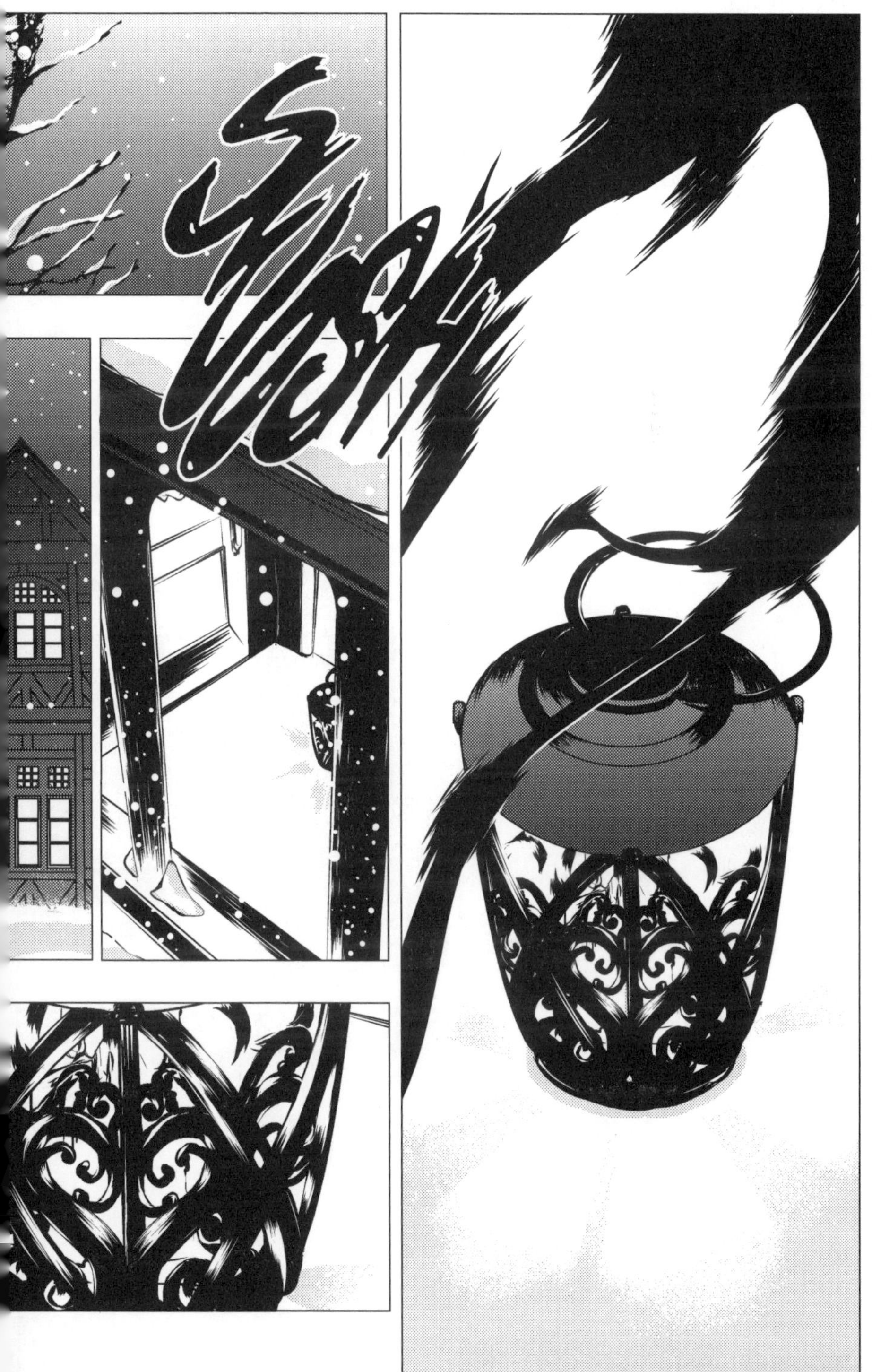

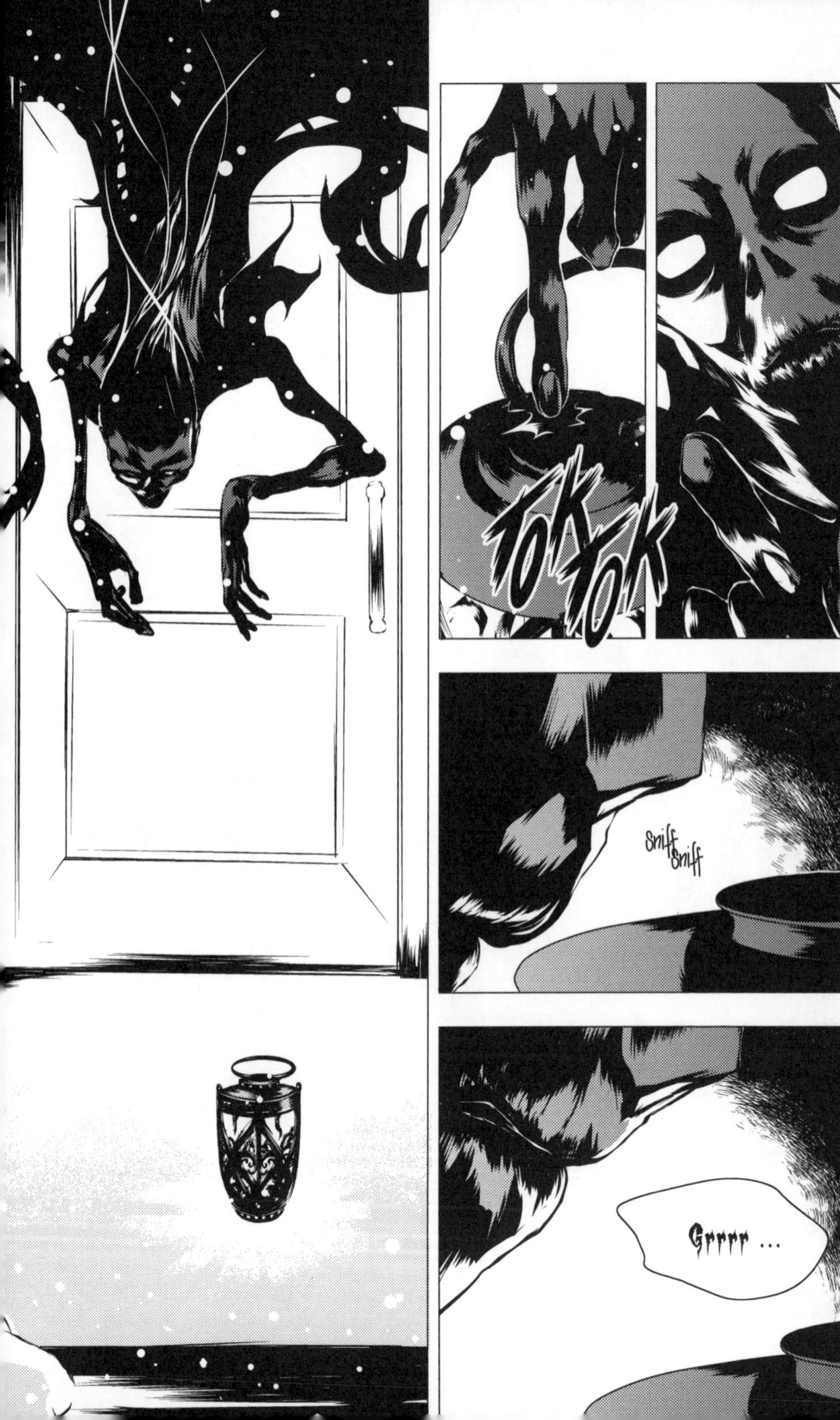
TOK TOK
Sniff Sniff
Grrrr ...

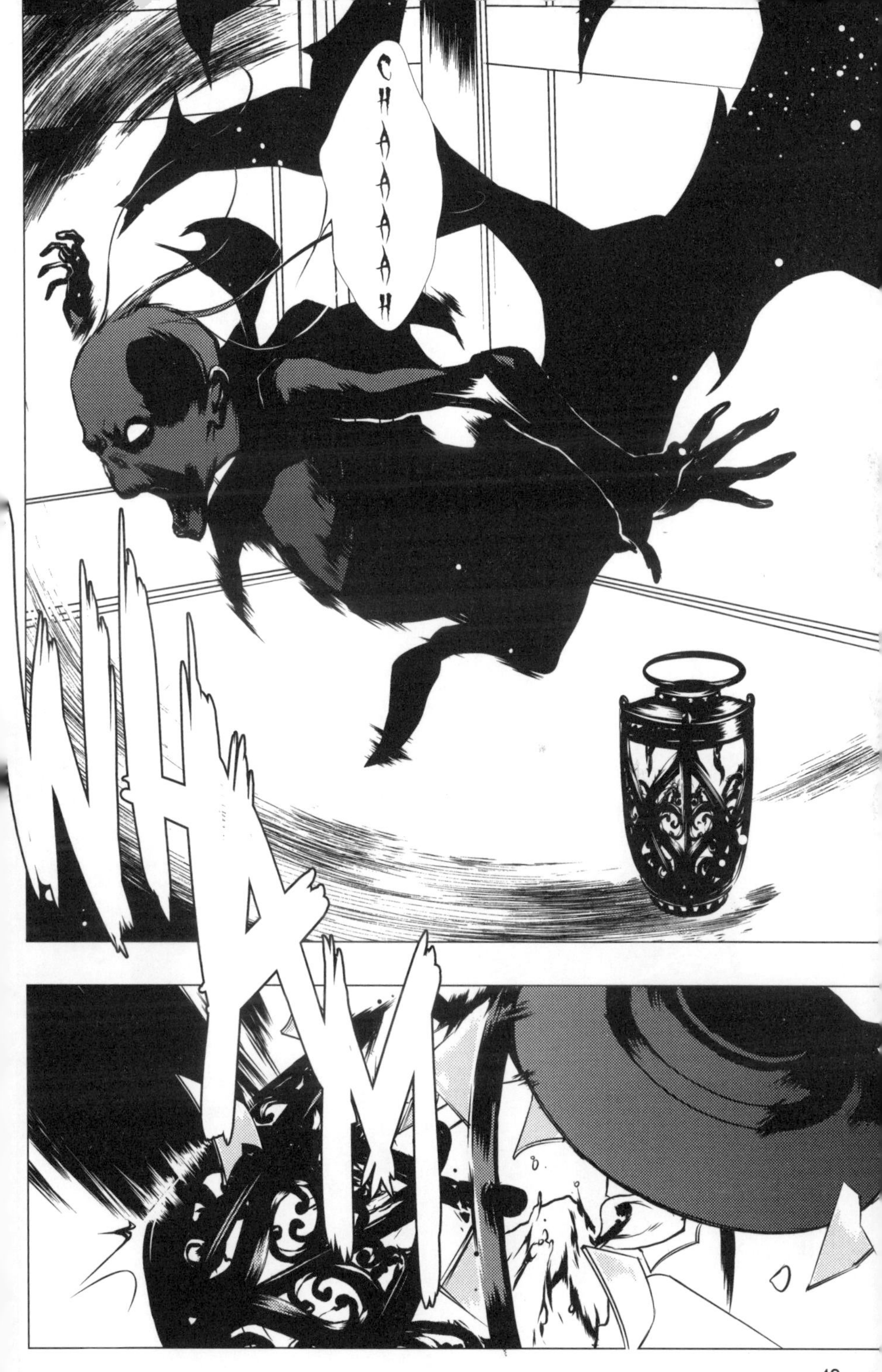
CHAAAAAH
WHAM

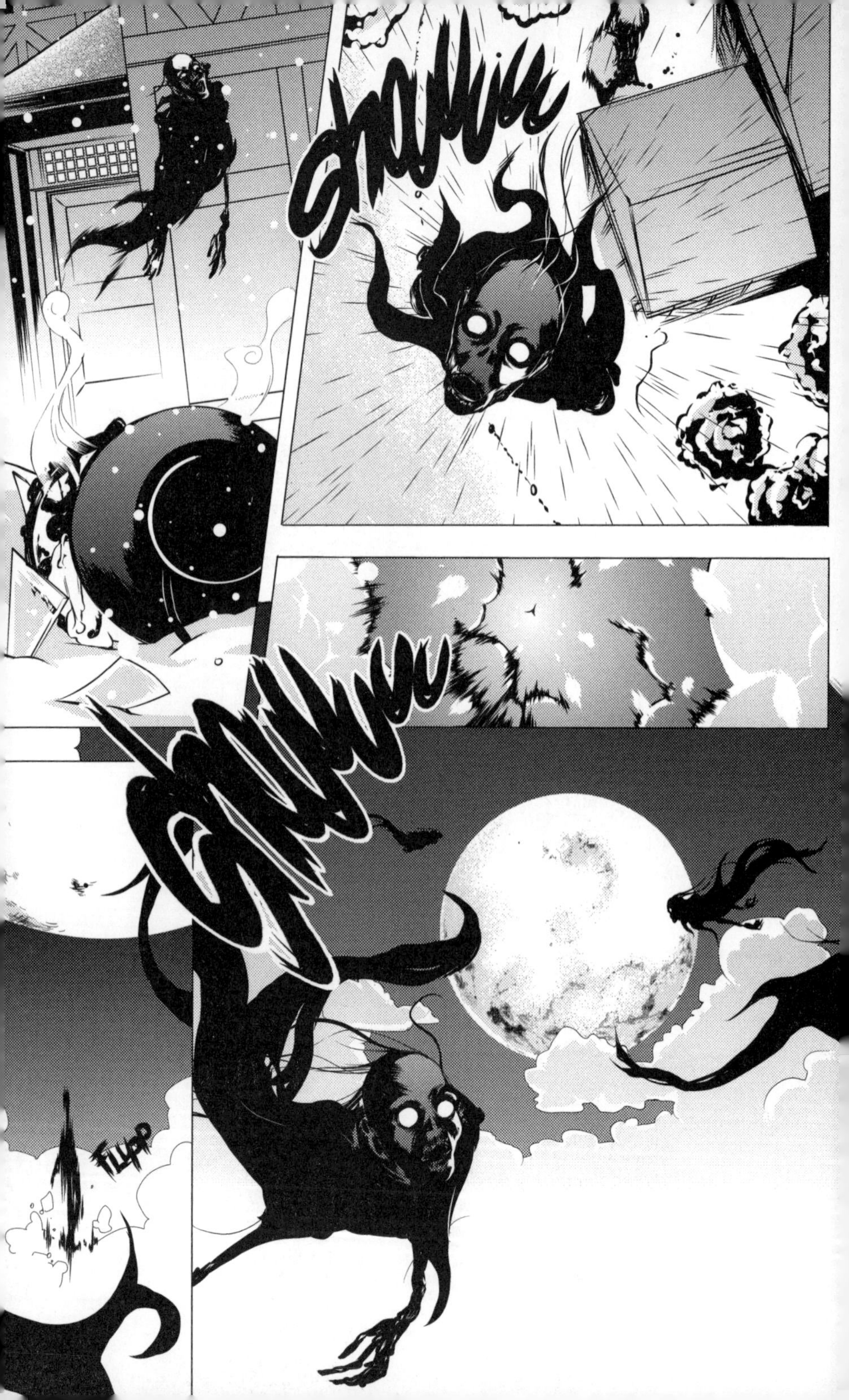
FLUPP

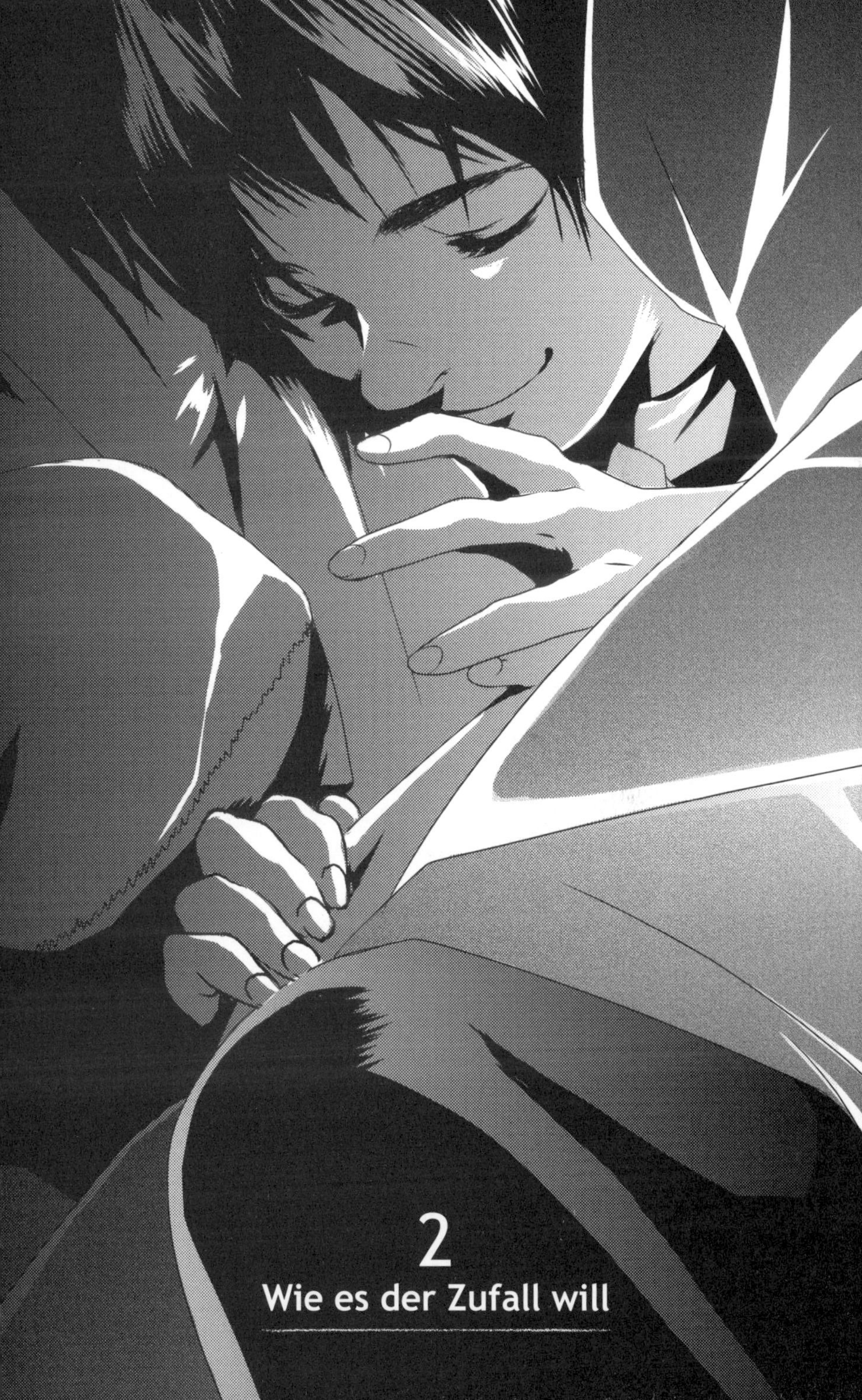

2 Wie es der Zufall will

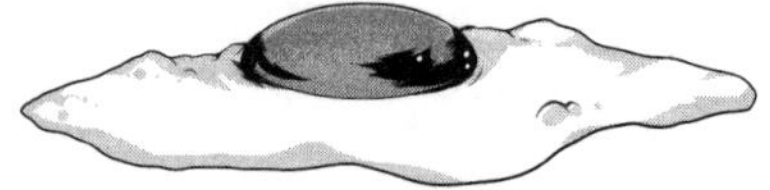

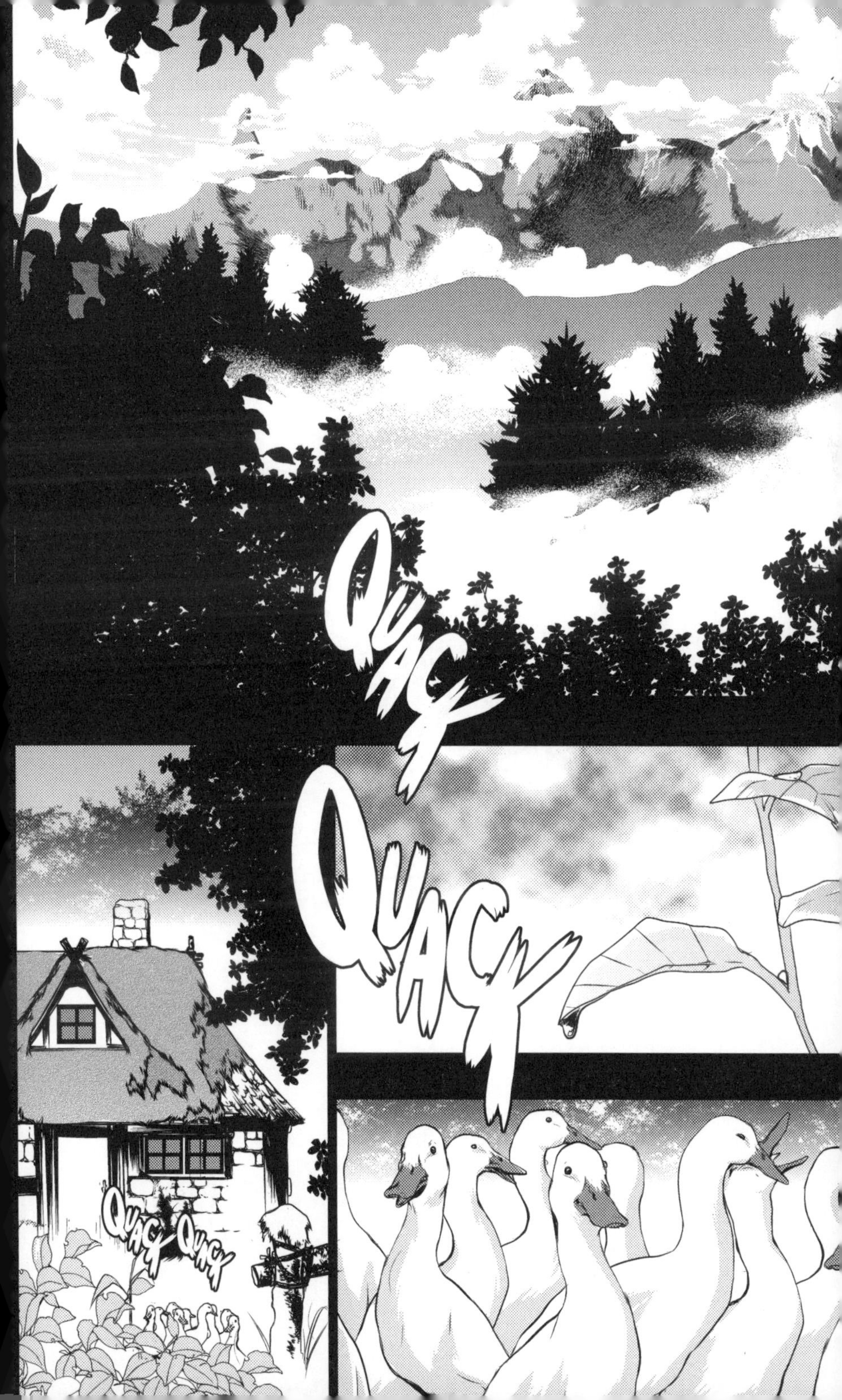
QUACK
QUACK
QUACK QUACK

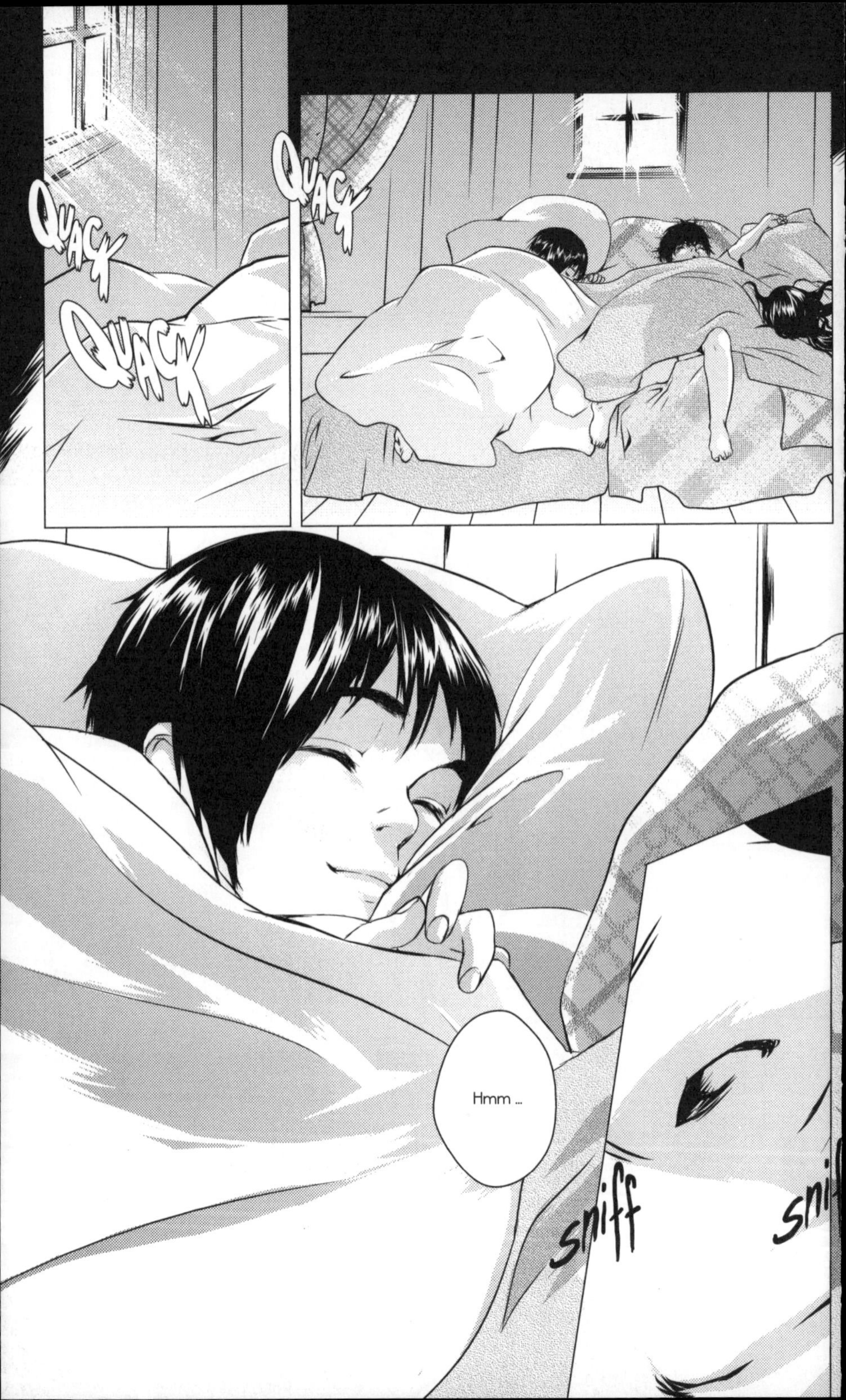
QUACK
QUACK
QUACK
Hmm ...
sniff
snif

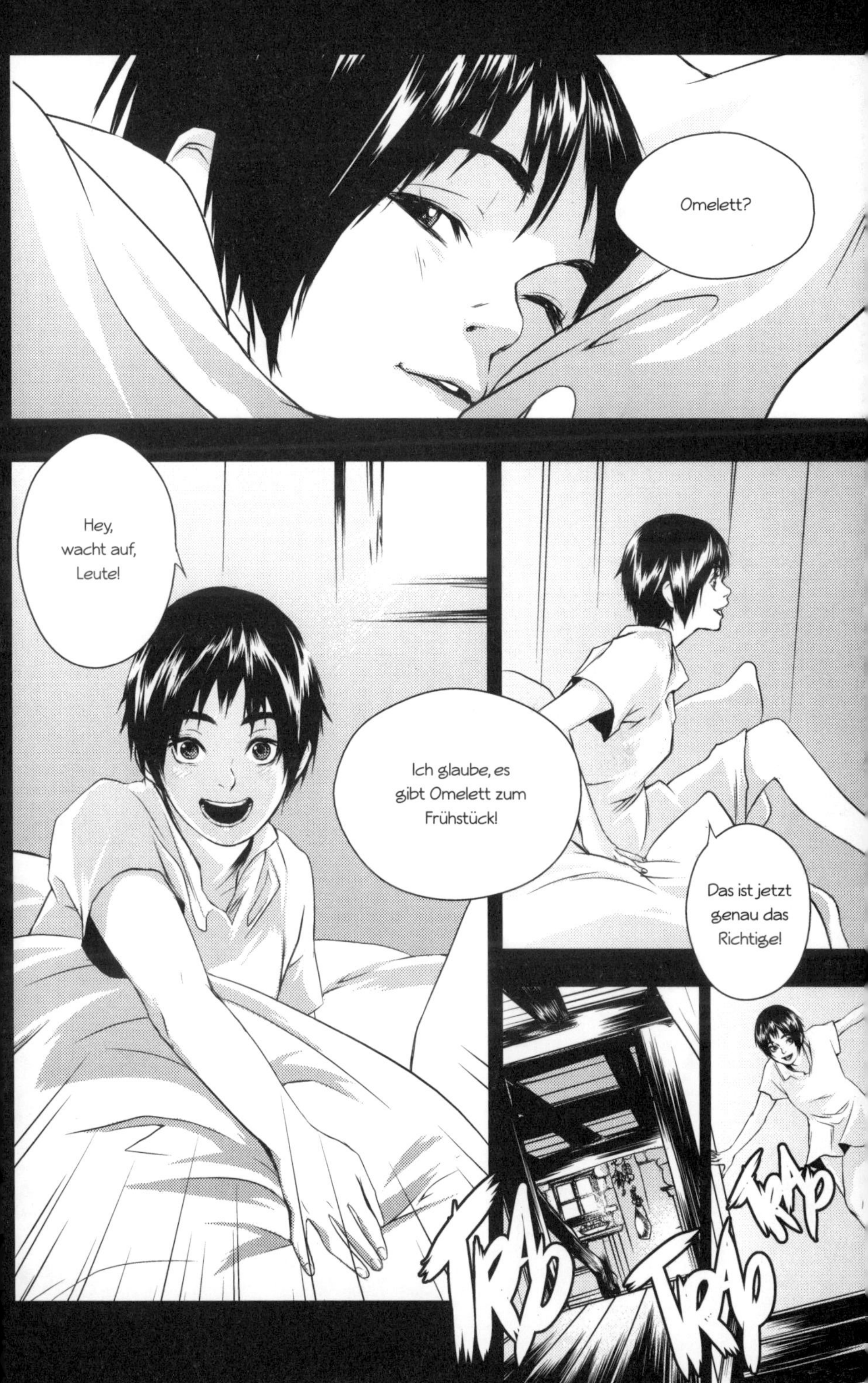
Omelett?
Hey, wacht auf, Leute!
Ich glaube, es gibt Omelett zum Frühstück!
Das ist jetzt genau das Richtige!
TRAP
TRAP
TRAP

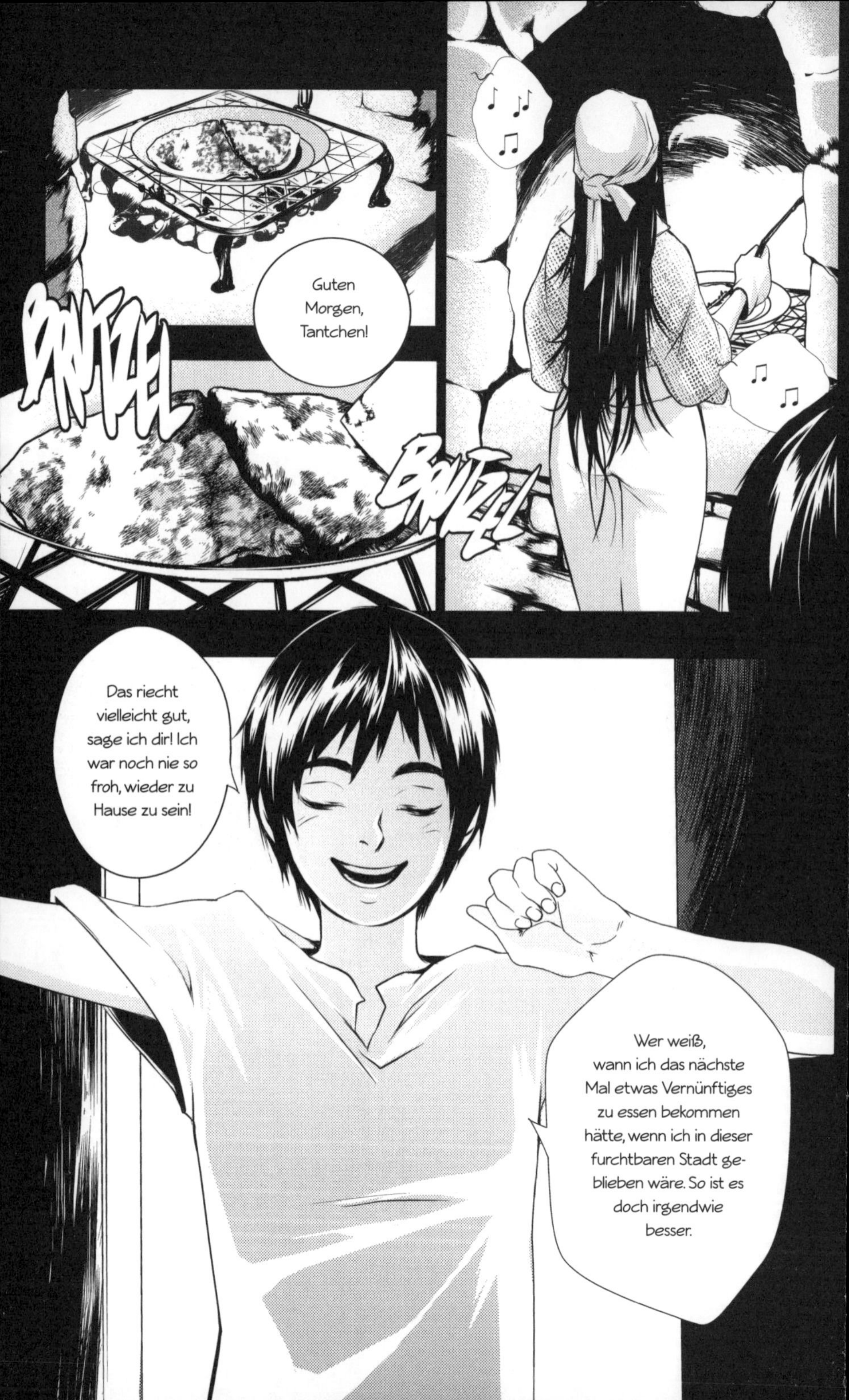
BRUTZEL
Guten Morgen, Tantchen!
BRUTZEL
Das riecht vielleicht gut, sage ich dir! Ich war noch nie so froh, wieder zu Hause zu sein!
Wer weiß, wann ich das nächste Mal etwas Vernünftiges zu essen bekommen hätte, wenn ich in dieser furchtbaren Stadt geblieben wäre. So ist es doch irgendwie besser.

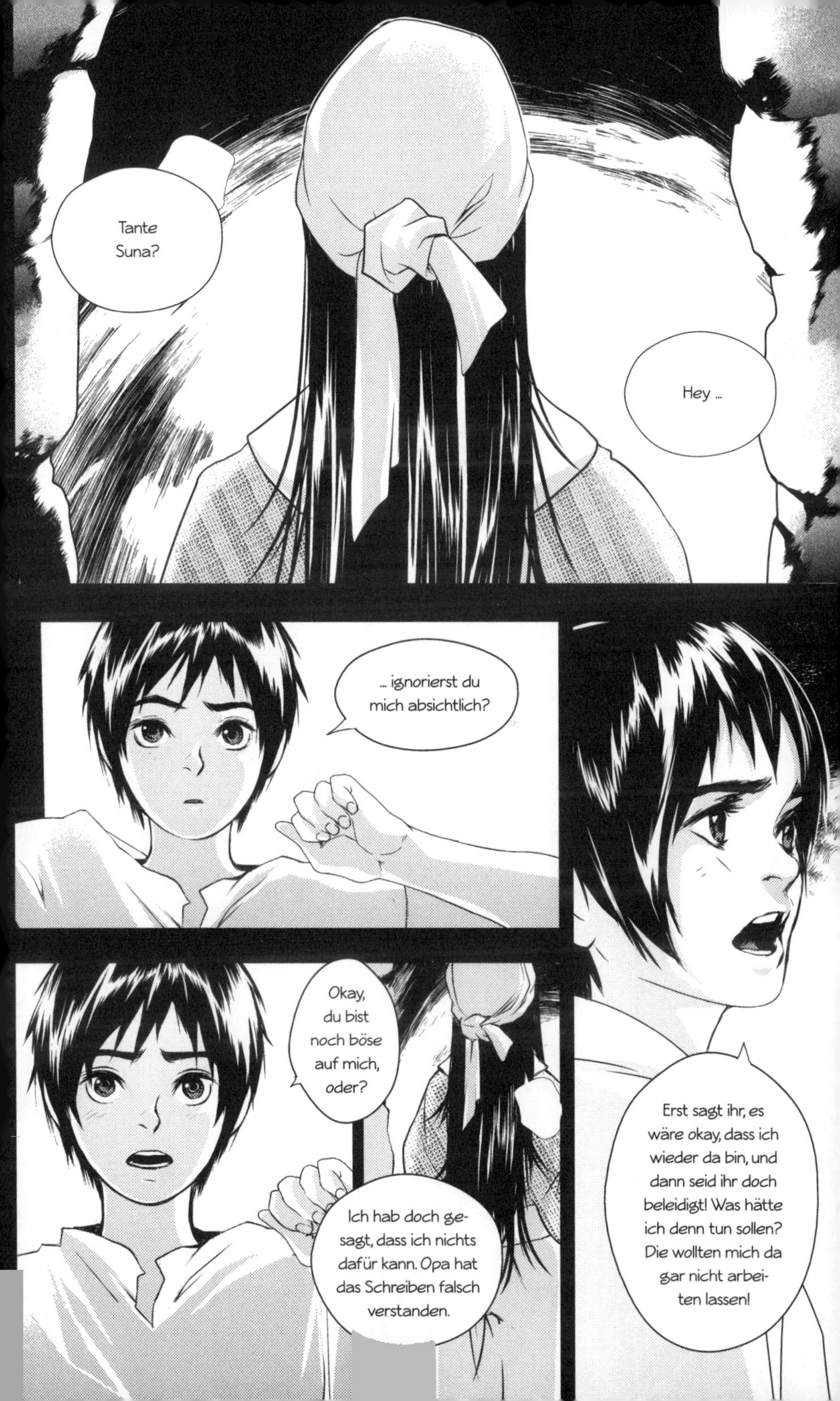
Tante Suna?
Hey ...
... ignorierst du mich absichtlich?
Okay, du bist noch böse auf mich, oder?
Ich hab doch gesagt, dass ich nichts dafür kann. Opa hat das Schreiben falsch verstanden.
Erst sagt ihr, es wäre okay, dass ich wieder da bin, und dann seid ihr doch beleidigt! Was hätte ich denn tun sollen? Die wollten mich da gar nicht arbeiten lassen!

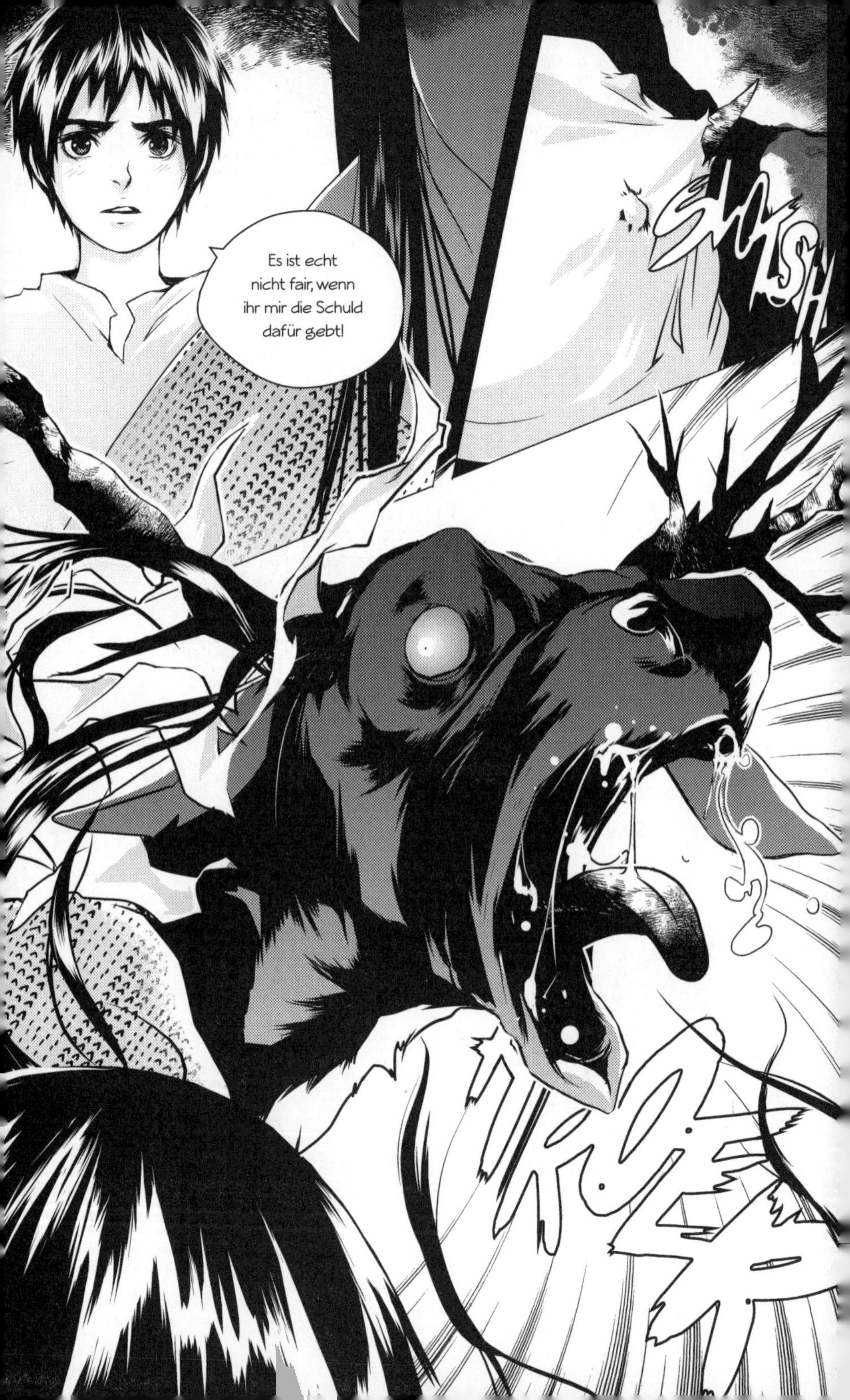
Es ist echt nicht fair, wenn ihr mir die Schuld dafür gebt!

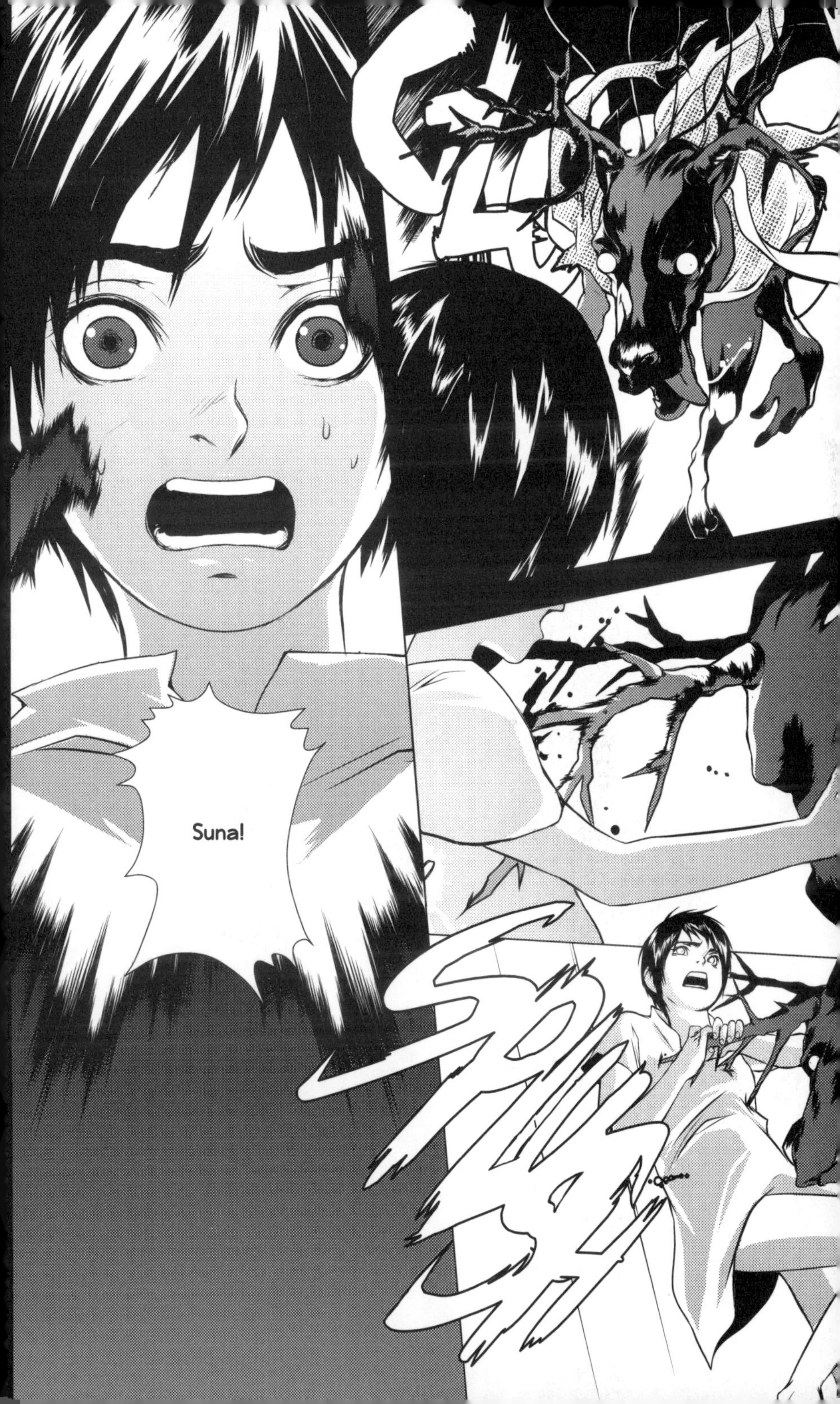
Suna!

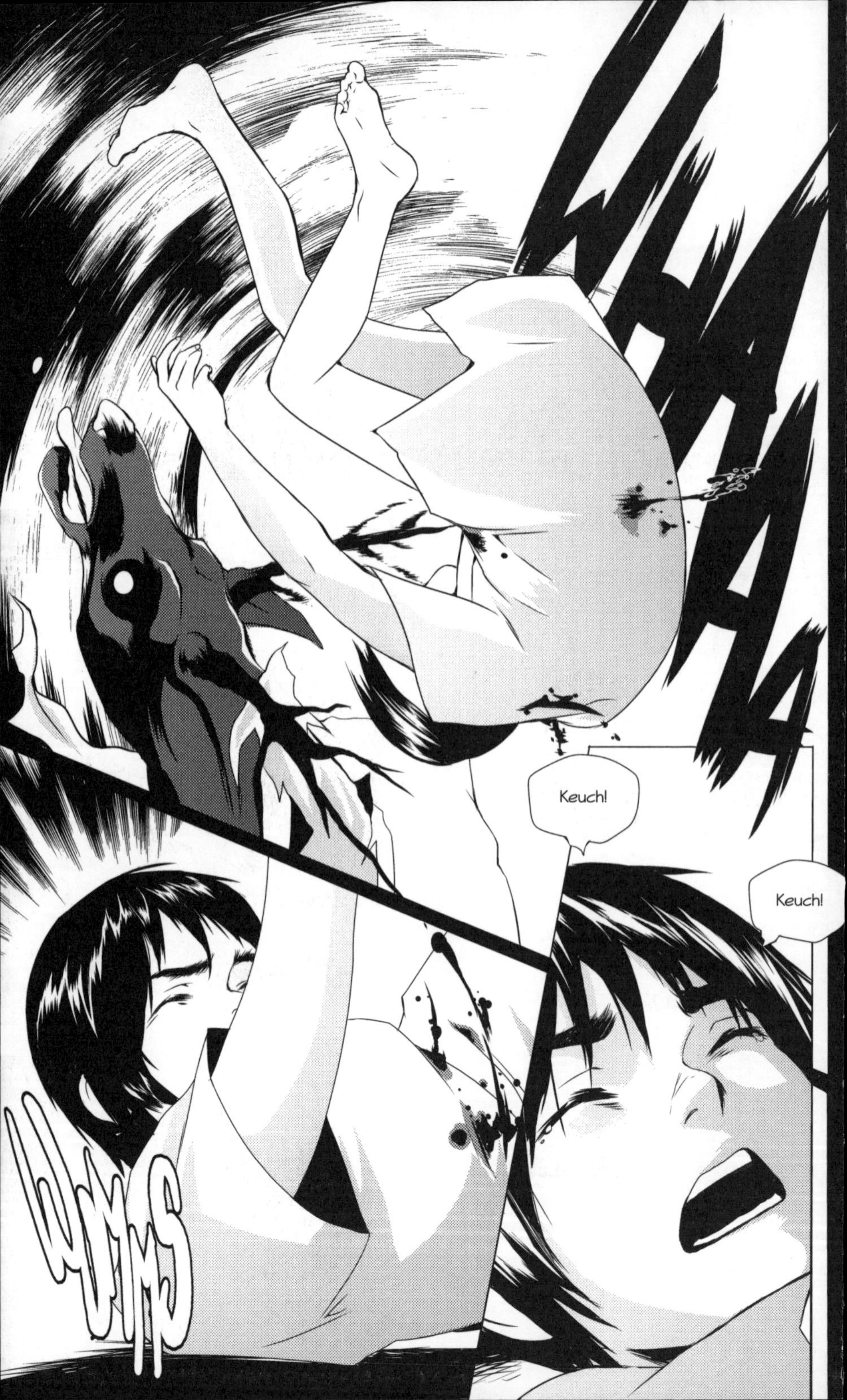
Keuch!
Keuch!

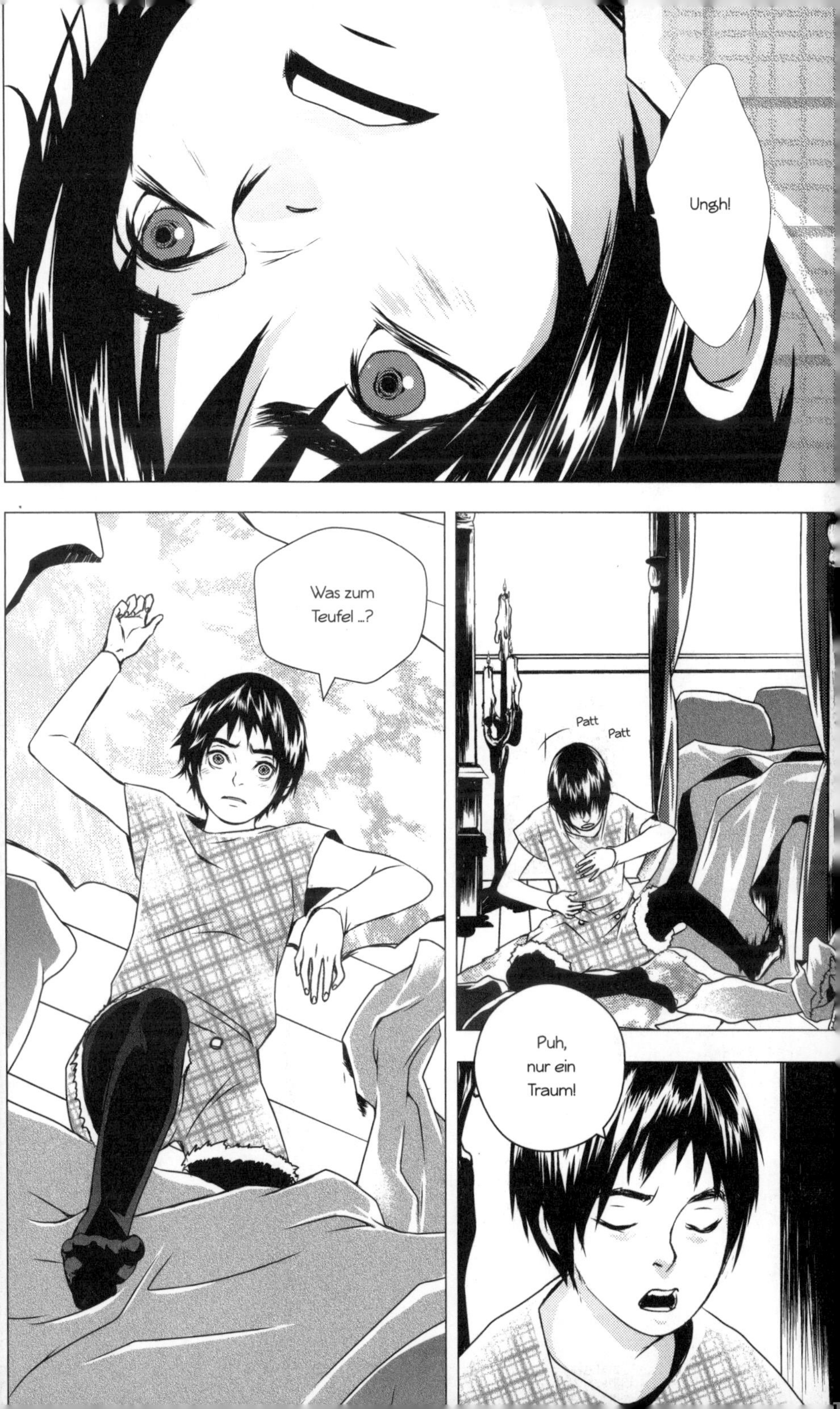

Ungh!

Was zum Teufel ...?

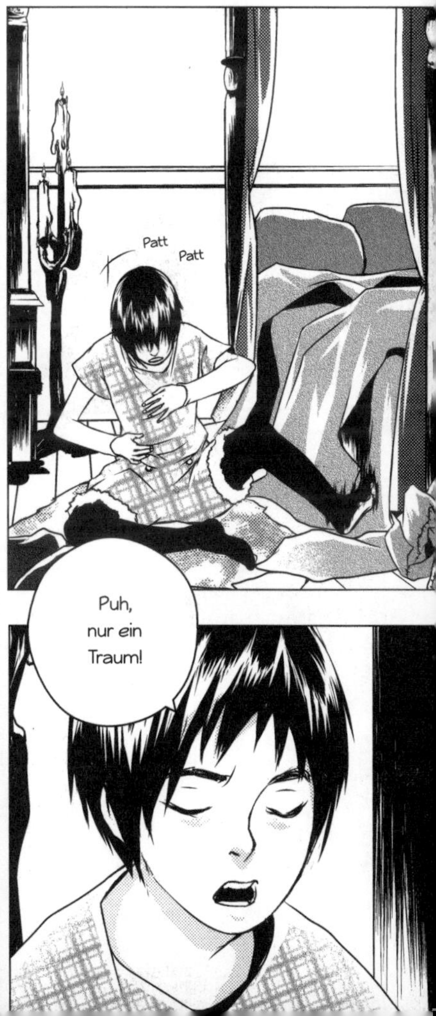

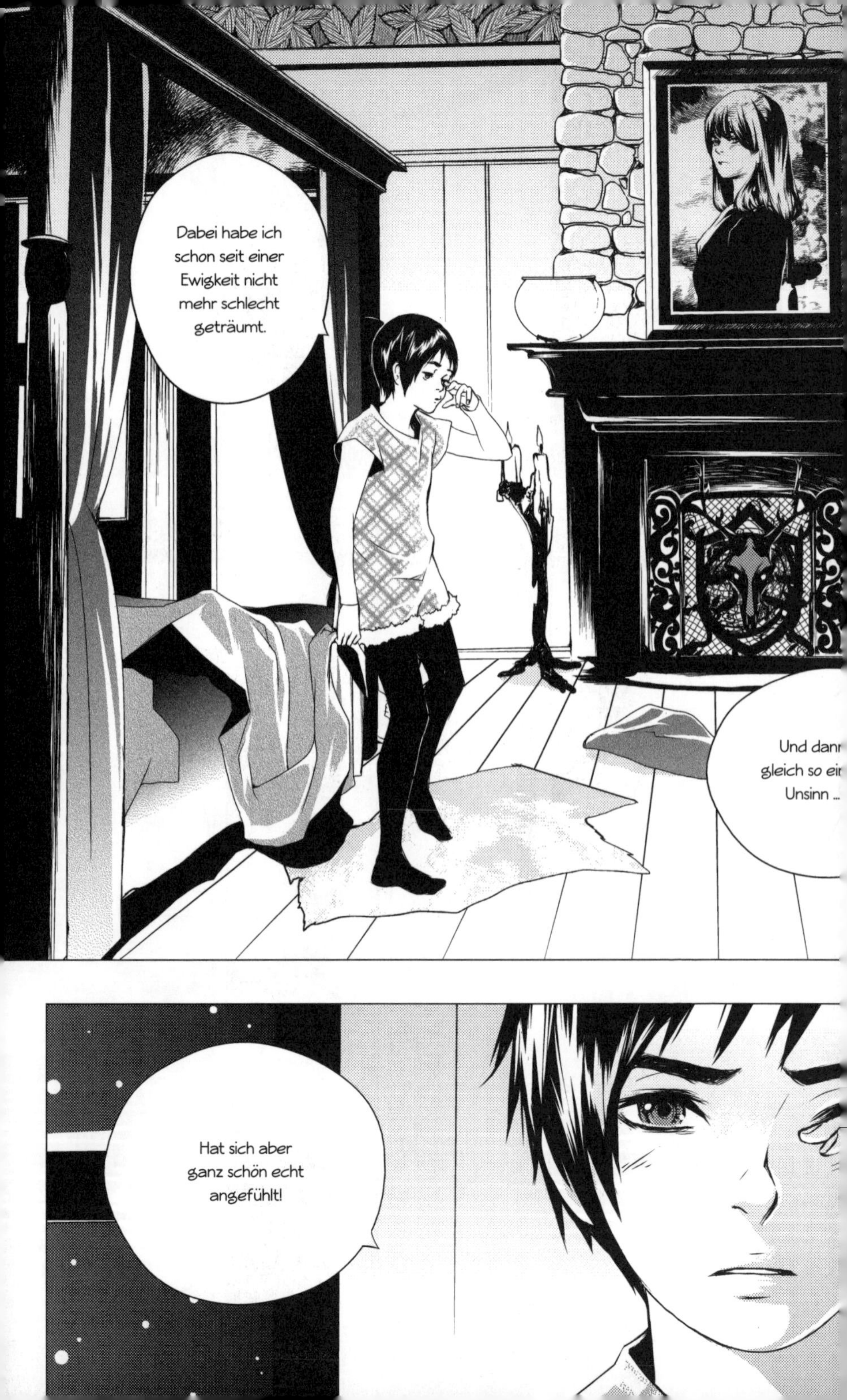

Dabei habe ich schon seit einer Ewigkeit nicht mehr schlecht geträumt.

Und dan
gleich so ei
Unsinn ...

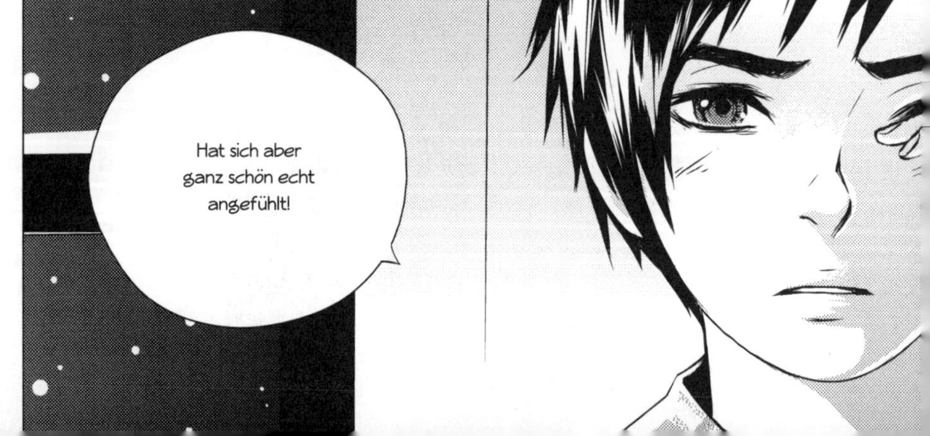

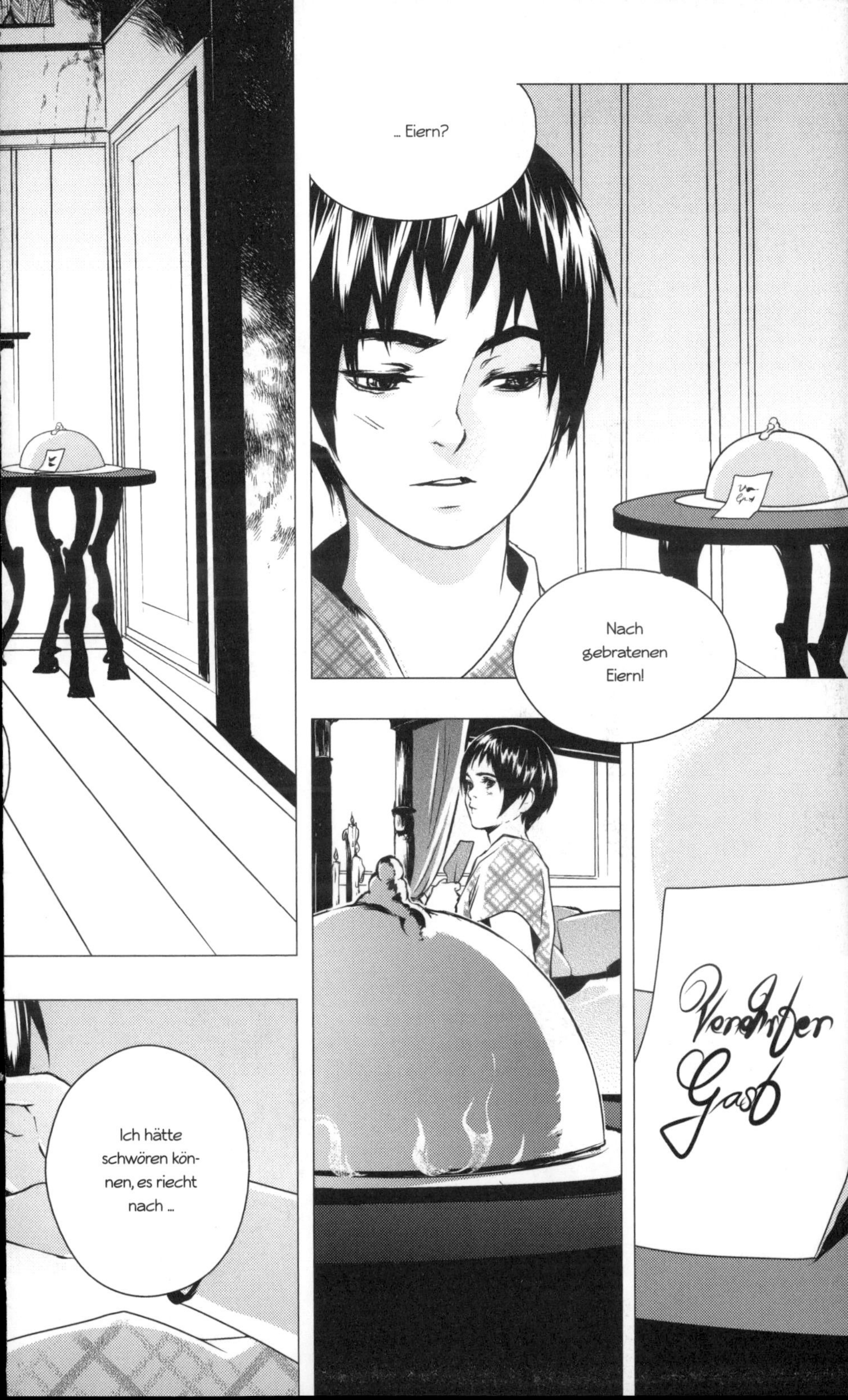
Ich hätte schwören kön-
nen, es riecht
nach ...
... Eiern?
Nach
gebratenen
Eiern!
Verehrter
Gast

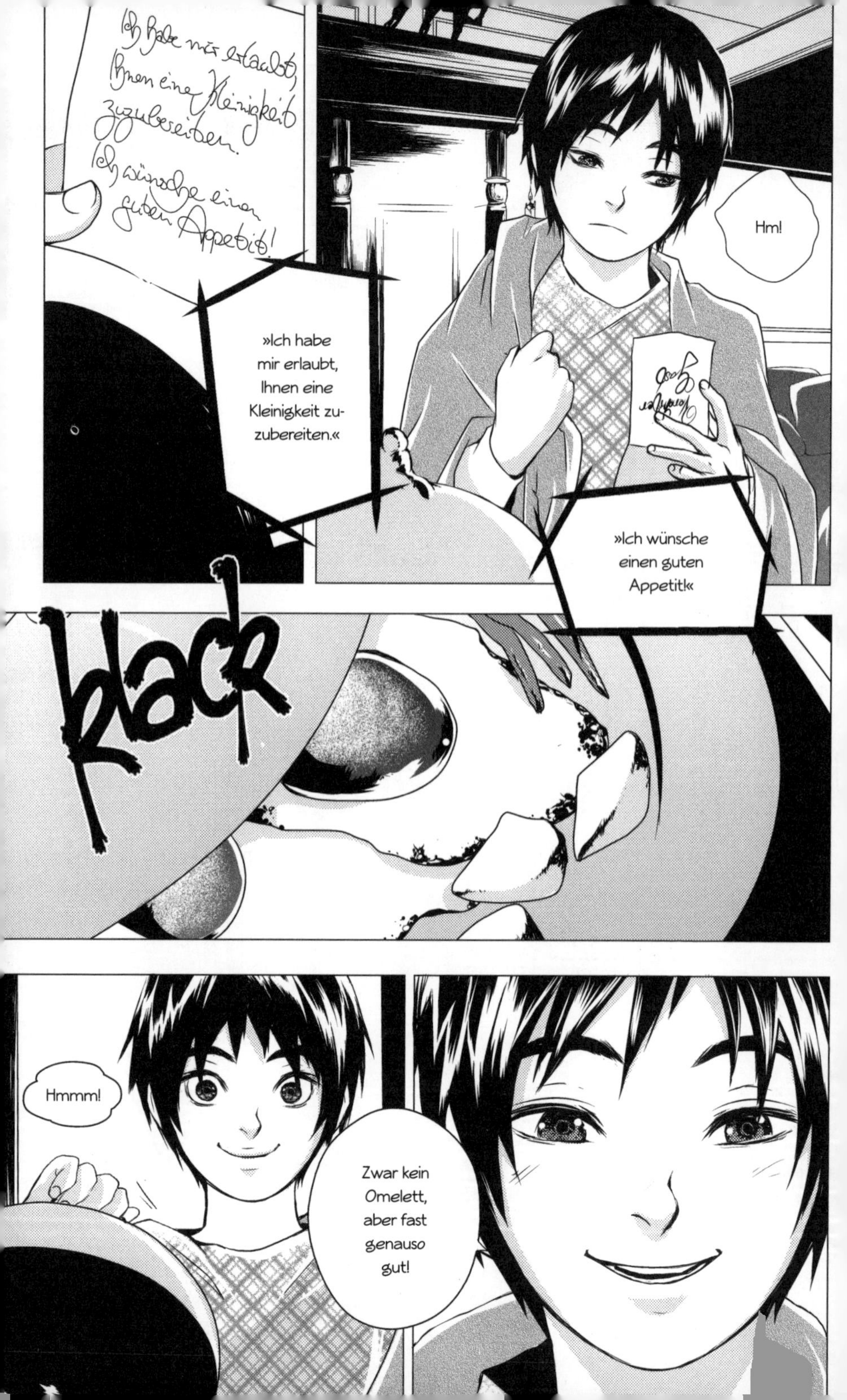

Ich habe mir erlaubt, Ihnen eine Kleinigkeit zuzubereiten. Ich wünsche einen guten Appetit!

Hm!

»Ich habe mir erlaubt, Ihnen eine Kleinigkeit zu-zubereiten.«

»Ich wünsche einen guten Appetit!«

klack

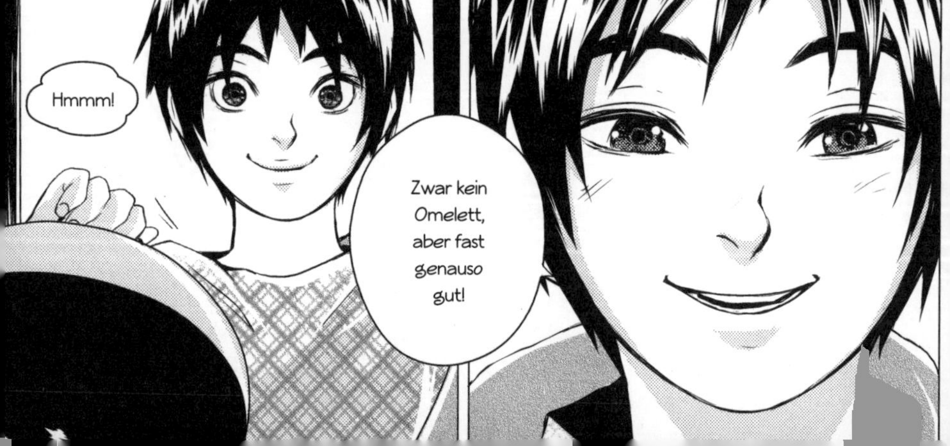

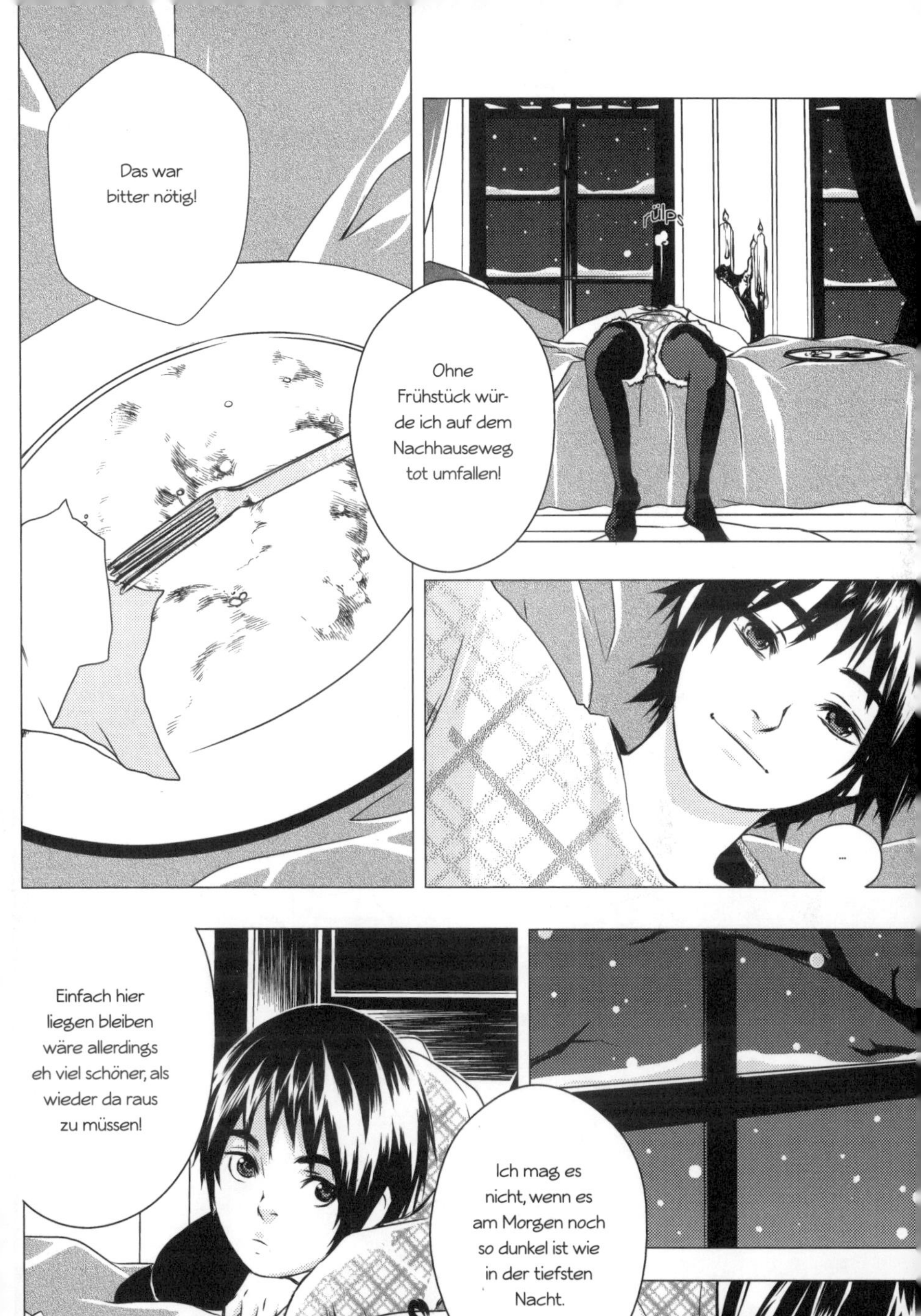
rülps
Das war bitter nötig!
Ohne Frühstück würde ich auf dem Nachhauseweg tot umfallen!
...
Ich mag es nicht, wenn es am Morgen noch so dunkel ist wie in der tiefsten Nacht.
Ungh!
Einfach hier liegen bleiben wäre allerdings eh viel schöner, als wieder da raus zu müssen!

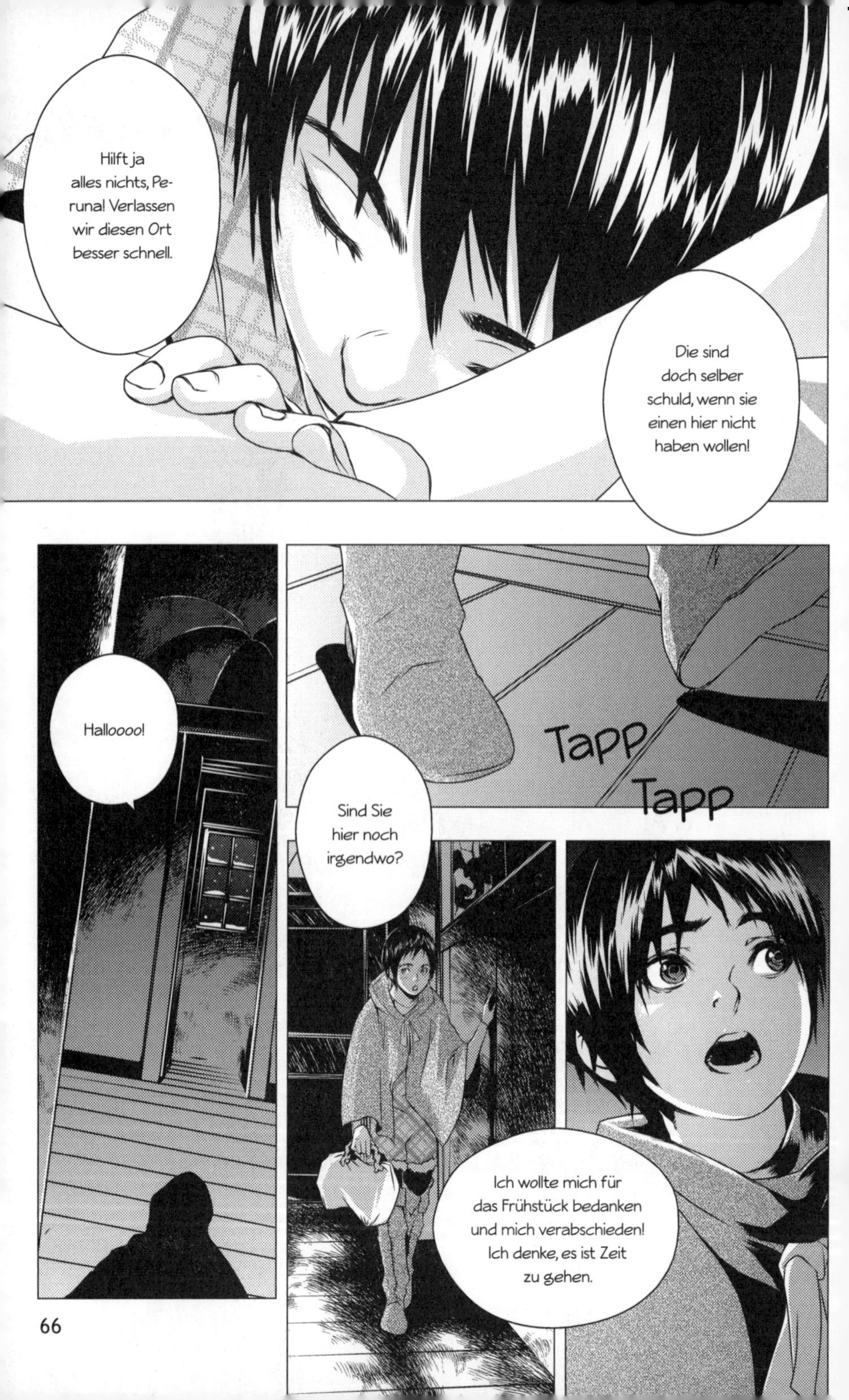

Die sind doch selber schuld, wenn sie einen hier nicht haben wollen!

Hilft ja alles nichts, Pe-runa! Verlassen wir diesen Ort besser schnell.

Tapp

Tapp

Halloooo!

Sind Sie hier noch irgendwo?

Ich wollte mich für das Frühstück bedanken und mich verabschieden! Ich denke, es ist Zeit zu gehen.

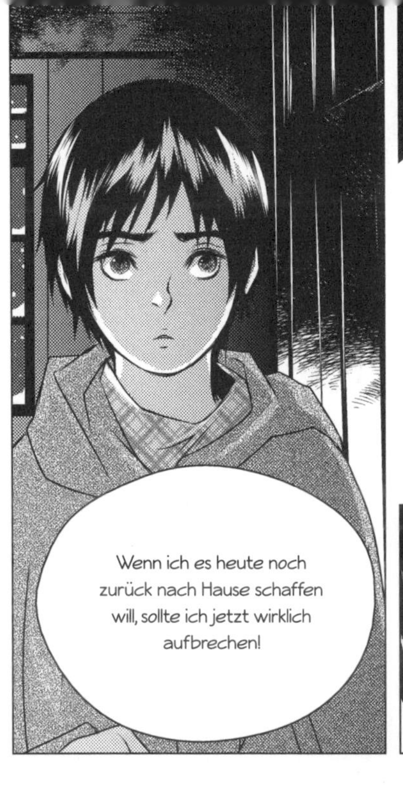
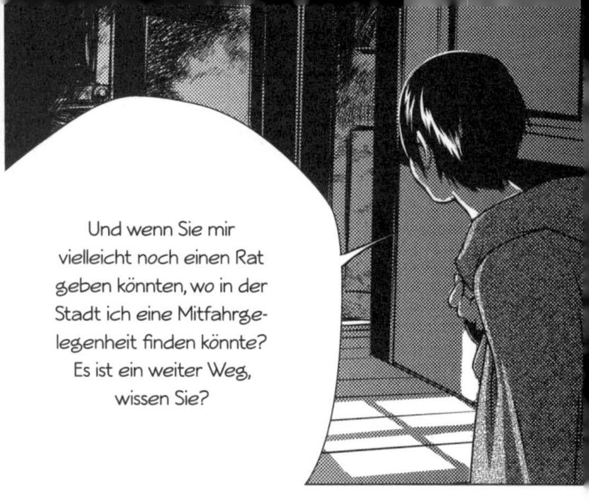
Und wenn Sie mir vielleicht noch einen Rat geben könnten, wo in der Stadt ich eine Mitfahrgelegenheit finden könnte? Es ist ein weiter Weg, wissen Sie?
Wenn ich es heute noch zurück nach Hause schaffen will, sollte ich jetzt wirklich aufbrechen!
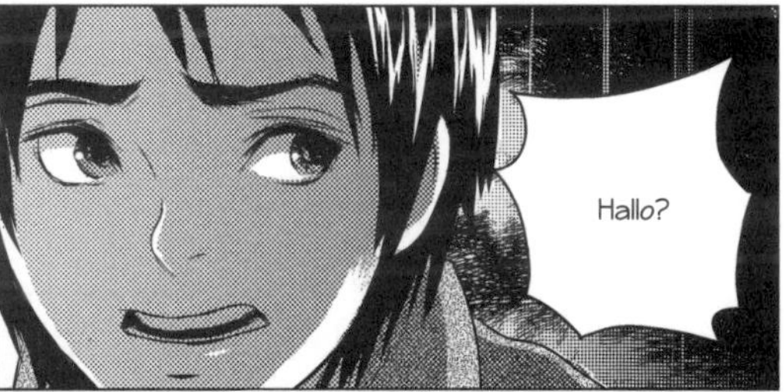
Hallo?
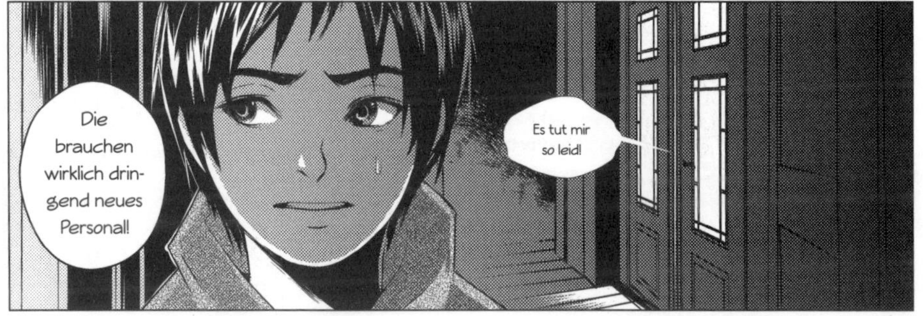
Es tut mir so leid!
Die brauchen wirklich dringend neues Personal!
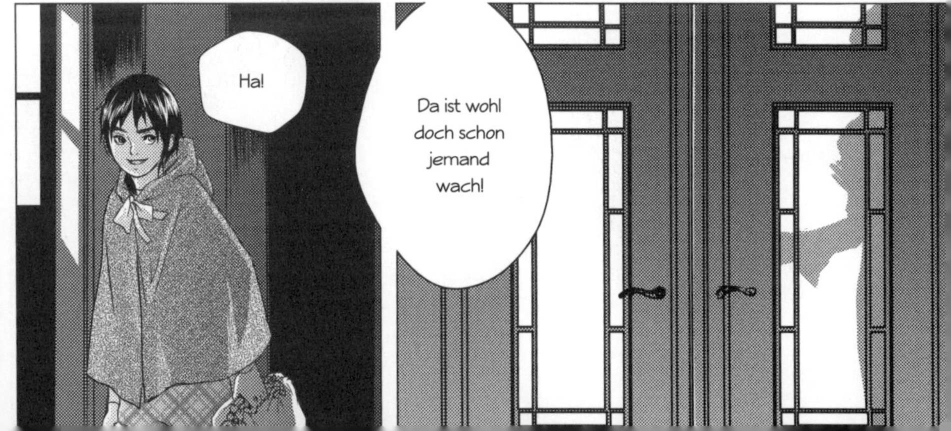
Da ist wohl doch schon jemand wach!
Ha!

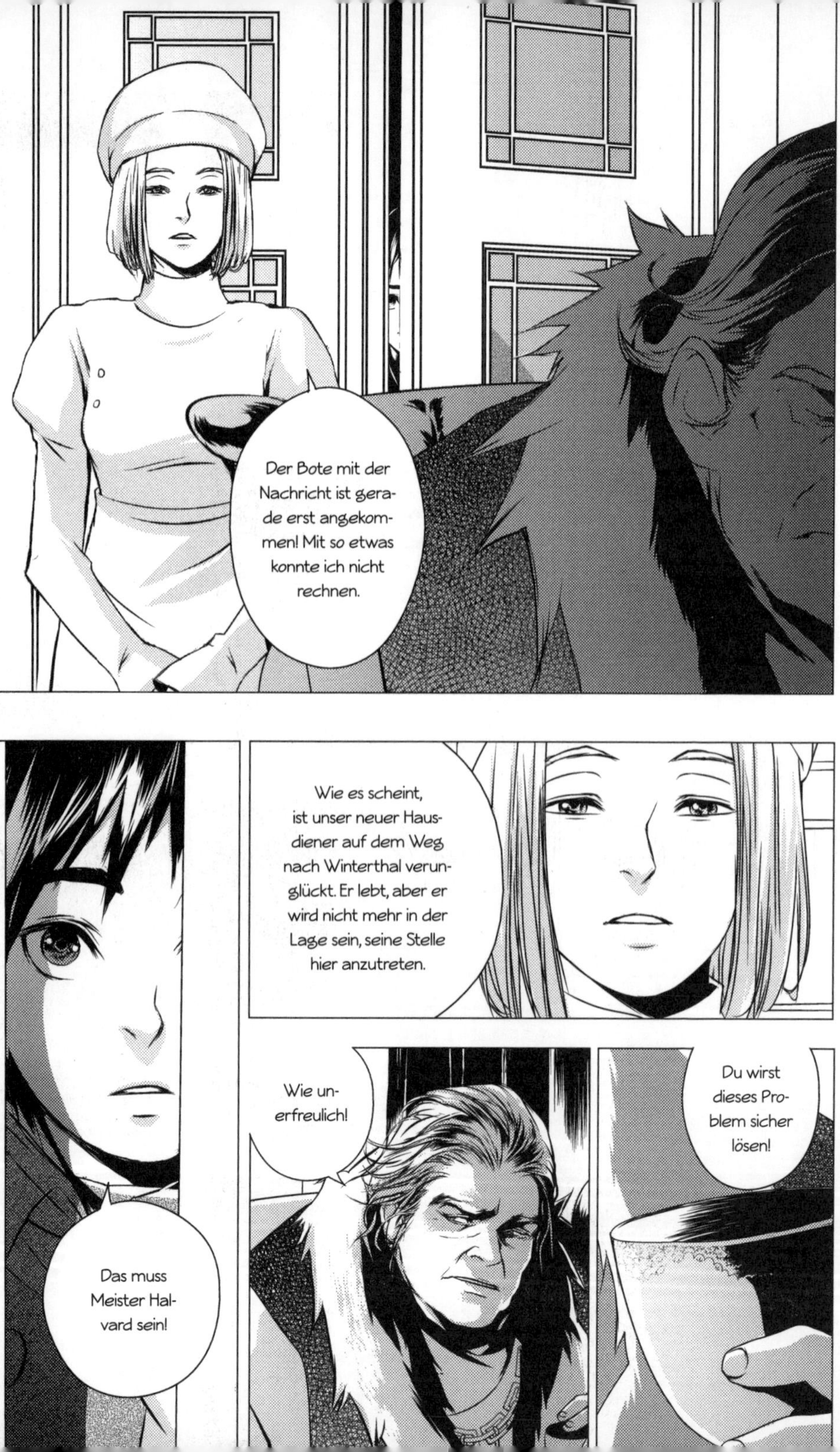

Der Bote mit der Nachricht ist gerade erst angekommen! Mit so etwas konnte ich nicht rechnen.

Wie es scheint, ist unser neuer Hausdiener auf dem Weg nach Winterthal verunglückt. Er lebt, aber er wird nicht mehr in der Lage sein, seine Stelle hier anzutreten.

Du wirst dieses Problem sicher lösen!

Wie unerfreulich!

Das muss Meister Halvard sein!

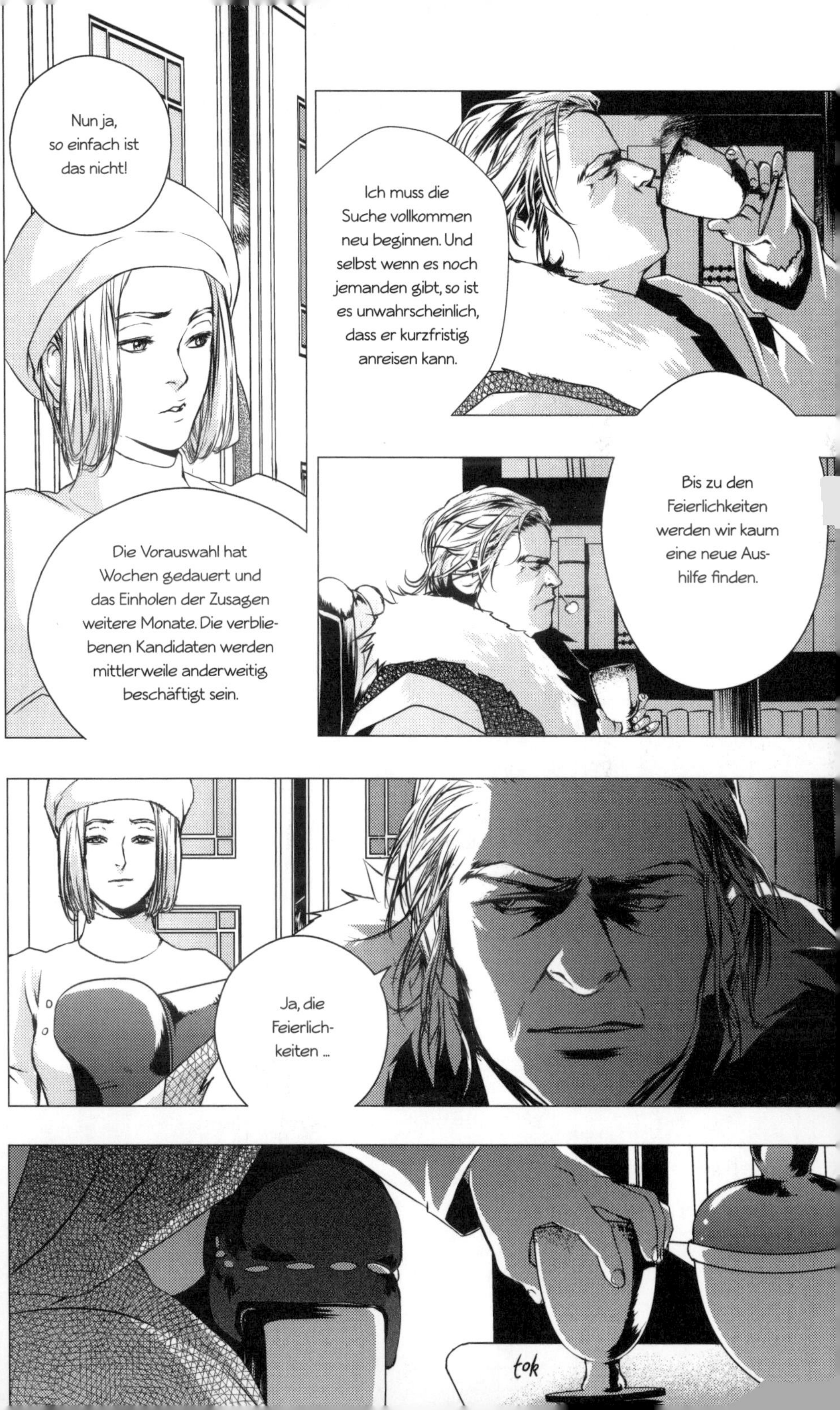

Nun ja, so einfach ist das nicht!

Ich muss die Suche vollkommen neu beginnen. Und selbst wenn es noch jemanden gibt, so ist es unwahrscheinlich, dass er kurzfristig anreisen kann.

Die Vorauswahl hat Wochen gedauert und das Einholen der Zusagen weitere Monate. Die verbliebenen Kandidaten werden mittlerweile anderweitig beschäftigt sein.

Bis zu den Feierlichkeiten werden wir kaum eine neue Aushilfe finden.

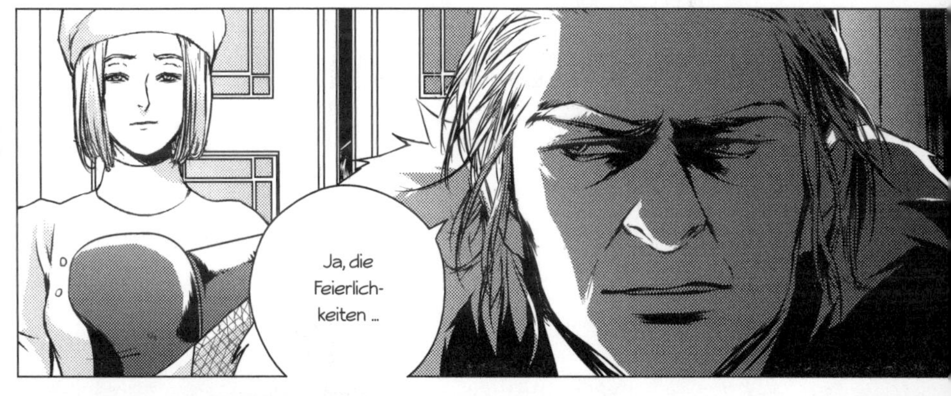

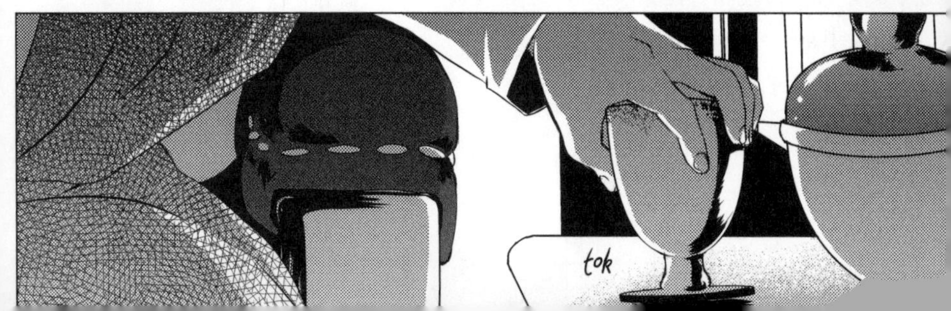

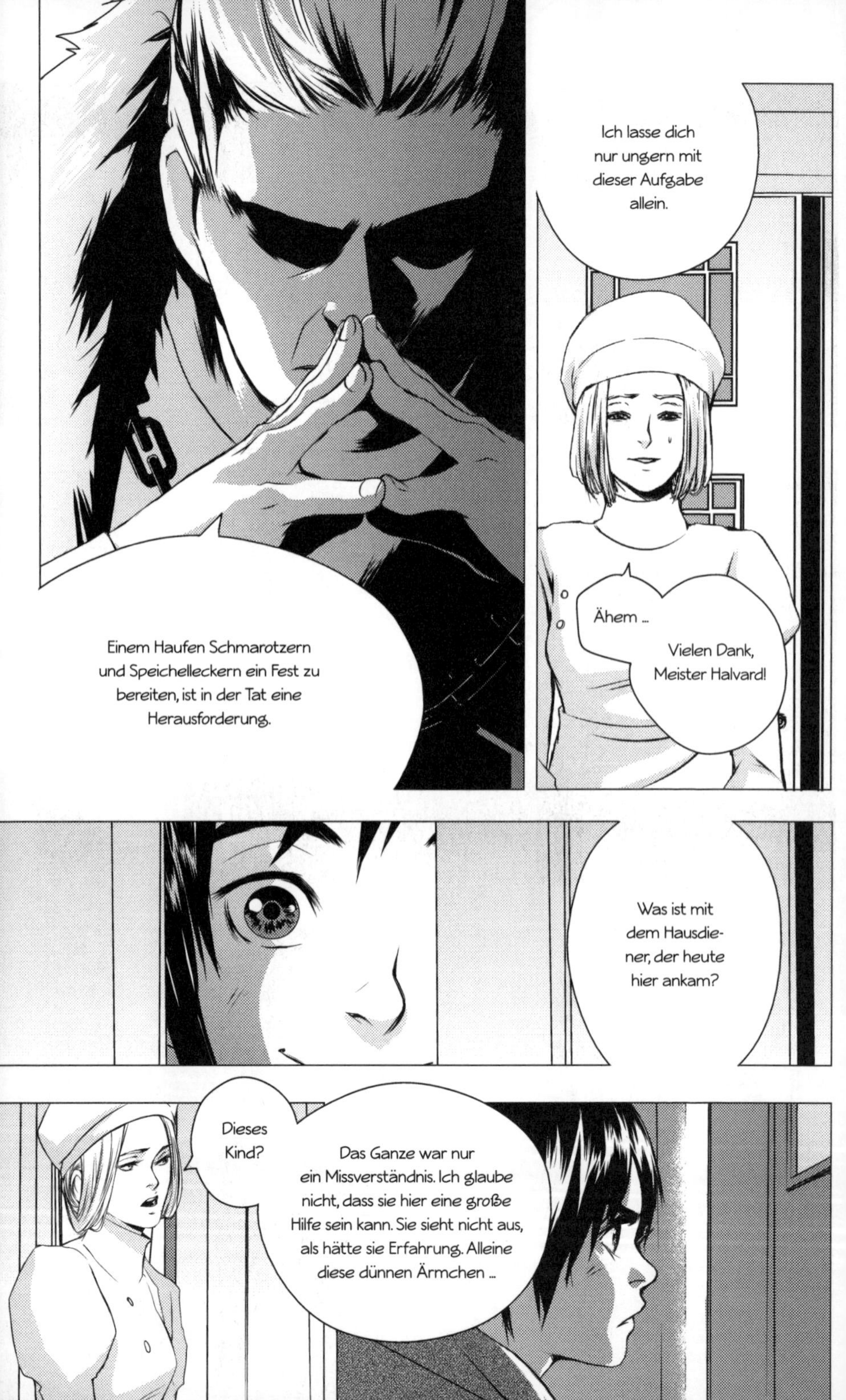
Ich lasse dich nur ungern mit dieser Aufgabe allein.
Einem Haufen Schmarotzern und Speichelleckern ein Fest zu bereiten, ist in der Tat eine Herausforderung.
Ähem …
Vielen Dank, Meister Halvard!
Was ist mit dem Hausdiener, der heute hier ankam?
Dieses Kind?
Das Ganze war nur ein Missverständnis. Ich glaube nicht, dass sie hier eine große Hilfe sein kann. Sie sieht nicht aus, als hätte sie Erfahrung. Alleine diese dünnen Ärmchen …

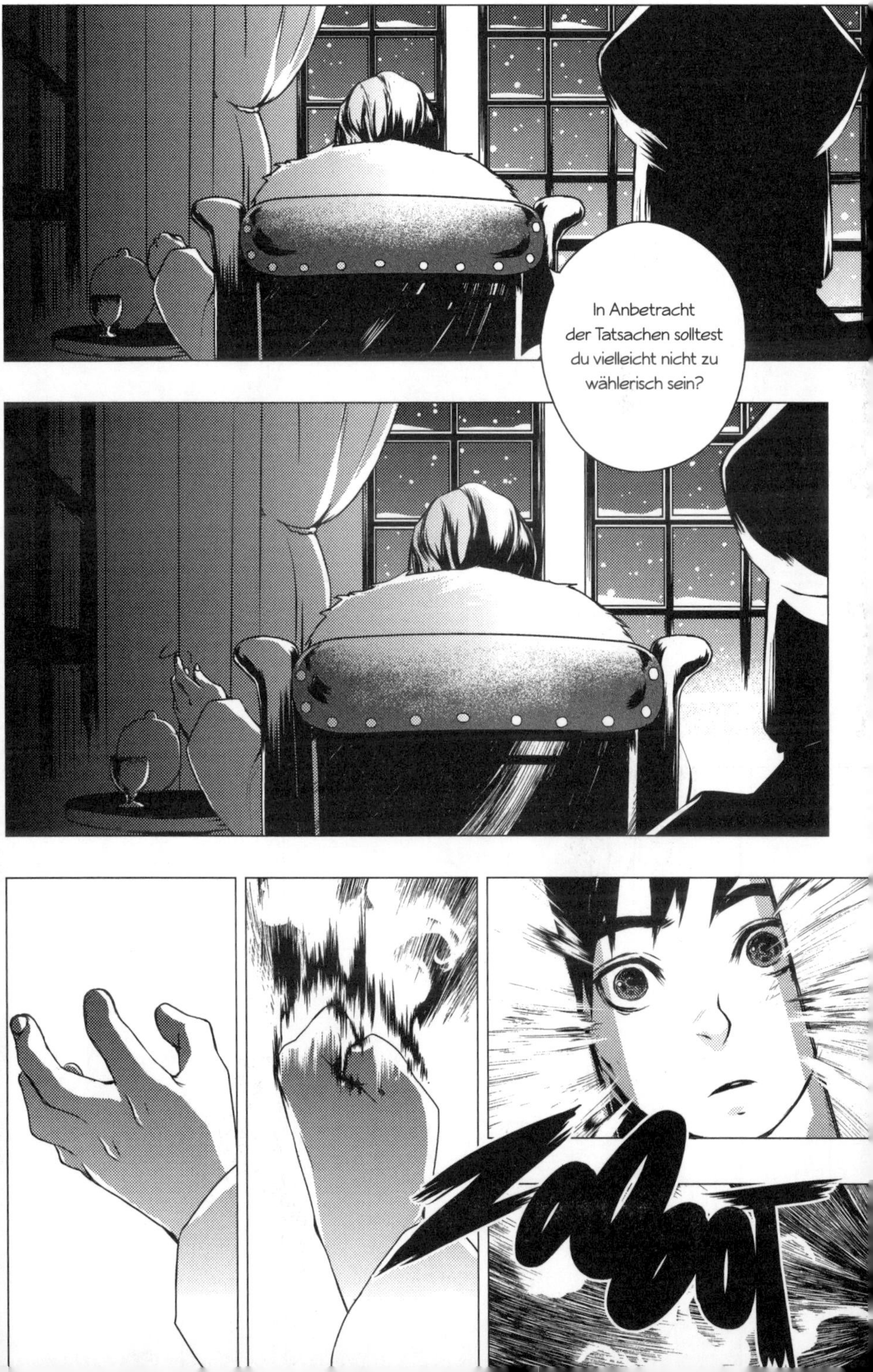

In Anbetracht der Tatsachen solltest du vielleicht nicht zu wählerisch sein?

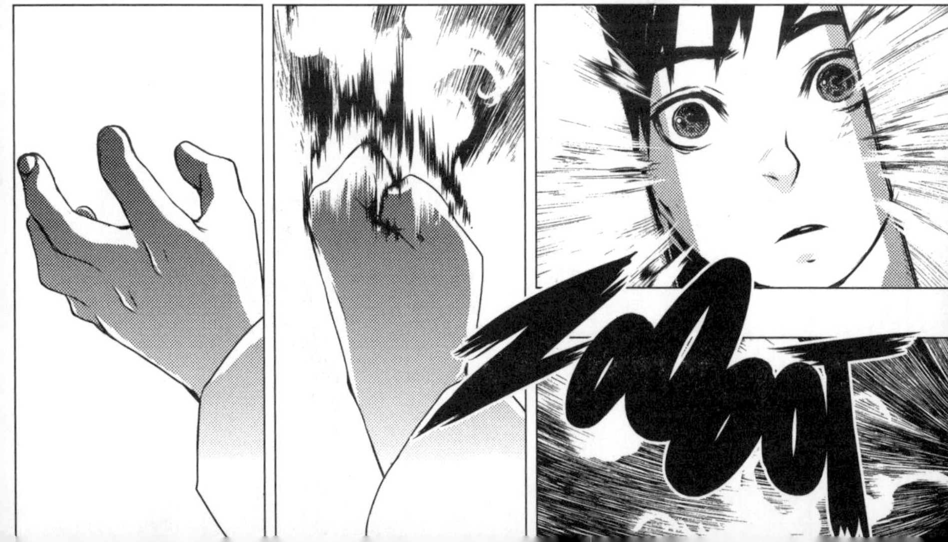

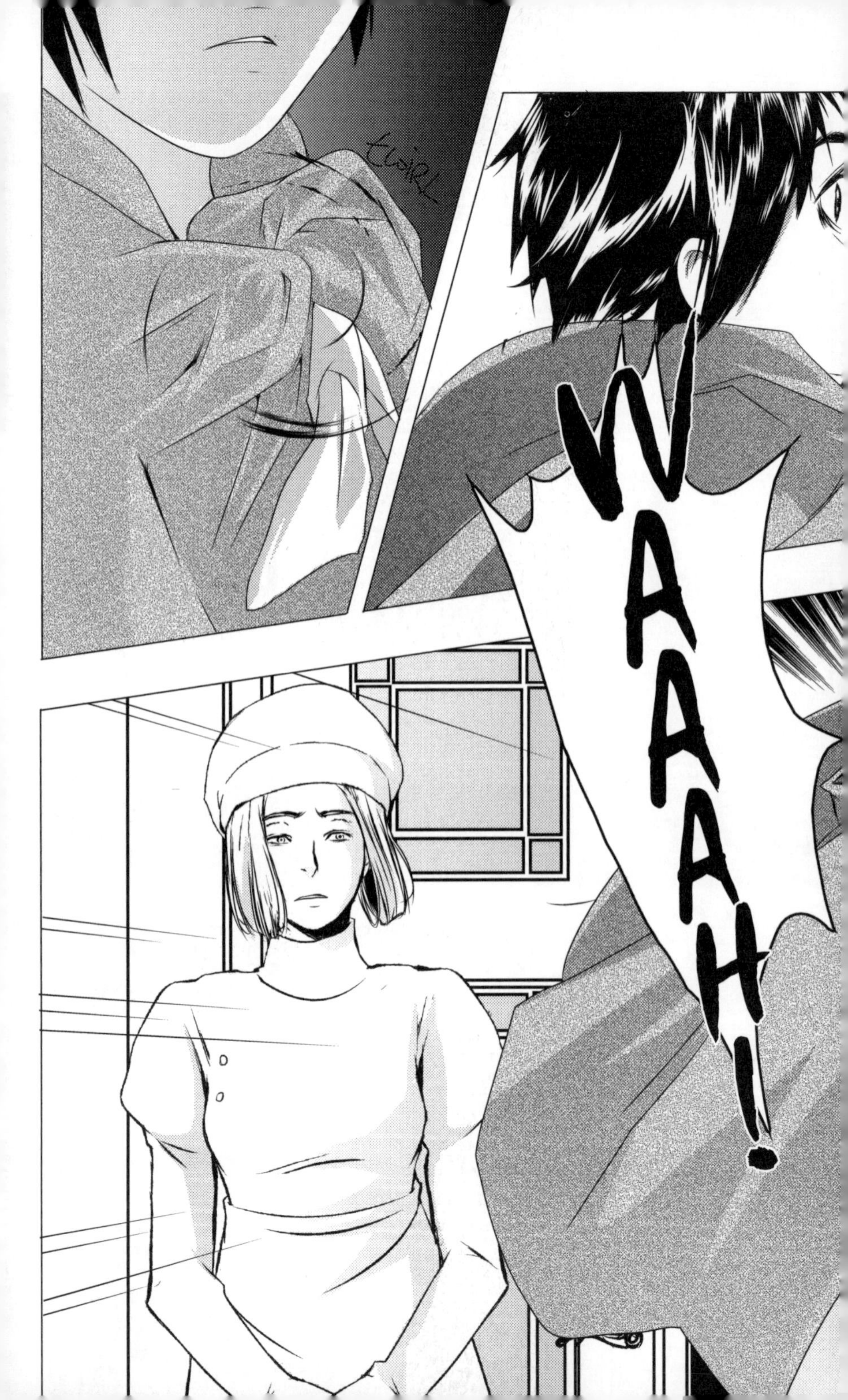
twirl
WAAAAH!

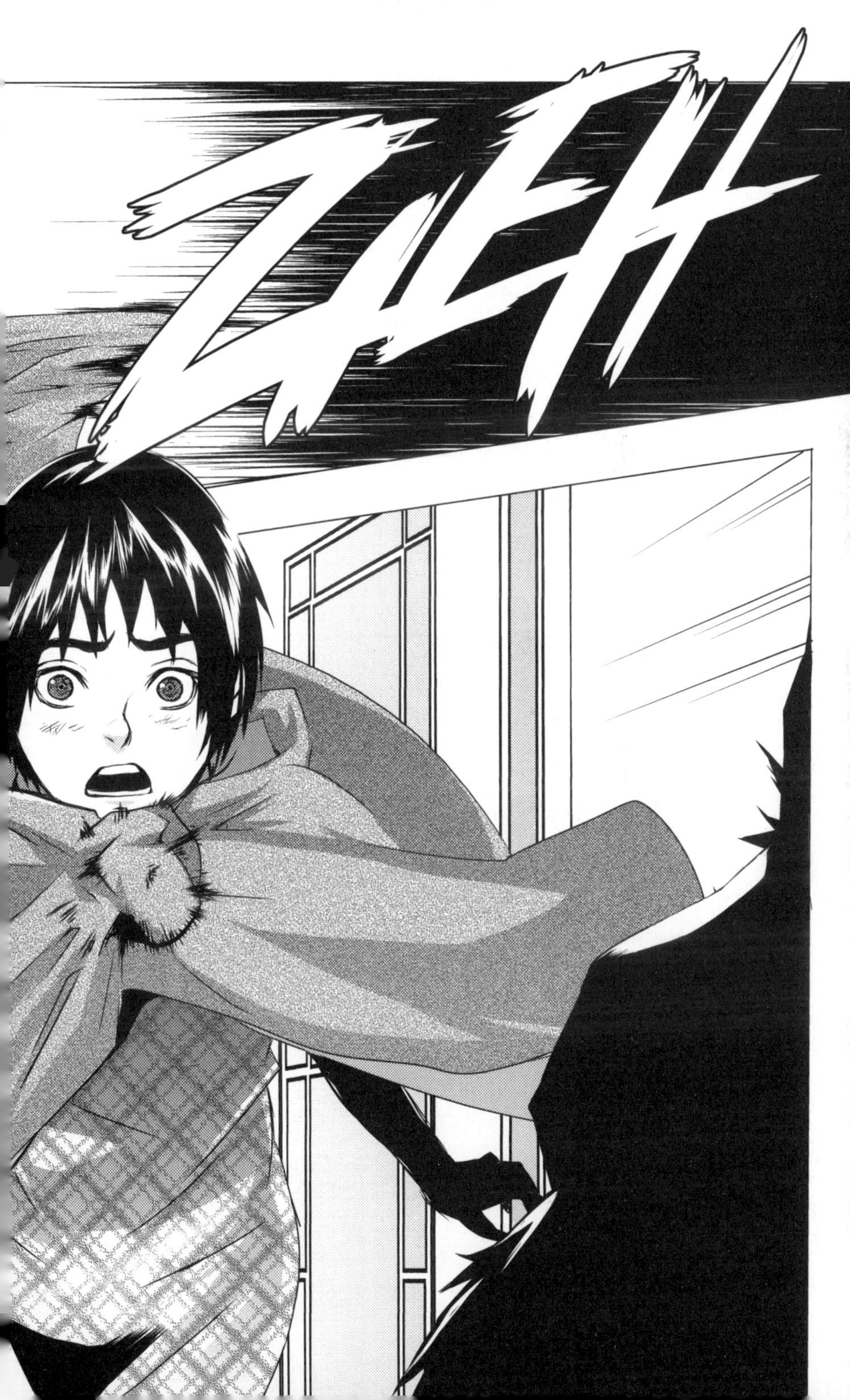
ZASH

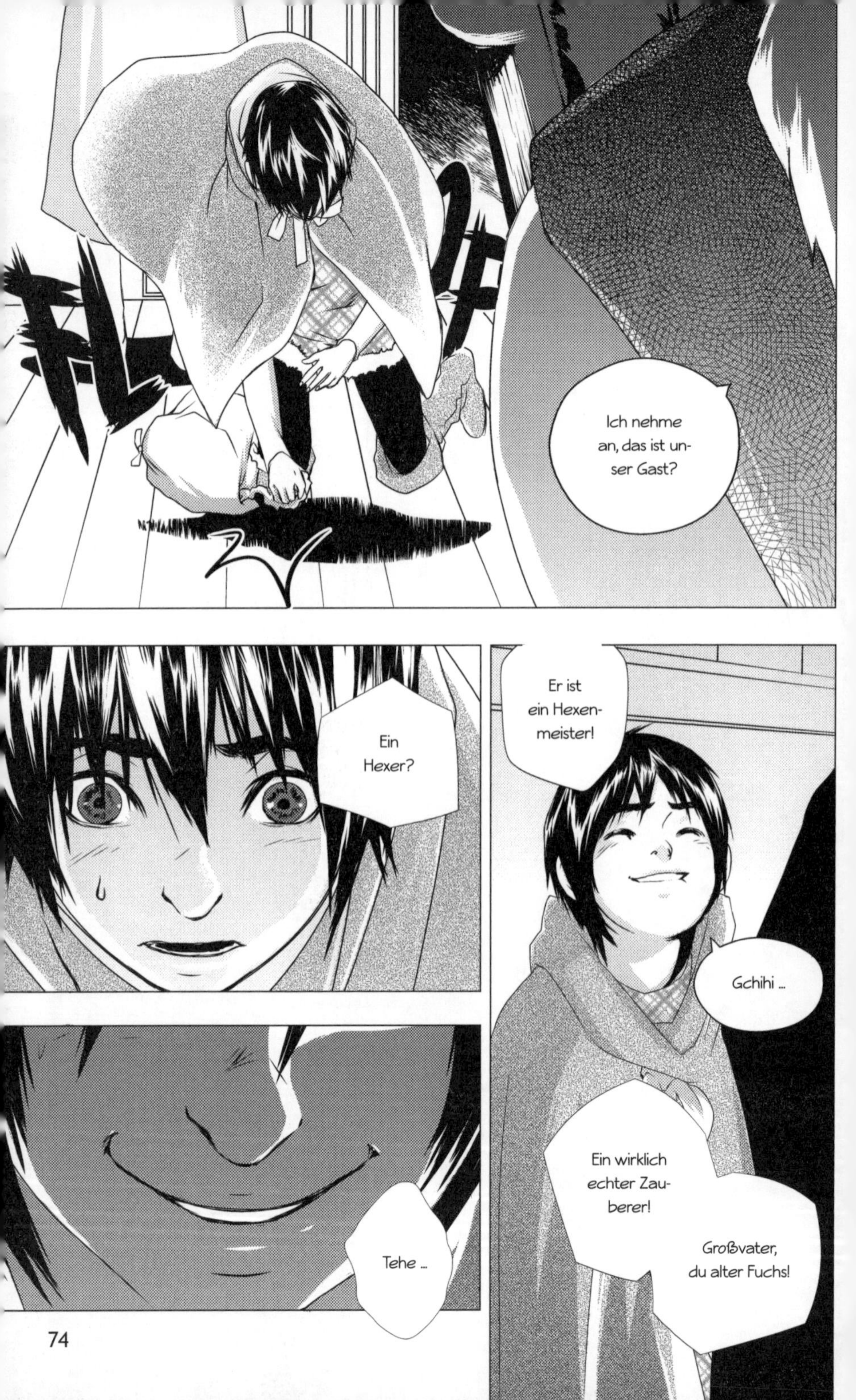

Ich nehme an, das ist unser Gast?

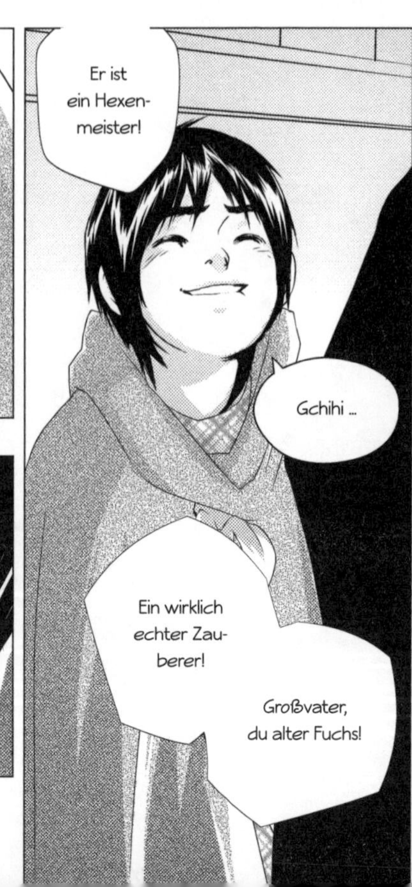

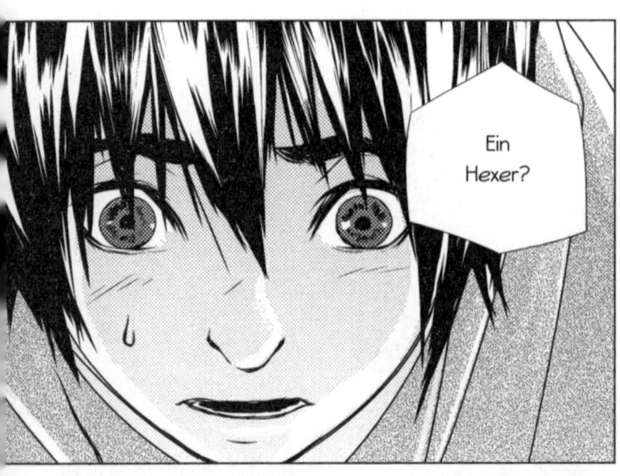

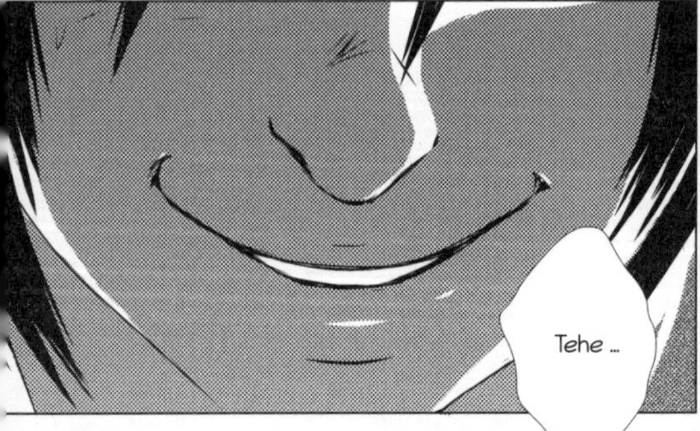

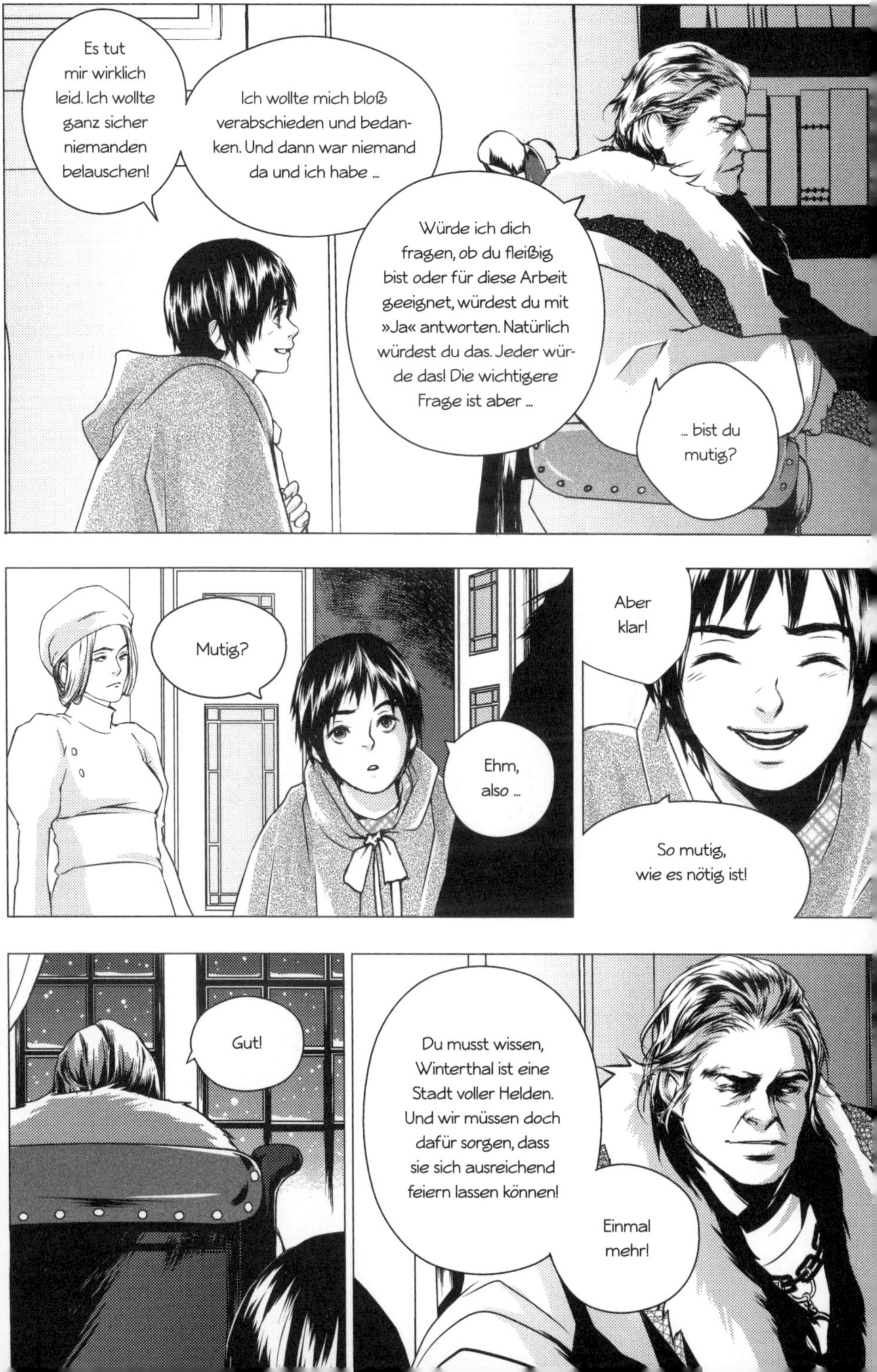

Es tut mir wirklich leid. Ich wollte ganz sicher niemanden belauschen!
Ich wollte mich bloß verabschieden und bedanken. Und dann war niemand da und ich habe ...
Würde ich dich fragen, ob du fleißig bist oder für diese Arbeit geeignet, würdest du mit »Ja« antworten. Natürlich würdest du das. Jeder würde das! Die wichtigere Frage ist aber ...
... bist du mutig?

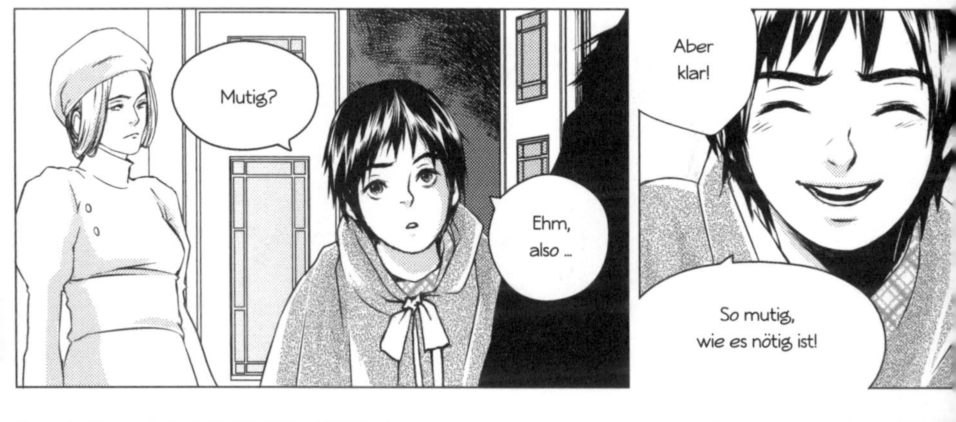

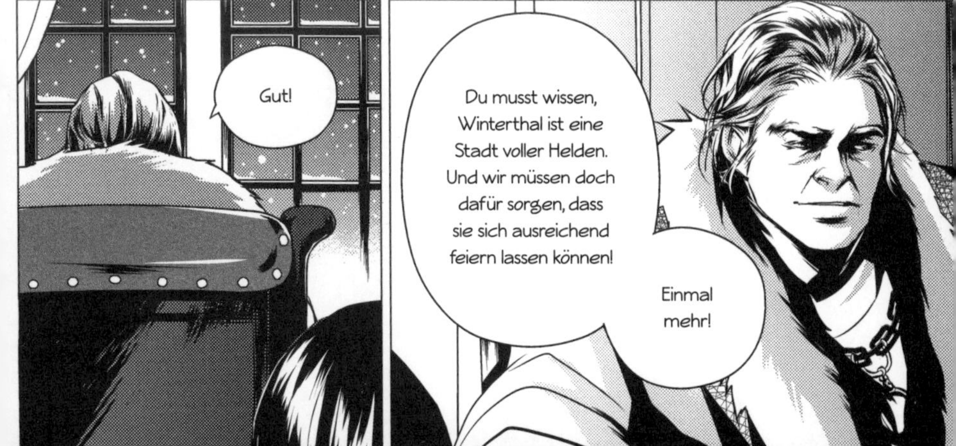

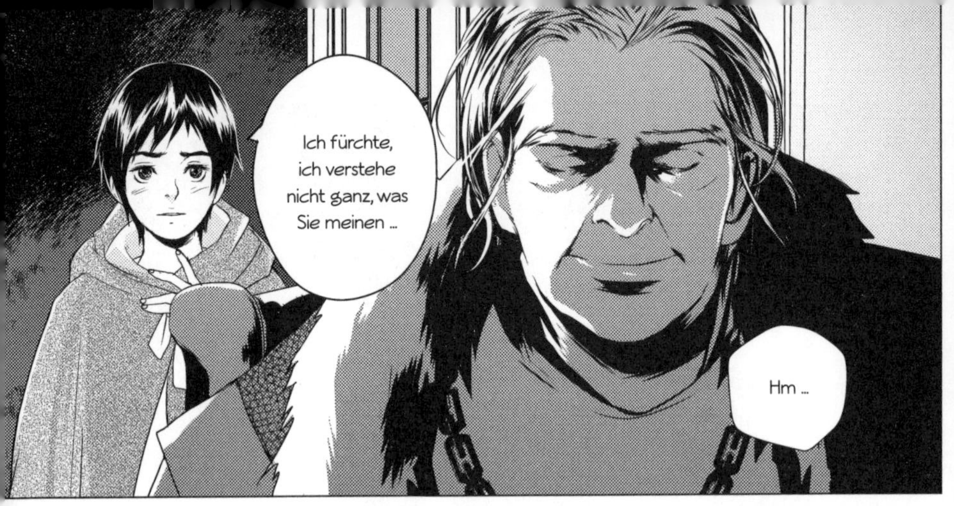
Ich fürchte, ich verstehe nicht ganz, was Sie meinen ...
Hm ...
Ich sehe dein Problem hiermit als gelöst an, Orla. Du kannst jetzt mit deiner Arbeit fortfahren!
Hä?
Ja, Meister!
Danke für Eure Hilfe! Ich werde mich um alles Weitere kümmern.
Ich möchte nicht unhöflich sein, aber ich verstehe immer noch nichts!

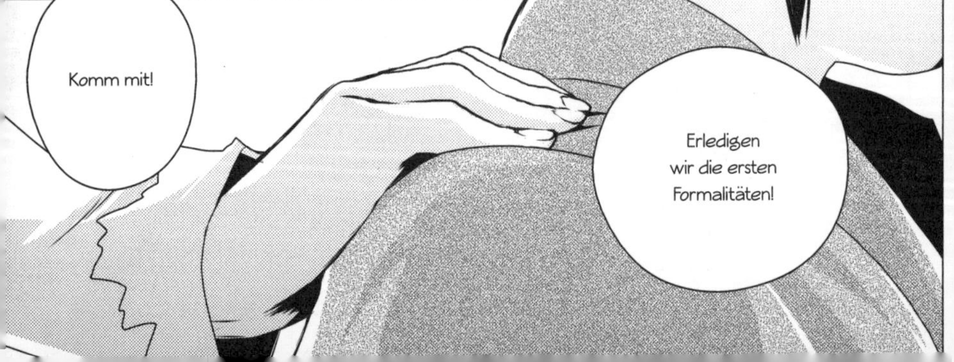
Komm mit!
Erledigen wir die ersten Formalitäten!

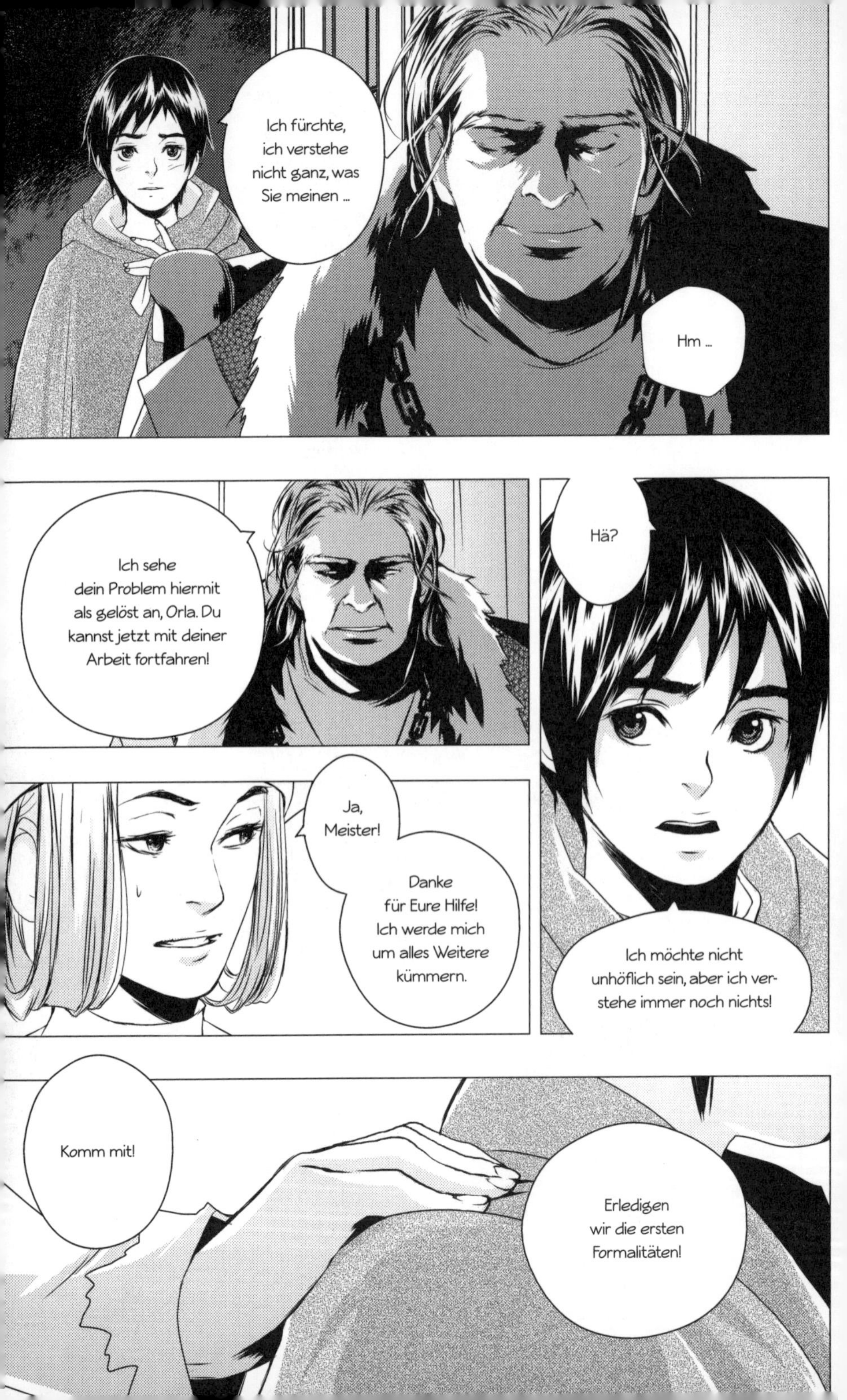

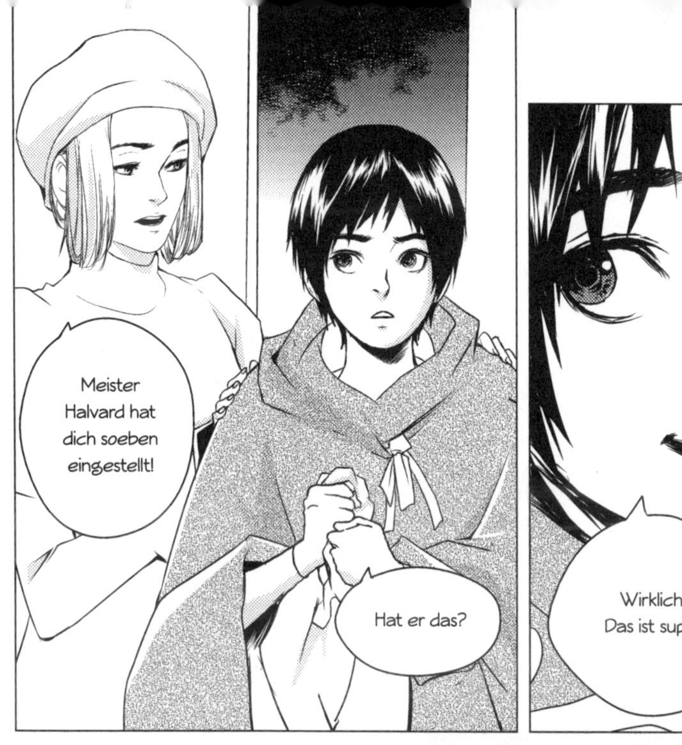
Meister Halvard hat dich soeben eingestellt!
Hat er das?

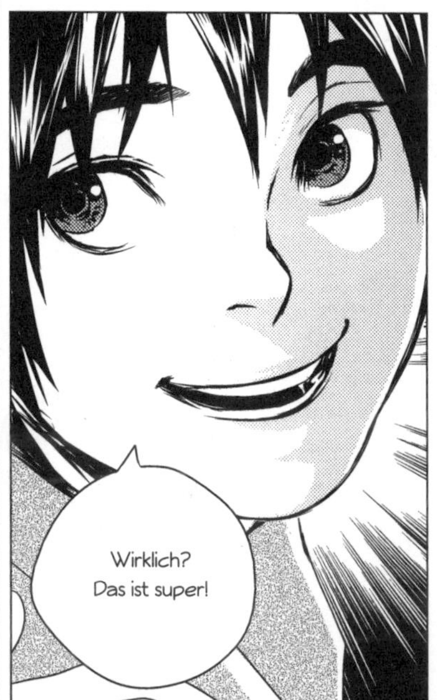
Wirklich? Das ist super!

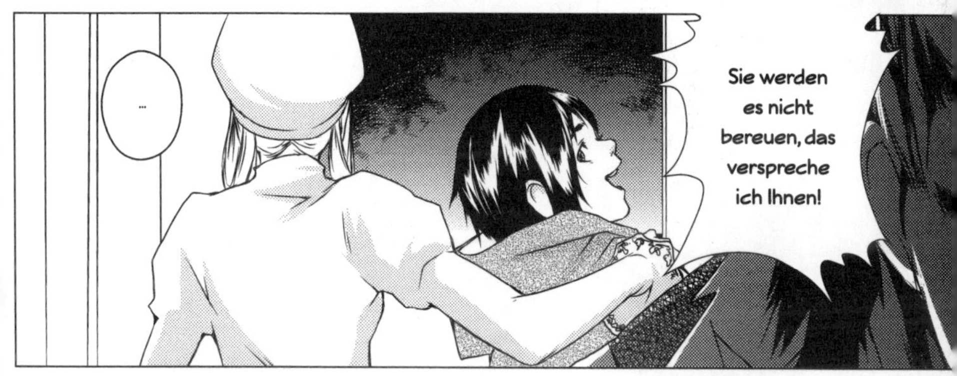
...
Sie werden es nicht bereuen, das verspreche ich Ihnen!

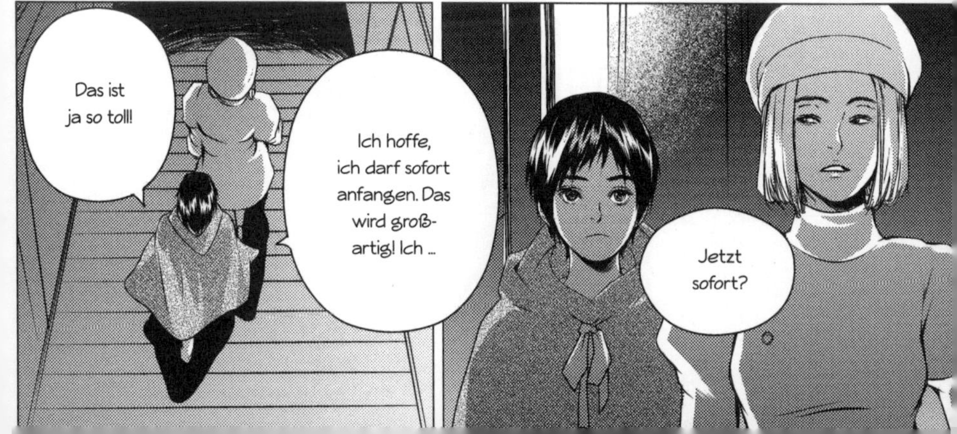
Das ist ja so toll!
Ich hoffe, ich darf sofort anfangen. Das wird groß-artig! Ich ...
Jetzt sofort?

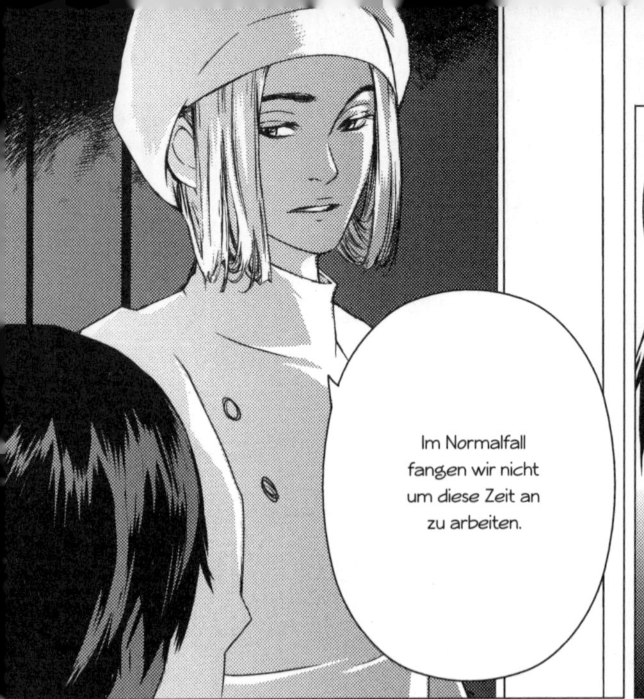
Im Normalfall fangen wir nicht um diese Zeit an zu arbeiten.

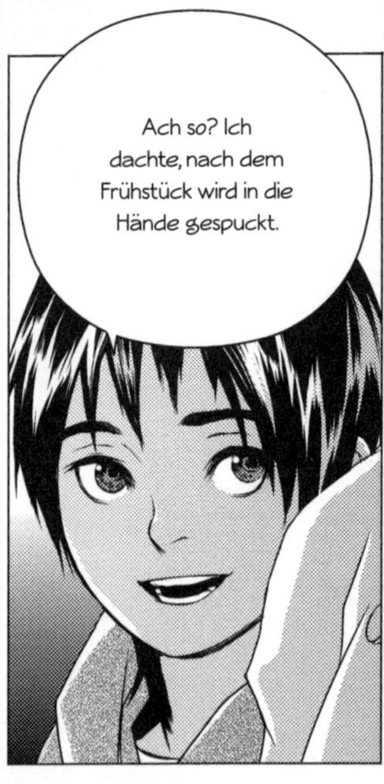
Ach so? Ich dachte, nach dem Frühstück wird in die Hände gespuckt.

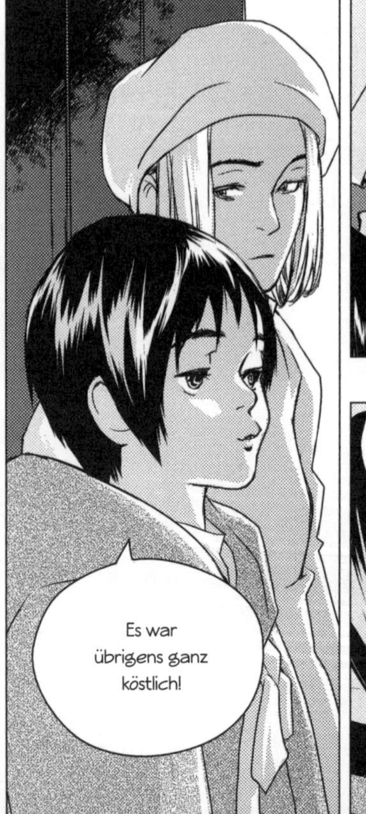
Es war übrigens ganz köstlich!

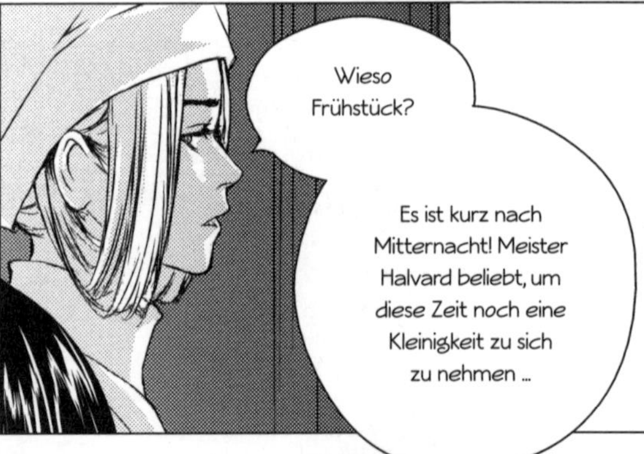
Wieso Frühstück?
Es ist kurz nach Mitternacht! Meister Halvard beliebt, um diese Zeit noch eine Kleinigkeit zu sich zu nehmen ...

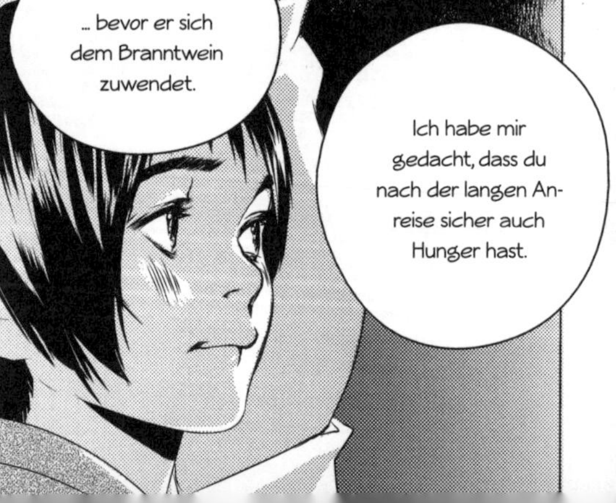
... bevor er sich dem Branntwein zuwendet.
Ich habe mir gedacht, dass du nach der langen Anreise sicher auch Hunger hast.

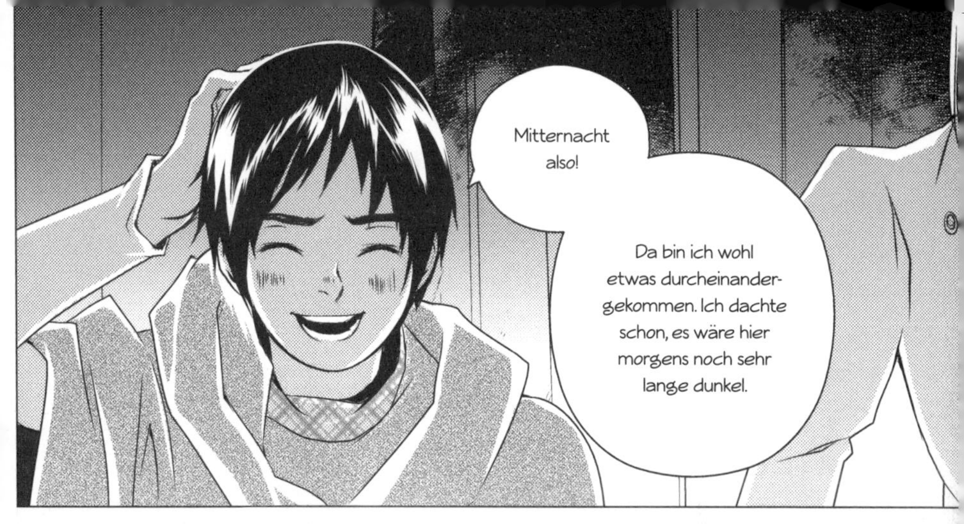
Mitternacht also!
Da bin ich wohl etwas durcheinander-gekommen. Ich dachte schon, es wäre hier morgens noch sehr lange dunkel.

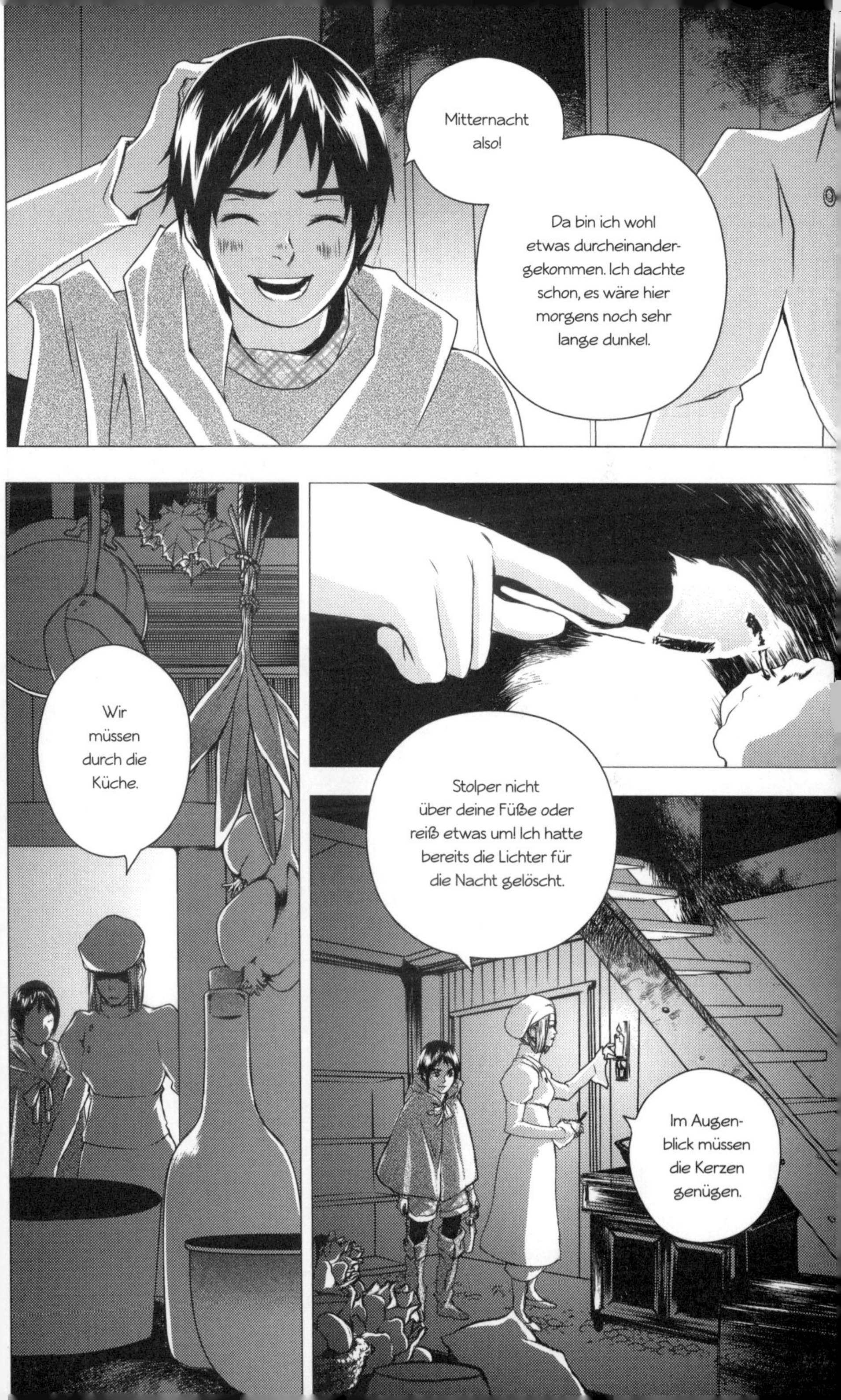

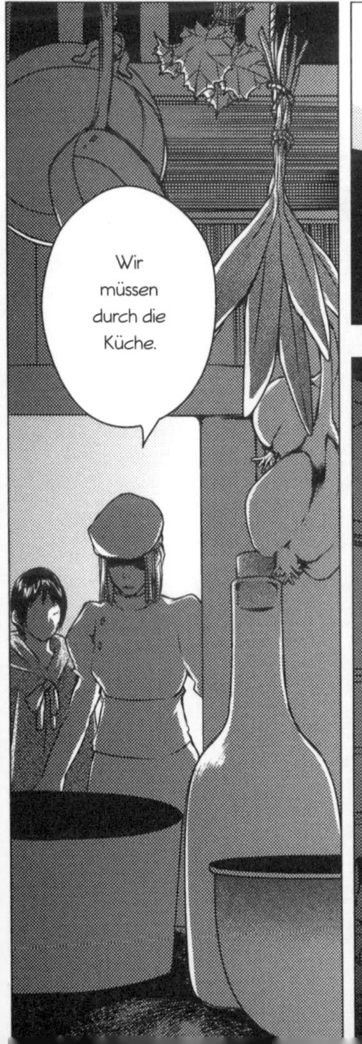
Wir müssen durch die Küche.

Stolper nicht über deine Füße oder reiß etwas um! Ich hatte bereits die Lichter für die Nacht gelöscht.
Im Augen-blick müssen die Kerzen genügen.

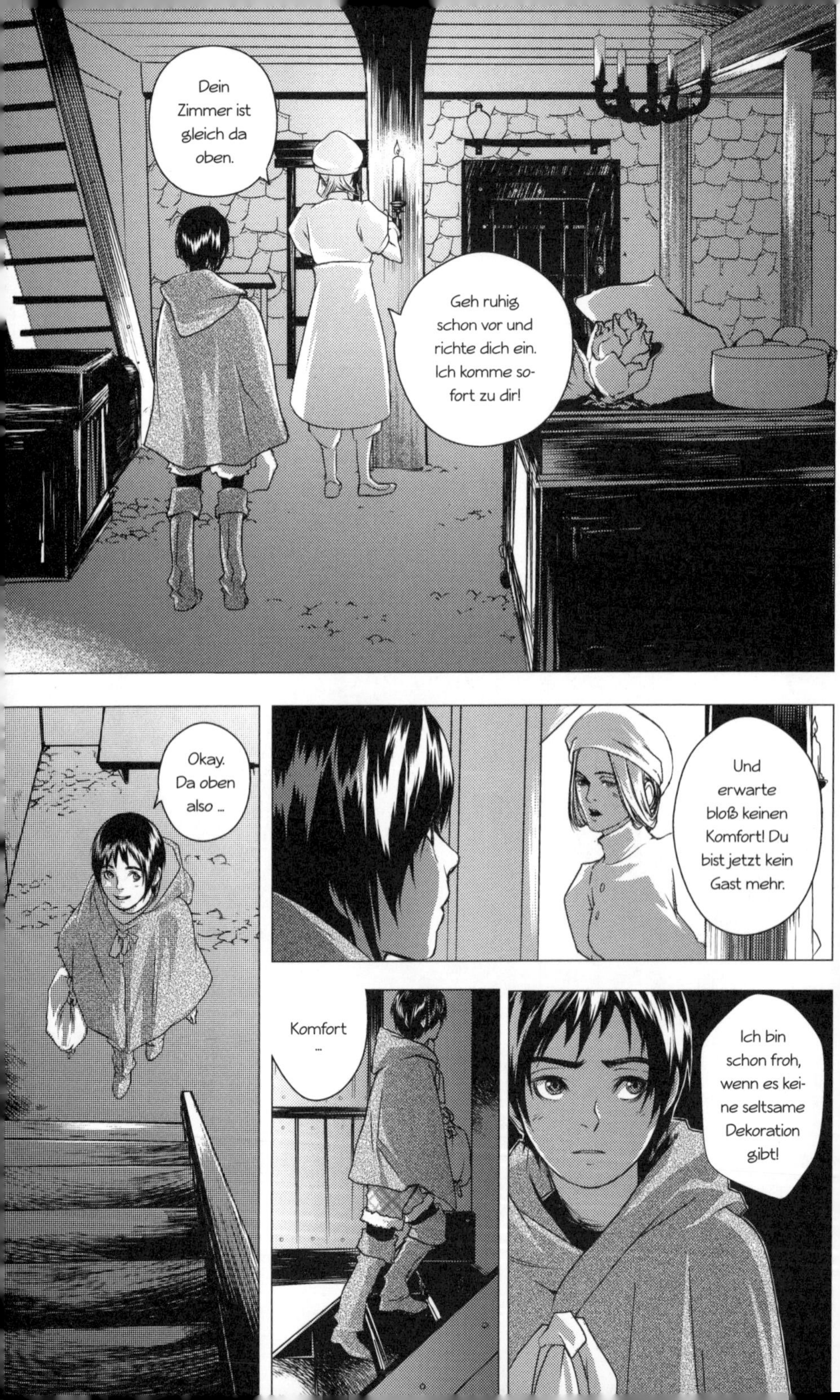

Dein Zimmer ist gleich da oben.

Geh ruhig schon vor und richte dich ein. Ich komme sofort zu dir!

Okay. Da oben also ...

Und erwarte bloß keinen Komfort! Du bist jetzt kein Gast mehr.

Komfort ...

Ich bin schon froh, wenn es keine seltsame Dekoration gibt!

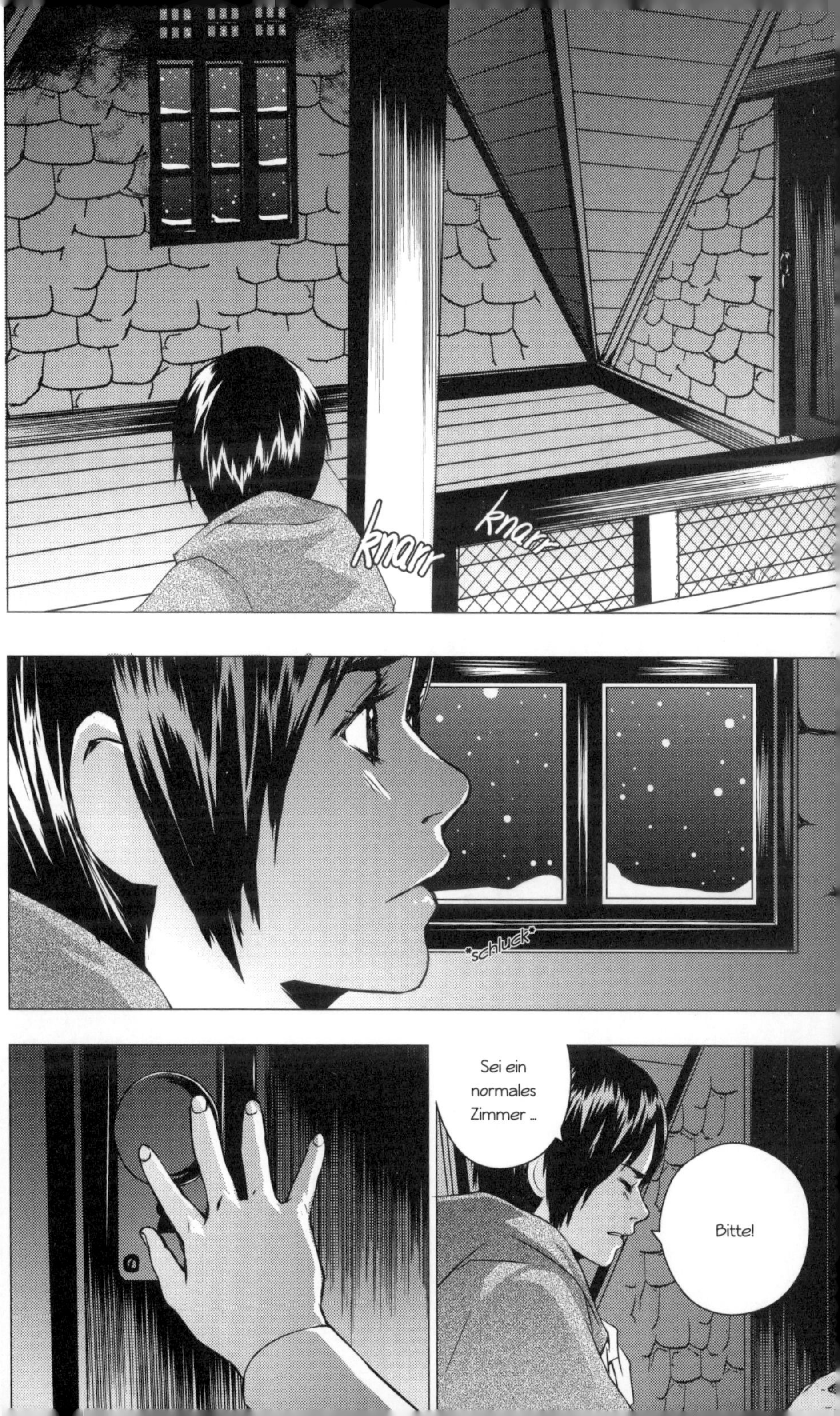

knarr
knarr

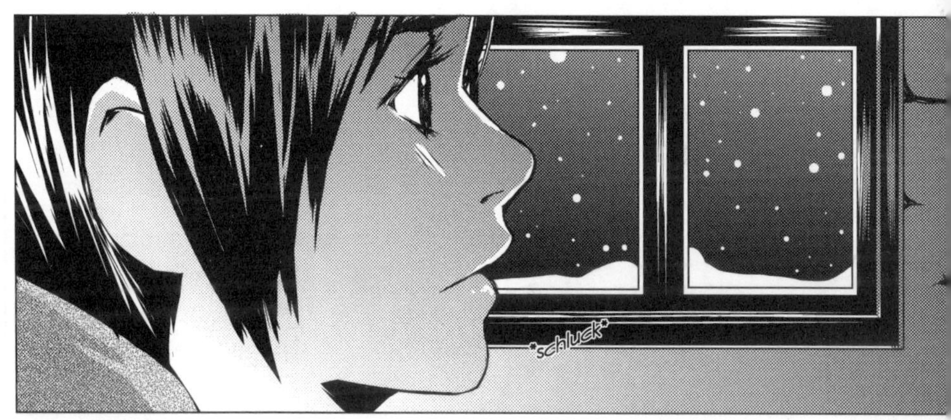

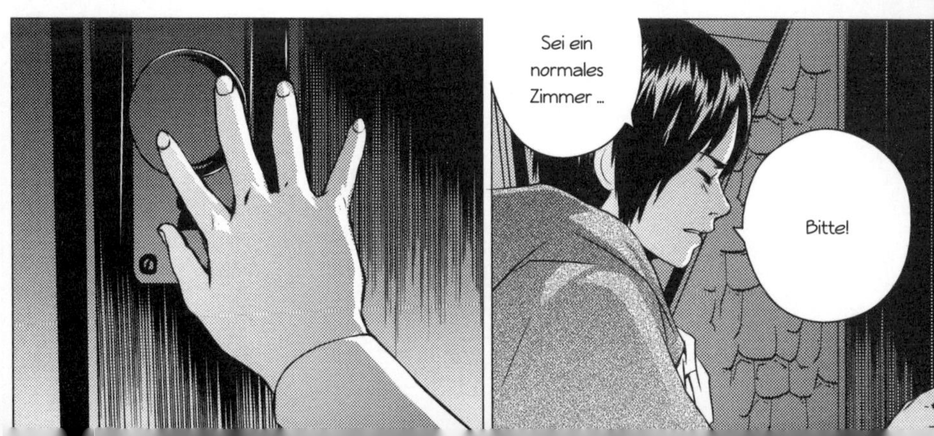

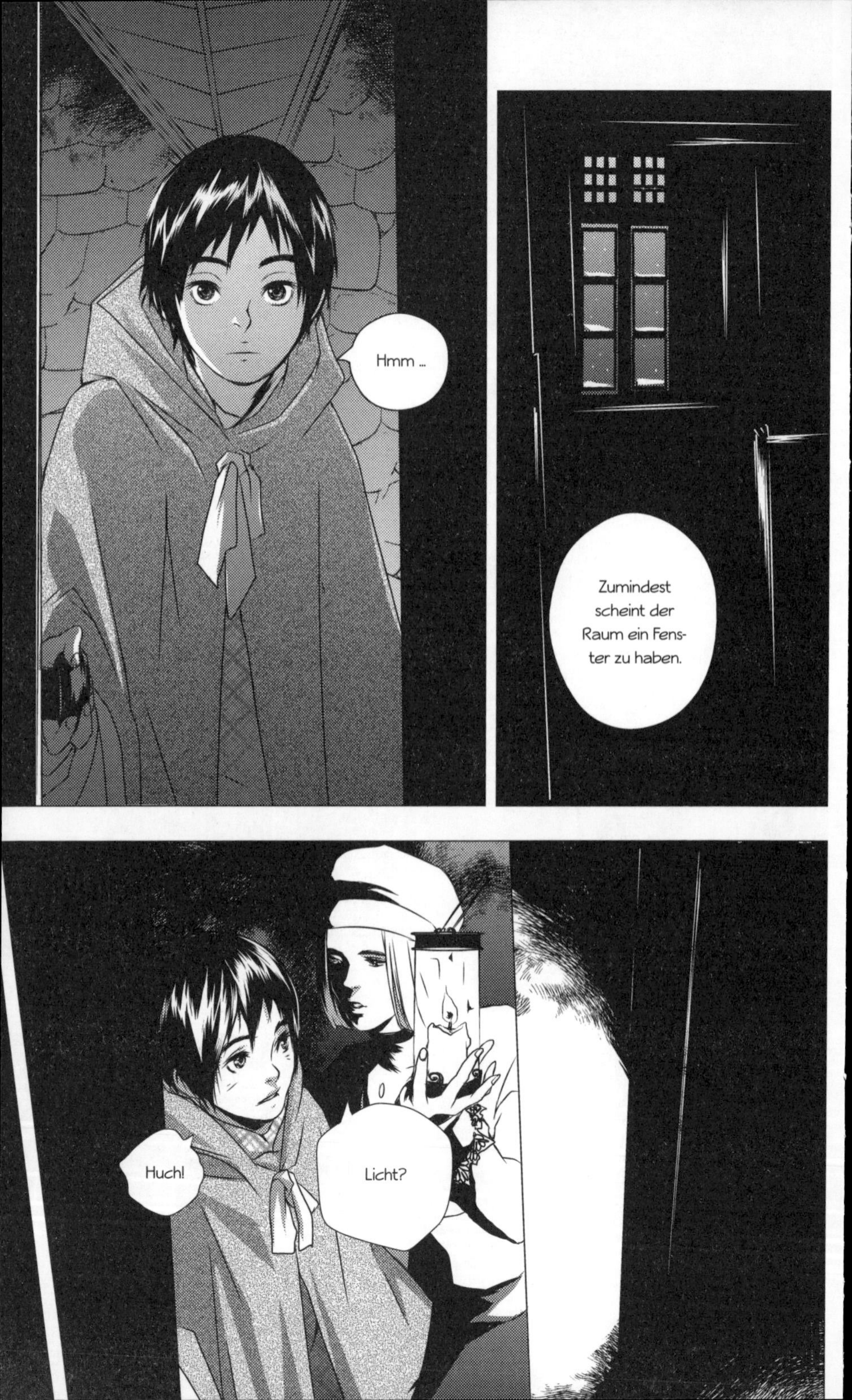

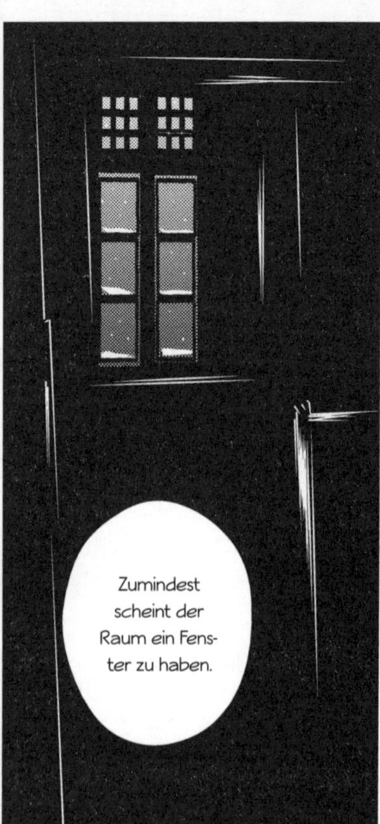

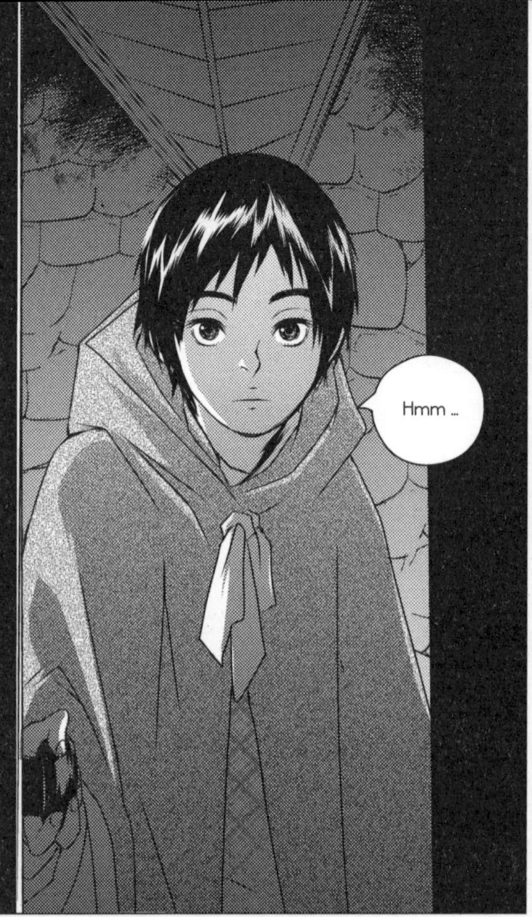

Licht?

Huch!

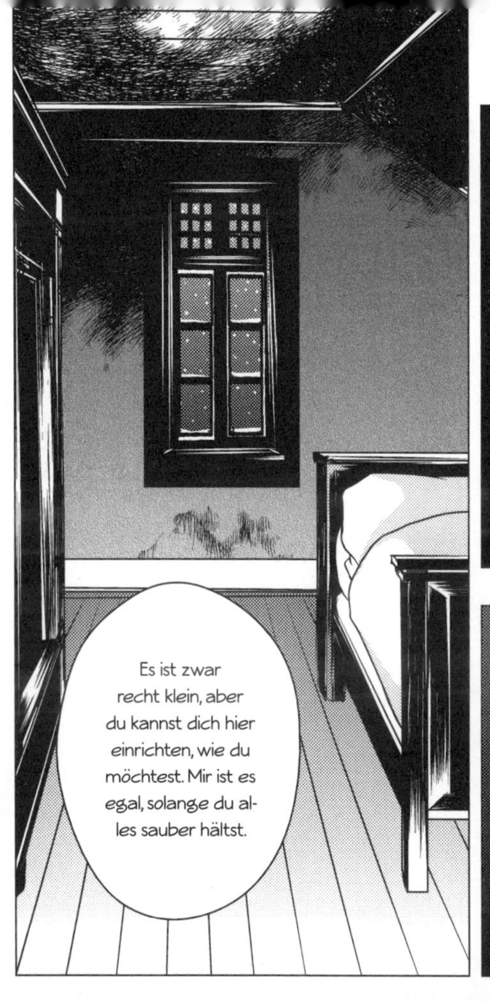

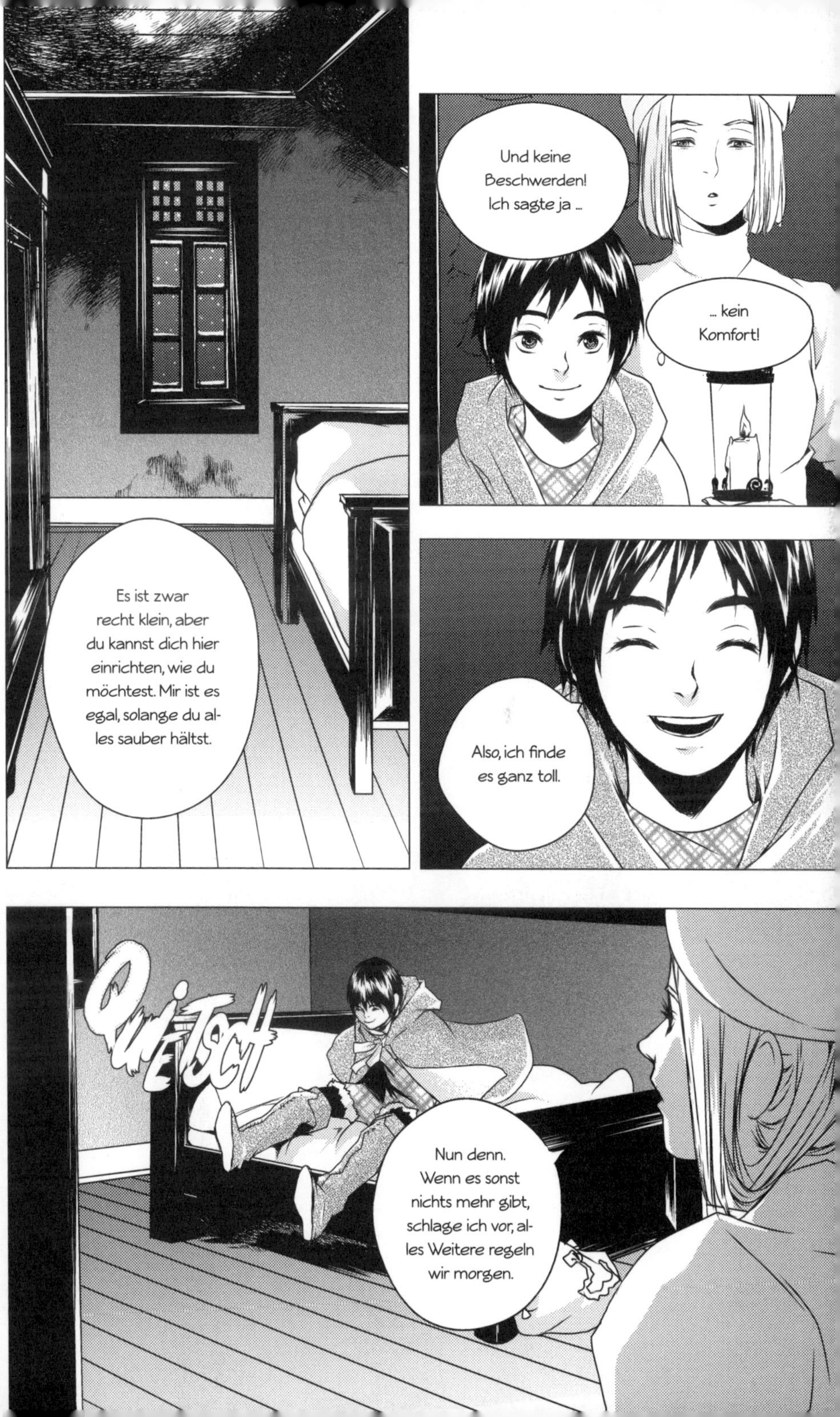

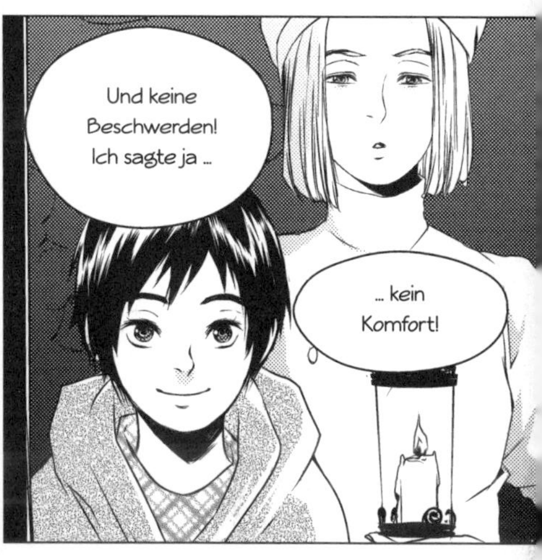

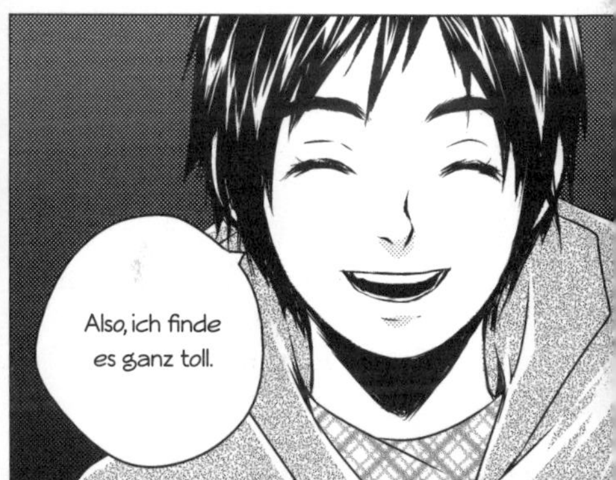

Quietsch

Nun denn. Wenn es sonst nichts mehr gibt, schlage ich vor, alles Weitere regeln wir morgen.

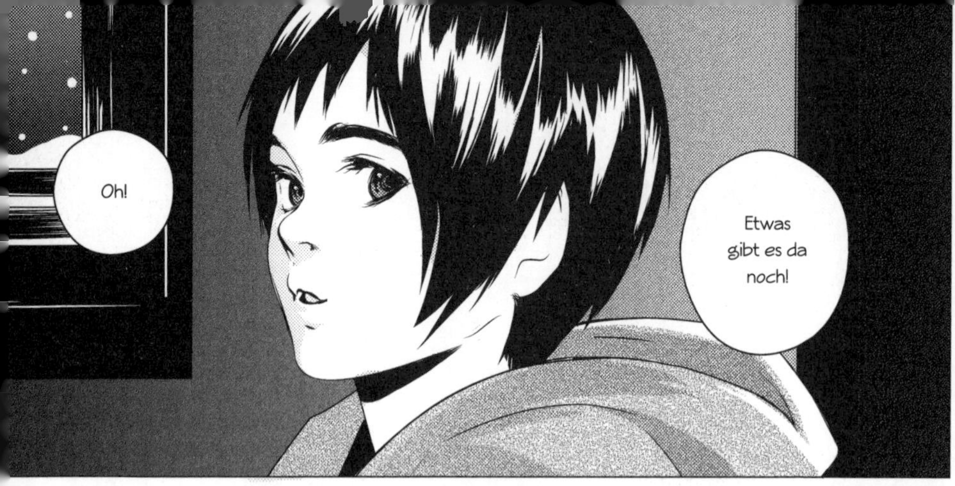
Etwas gibt es da noch!
Oh!

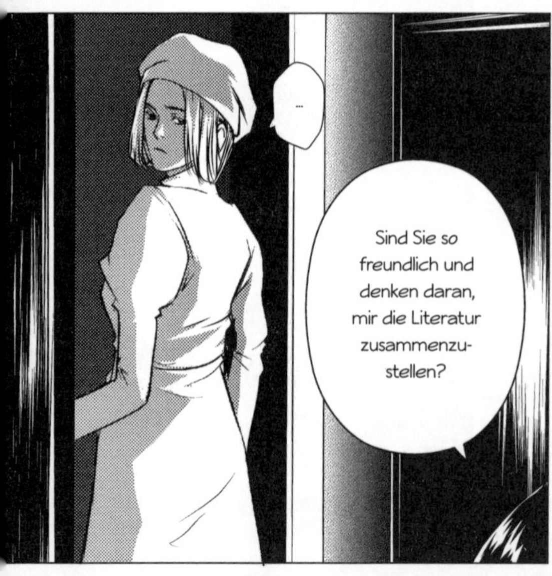
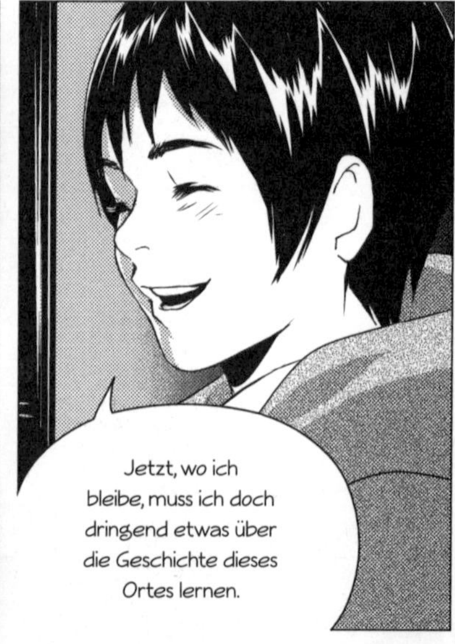
Jetzt, wo ich bleibe, muss ich doch dringend etwas über die Geschichte dieses Ortes lernen.
Sind Sie so freundlich und denken daran, mir die Literatur zusammenzu-stellen?
...

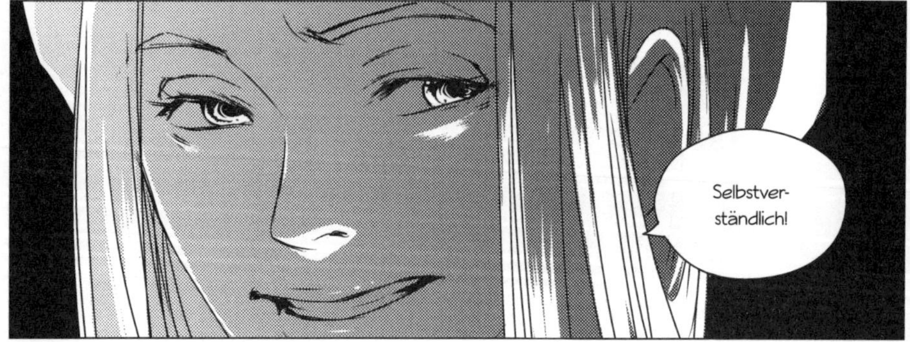
Selbstver-ständlich!

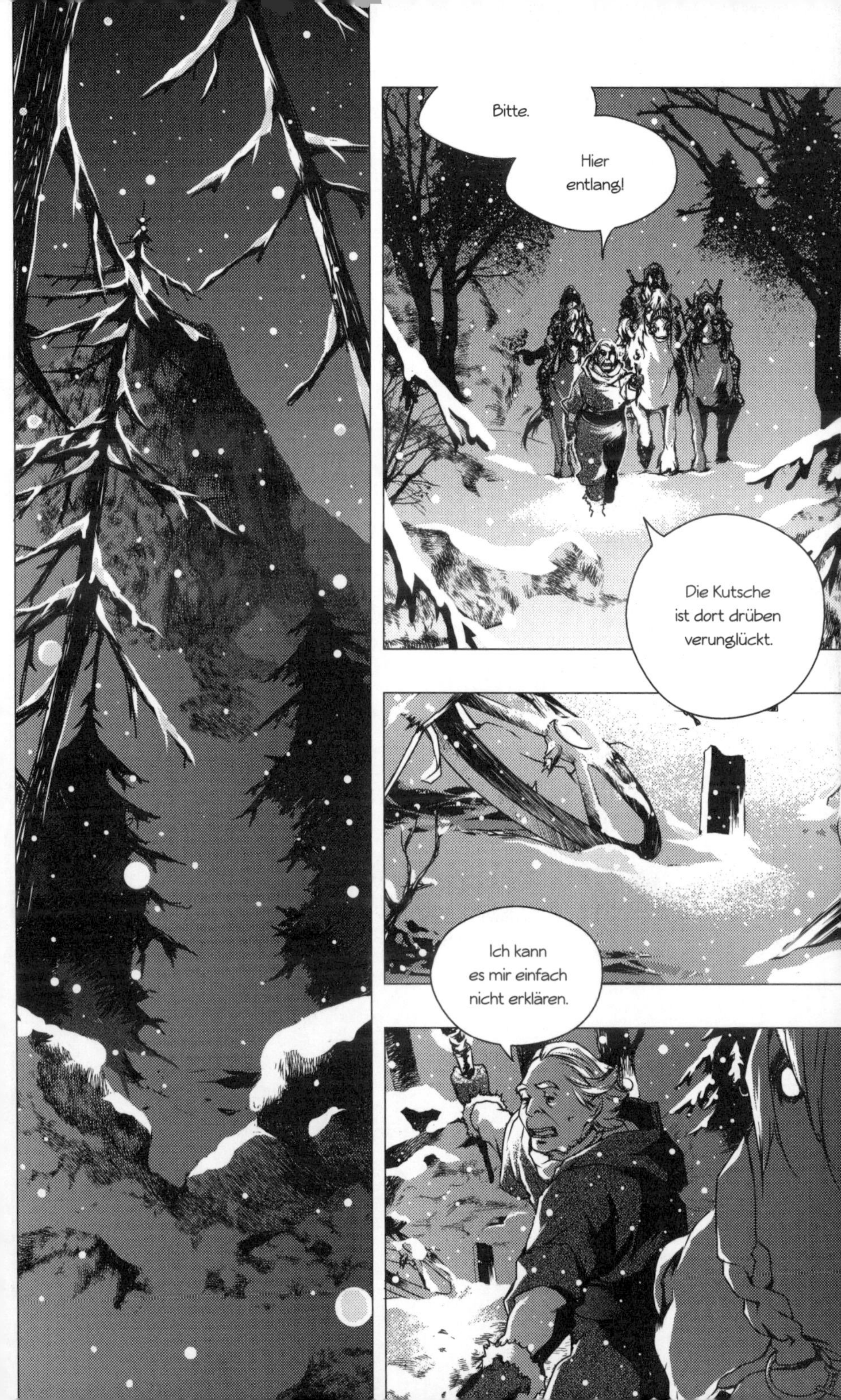
Bitte.
Hier entlang!
Die Kutsche ist dort drüben verunglückt.
Ich kann es mir einfach nicht erklären.

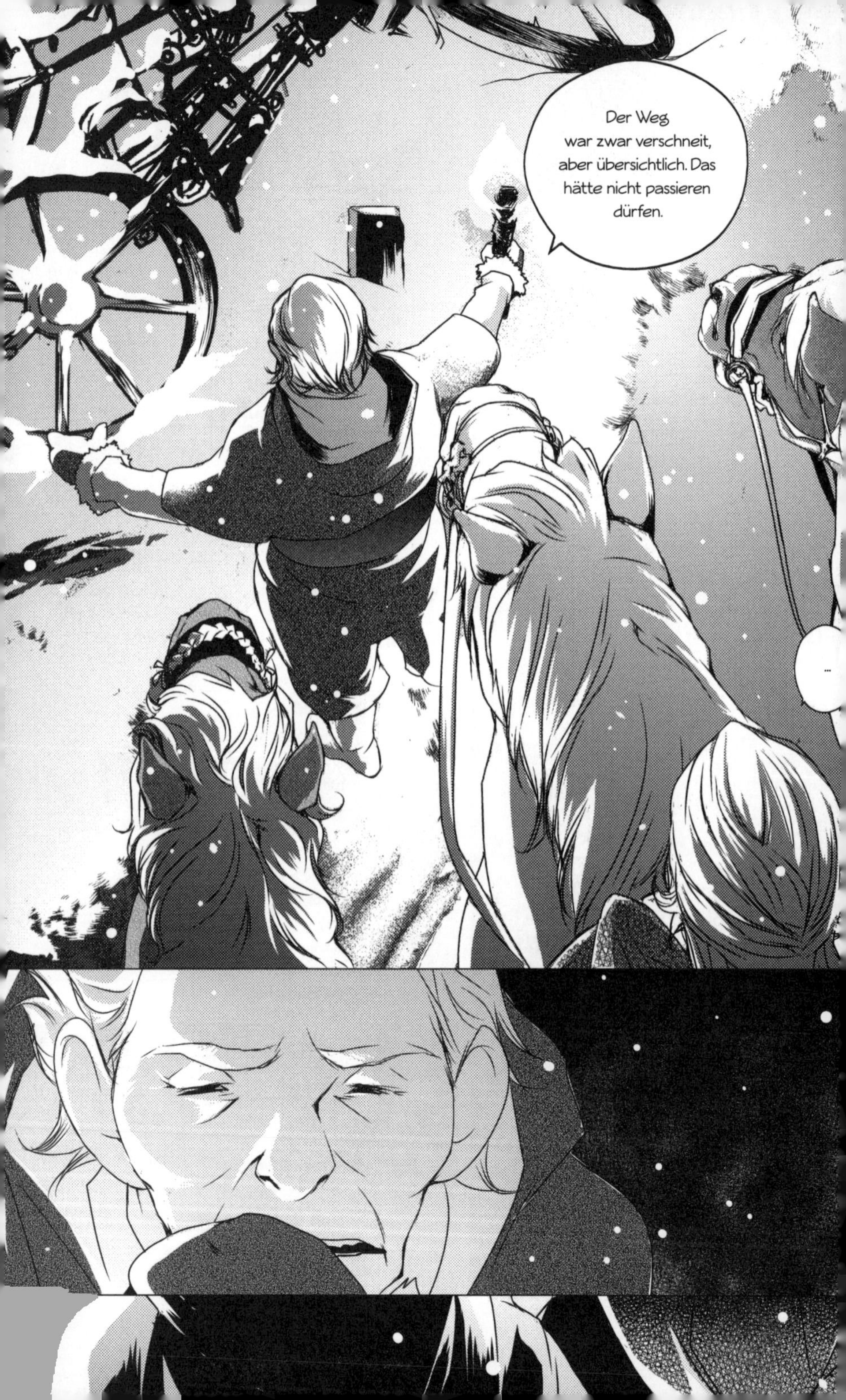
Der Weg
war zwar verschneit,
aber übersichtlich. Das
hätte nicht passieren
dürfen.
...

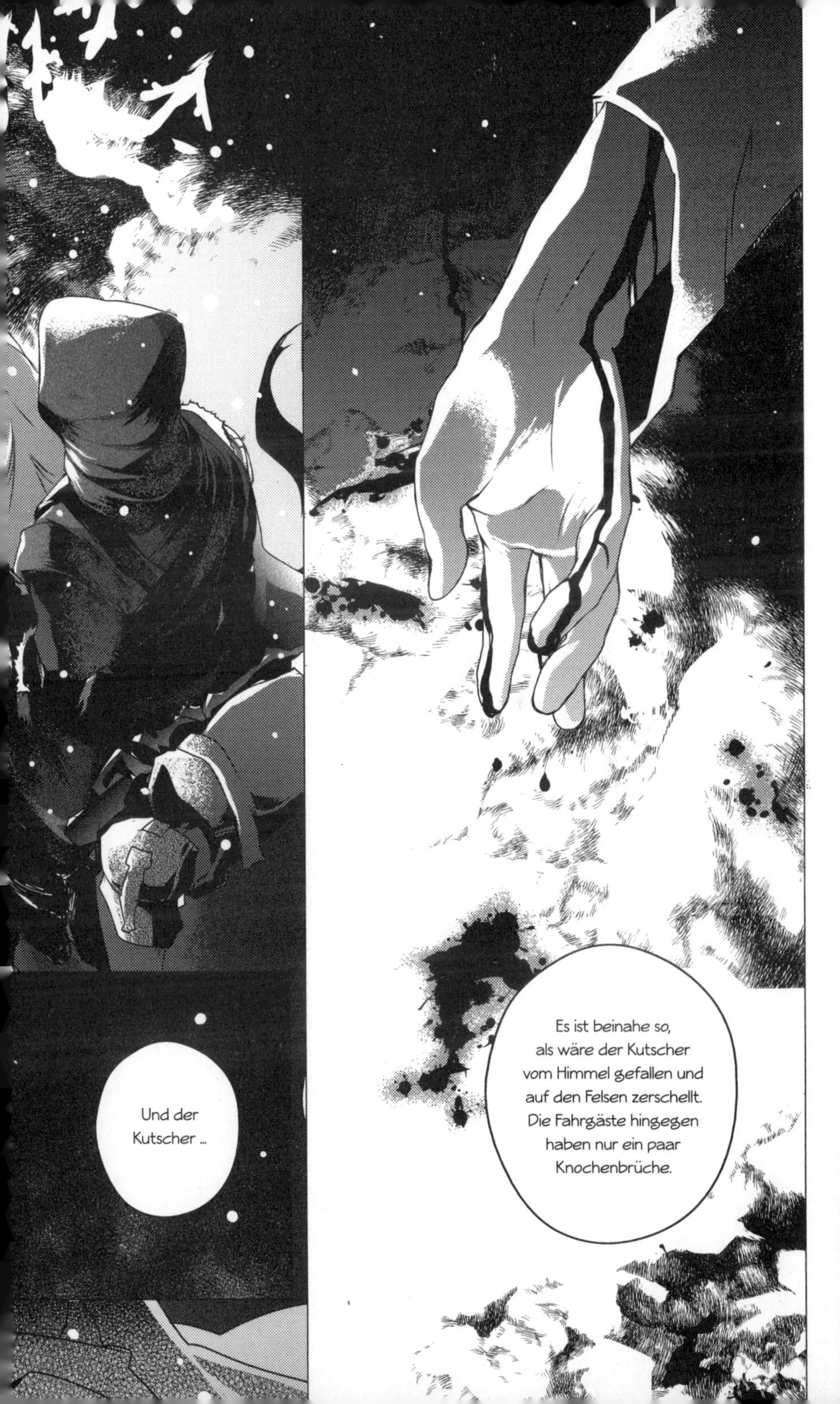
Es ist beinahe so, als wäre der Kutscher vom Himmel gefallen und auf den Felsen zerschellt. Die Fahrgäste hingegen haben nur ein paar Knochenbrüche.
Und der Kutscher ...

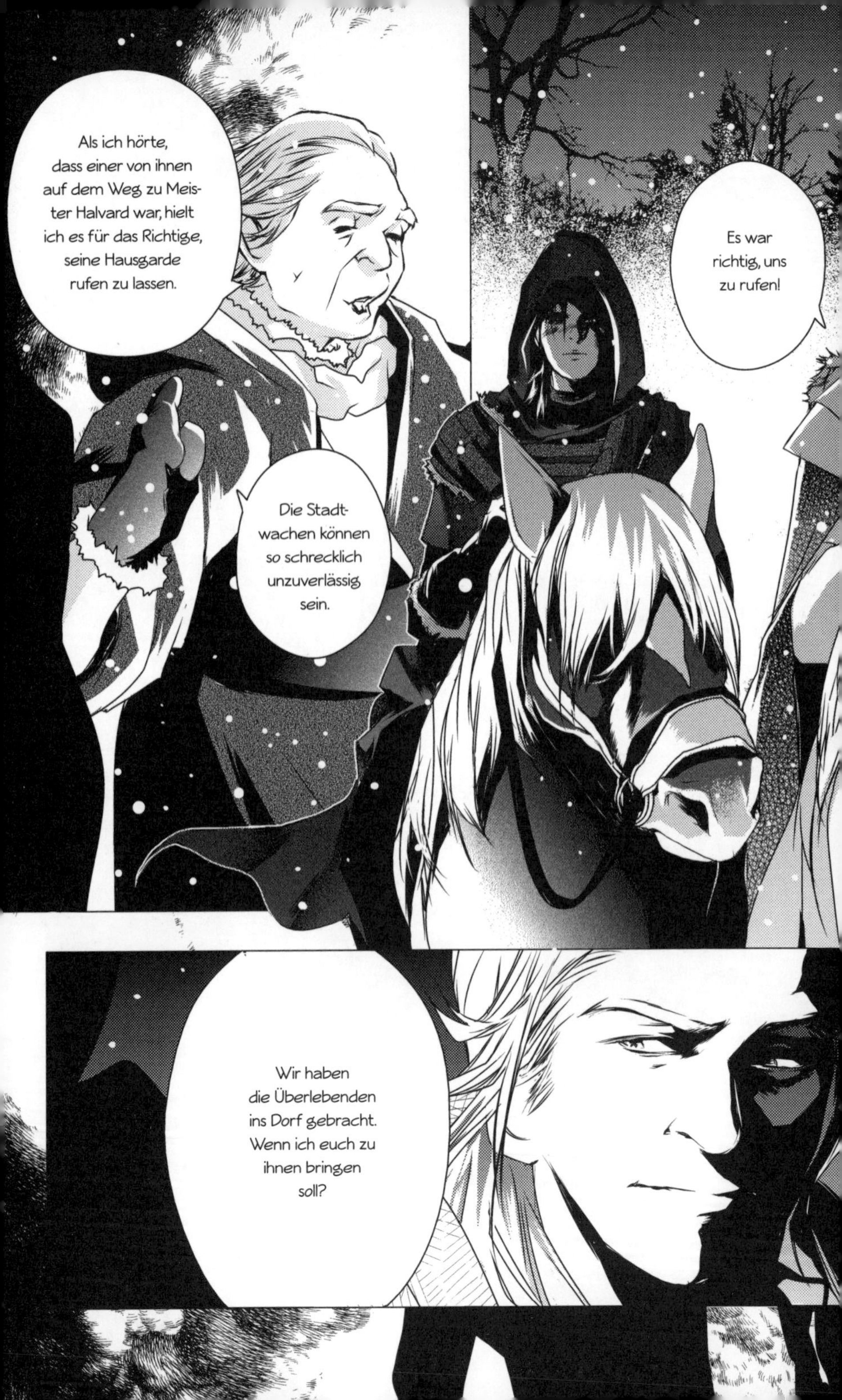
Als ich hörte, dass einer von ihnen auf dem Weg zu Meister Halvard war, hielt ich es für das Richtige, seine Hausgarde rufen zu lassen.
Die Stadtwachen können so schrecklich unzuverlässig sein.
Es war richtig, uns zu rufen!
Wir haben die Überlebenden ins Dorf gebracht. Wenn ich euch zu ihnen bringen soll?

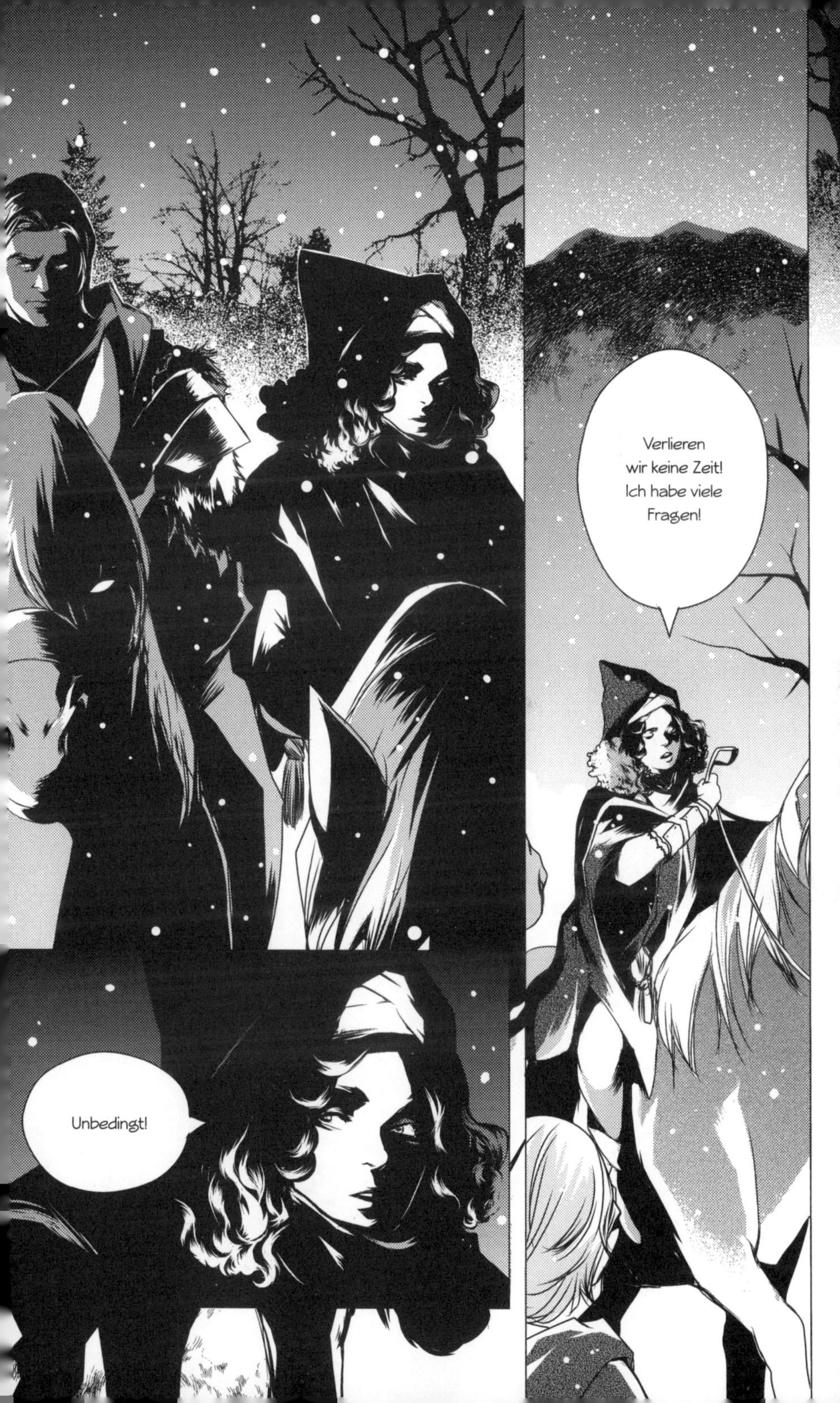
Verlieren wir keine Zeit! Ich habe viele Fragen!
Unbedingt!

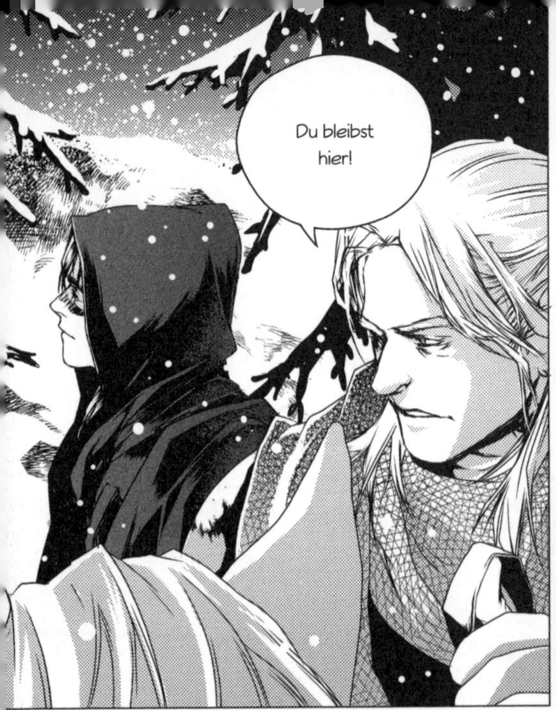
Du bleibst hier!

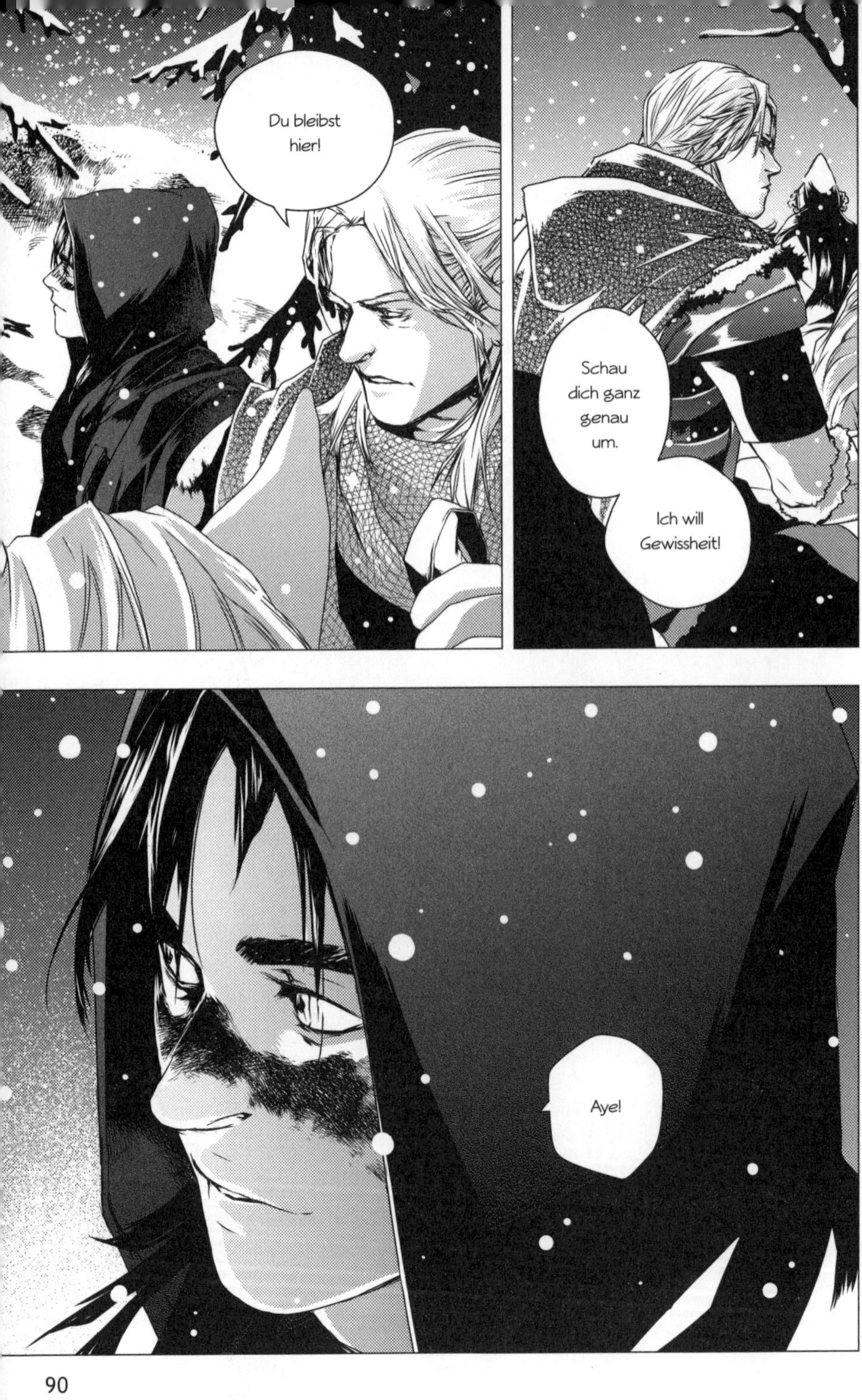

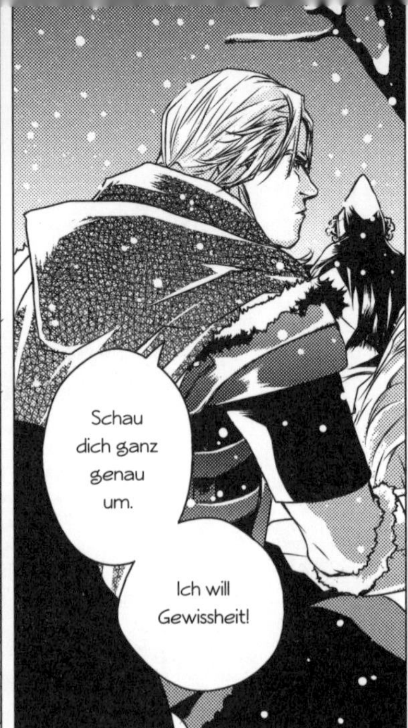
Schau dich ganz genau um.
Ich will Gewissheit!

Aye!

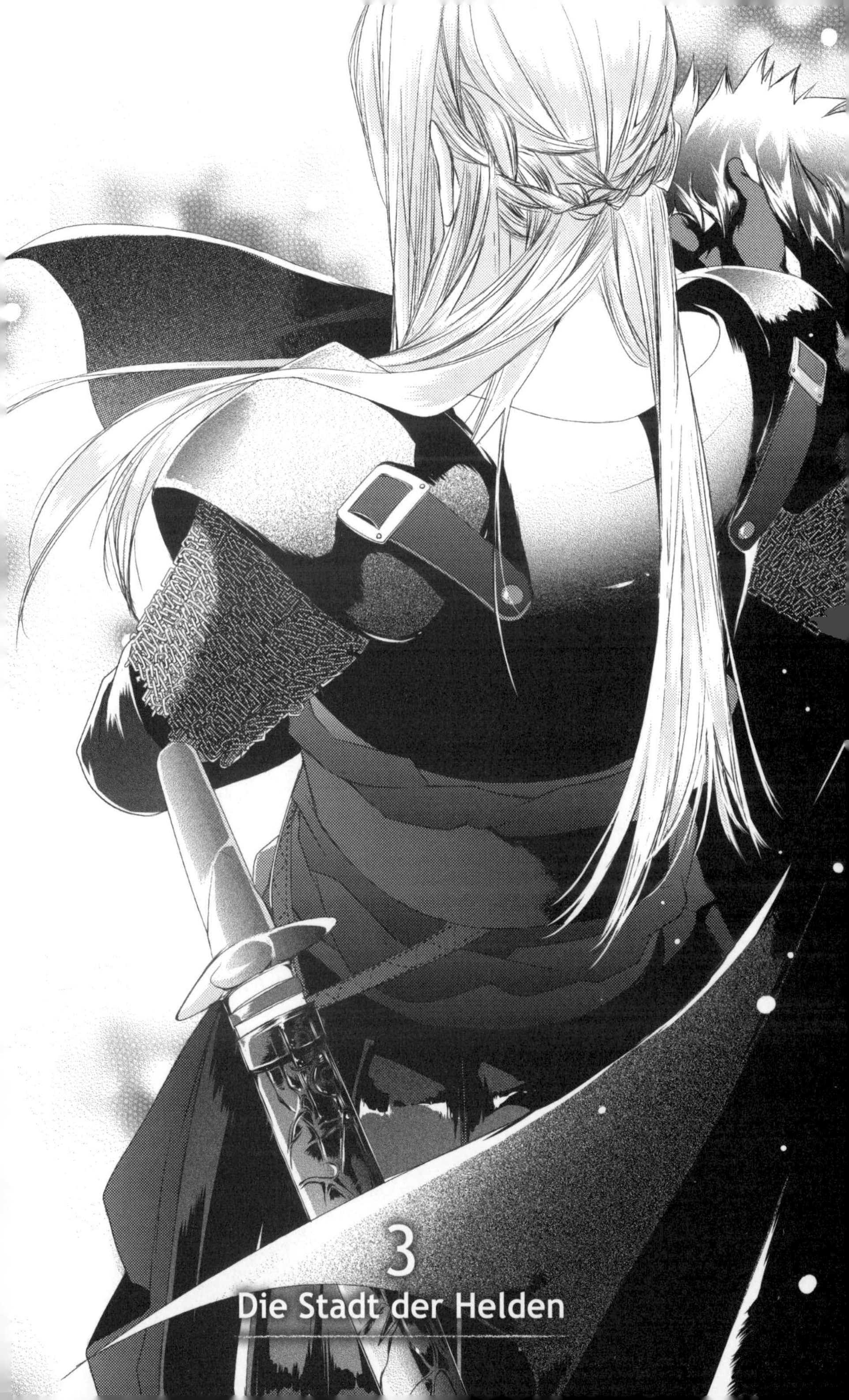
3
Die Stadt der Helden

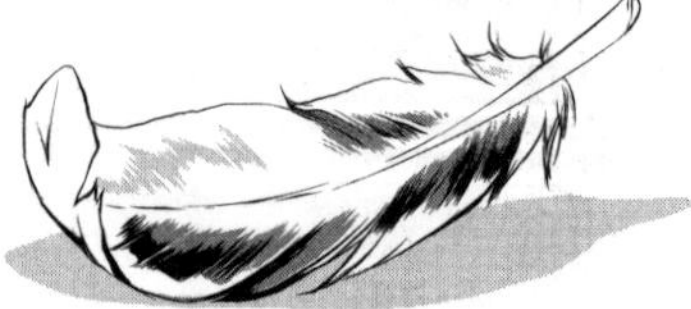

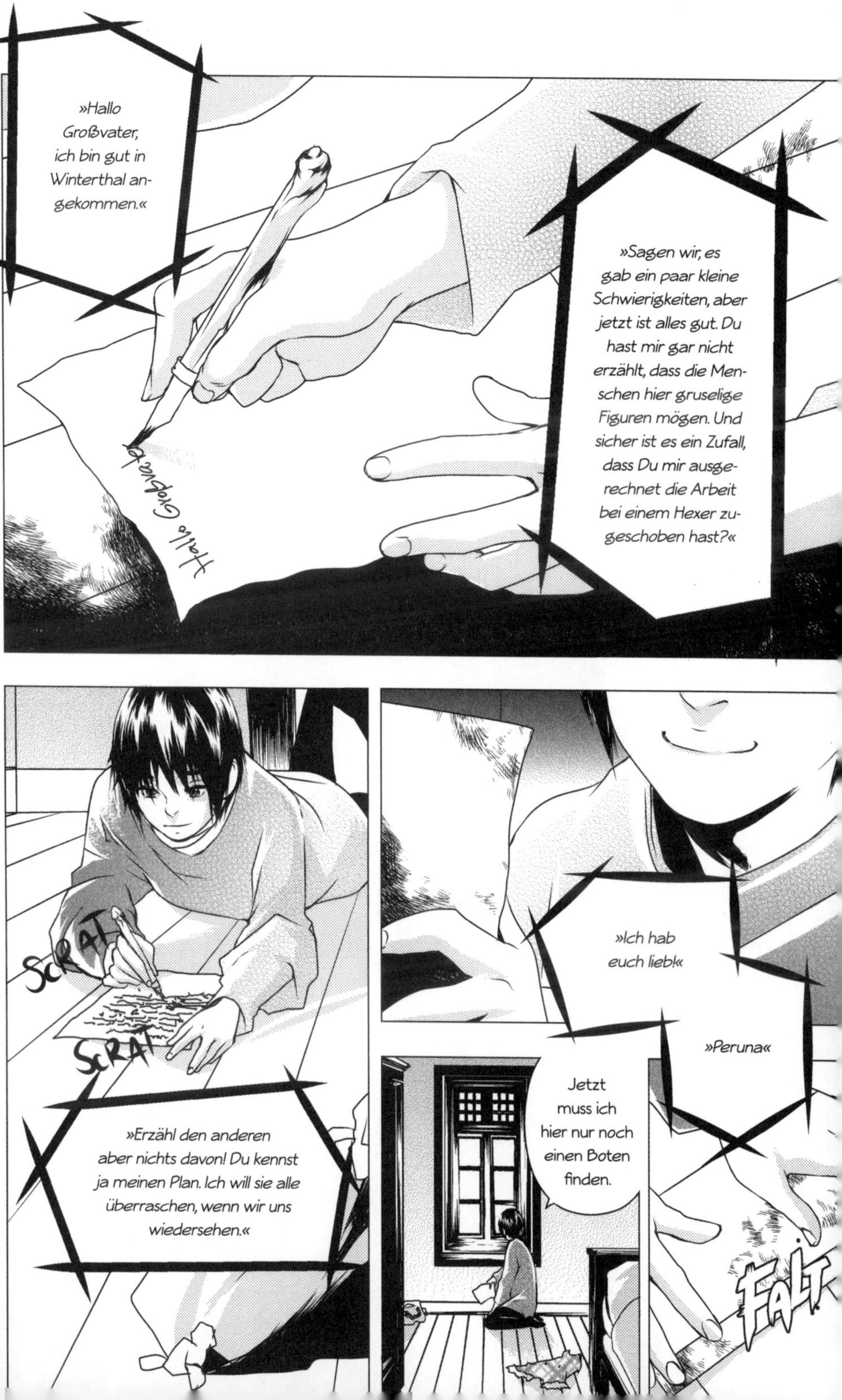

»Hallo Großvater, ich bin gut in Winterthal angekommen.«

Hallo Großvater

»Sagen wir, es gab ein paar kleine Schwierigkeiten, aber jetzt ist alles gut. Du hast mir gar nicht erzählt, dass die Menschen hier gruselige Figuren mögen. Und sicher ist es ein Zufall, dass Du mir ausgerechnet die Arbeit bei einem Hexer zugeschoben hast?«

SCRAT

SCRAT

»Erzähl den anderen aber nichts davon! Du kennst ja meinen Plan. Ich will sie alle überraschen, wenn wir uns wiedersehen.«

»Ich hab euch lieb!«

»Peruna«

Jetzt muss ich hier nur noch einen Boten finden.

FALT

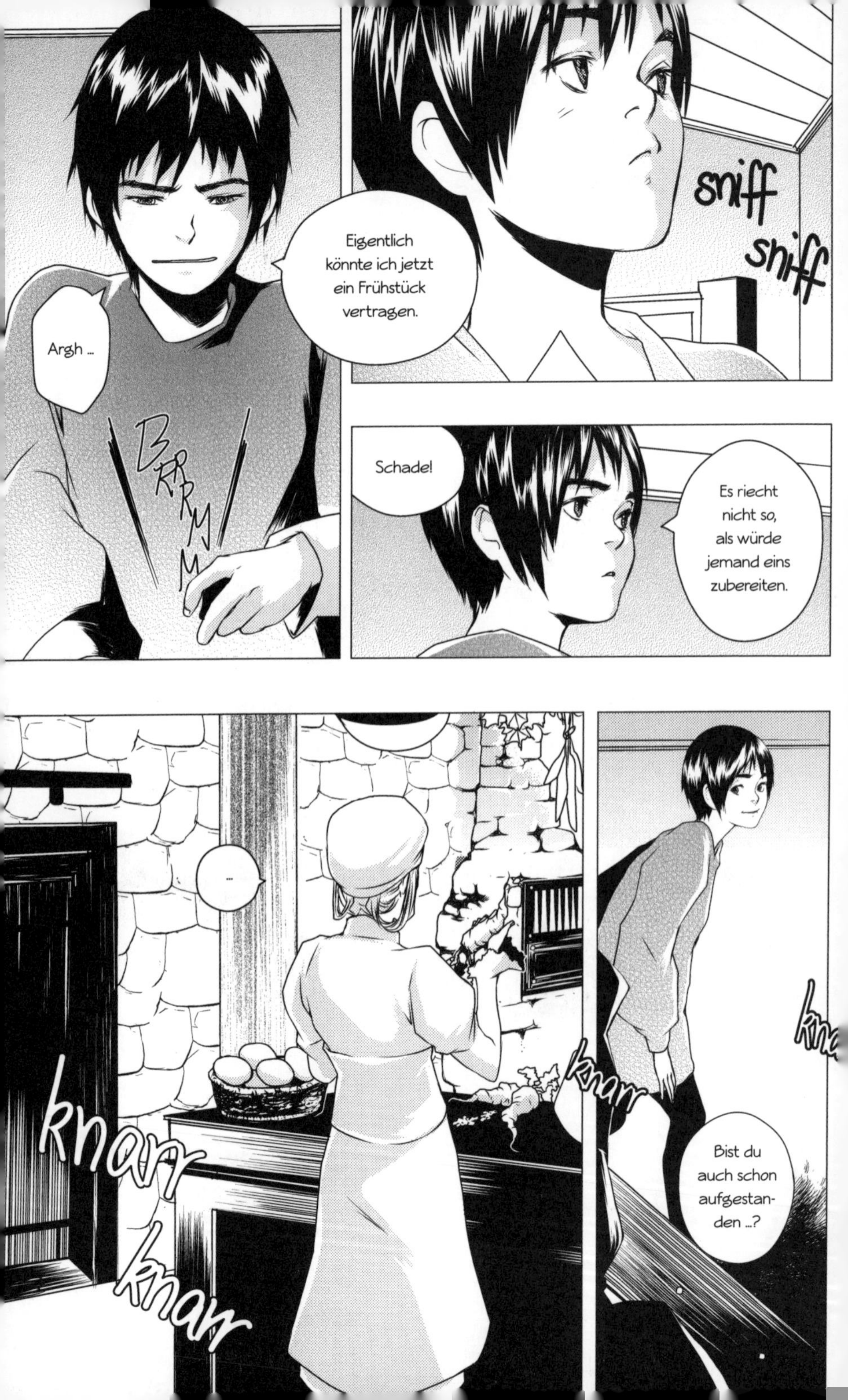

Argh ...
BRRRMM
Eigentlich könnte ich jetzt ein Frühstück vertragen.
sniff
sniff
Schade!
Es riecht nicht so, als würde jemand eins zubereiten.
...
knarr
knarr
knarr
knar
Bist du auch schon aufgestanden ...?

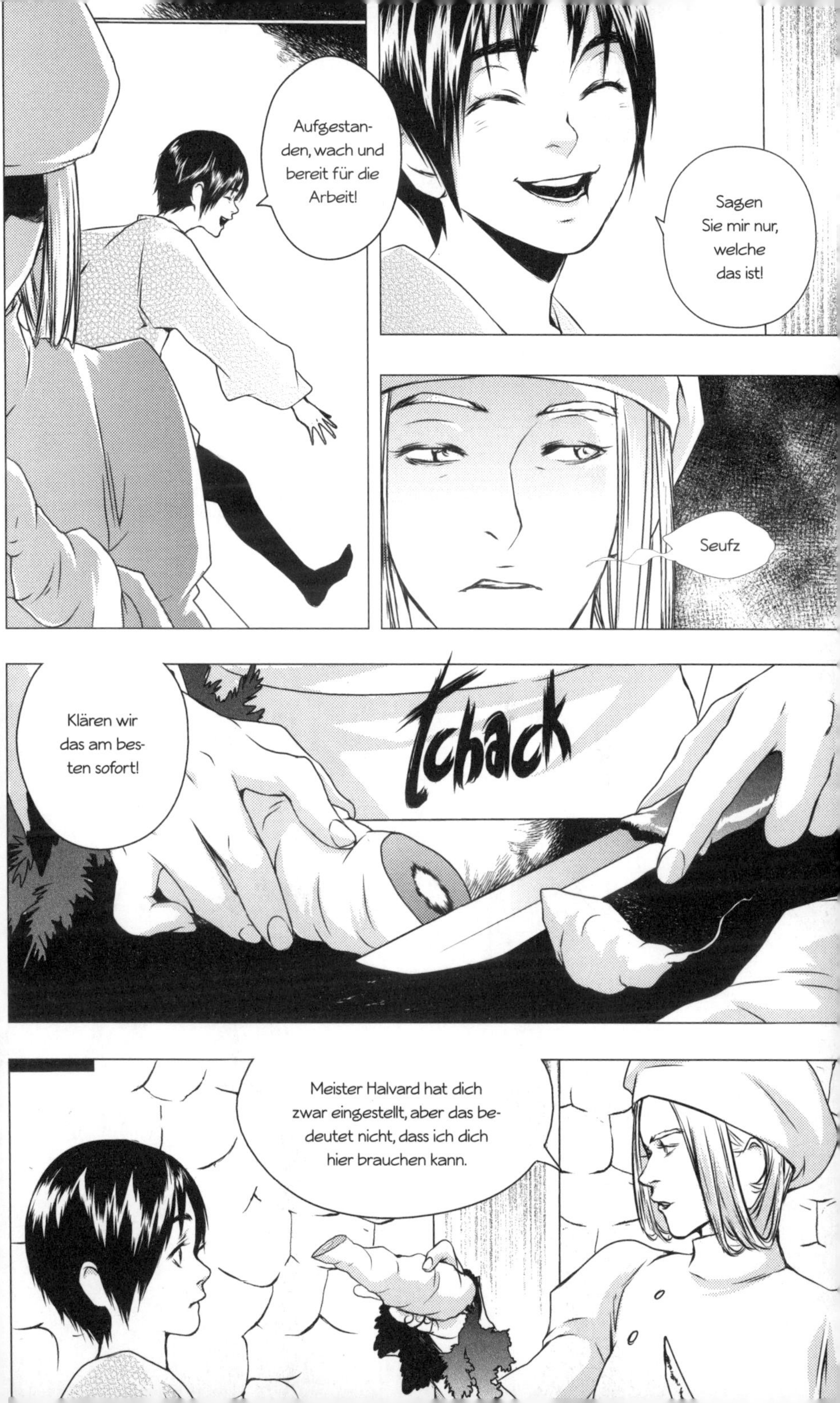

Aufgestanden, wach und bereit für die Arbeit!

Sagen Sie mir nur, welche das ist!

Seufz

tchack

Klären wir das am besten sofort!

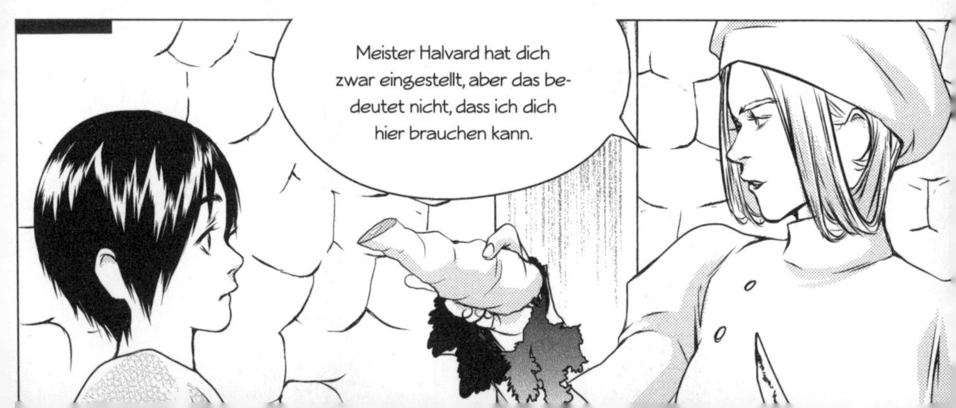

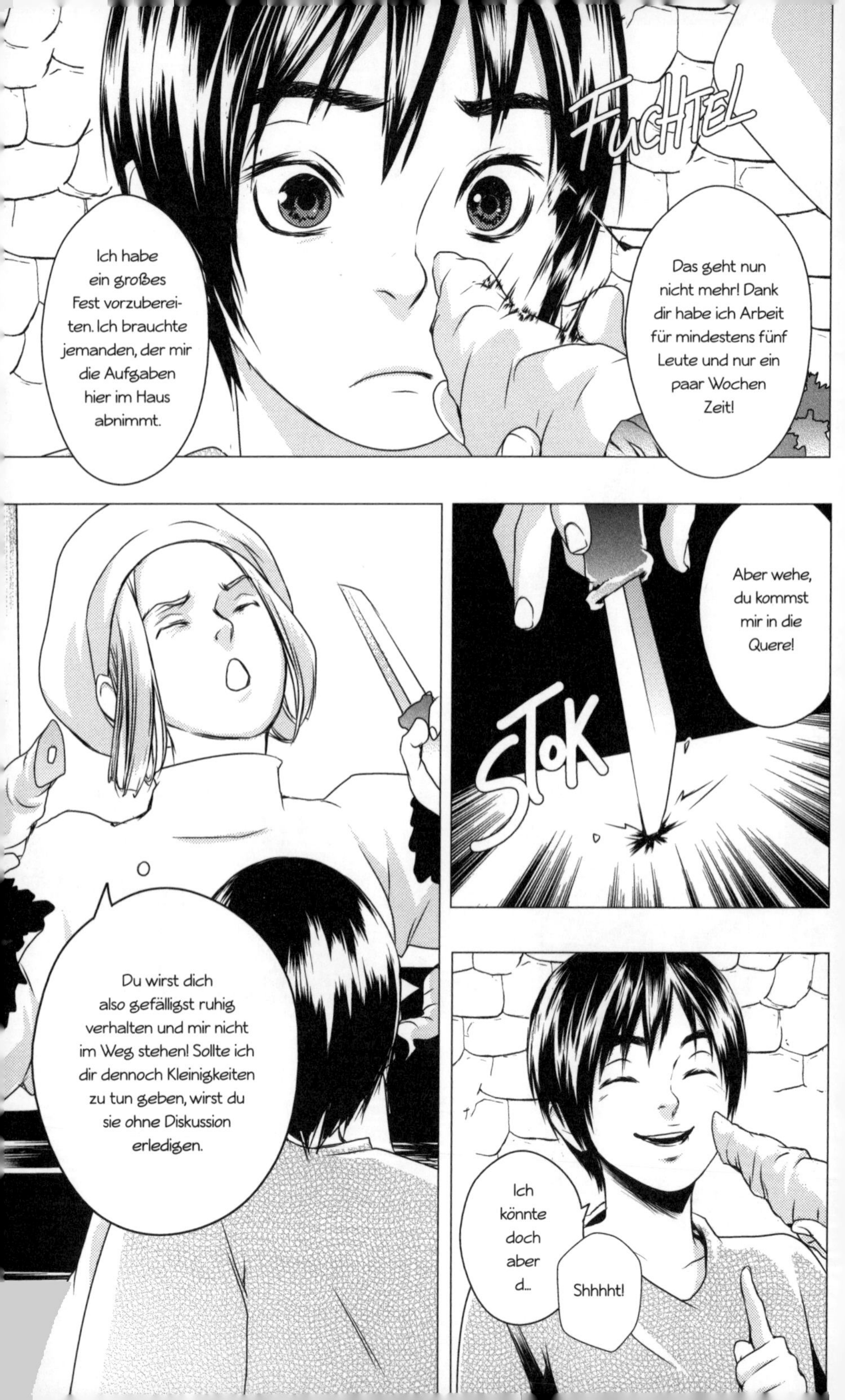

FUCHTEL

Das geht nun nicht mehr! Dank dir habe ich Arbeit für mindestens fünf Leute und nur ein paar Wochen Zeit!

Ich habe ein großes Fest vorzubereiten. Ich brauchte jemanden, der mir die Aufgaben hier im Haus abnimmt.

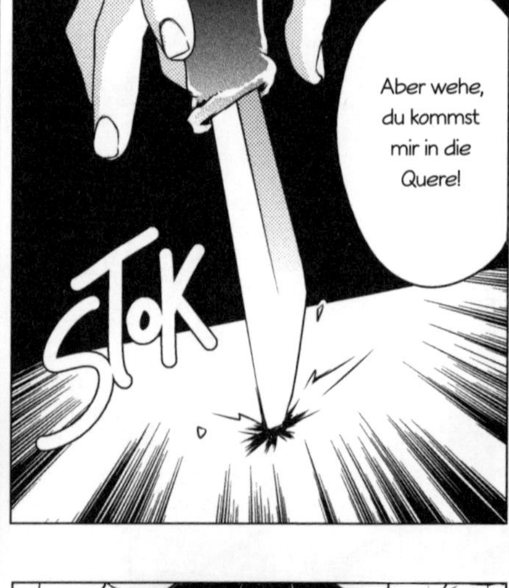

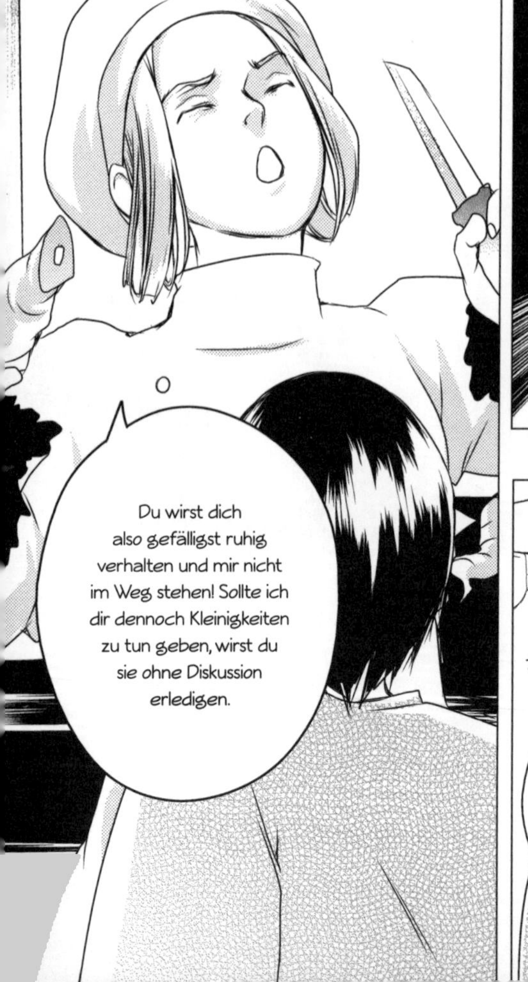

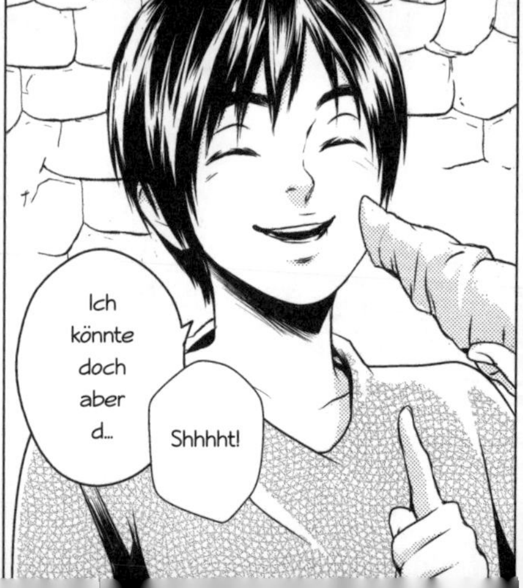

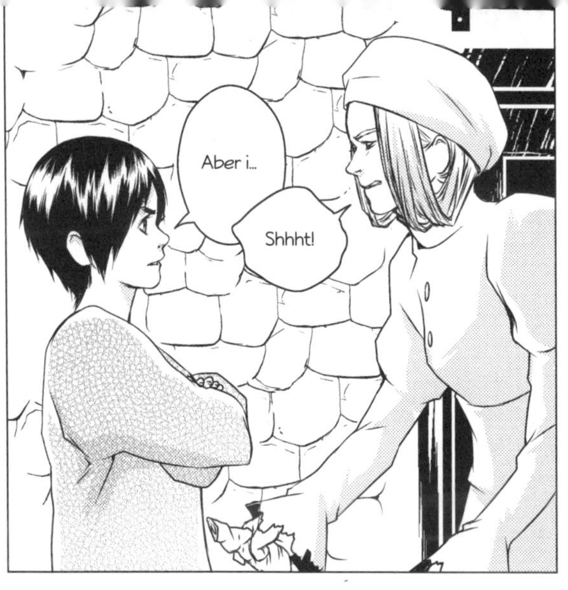
Aber i...
Shhht!

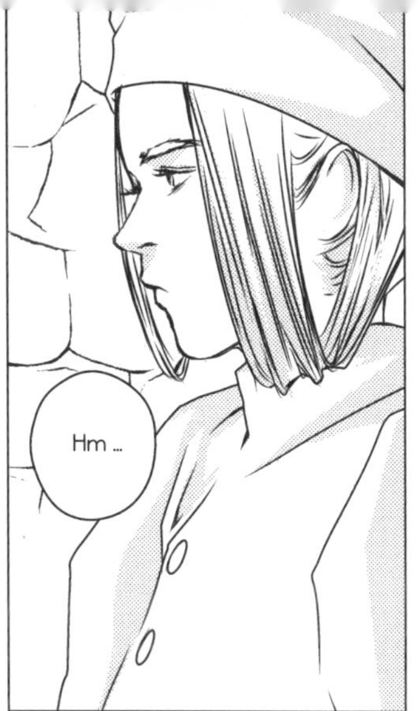
Hm ...

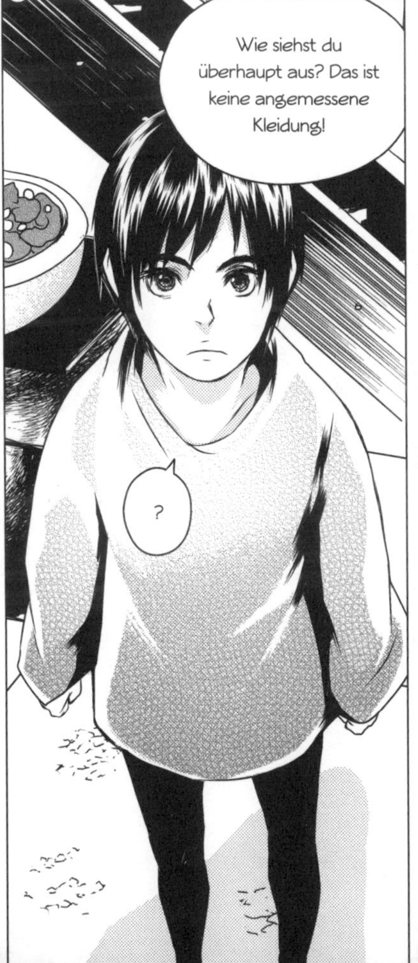
Wie siehst du überhaupt aus? Das ist keine angemessene Kleidung!
?

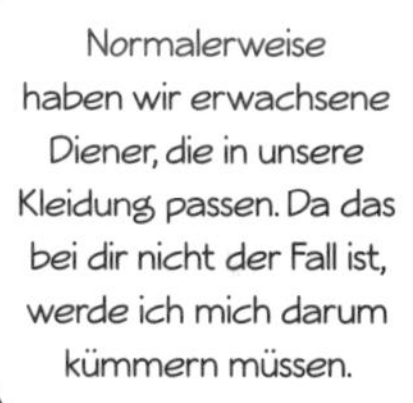
Normalerweise haben wir erwachsene Diener, die in unsere Kleidung passen. Da das bei dir nicht der Fall ist, werde ich mich darum kümmern müssen.

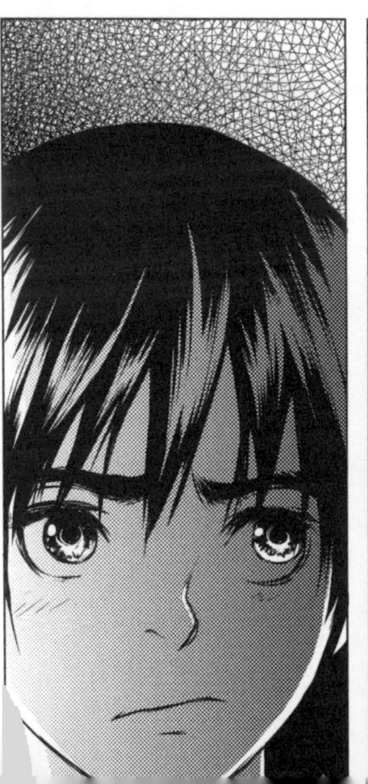

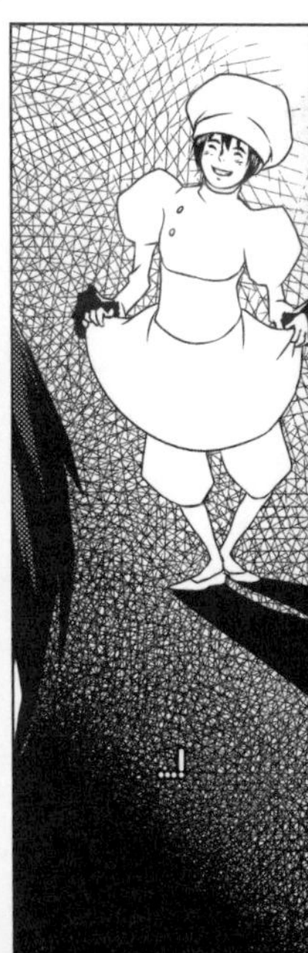
...!

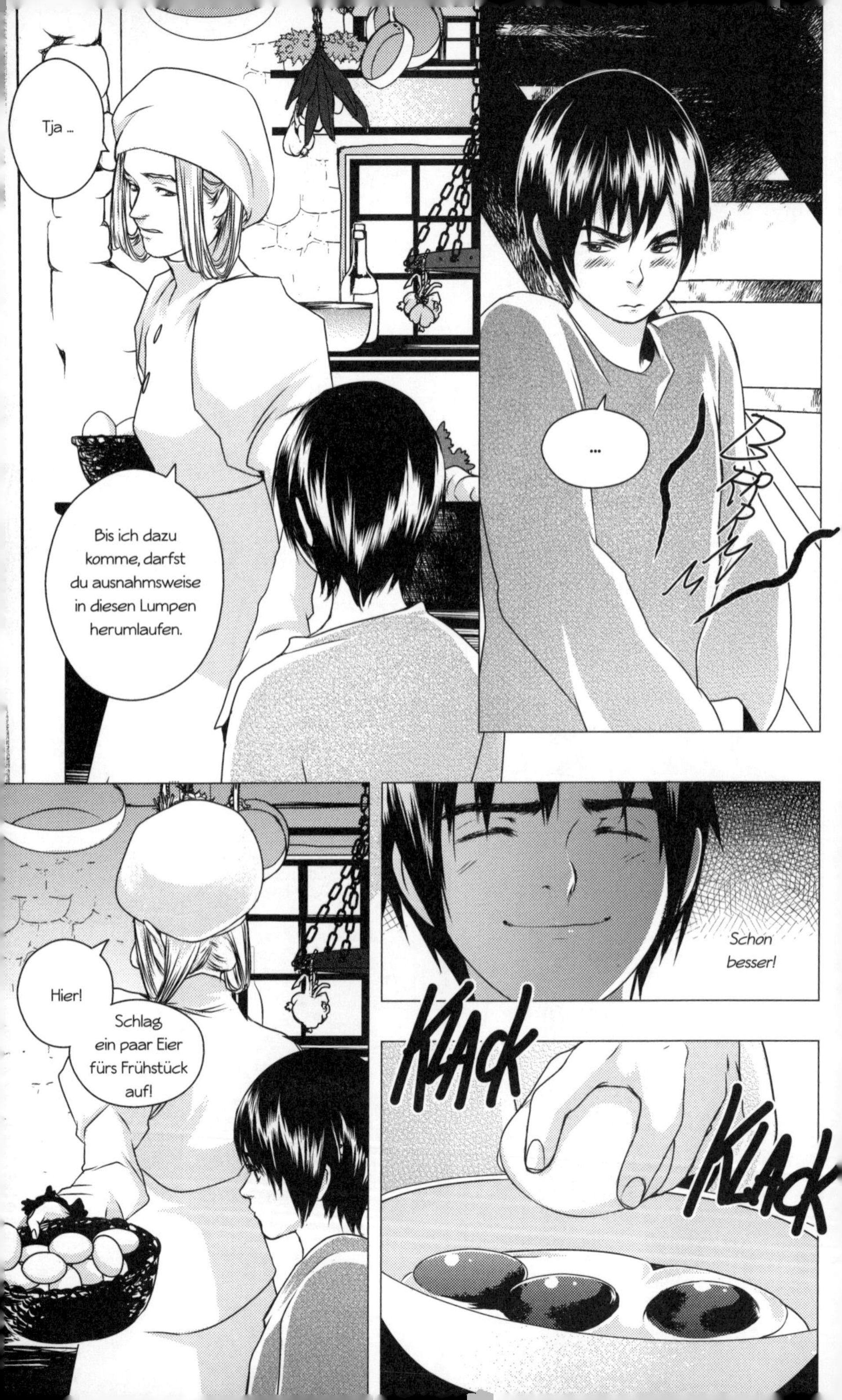
Tja ...
Bis ich dazu komme, darfst du ausnahmsweise in diesen Lumpen herumlaufen.
...
BRRMM
Hier!
Schlag ein paar Eier fürs Frühstück auf!
Schon besser!
KLACK
KLACK

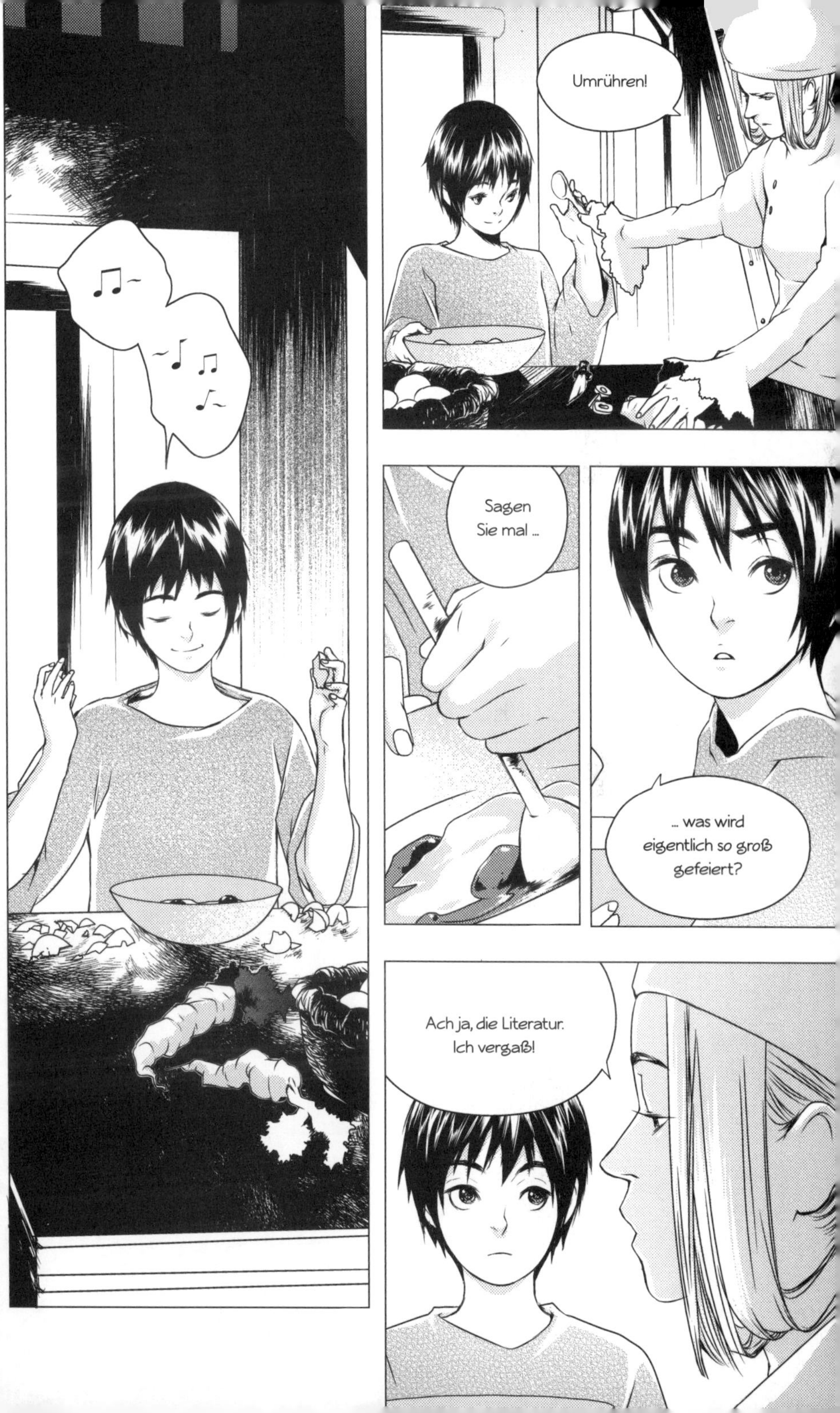

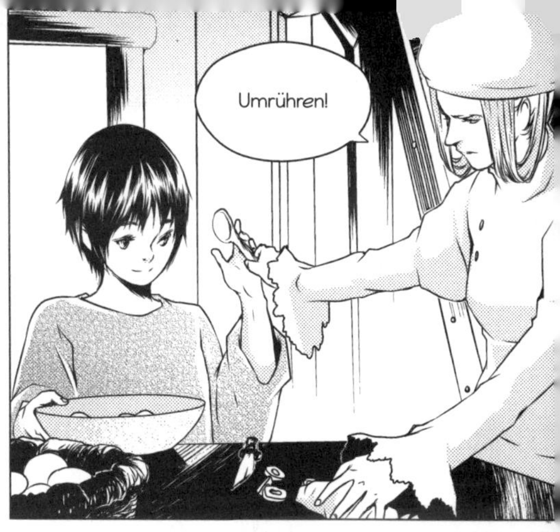
Umrühren!

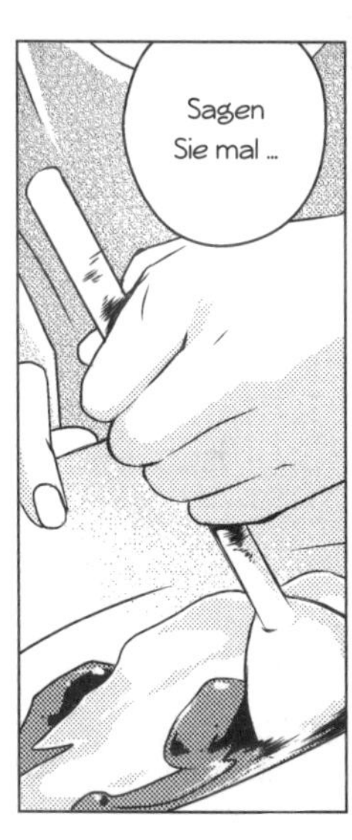
Sagen
Sie mal ...

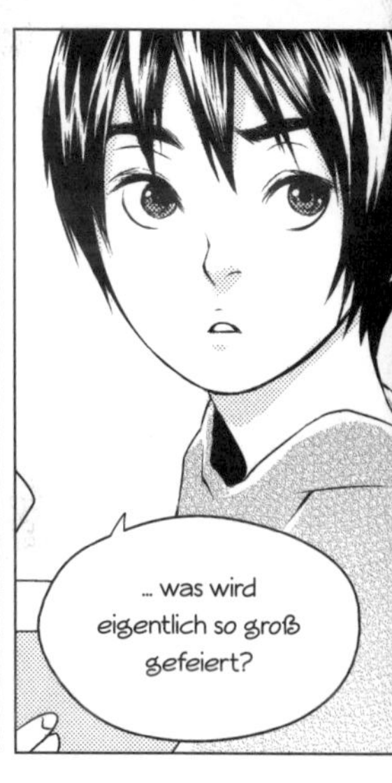
... was wird
eigentlich so groß
gefeiert?

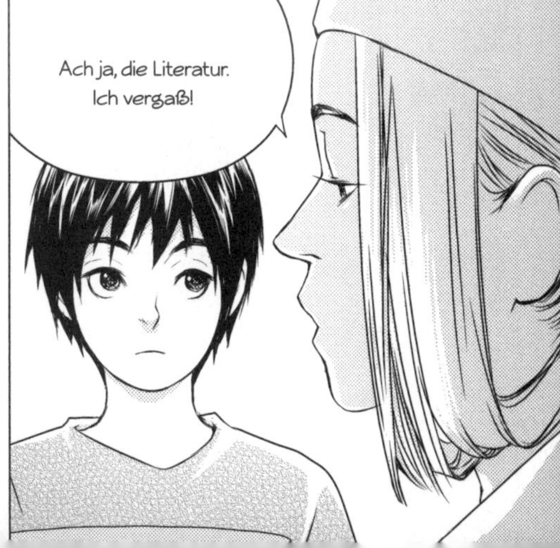
Ach ja, die Literatur.
Ich vergaß!

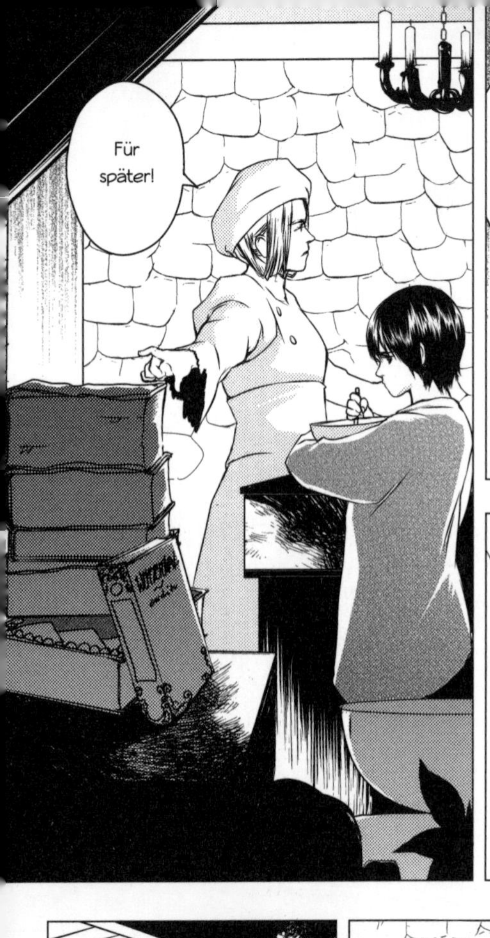
Für später!
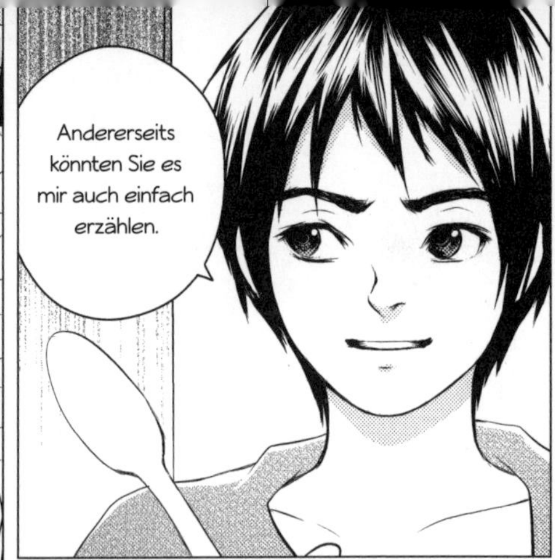
Andererseits könnten Sie es mir auch einfach erzählen.
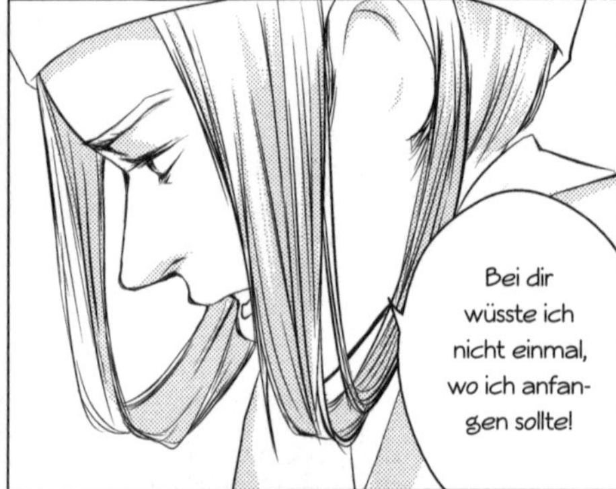
Bei dir wüsste ich nicht einmal, wo ich anfangen sollte!
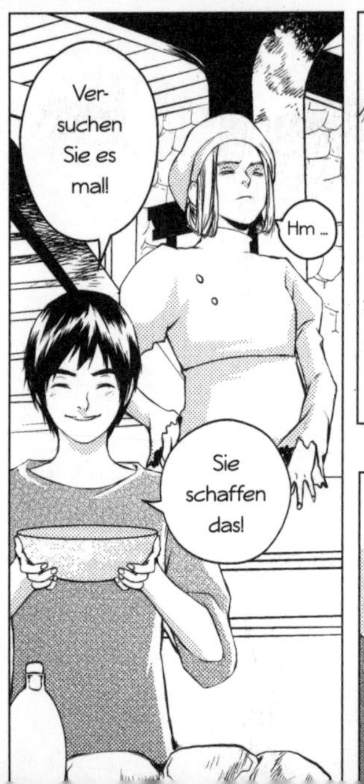
Versuchen Sie es mal!
Hm ...
Sie schaffen das!
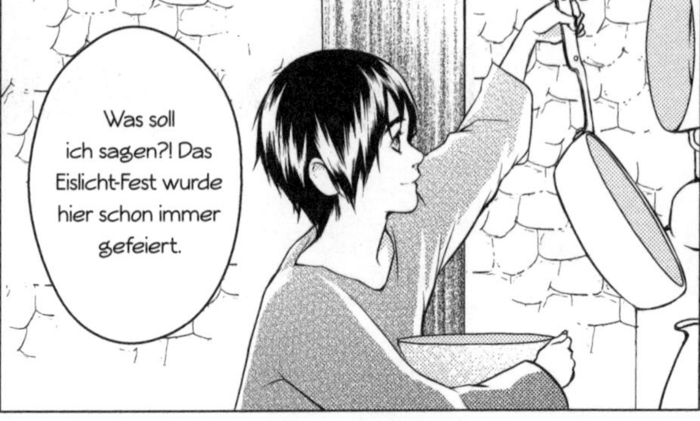
Was soll ich sagen?! Das Eislicht-Fest wurde hier schon immer gefeiert.
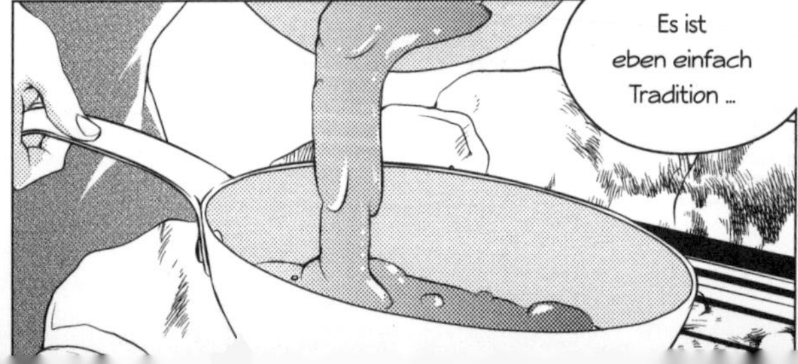
Es ist eben einfach Tradition ...

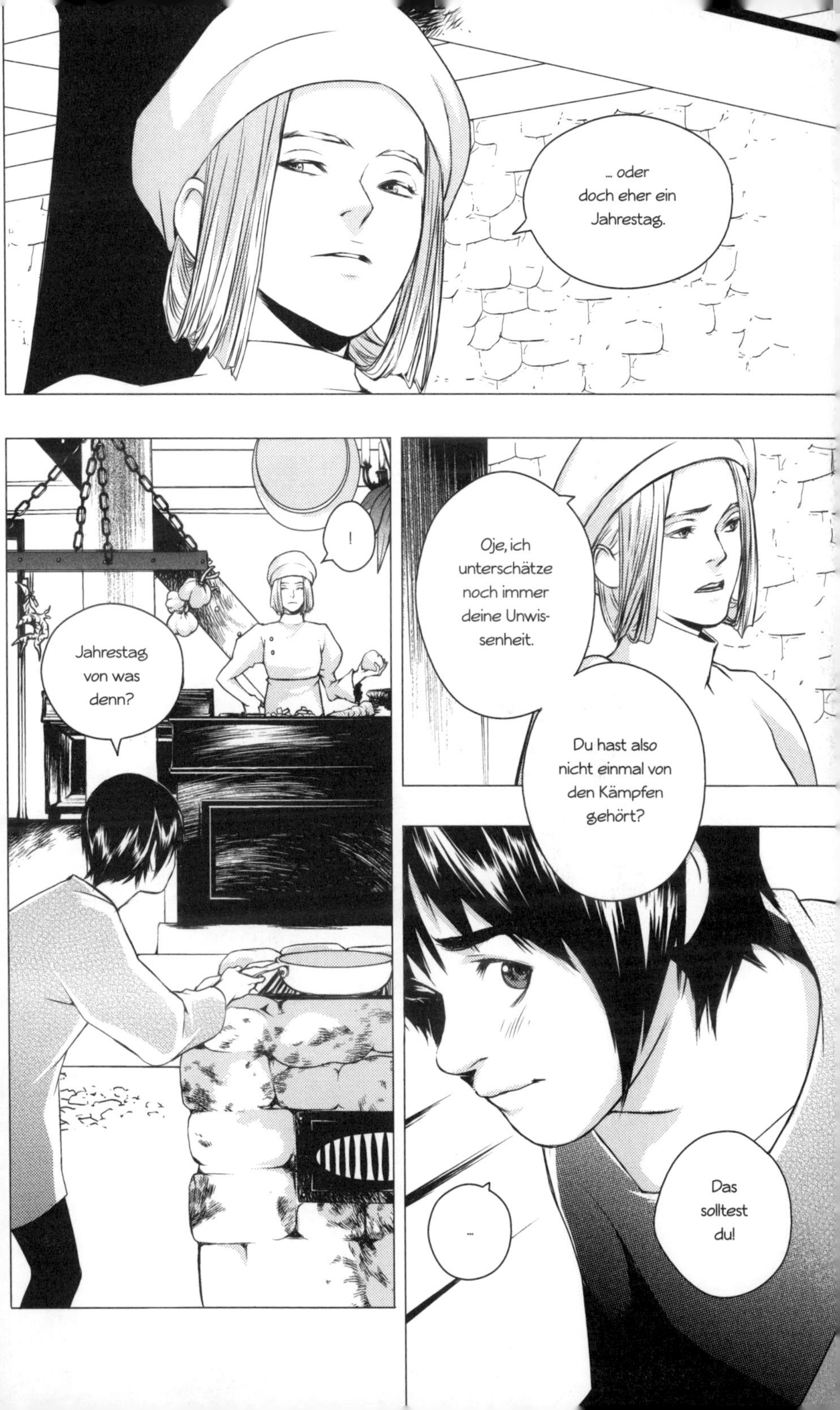

... oder doch eher ein Jahrestag.
!
Jahrestag von was denn?
Oje, ich unterschätze noch immer deine Unwissenheit.
Du hast also nicht einmal von den Kämpfen gehört?
...
Das solltest du!

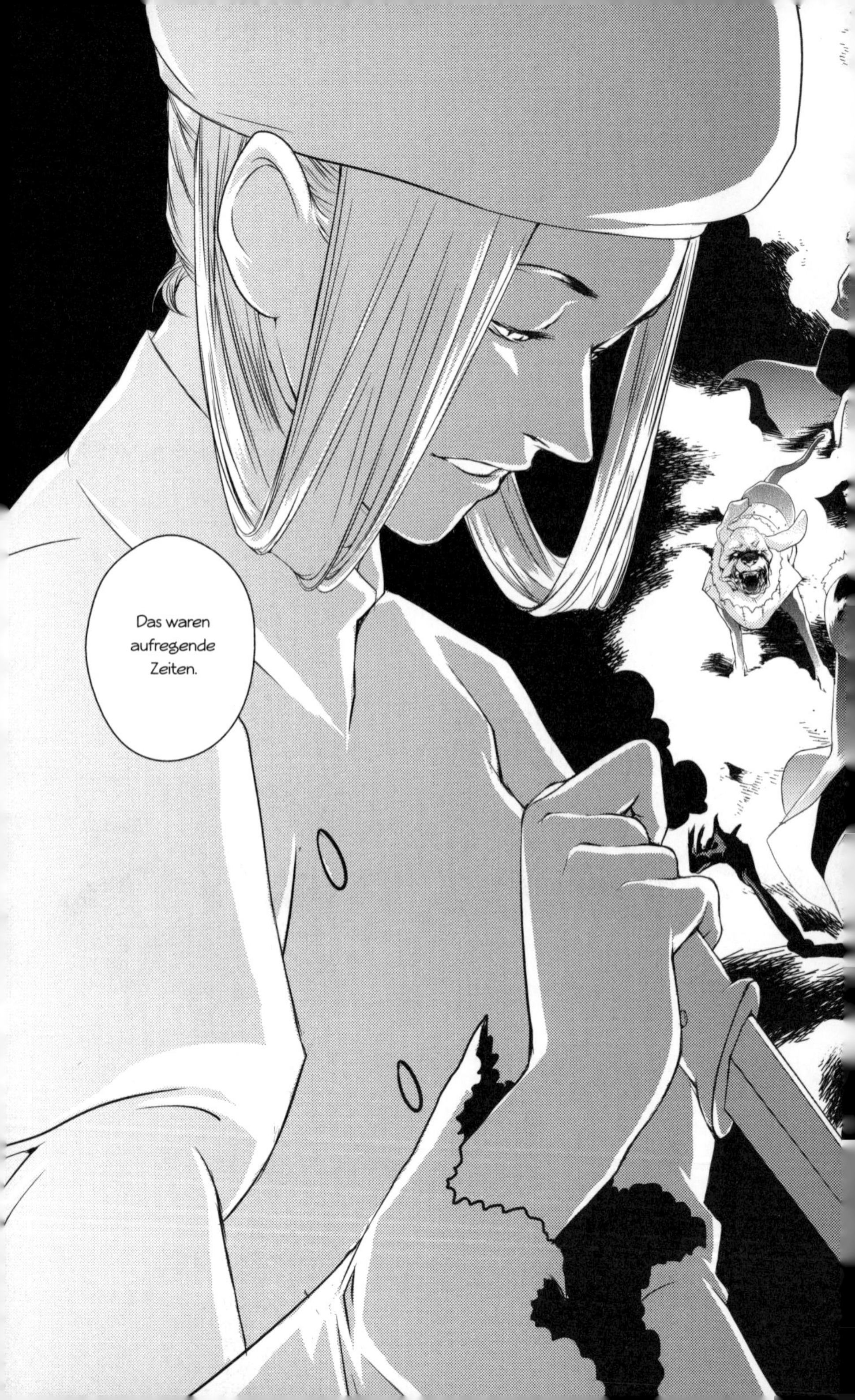
Das waren aufregende Zeiten.

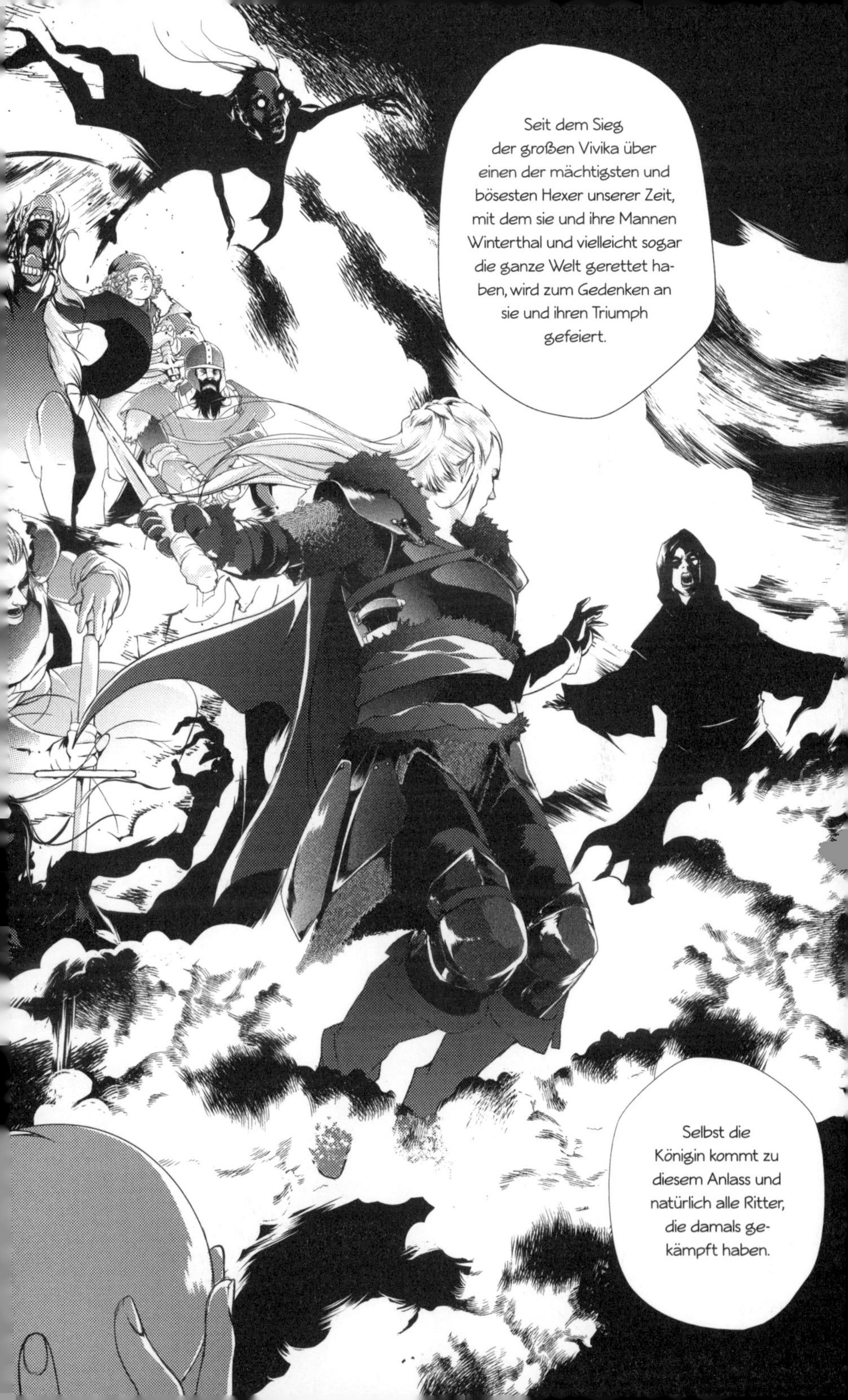
Seit dem Sieg der großen Vivika über einen der mächtigsten und bösesten Hexer unserer Zeit, mit dem sie und ihre Mannen Winterthal und vielleicht sogar die ganze Welt gerettet haben, wird zum Gedenken an sie und ihren Triumph gefeiert.
Selbst die Königin kommt zu diesem Anlass und natürlich alle Ritter, die damals gekämpft haben.

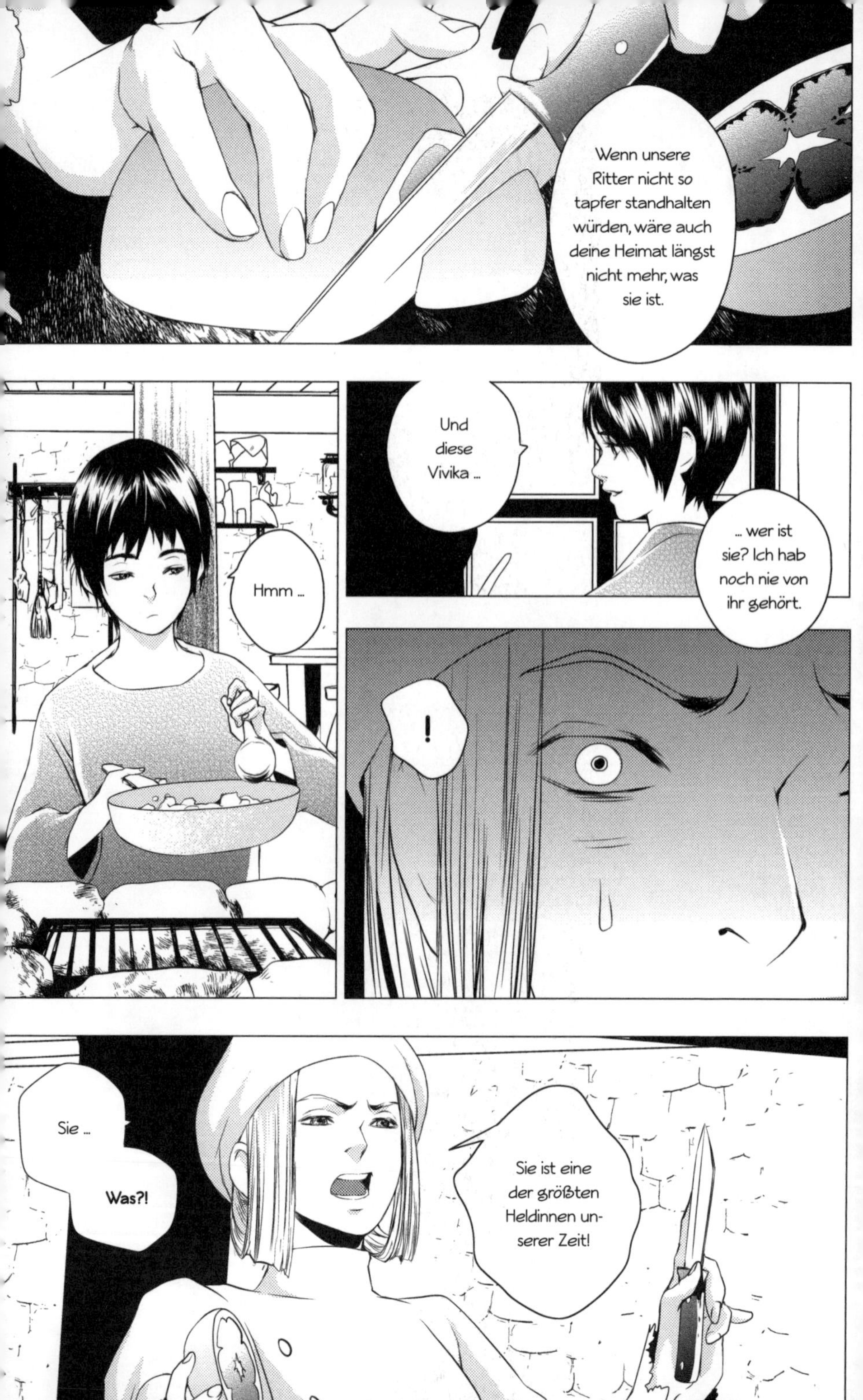
Wenn unsere Ritter nicht so tapfer standhalten würden, wäre auch deine Heimat längst nicht mehr, was sie ist.
Und diese Vivika ...
... wer ist sie? Ich hab noch nie von ihr gehört.
Hmm ...
!
Sie ...
Was?!
Sie ist eine der größten Heldinnen unserer Zeit!

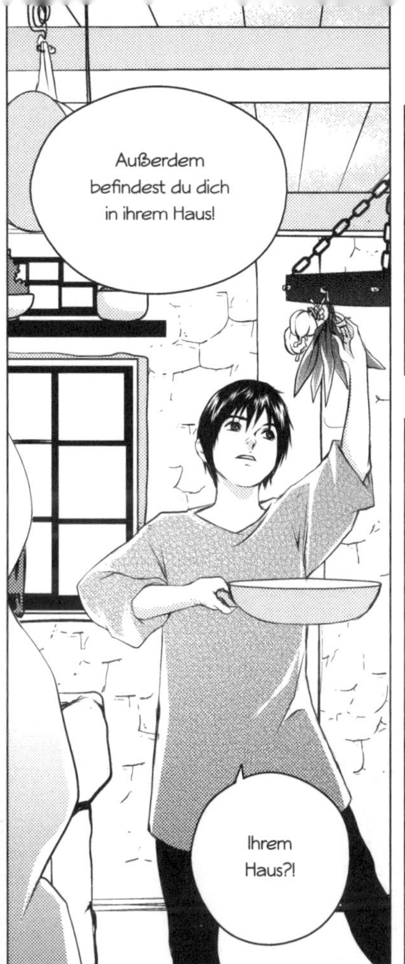
Außerdem befindest du dich in ihrem Haus!
Ihrem Haus?!

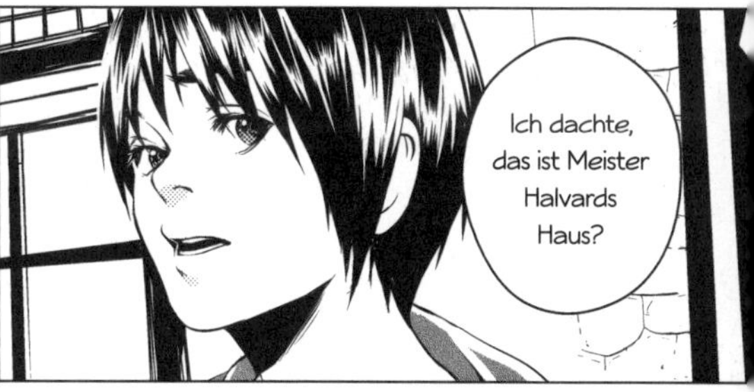
Ich dachte, das ist Meister Halvards Haus?

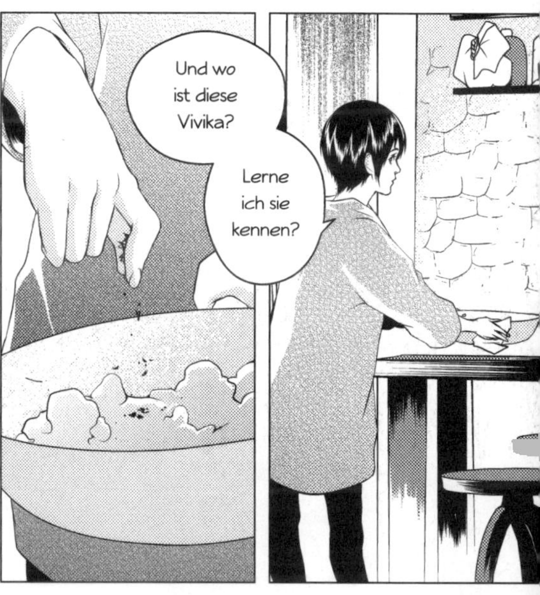
Und wo ist diese Vivika?
Lerne ich sie kennen?

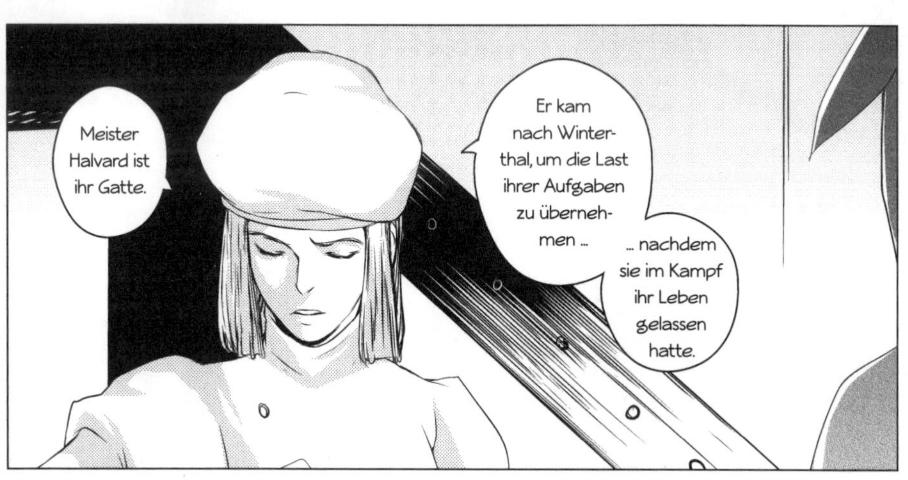
Meister Halvard ist ihr Gatte.
Er kam nach Winter-thal, um die Last ihrer Aufgaben zu überneh-men ...
... nachdem sie im Kampf ihr Leben gelassen hatte.

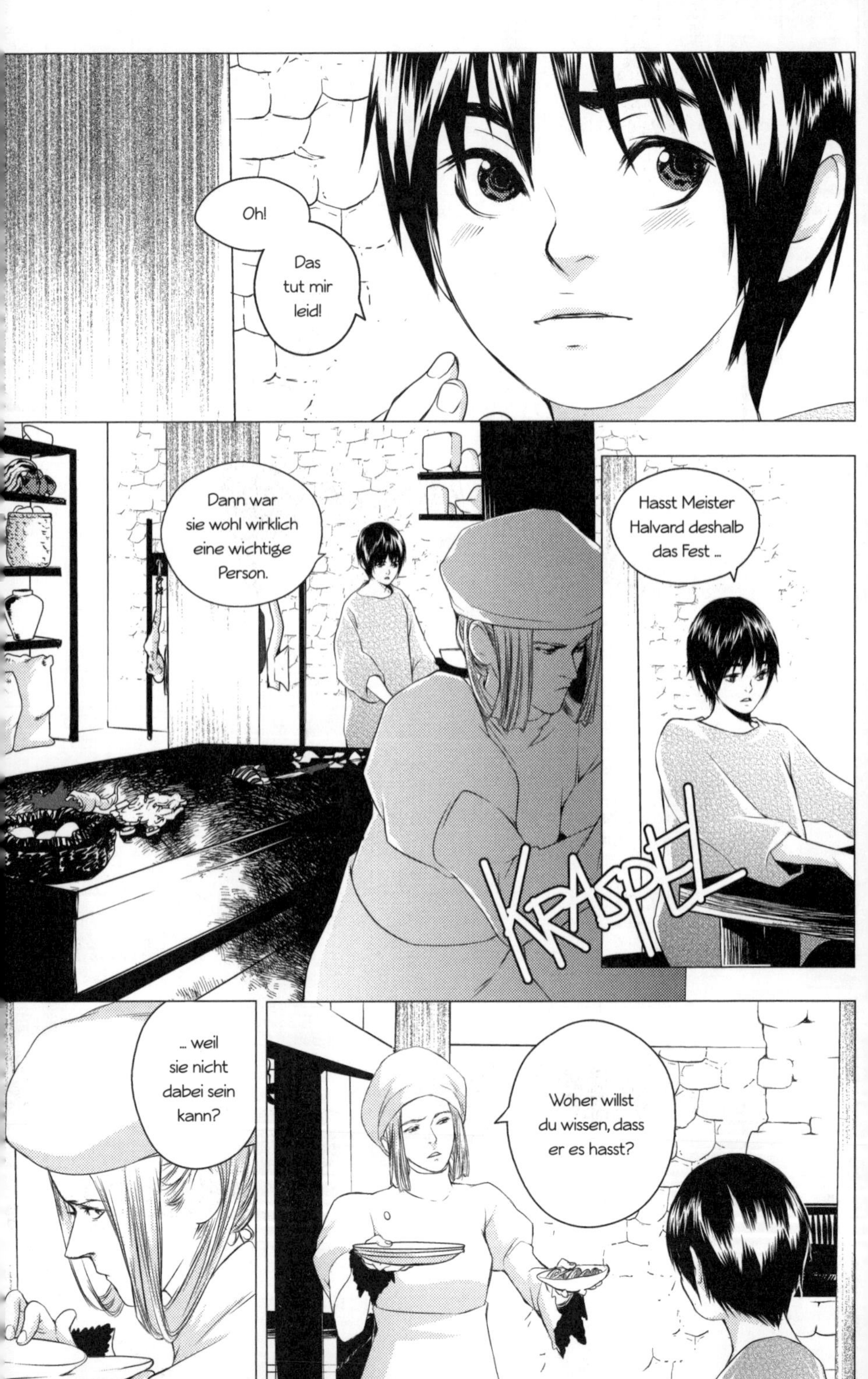
Oh!
Das tut mir leid!
Dann war sie wohl wirklich eine wichtige Person.
Hasst Meister Halvard deshalb das Fest ...
KRASPEL
... weil sie nicht dabei sein kann?
Woher willst du wissen, dass er es hasst?

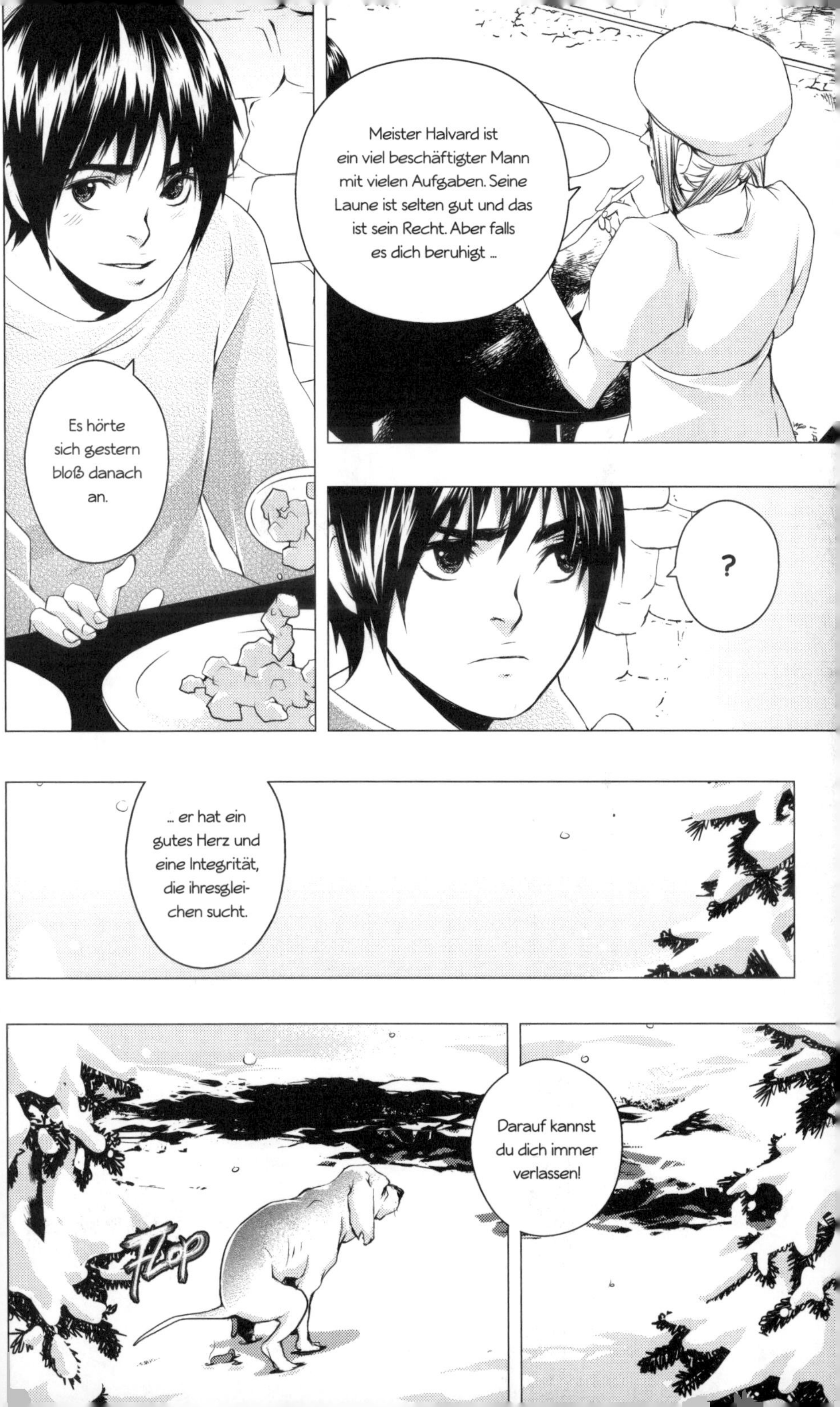

Es hörte sich gestern bloß danach an.

Meister Halvard ist ein viel beschäftigter Mann mit vielen Aufgaben. Seine Laune ist selten gut und das ist sein Recht. Aber falls es dich beruhigt ...

?

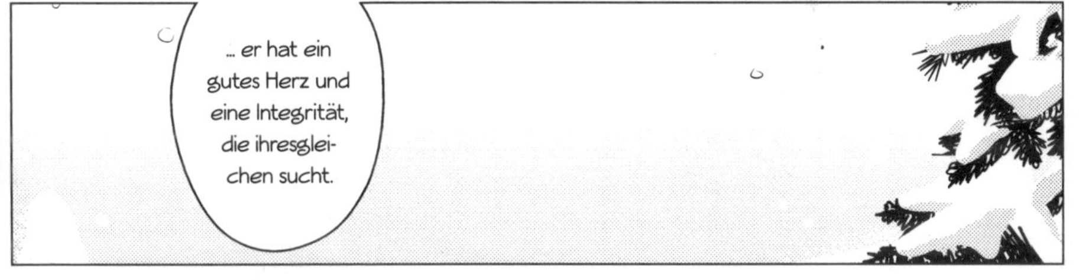

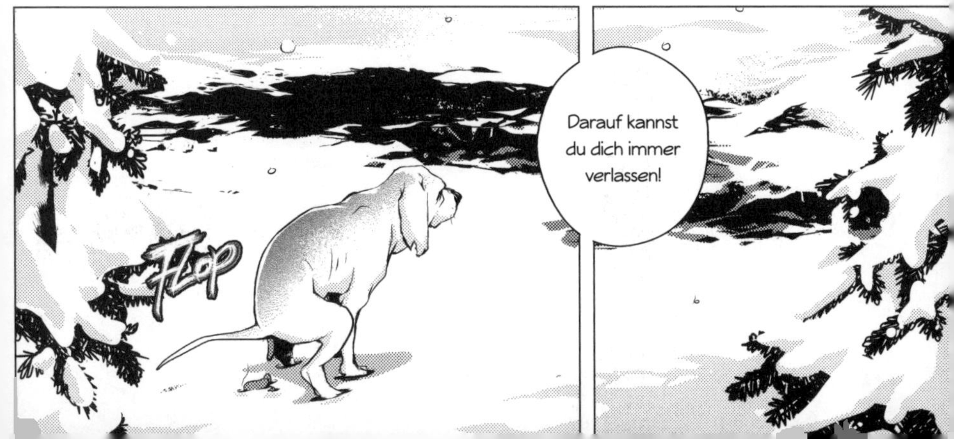

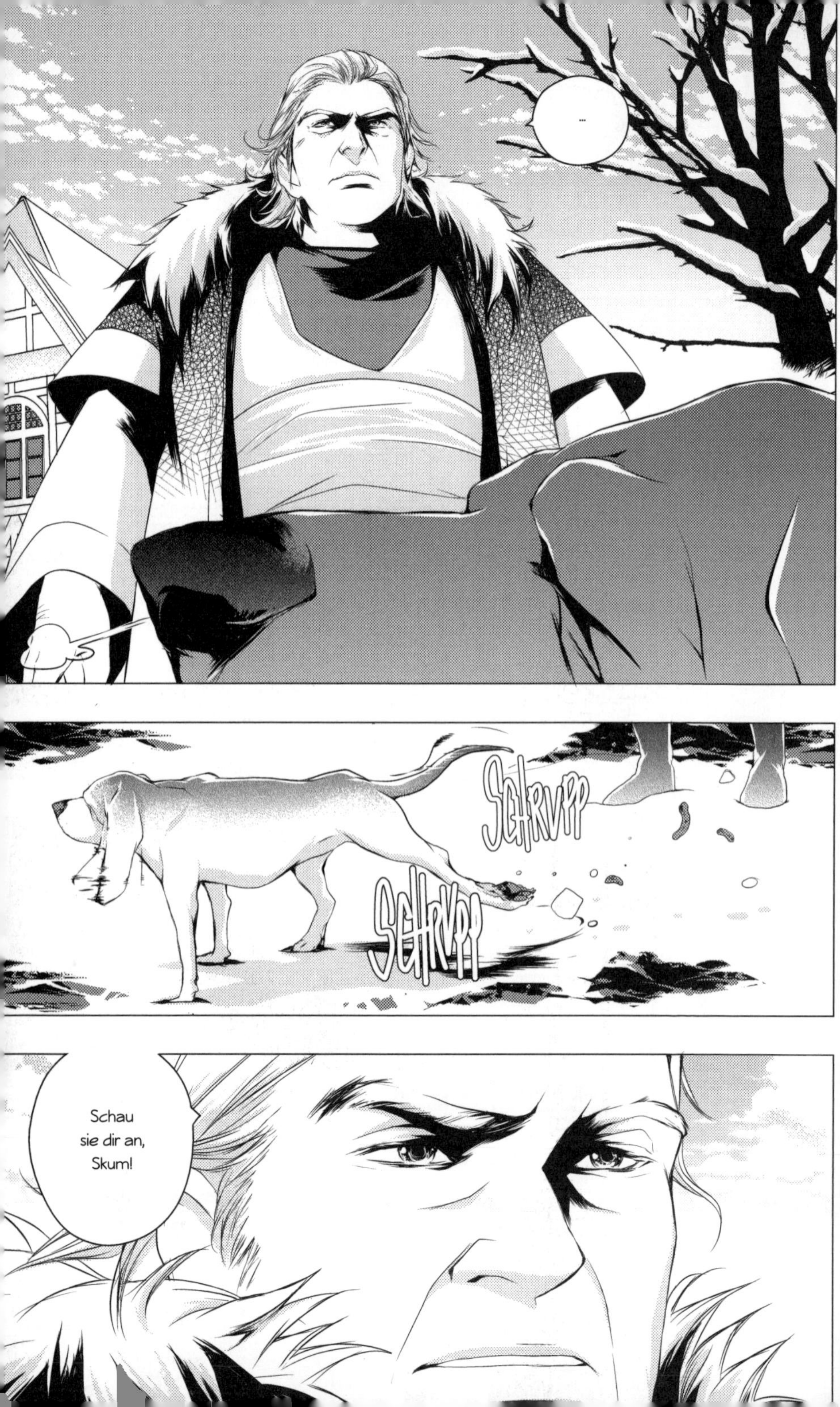

...

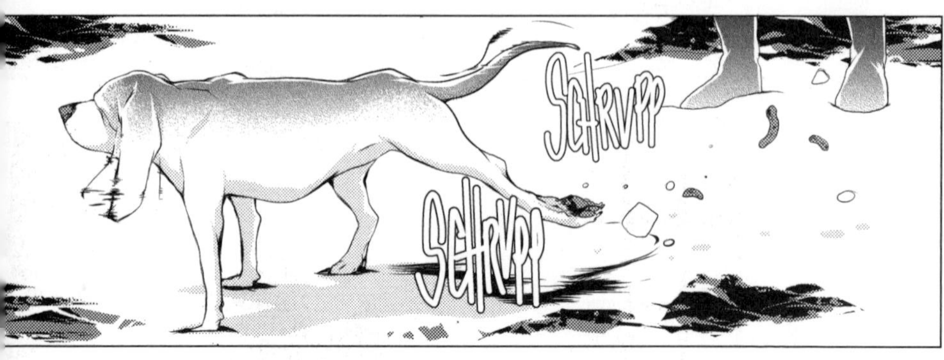

SCHRUPP
SCHRUPP

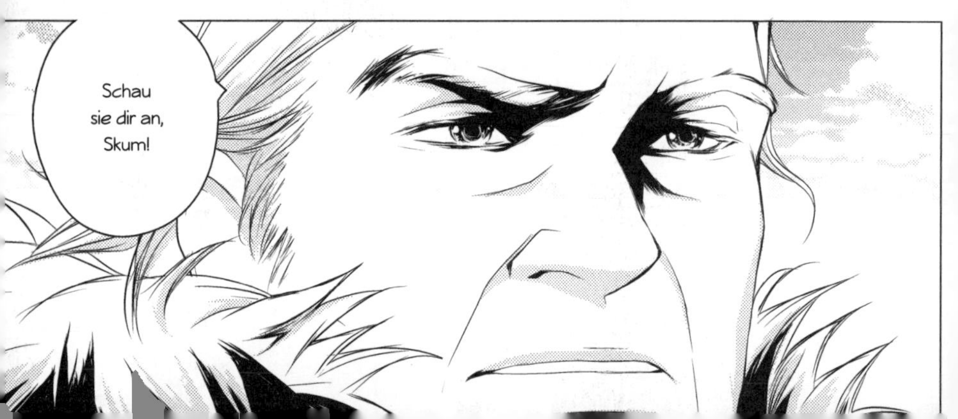

Schau sie dir an, Skum!

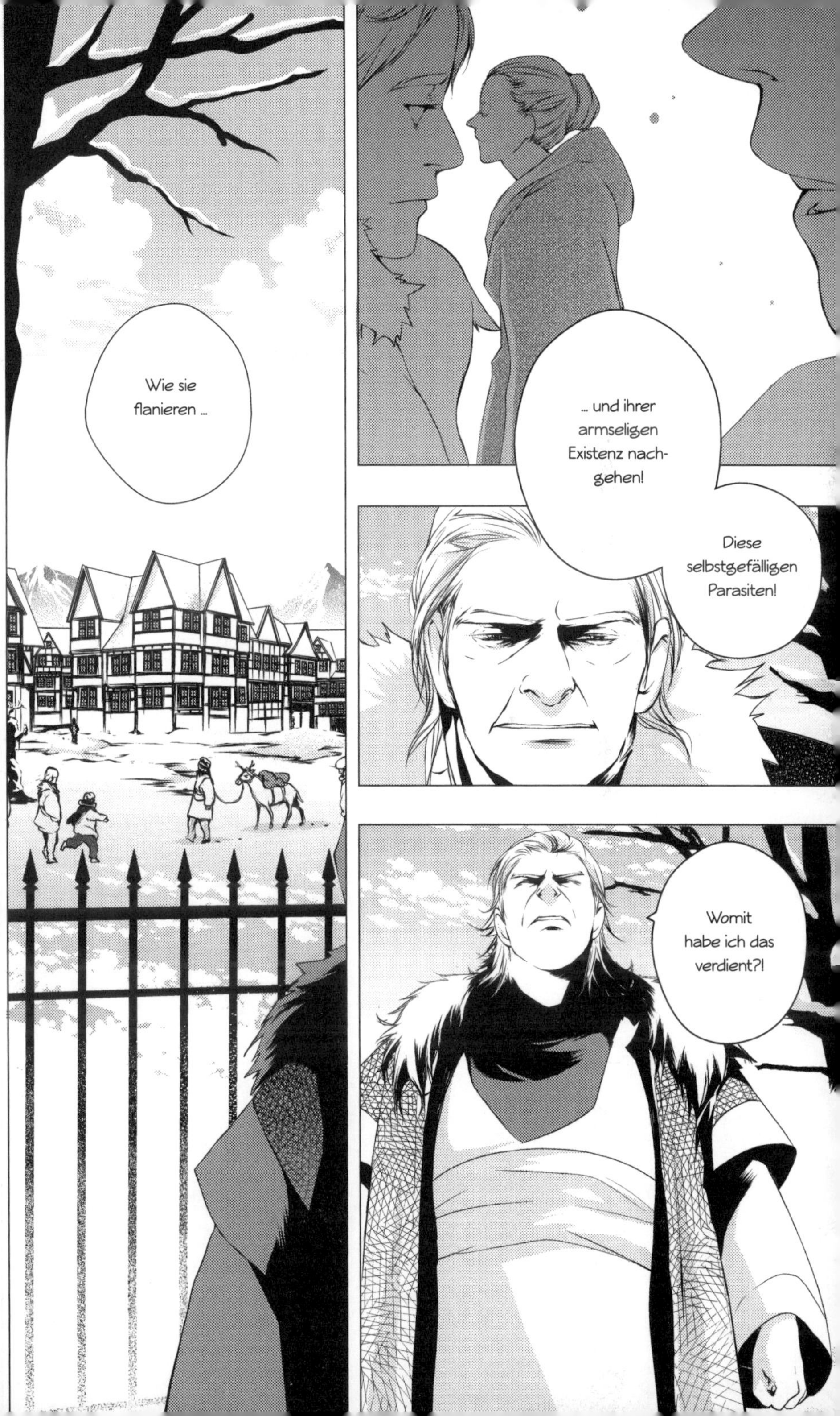

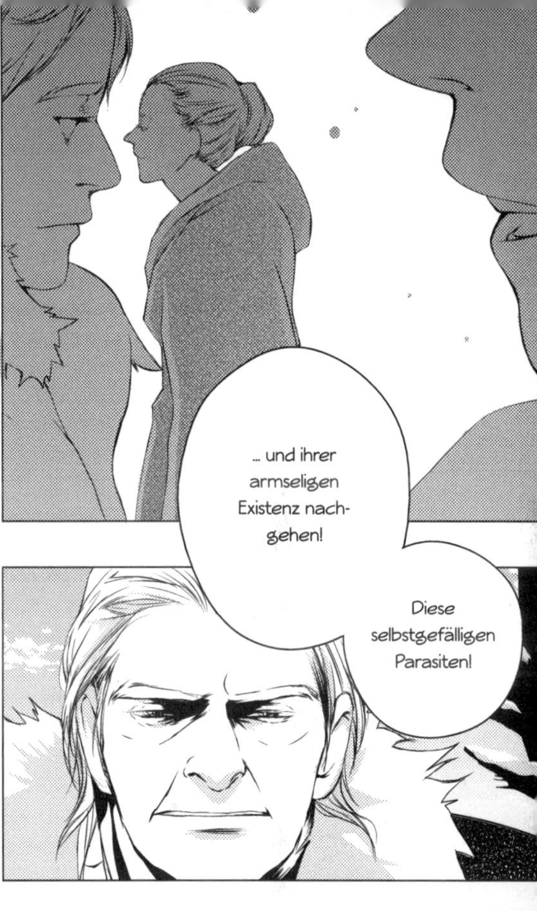
Wie sie flanieren …
… und ihrer armseligen Existenz nachgehen!
Diese selbstgefälligen Parasiten!

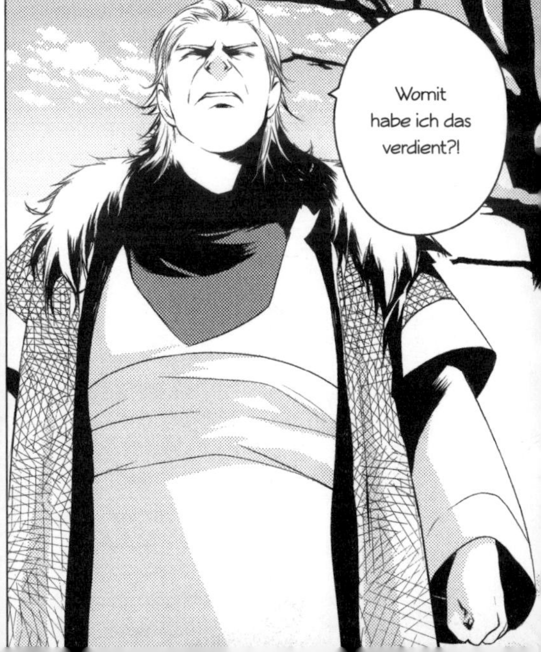
Womit habe ich das verdient?!

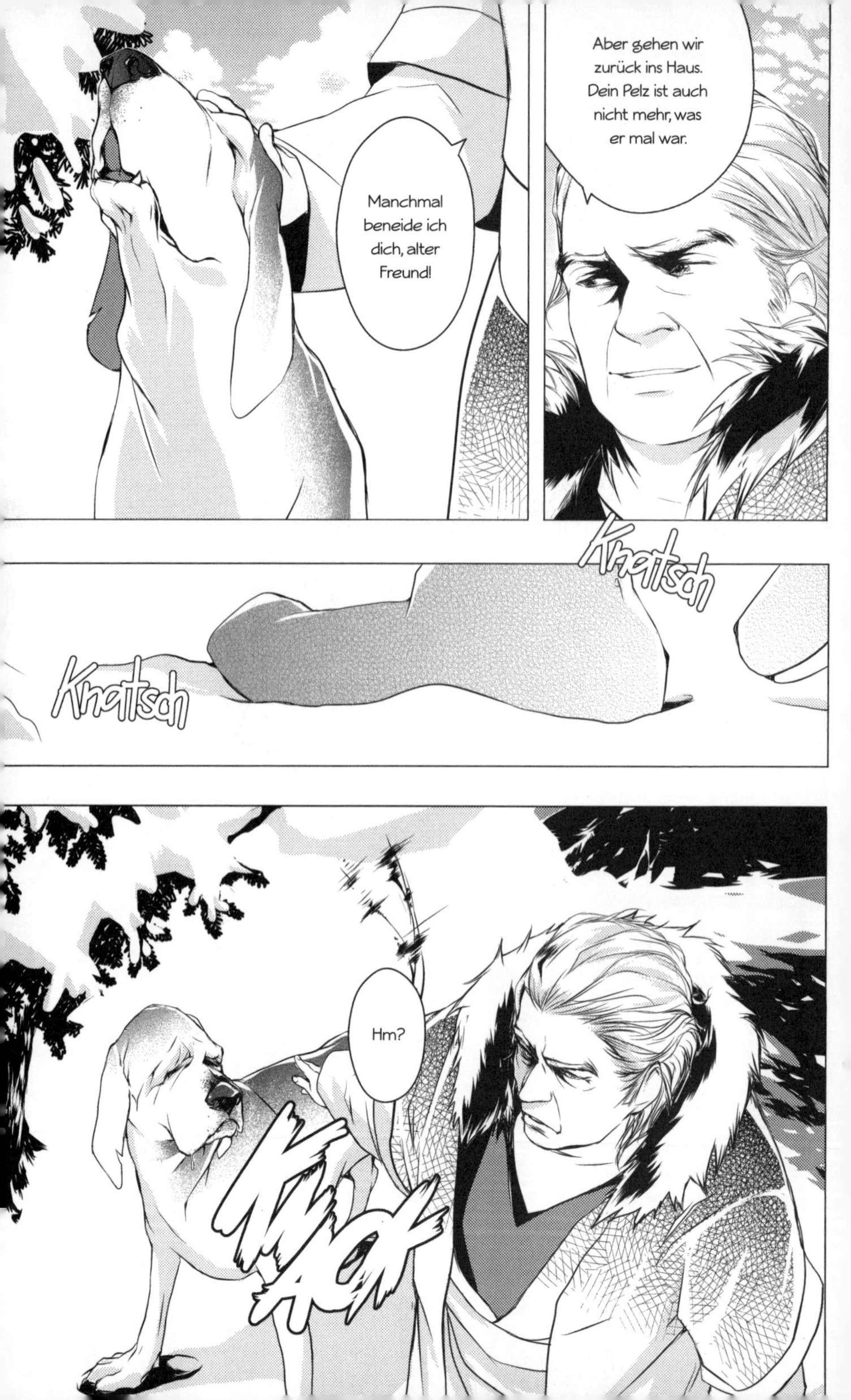

Manchmal beneide ich dich, alter Freund!

Aber gehen wir zurück ins Haus. Dein Pelz ist auch nicht mehr, was er mal war.

Knatsch

Knatsch

Hm?

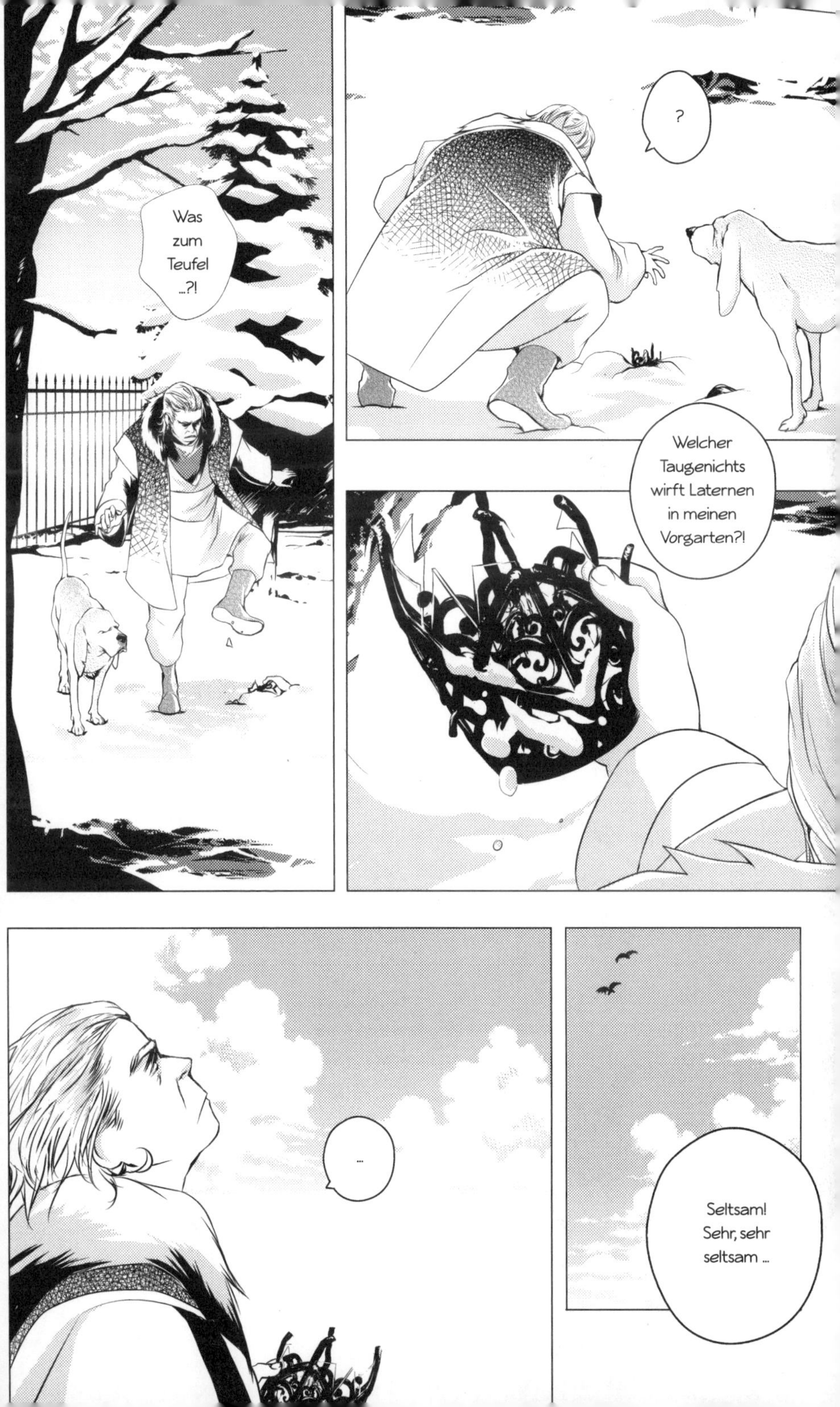

Was zum Teufel ...?!

?

Welcher Taugenichts wirft Laternen in meinen Vorgarten?!

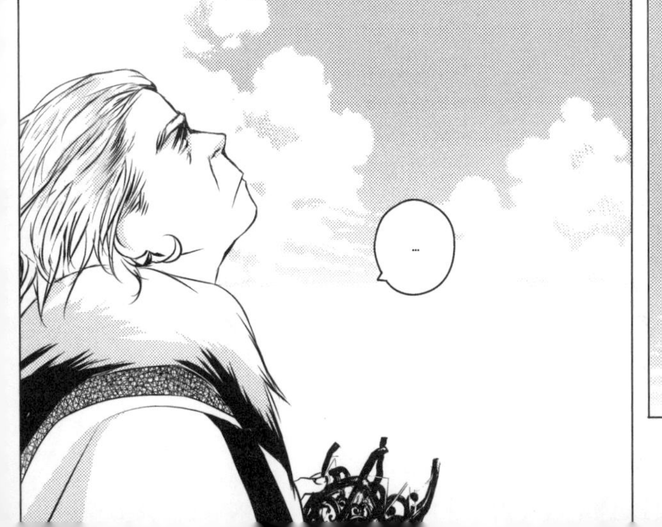

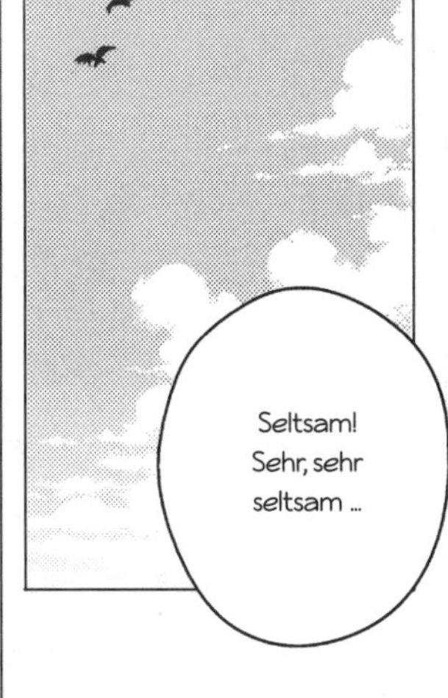

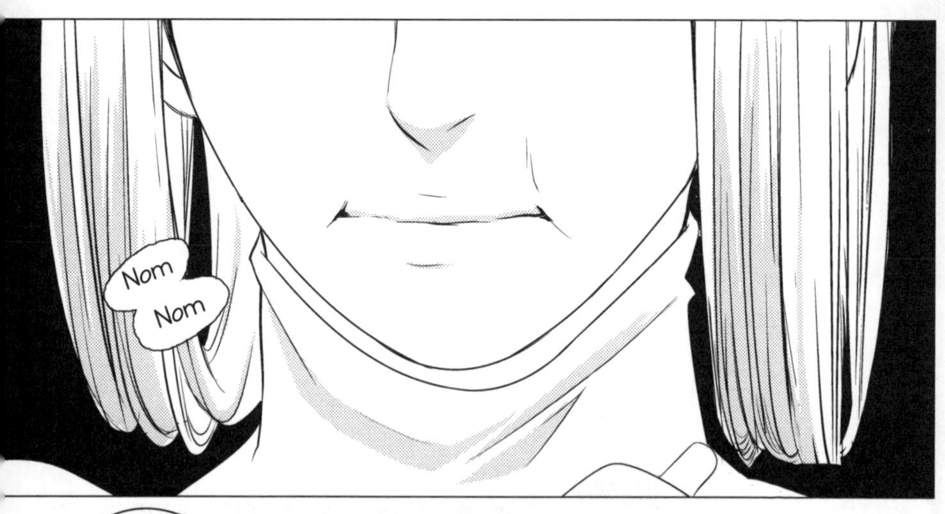
Nom
Nom

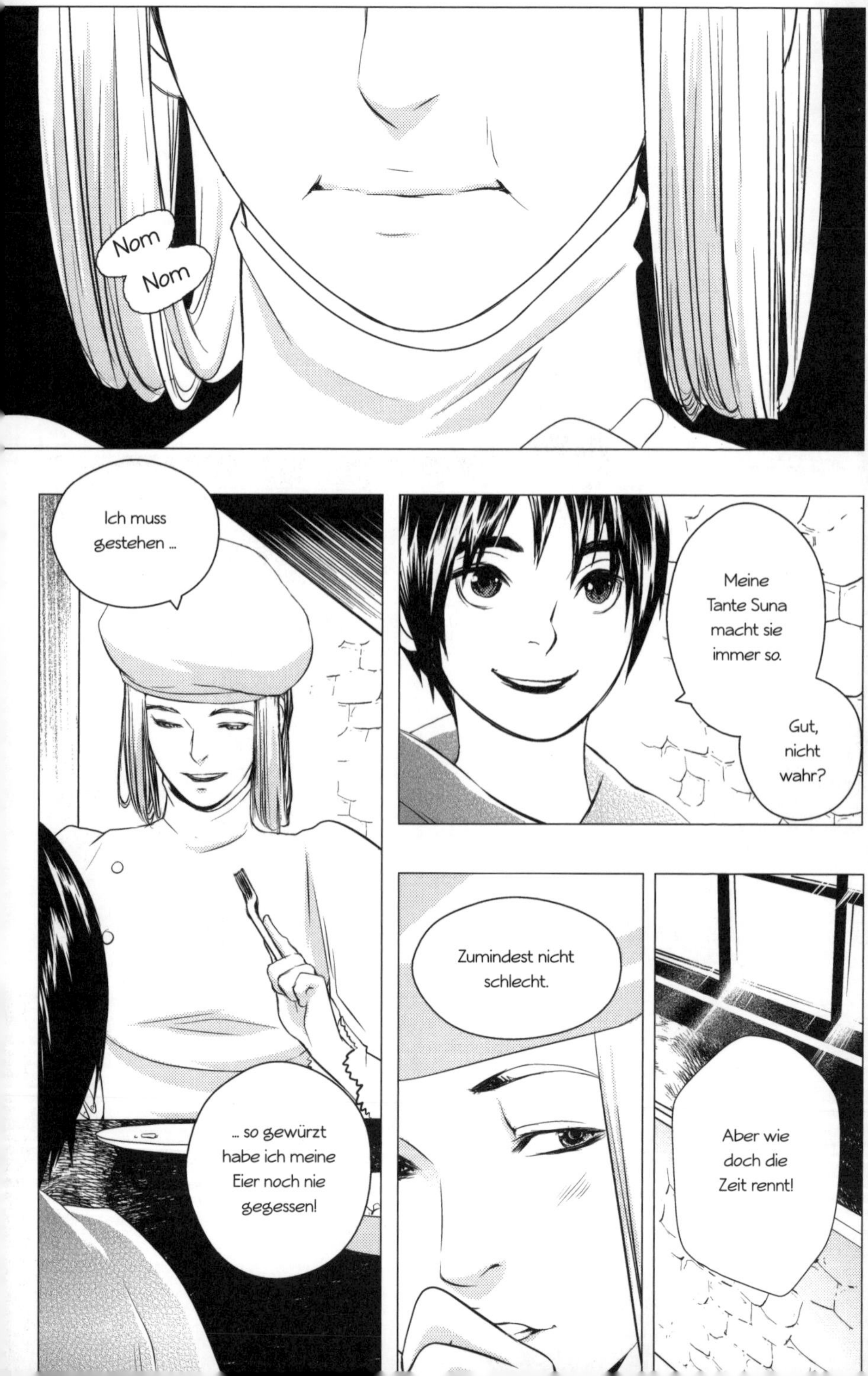

Ich muss gestehen ...
... so gewürzt habe ich meine Eier noch nie gegessen!
Meine Tante Suna macht sie immer so.
Gut, nicht wahr?
Zumindest nicht schlecht.
Aber wie doch die Zeit rennt!

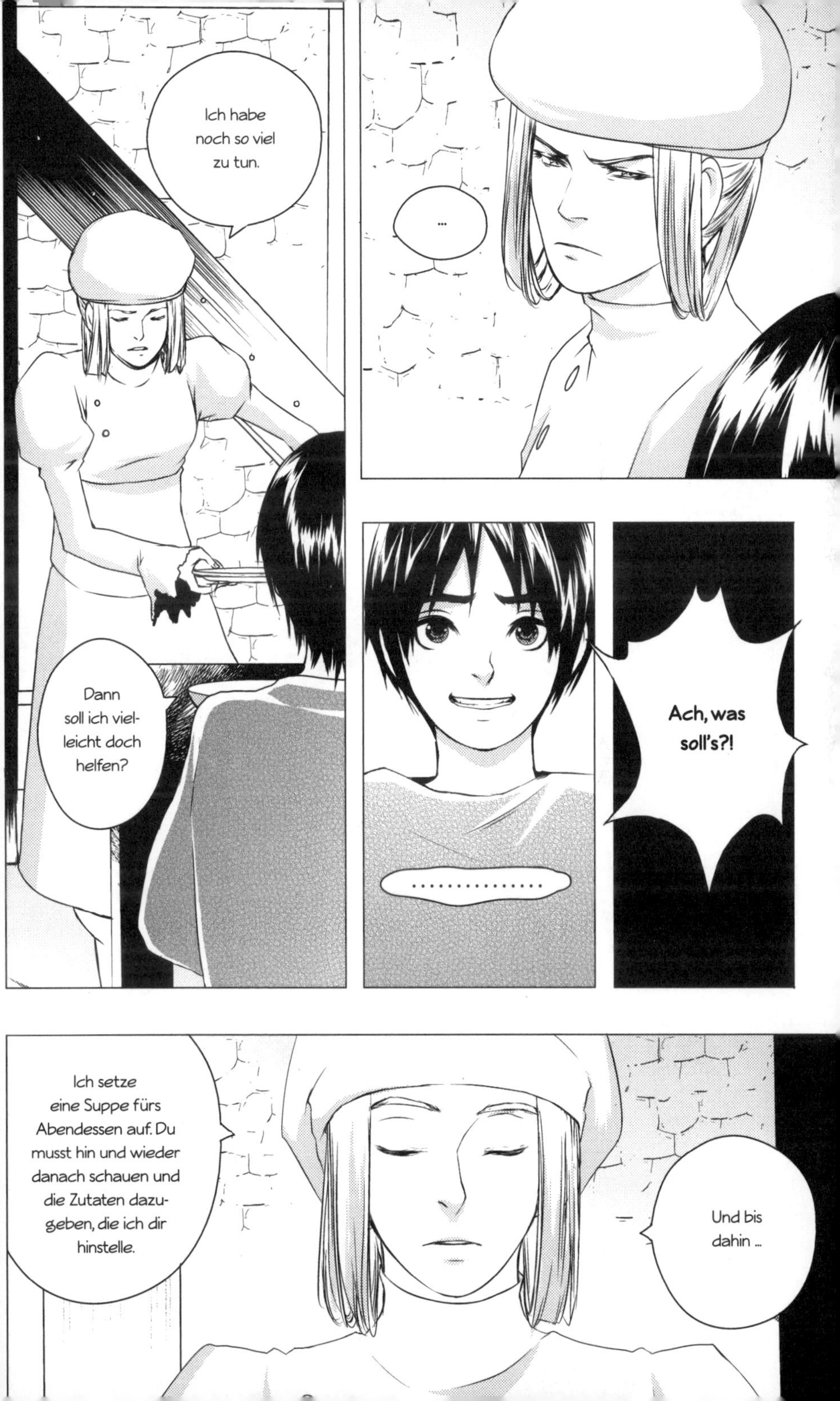

Ich habe noch so viel zu tun.

...

Dann soll ich vielleicht doch helfen?

....

Ach, was soll's?!

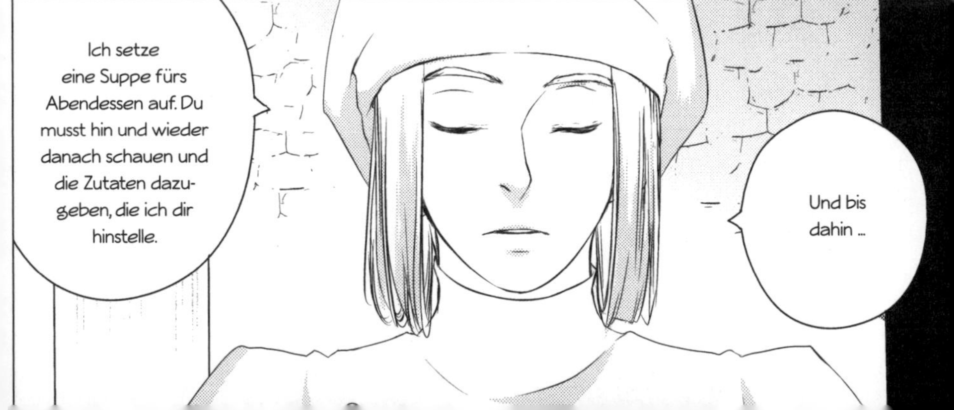

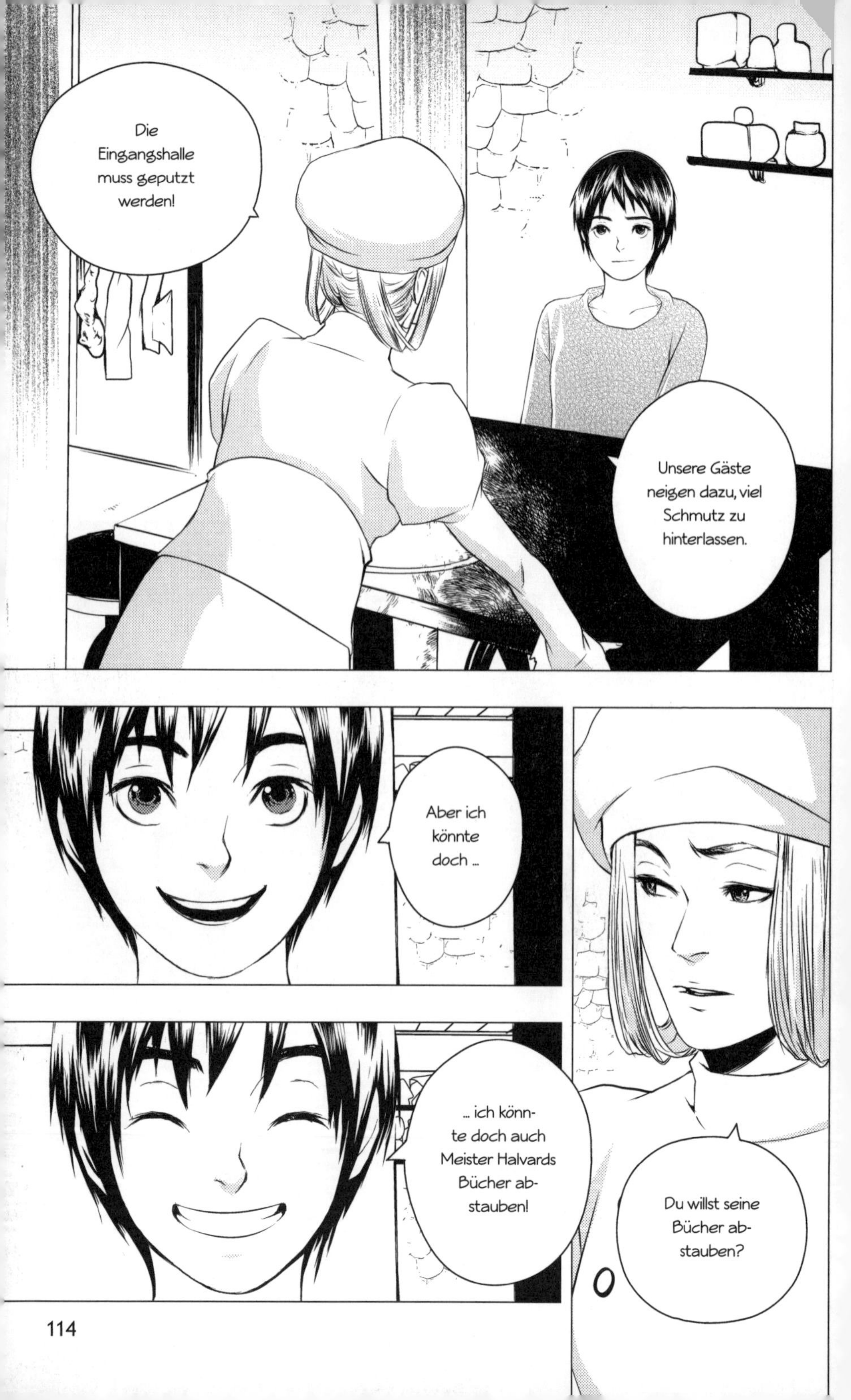

Die Eingangshalle muss geputzt werden!

Unsere Gäste neigen dazu, viel Schmutz zu hinterlassen.

Aber ich könnte doch ...

... ich könnte doch auch Meister Halvards Bücher abstauben!

Du willst seine Bücher abstauben?

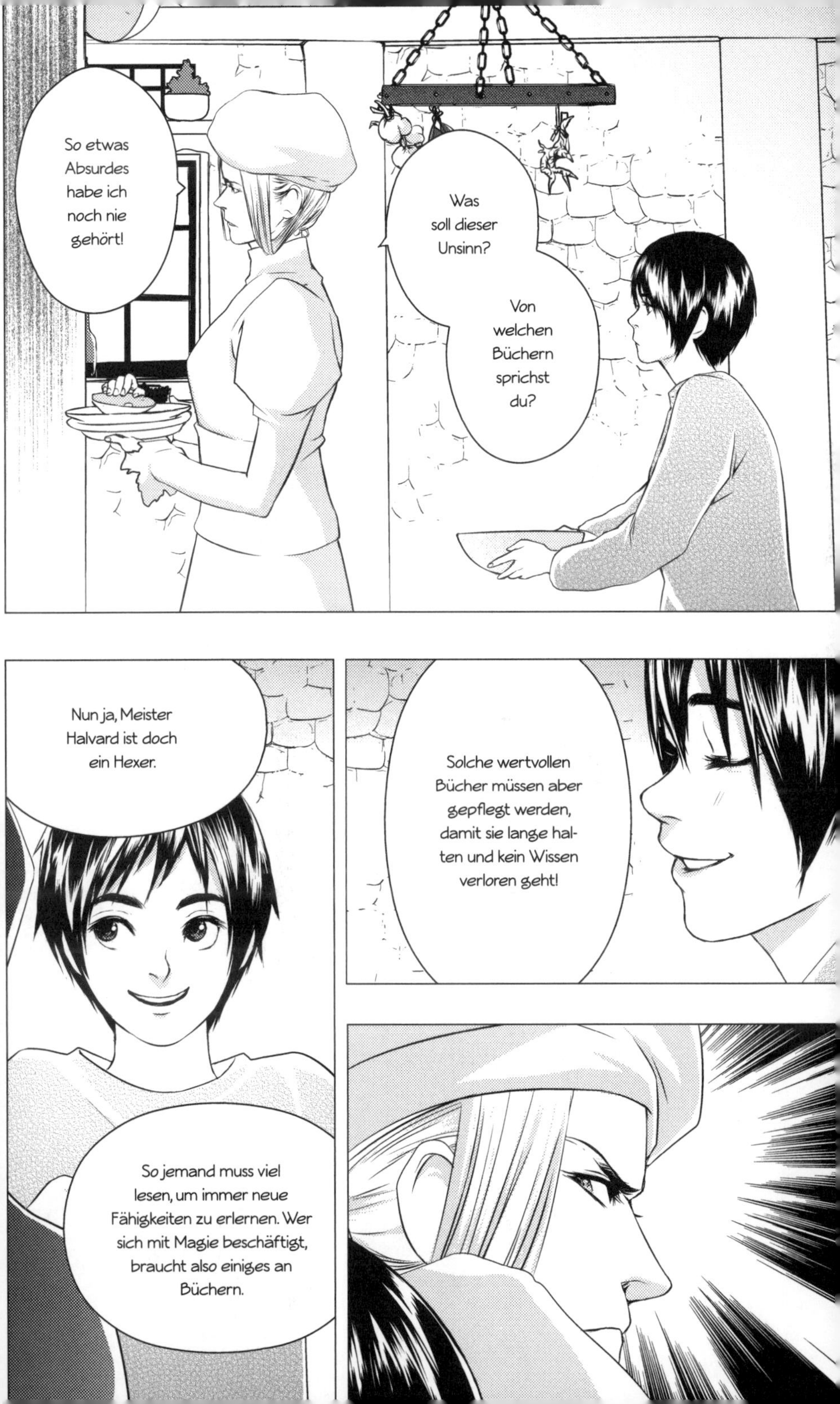

So etwas Absurdes habe ich noch nie gehört!

Was soll dieser Unsinn?

Von welchen Büchern sprichst du?

Nun ja, Meister Halvard ist doch ein Hexer.

So jemand muss viel lesen, um immer neue Fähigkeiten zu erlernen. Wer sich mit Magie beschäftigt, braucht also einiges an Büchern.

Solche wertvollen Bücher müssen aber gepflegt werden, damit sie lange halten und kein Wissen verloren geht!

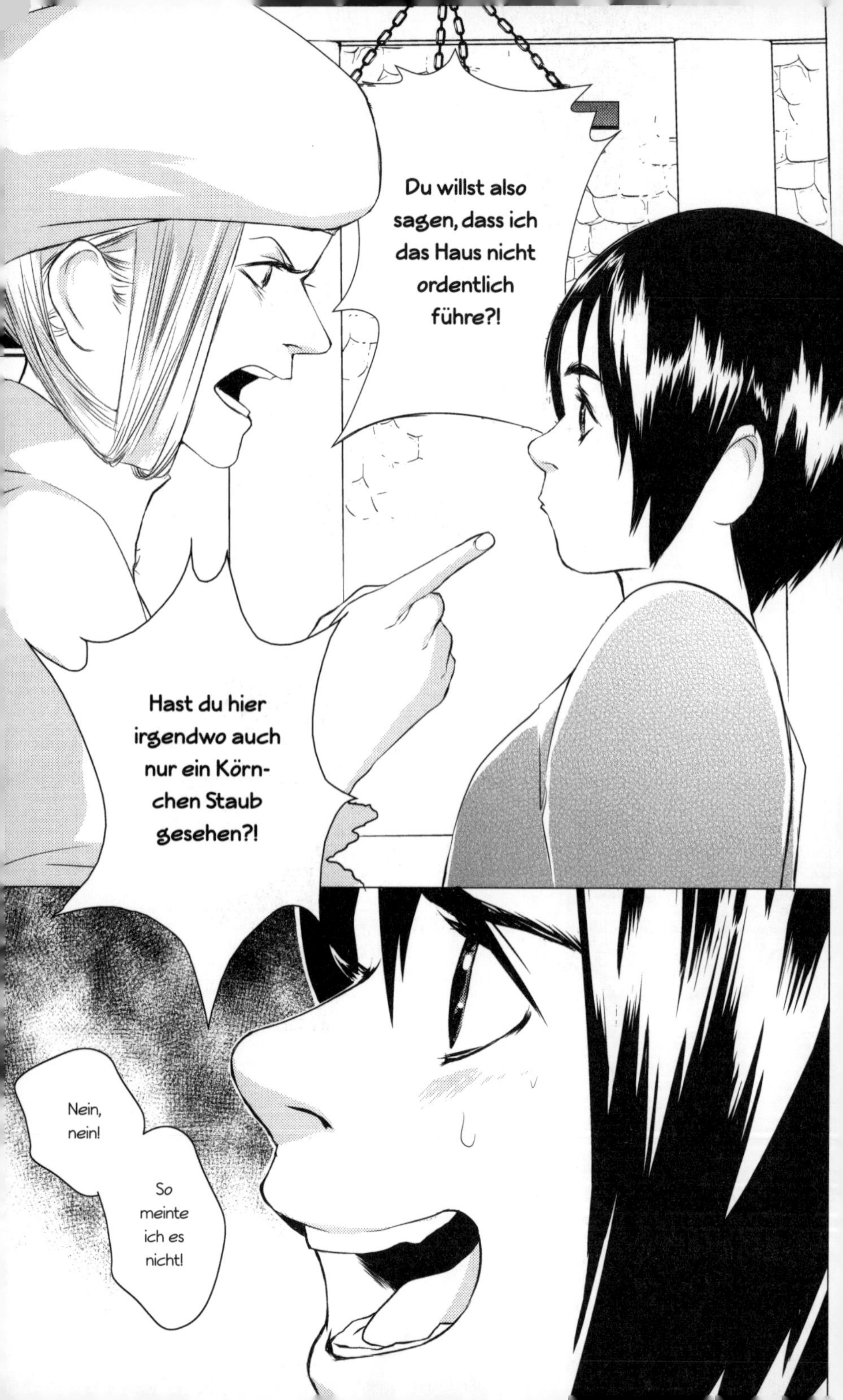
Du willst also sagen, dass ich das Haus nicht ordentlich führe?!
Hast du hier irgendwo auch nur ein Körn-chen Staub gesehen?!
Nein, nein!
So meinte ich es nicht!

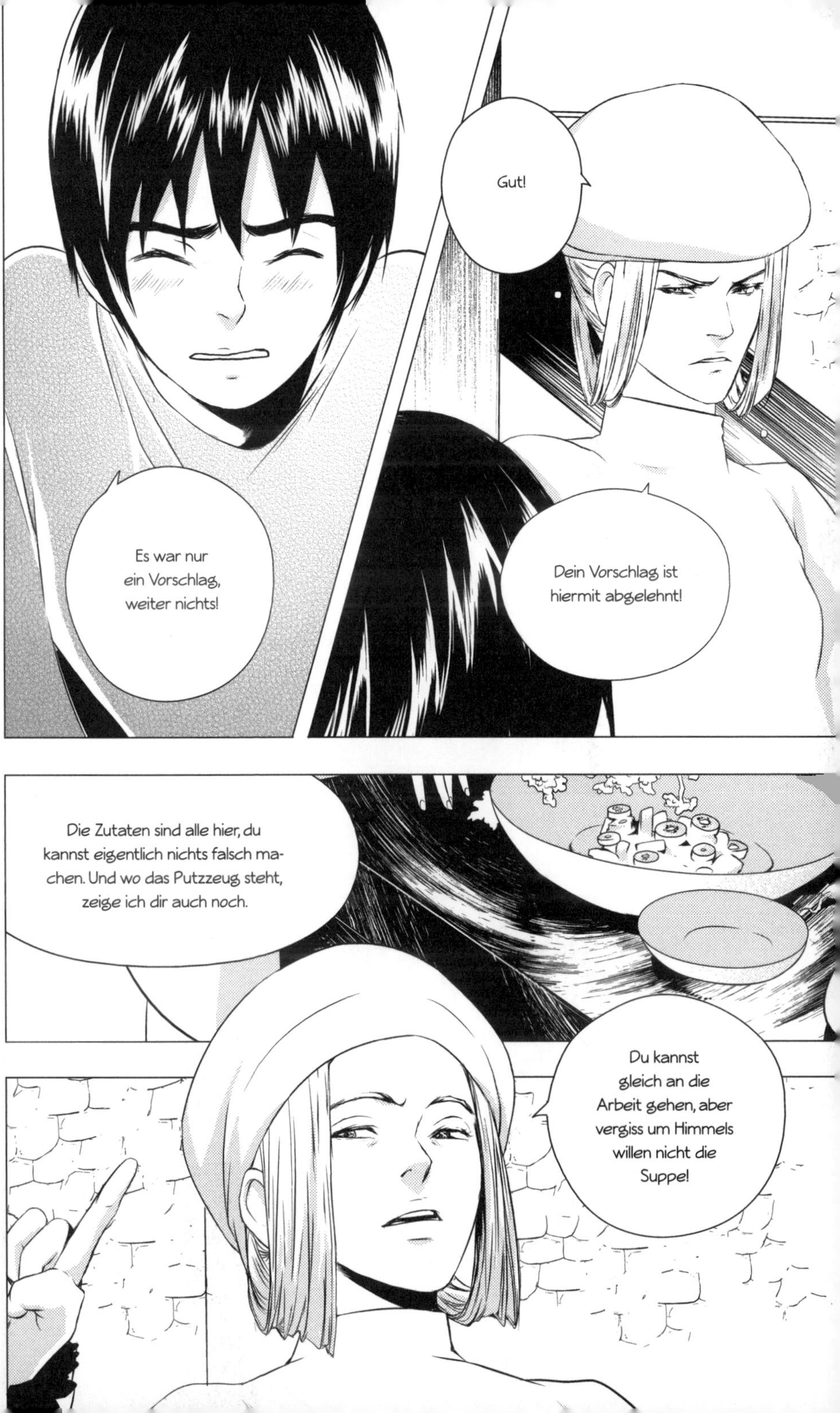

Es war nur ein Vorschlag, weiter nichts!

Gut!

Dein Vorschlag ist hiermit abgelehnt!

Die Zutaten sind alle hier, du kannst eigentlich nichts falsch machen. Und wo das Putzzeug steht, zeige ich dir auch noch.

Du kannst gleich an die Arbeit gehen, aber vergiss um Himmels willen nicht die Suppe!

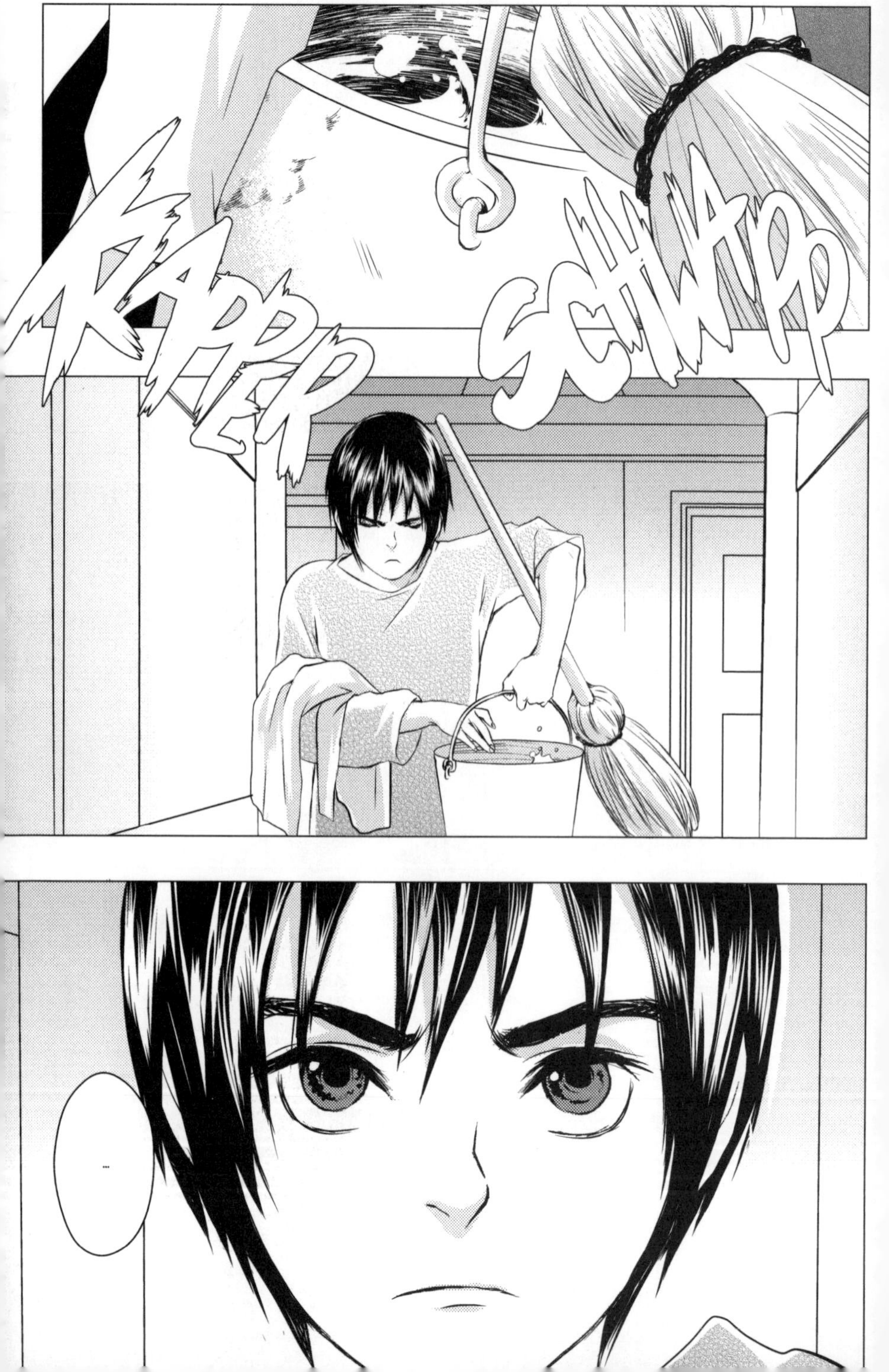

KAPPER

SCHLAPP

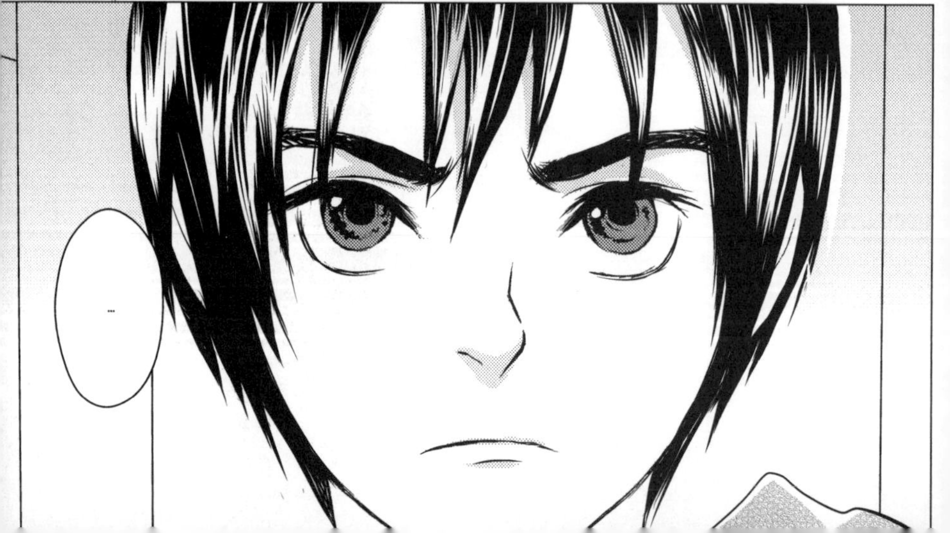

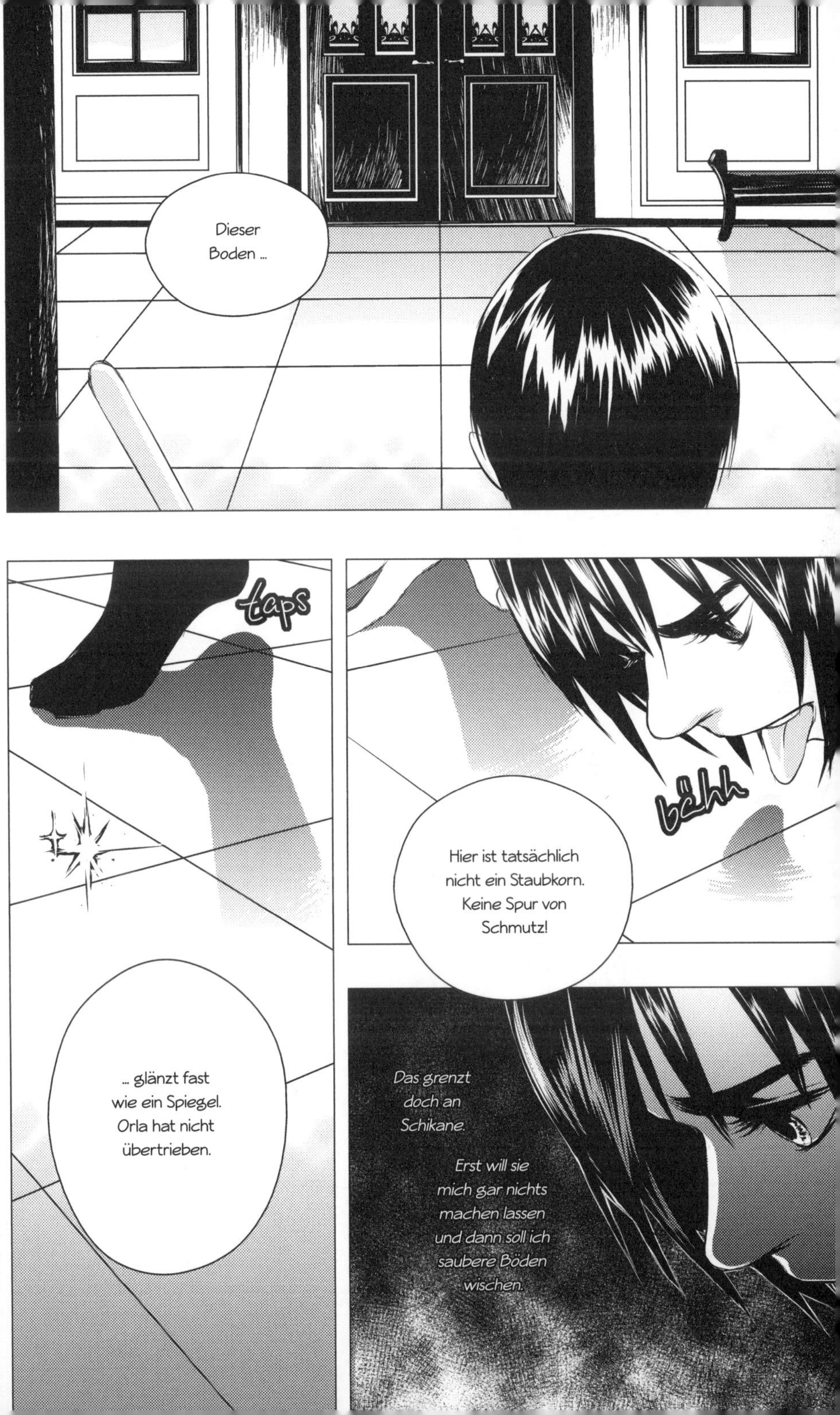

Dieser Boden ...

taps

... glänzt fast wie ein Spiegel. Orla hat nicht übertrieben.

bähh

Hier ist tatsächlich nicht ein Staubkorn. Keine Spur von Schmutz!

Das grenzt doch an Schikane.

Erst will sie mich gar nichts machen lassen und dann soll ich saubere Böden wischen.

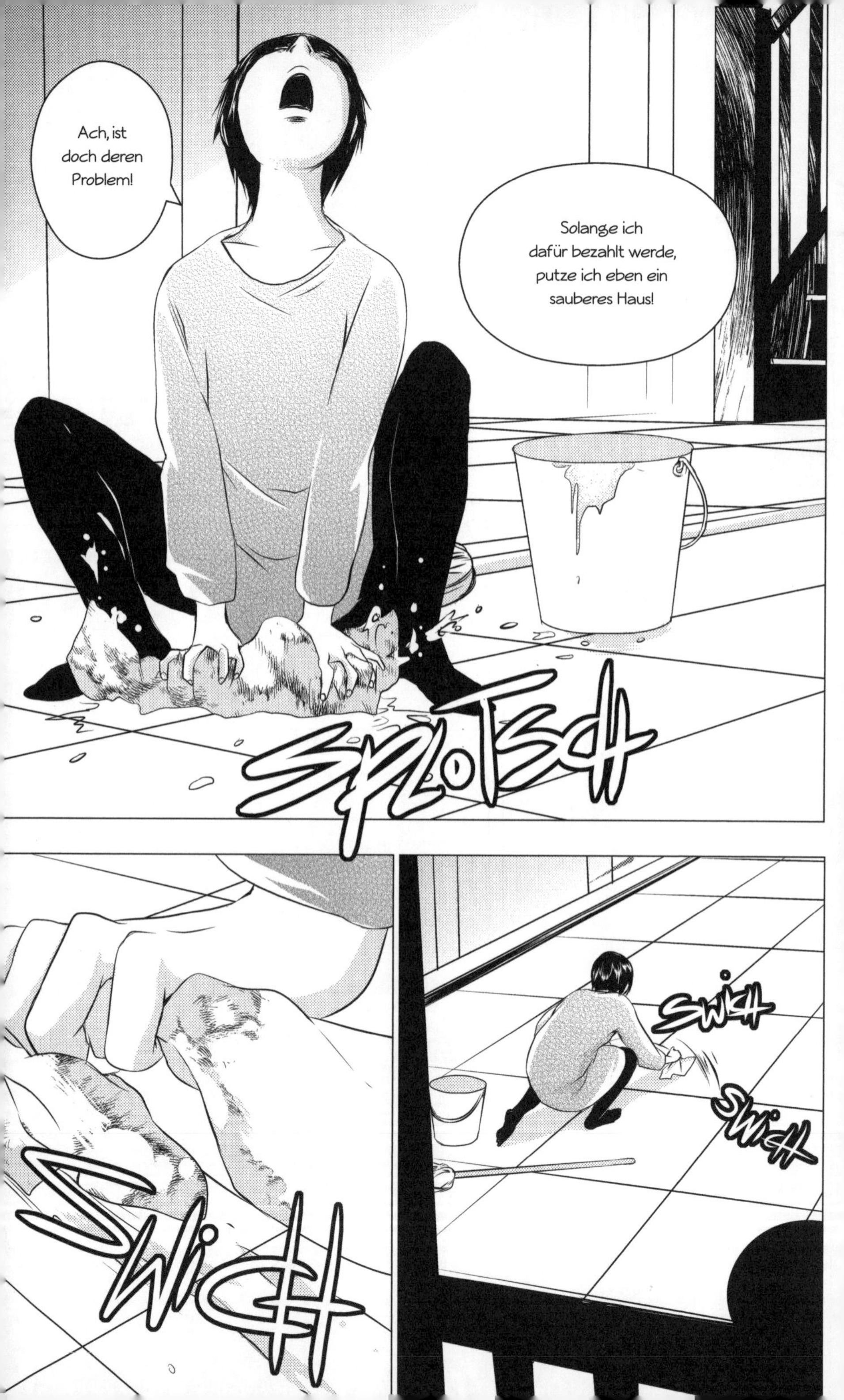
Solange ich dafür bezahlt werde, putze ich eben ein sauberes Haus!
Ach, ist doch deren Problem!
SPLOTSCH
SWICH
SWICH
SWICH

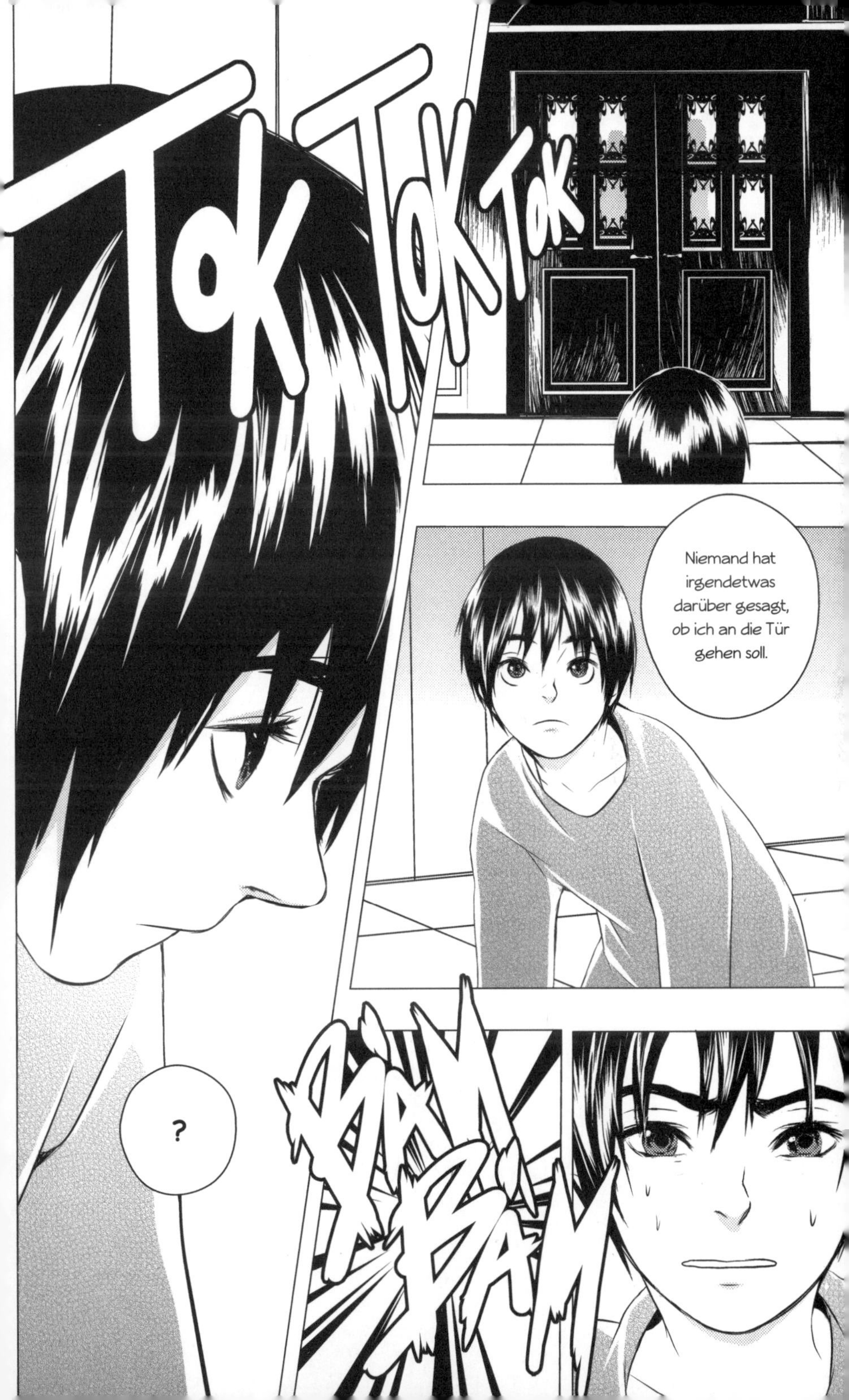
TOK TOK TOK
Niemand hat irgendetwas darüber gesagt, ob ich an die Tür gehen soll.
?
BAM BAM

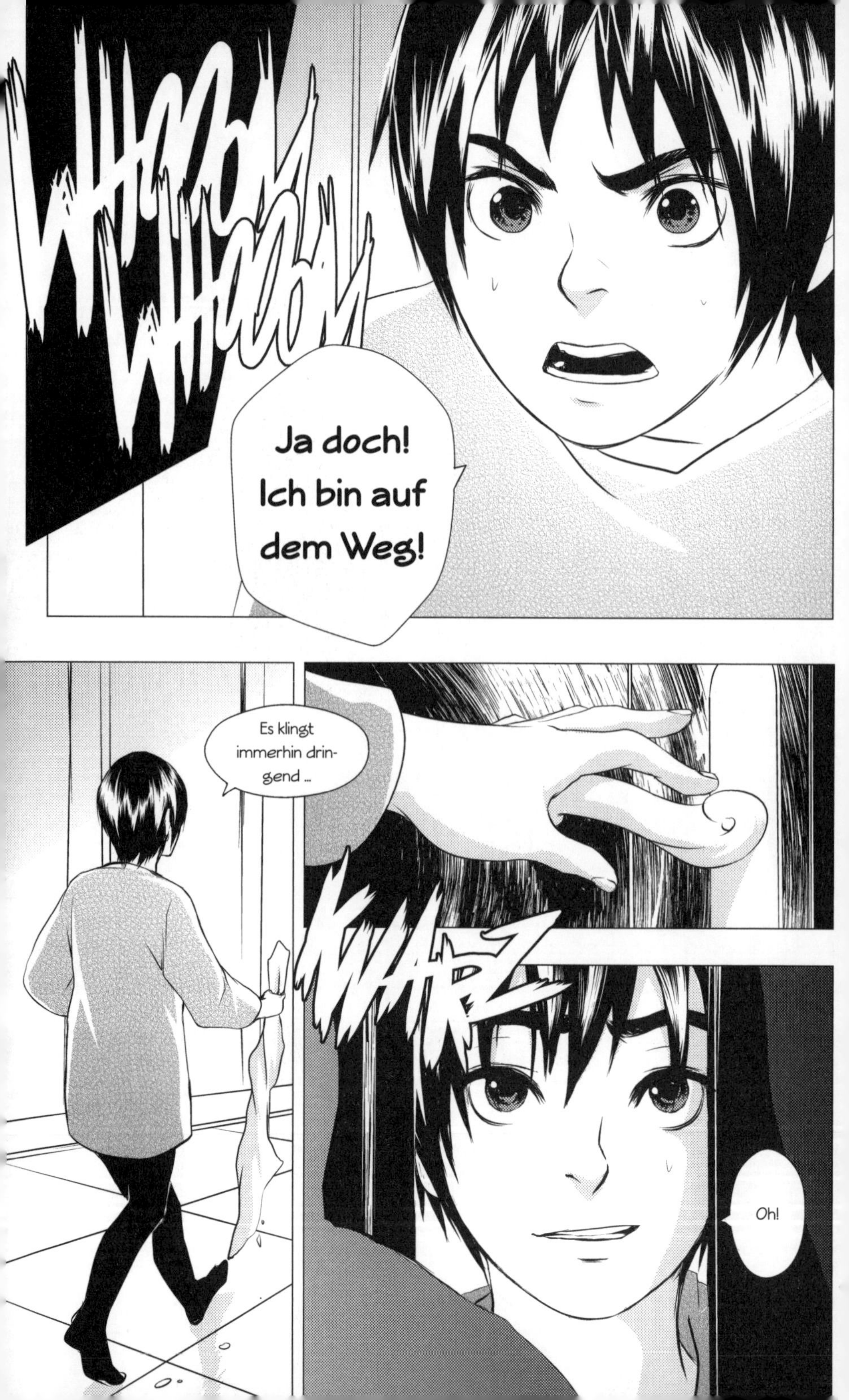

Ja doch! Ich bin auf dem Weg!

Es klingt immerhin drin-gend ...

Oh!

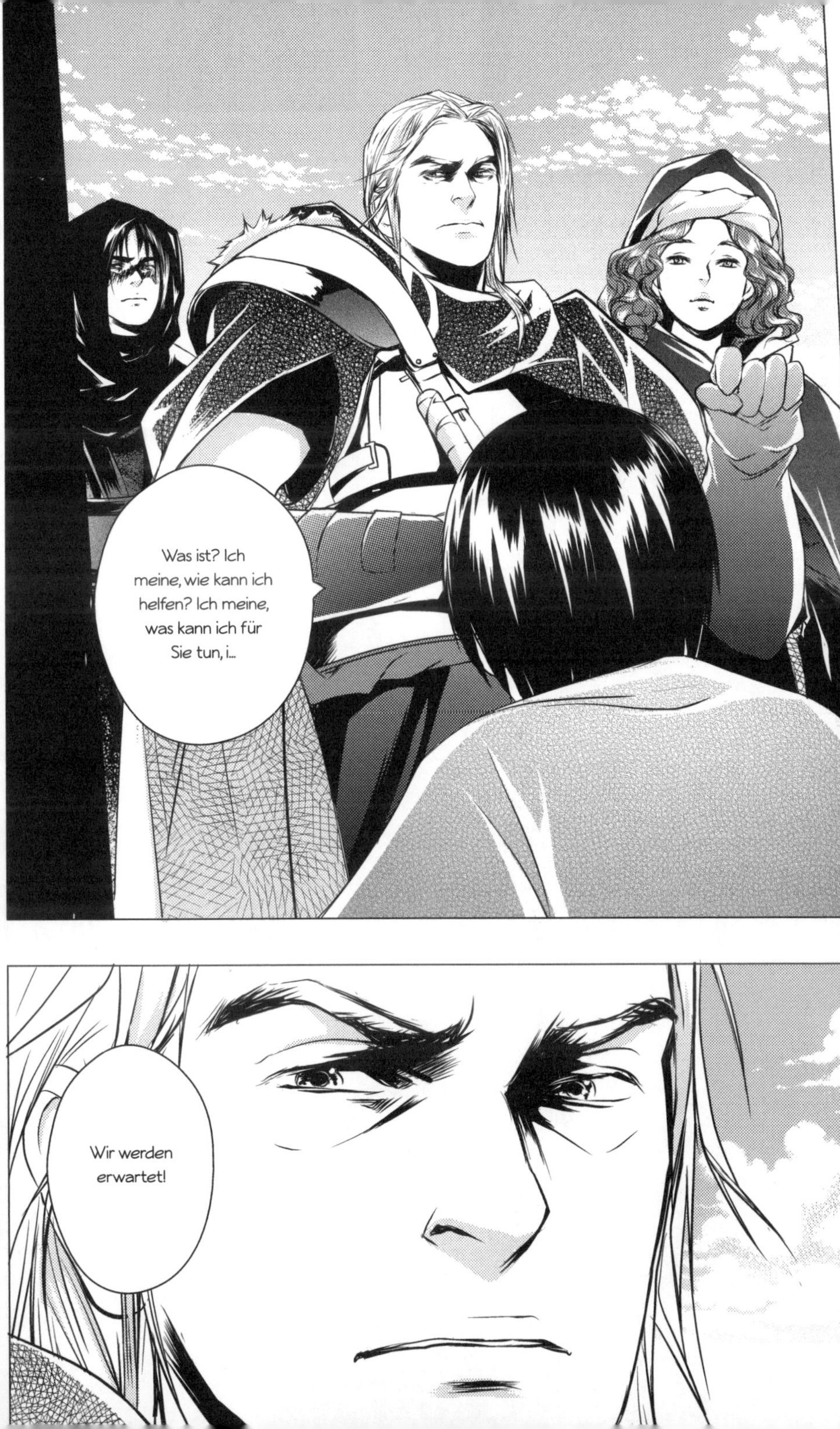

Was ist? Ich meine, wie kann ich helfen? Ich meine, was kann ich für Sie tun, i...

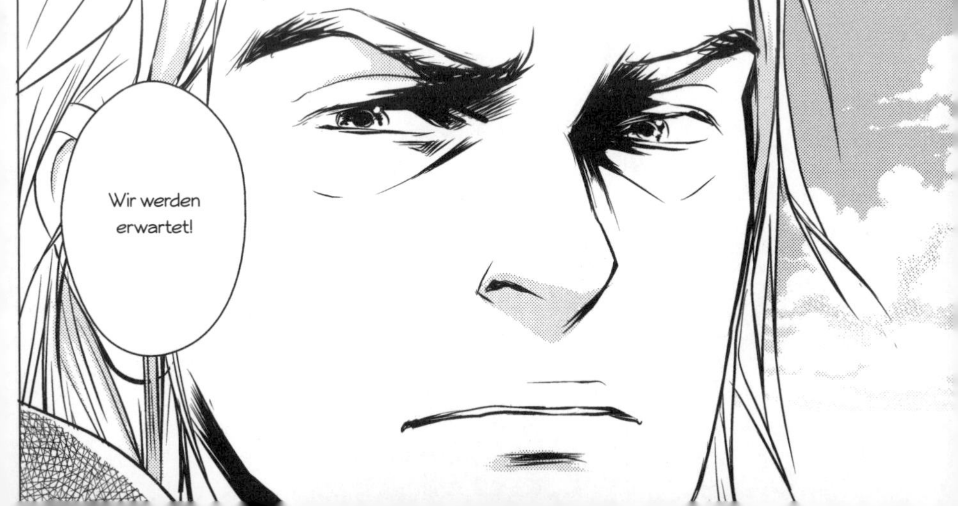

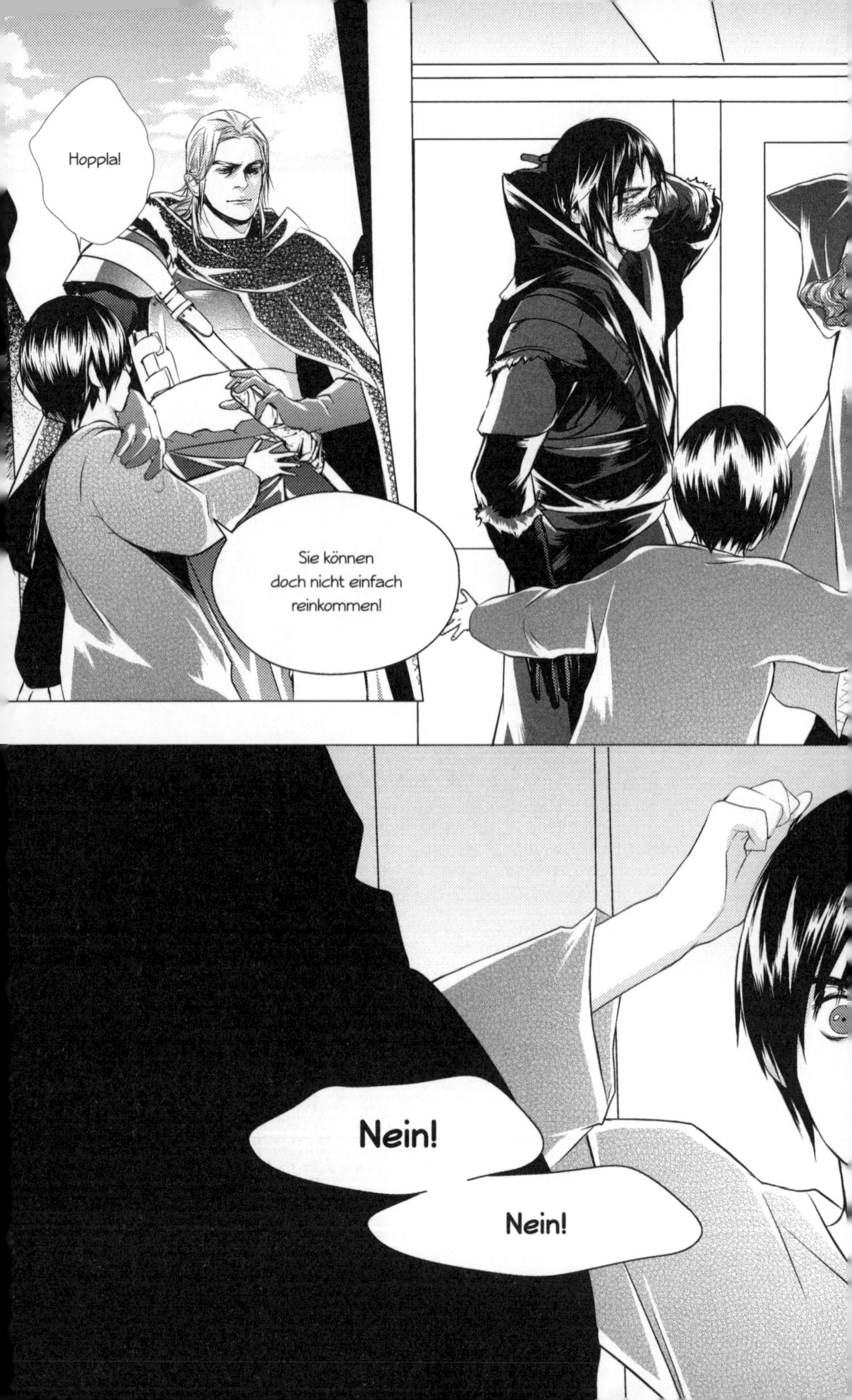
Hoppla!
Sie können doch nicht einfach reinkommen!
Nein!
Nein!

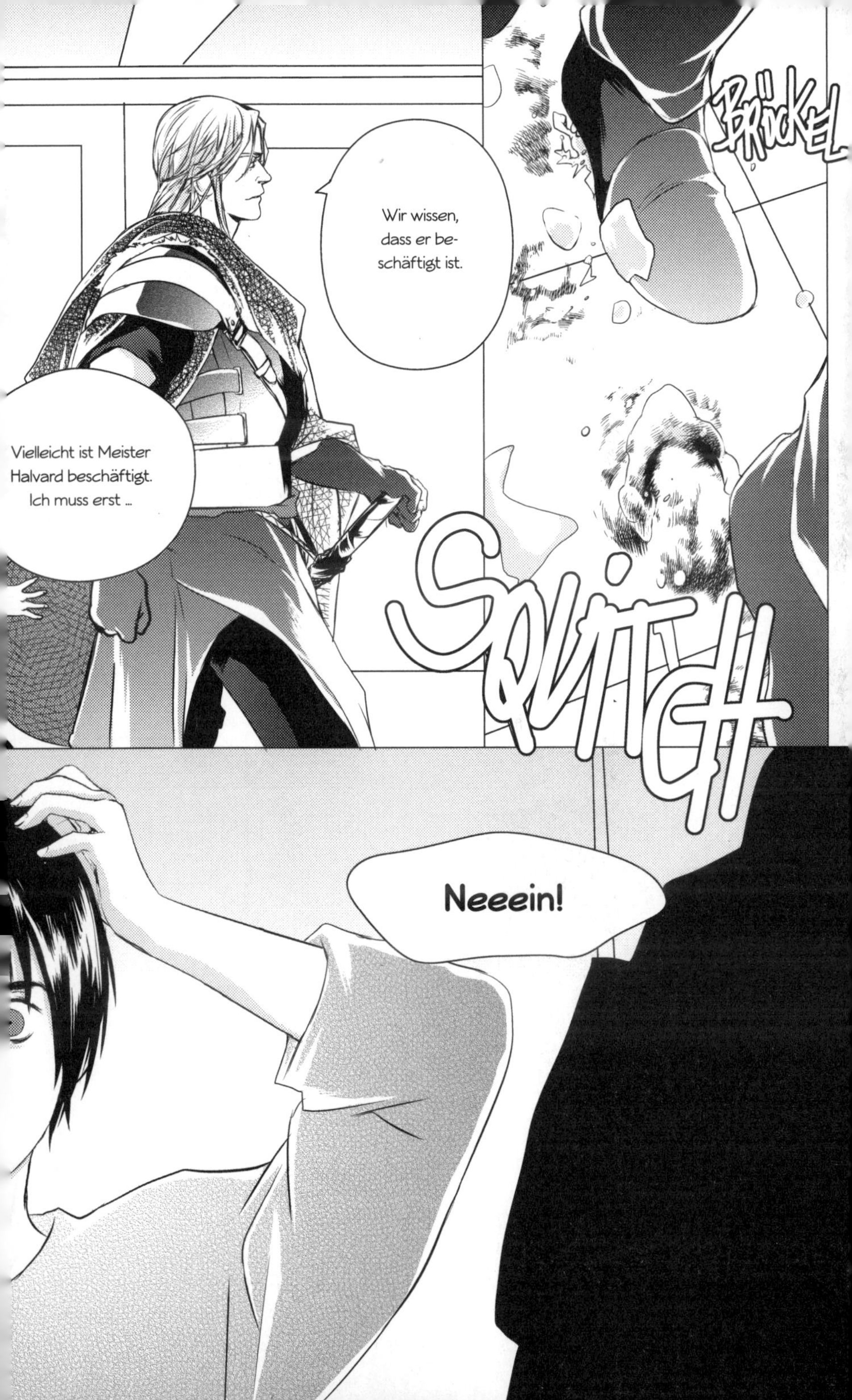
Vielleicht ist Meister Halvard beschäftigt. Ich muss erst ...
Wir wissen, dass er beschäftigt ist.
BRÖCKEL
SQUITCH
Neeein!

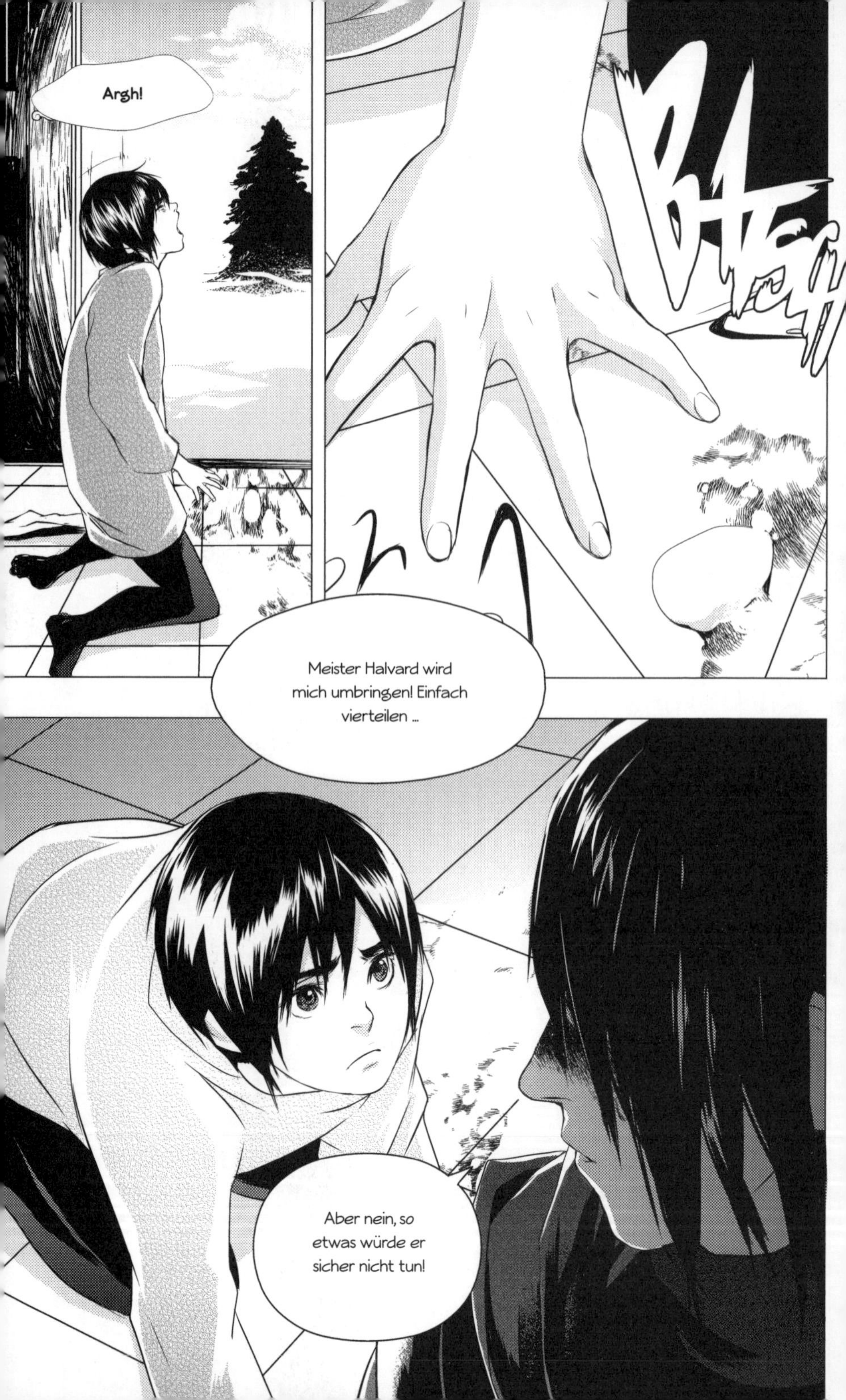
Argh!
Meister Halvard wird mich umbringen! Einfach vierteilen ...
Aber nein, so etwas würde er sicher nicht tun!

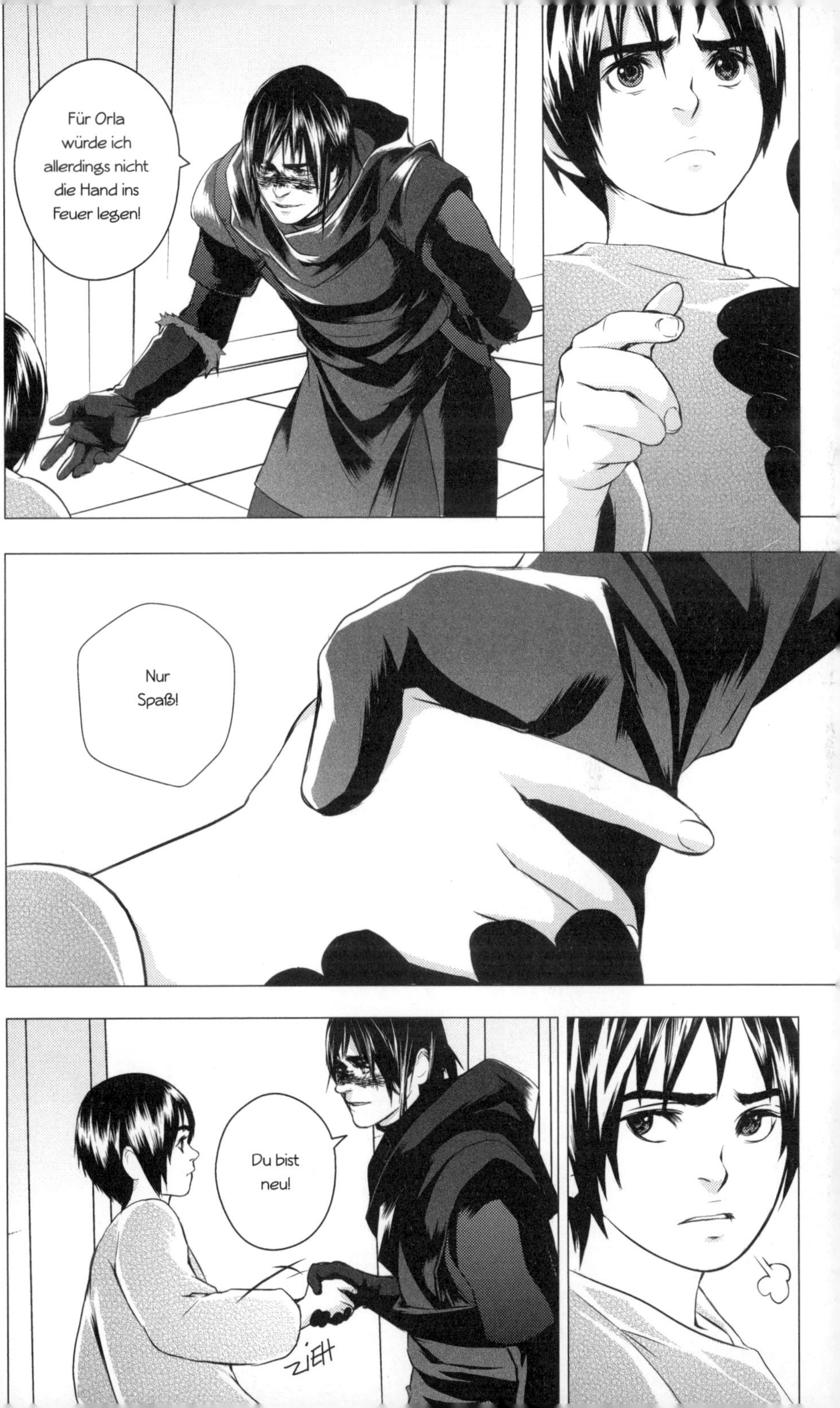

Für Orla würde ich allerdings nicht die Hand ins Feuer legen!

Nur Spaß!

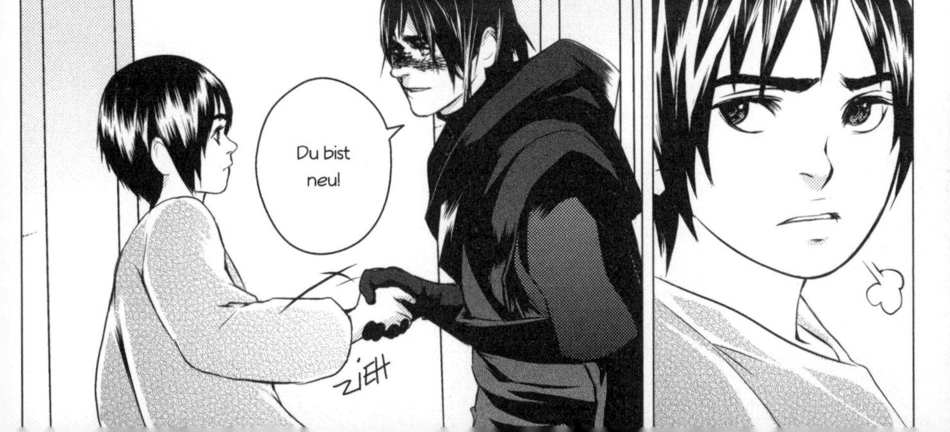

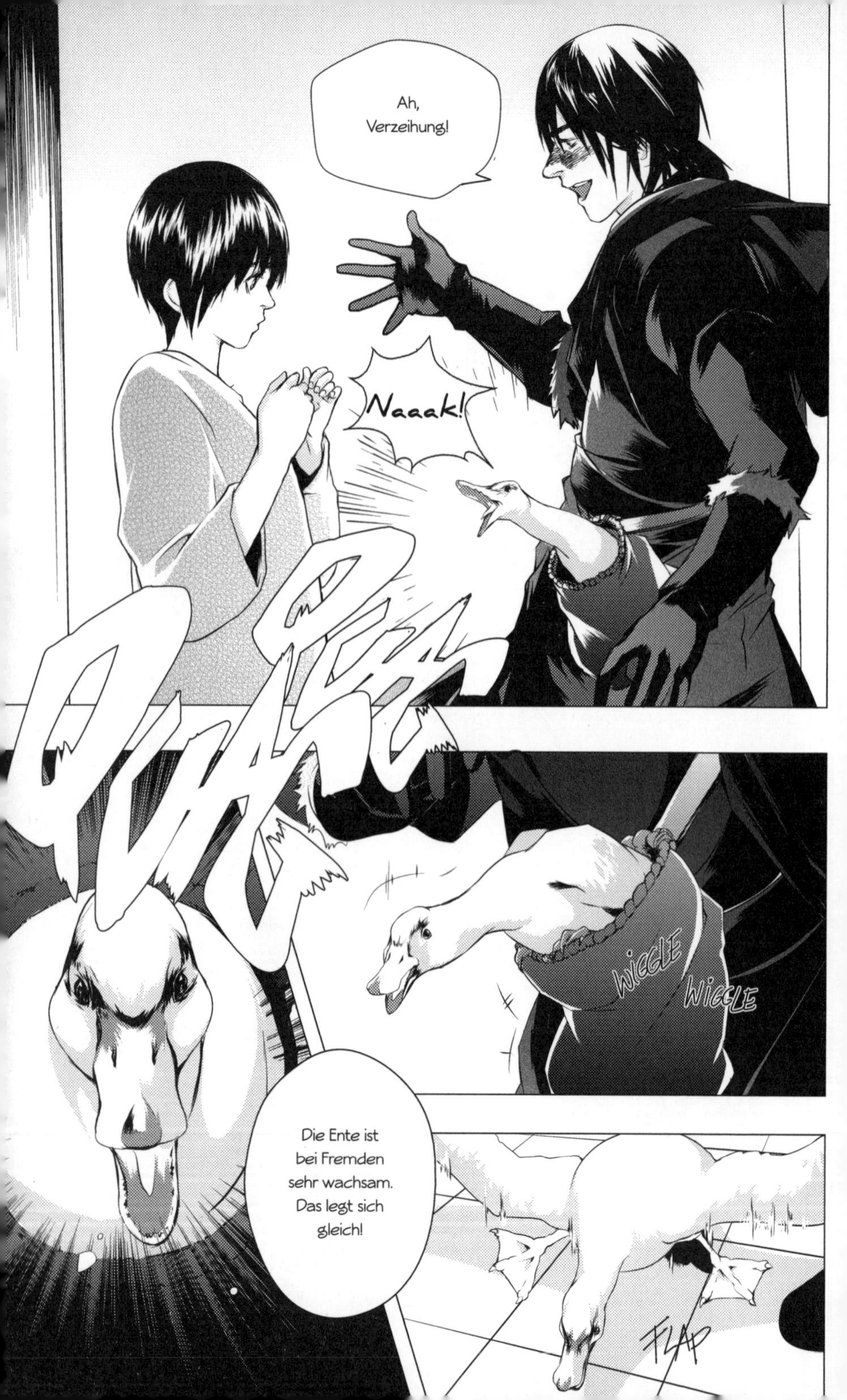
Ah, Verzeihung!
Naaak!
WIGGLE
WIGGLE
Die Ente ist bei Fremden sehr wachsam. Das legt sich gleich!
FLAP

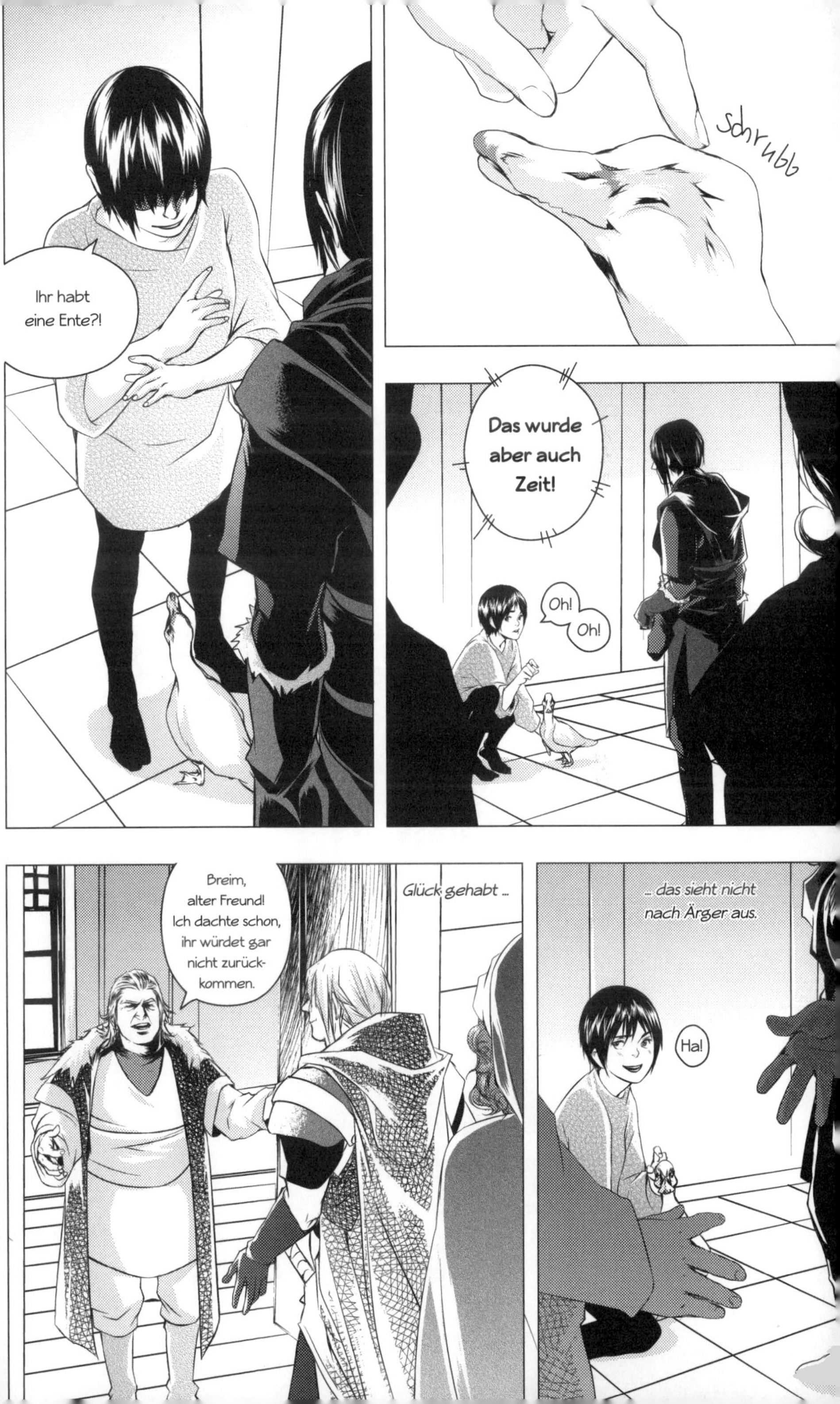

Ihr habt eine Ente?!

Schrubb

Das wurde aber auch Zeit!

Oh!

Oh!

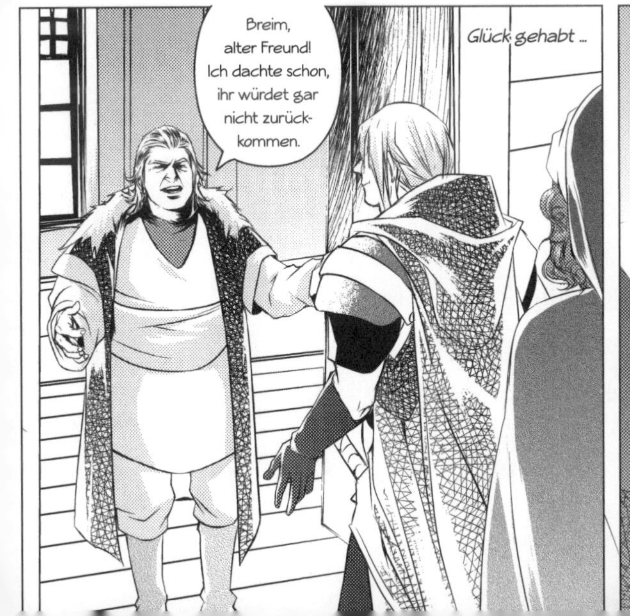

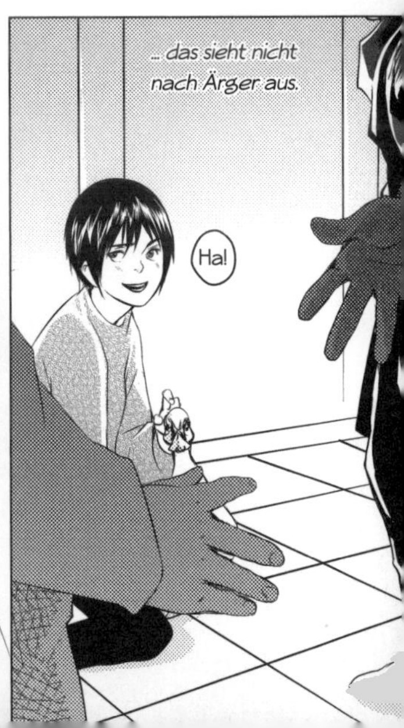

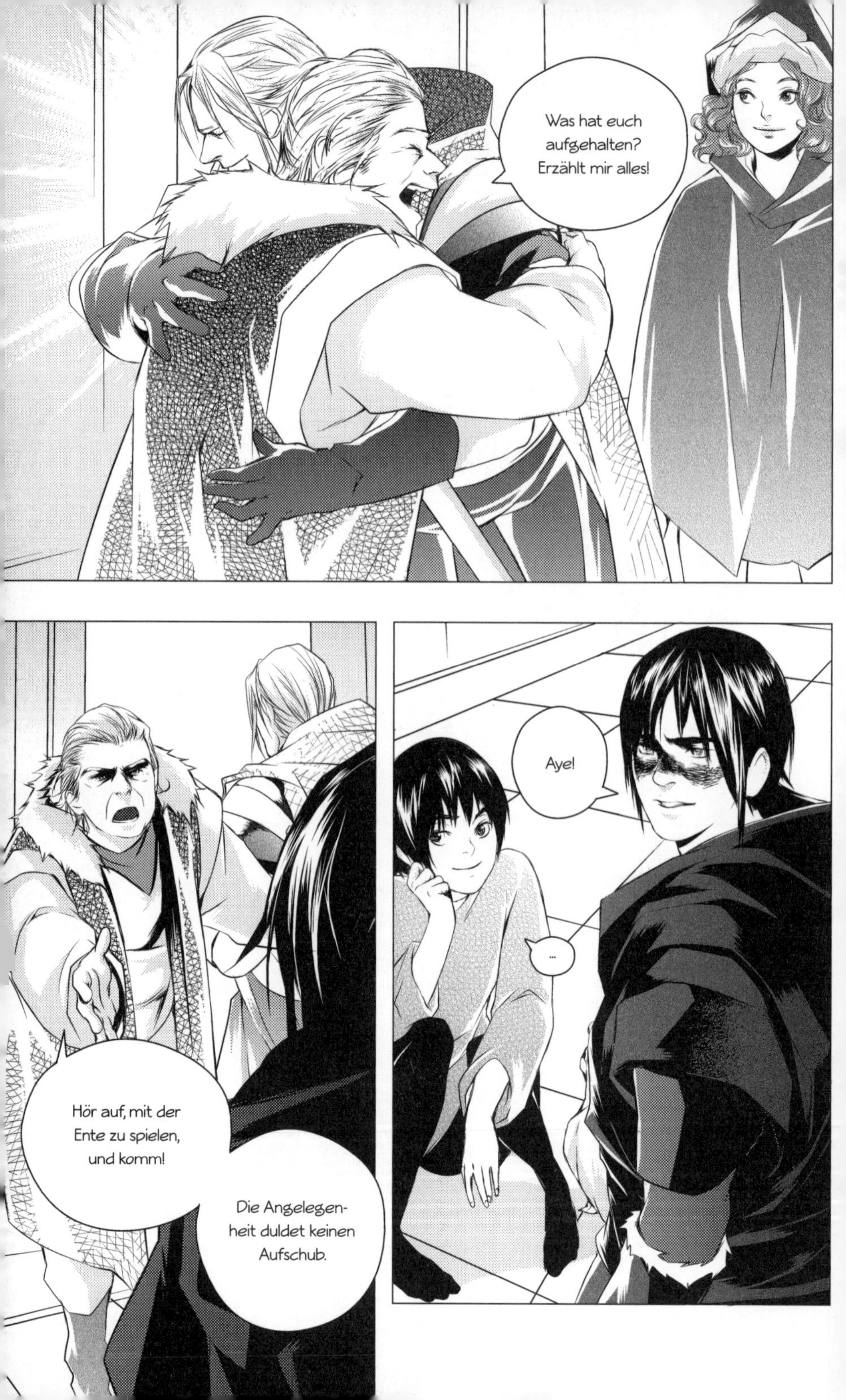

Was hat euch aufgehalten? Erzählt mir alles!

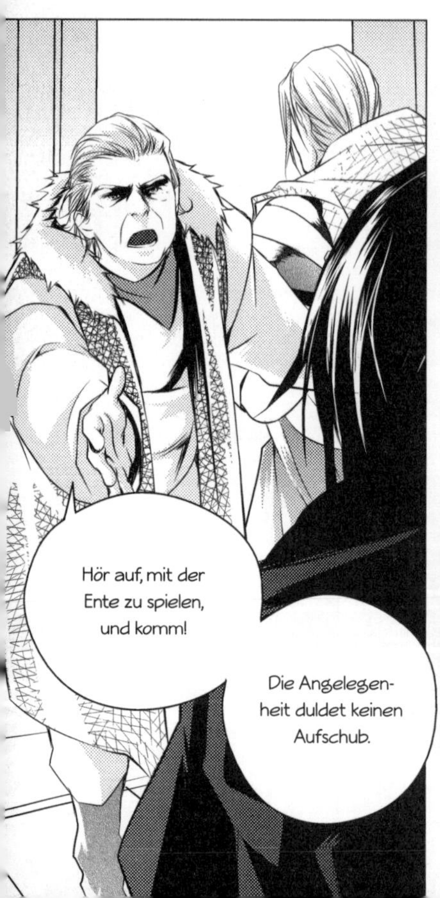

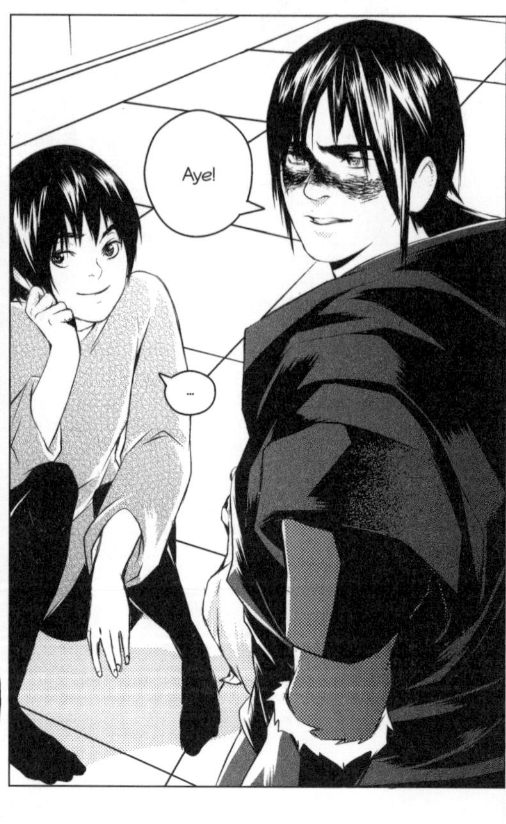

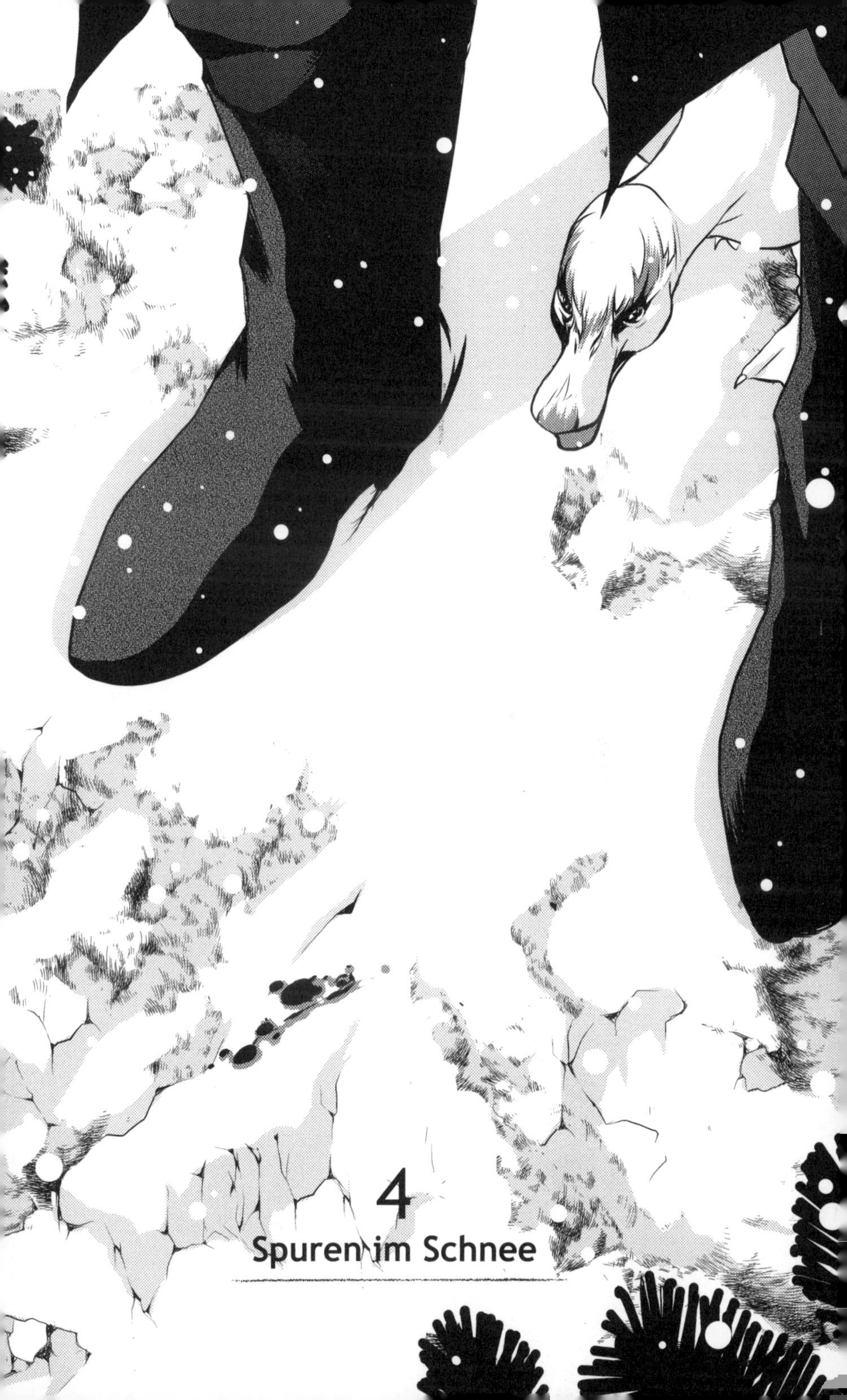
4
Spuren im Schnee

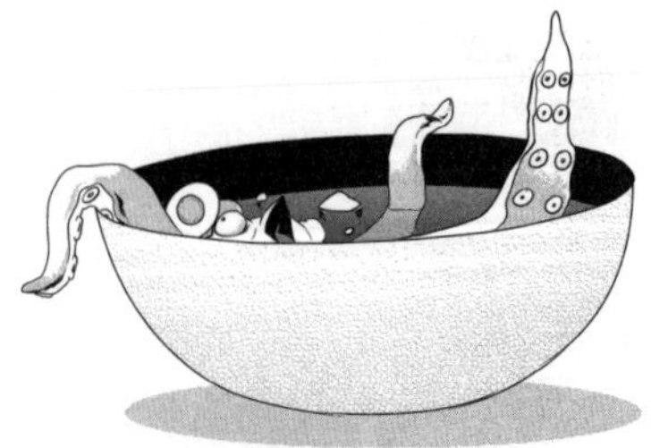

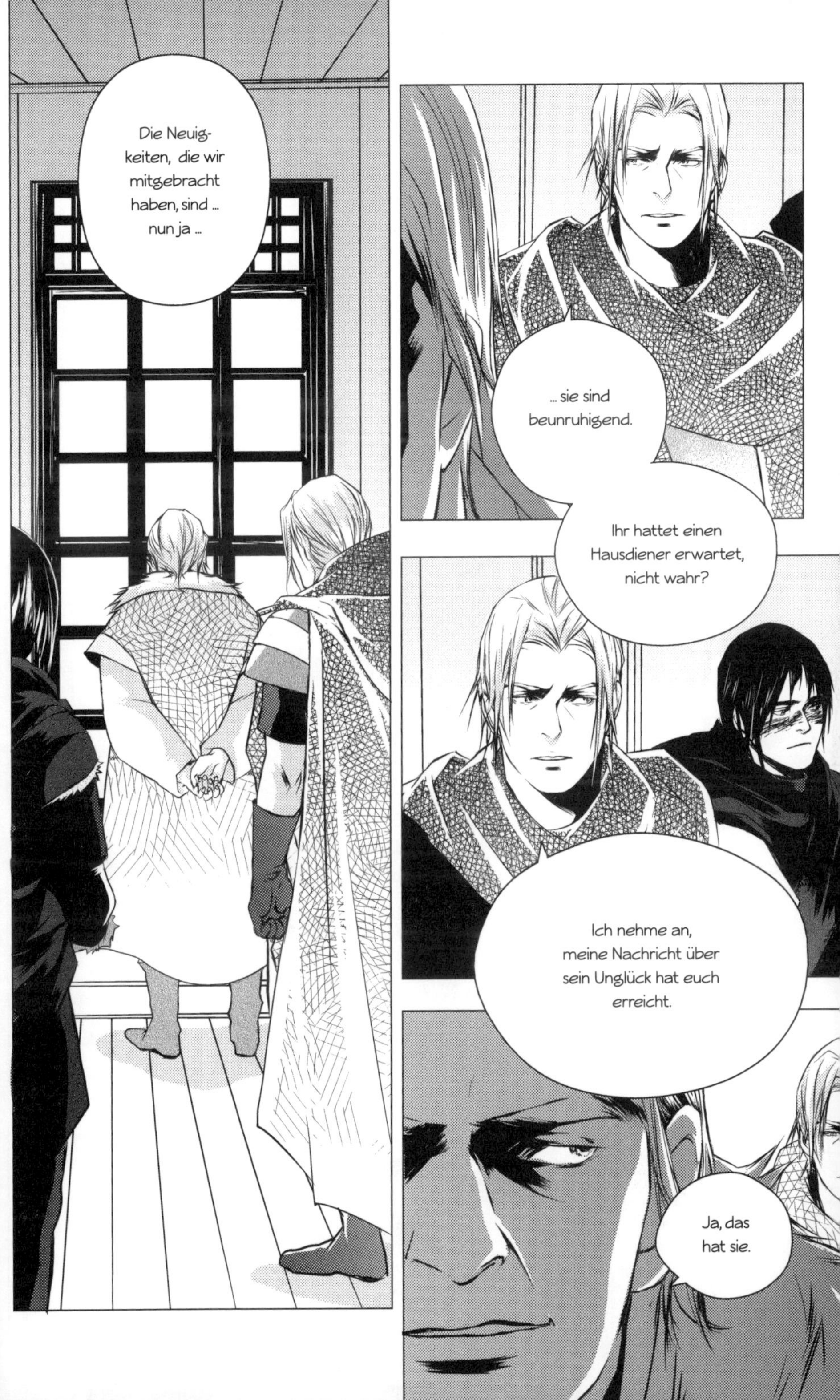
Die Neuig-
keiten, die wir
mitgebracht
haben, sind ...
nun ja ...
... sie sind
beunruhigend.
Ihr hattet einen
Hausdiener erwartet,
nicht wahr?
Ich nehme an,
meine Nachricht über
sein Unglück hat euch
erreicht.
Ja, das
hat sie.

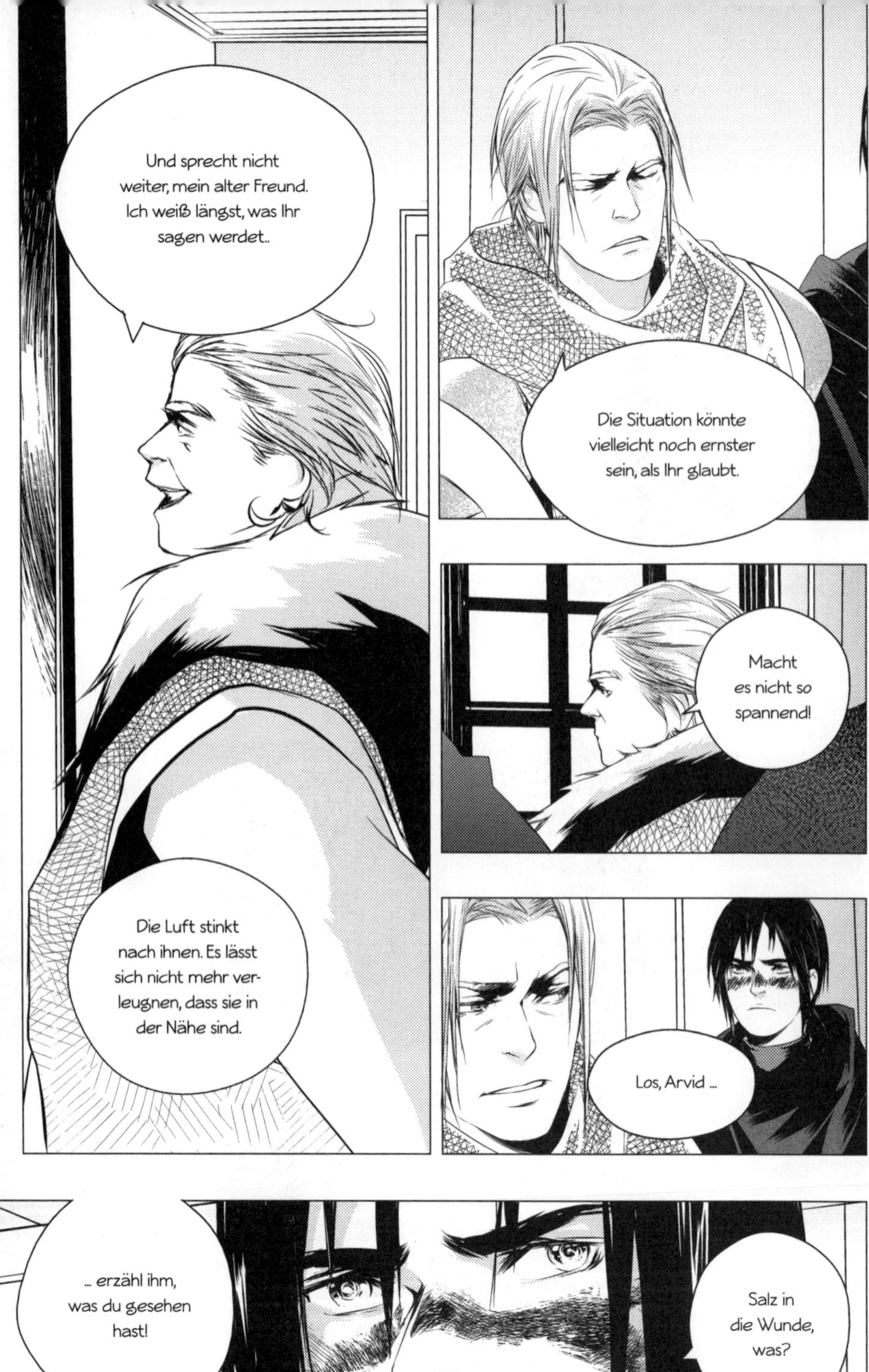
Und sprecht nicht weiter, mein alter Freund. Ich weiß längst, was Ihr sagen werdet..
Die Situation könnte vielleicht noch ernster sein, als Ihr glaubt.
Macht es nicht so spannend!
Die Luft stinkt nach ihnen. Es lässt sich nicht mehr verleugnen, dass sie in der Nähe sind.
Los, Arvid ...
... erzähl ihm, was du gesehen hast!
Salz in die Wunde, was?

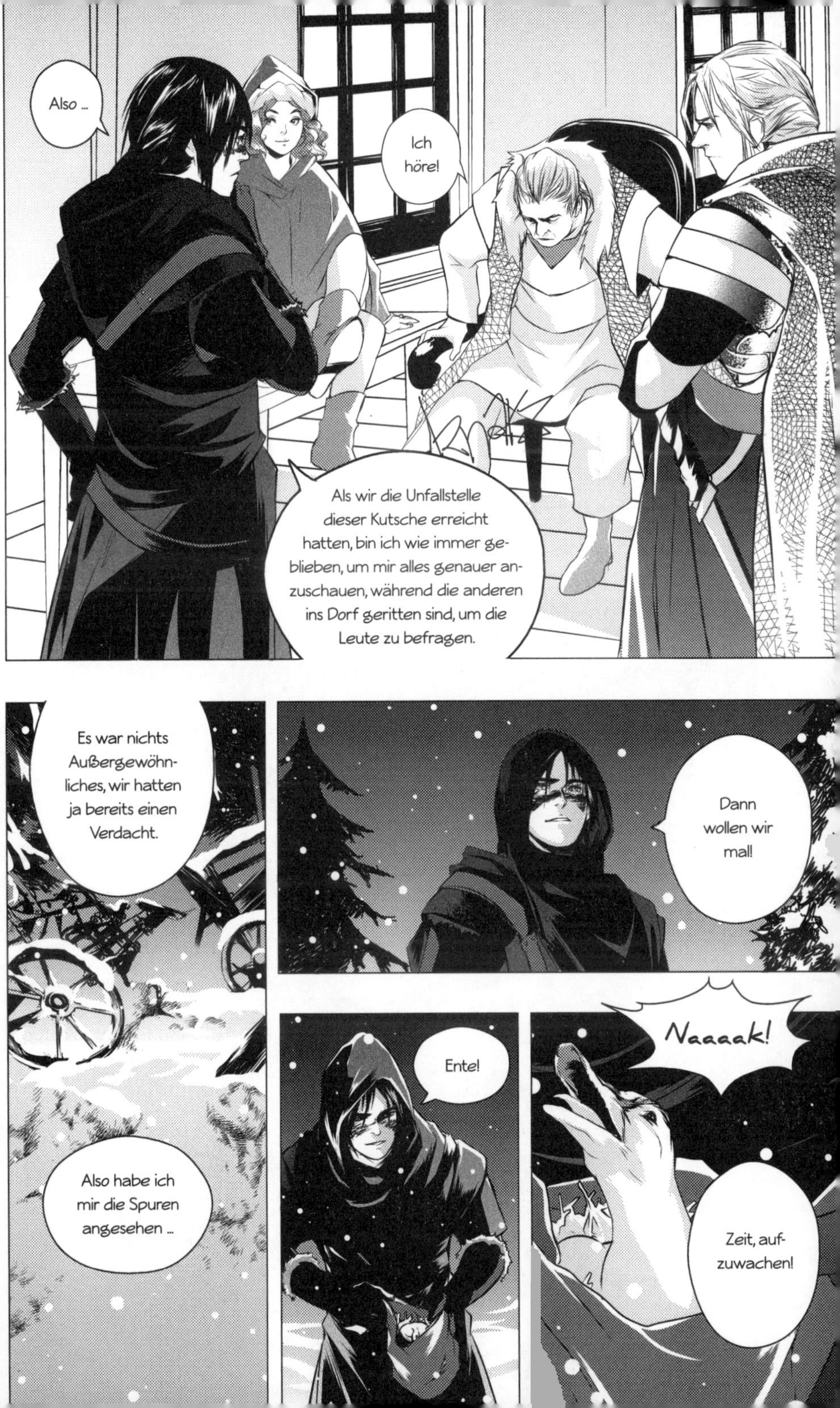

Also ...

Ich höre!

Als wir die Unfallstelle dieser Kutsche erreicht hatten, bin ich wie immer geblieben, um mir alles genauer anzuschauen, während die anderen ins Dorf geritten sind, um die Leute zu befragen.

Es war nichts Außergewöhnliches, wir hatten ja bereits einen Verdacht.

Dann wollen wir mal!

Also habe ich mir die Spuren angesehen ...

Ente!

Naaaak!

Zeit, aufzuwachen!

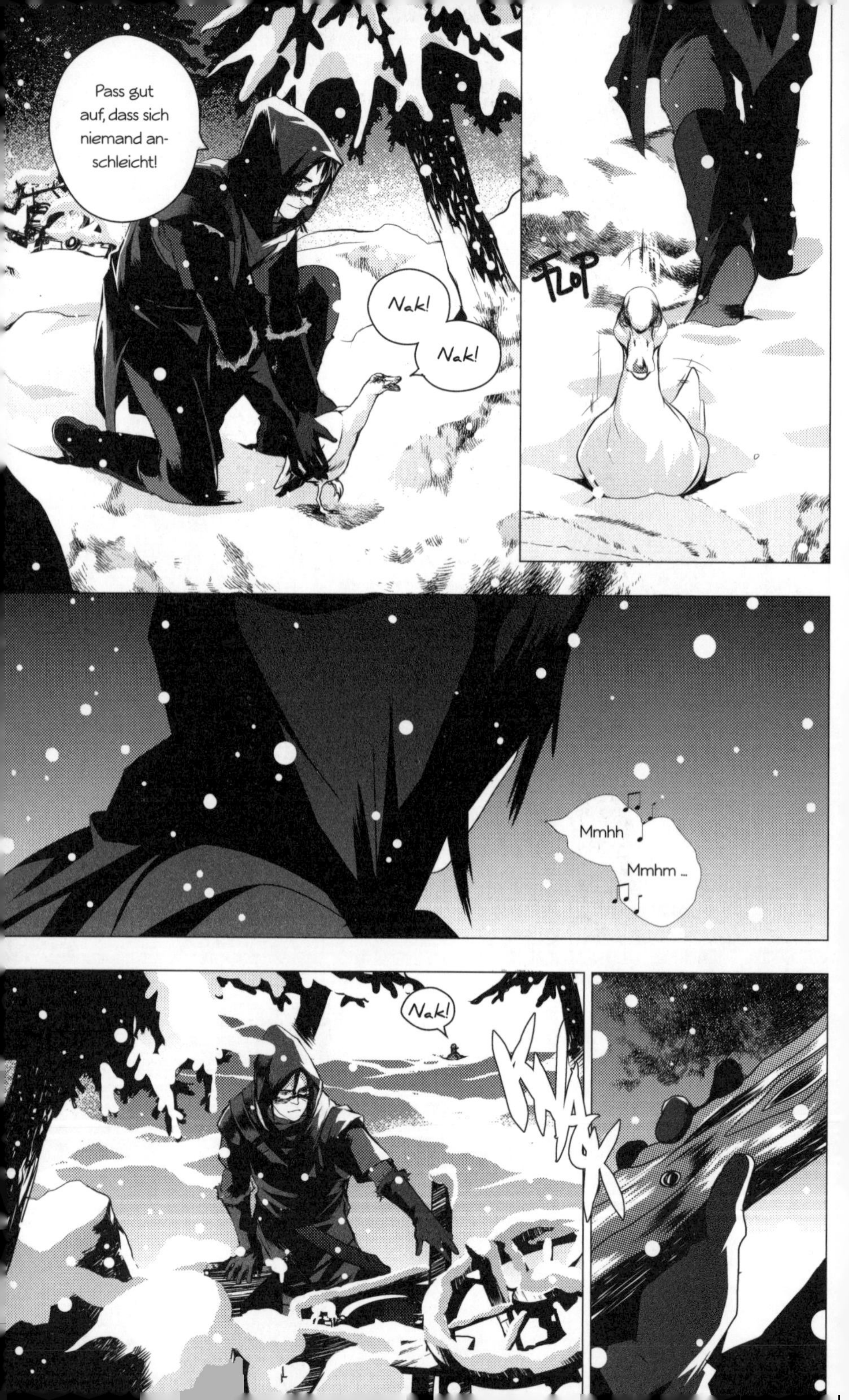

Pass gut auf, dass sich niemand anschleicht!
Nak!
Nak!
FLOP
Mmhh
Mmhm ...

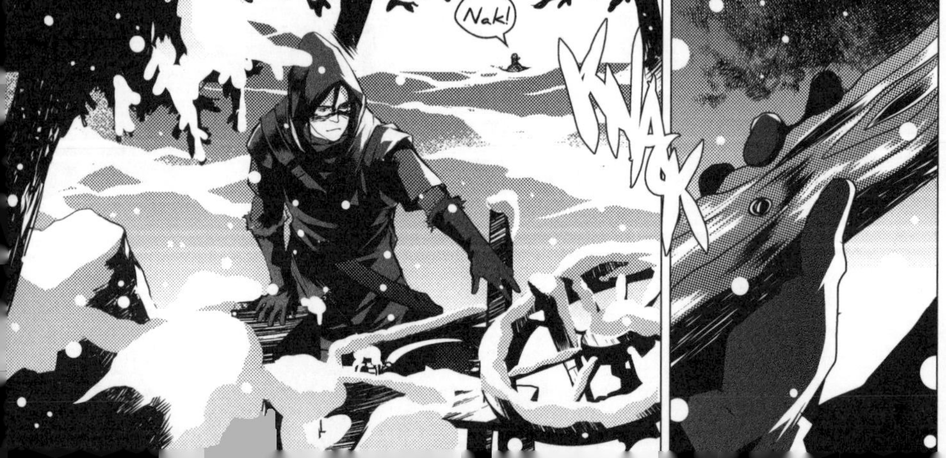
Nak!
KNACK

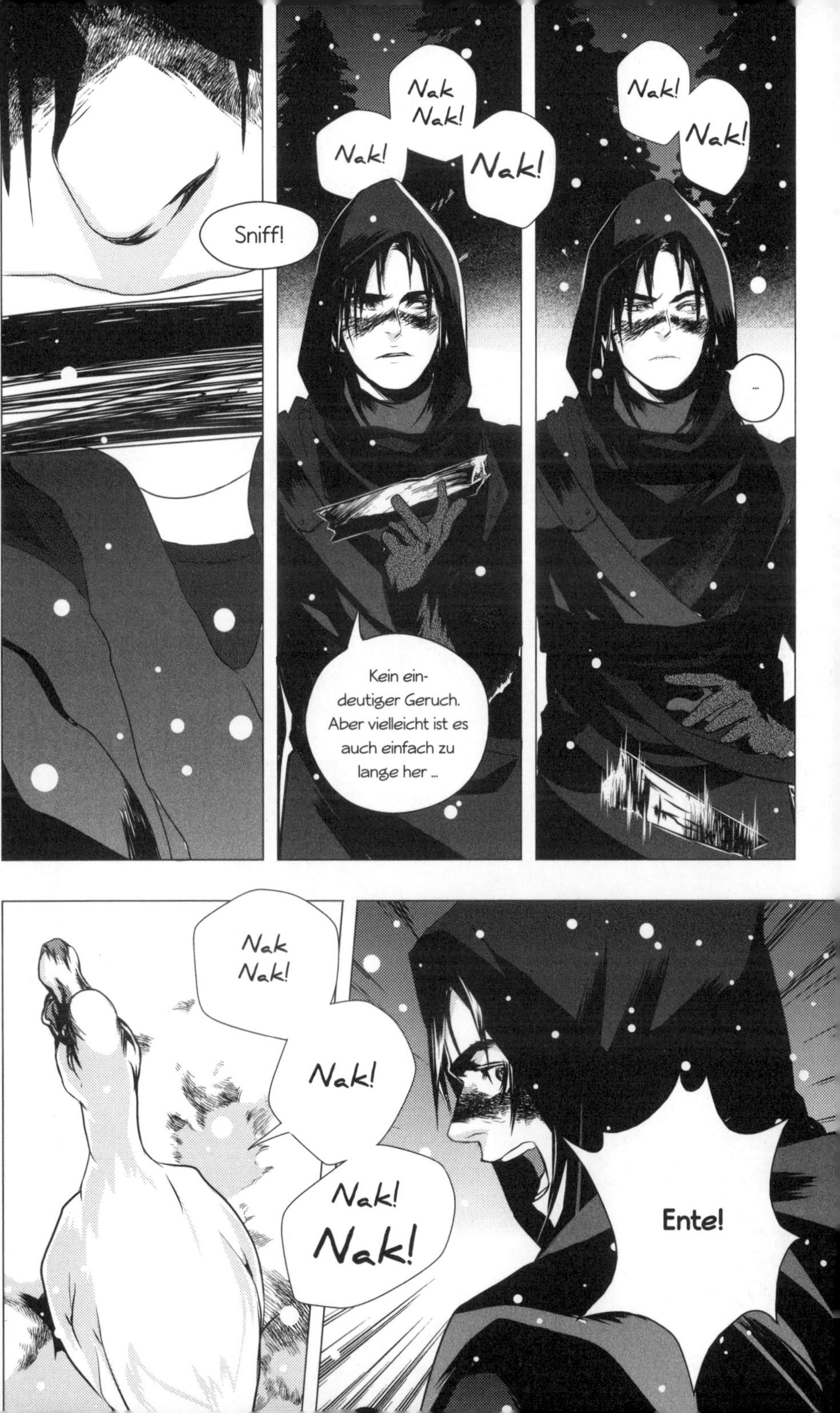

Sniff!

Nak
Nak!

Nak!

Nak!

Kein eindeutiger Geruch. Aber vielleicht ist es auch einfach zu lange her ...

Nak!

Nak!

...

Nak
Nak!

Nak!

Nak!
Nak!

Ente!

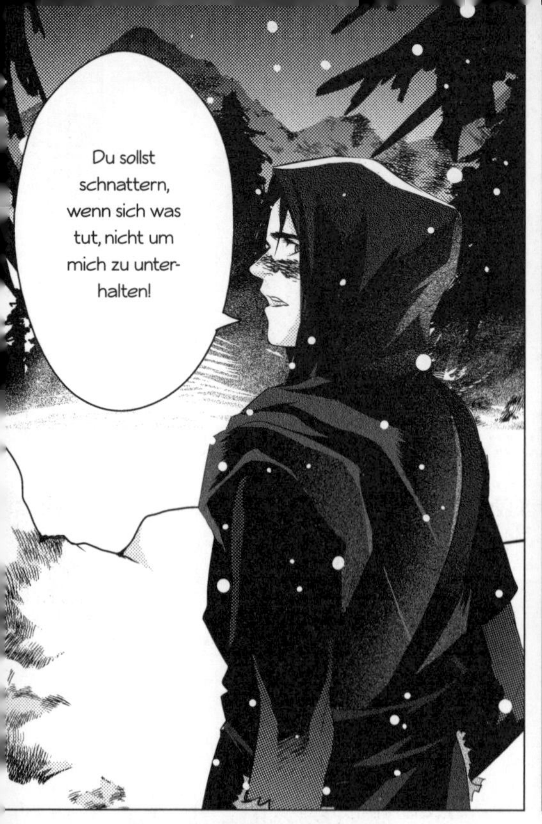
Du sollst schnattern, wenn sich was tut, nicht um mich zu unter-halten!

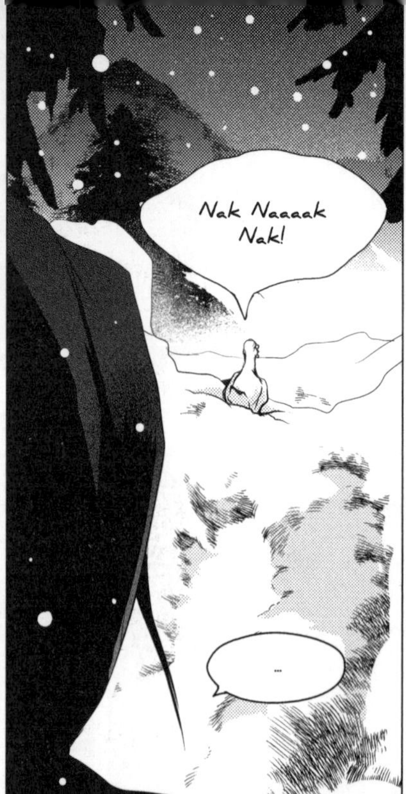
Nak Naaaak Nak!
...

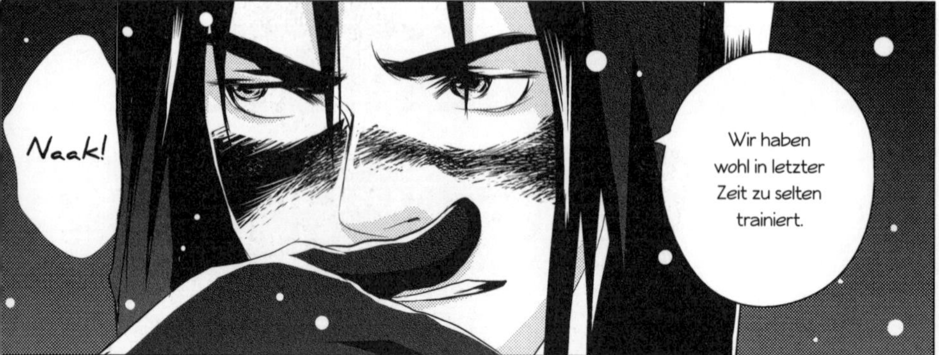
Naak!
Wir haben wohl in letzter Zeit zu selten trainiert.

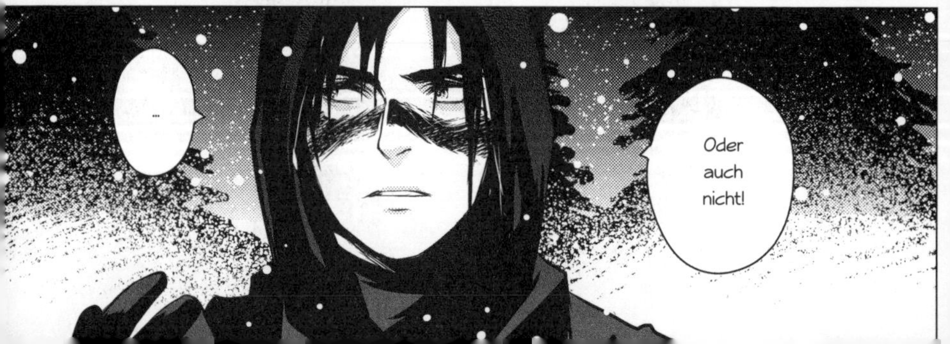
...
Oder auch nicht!

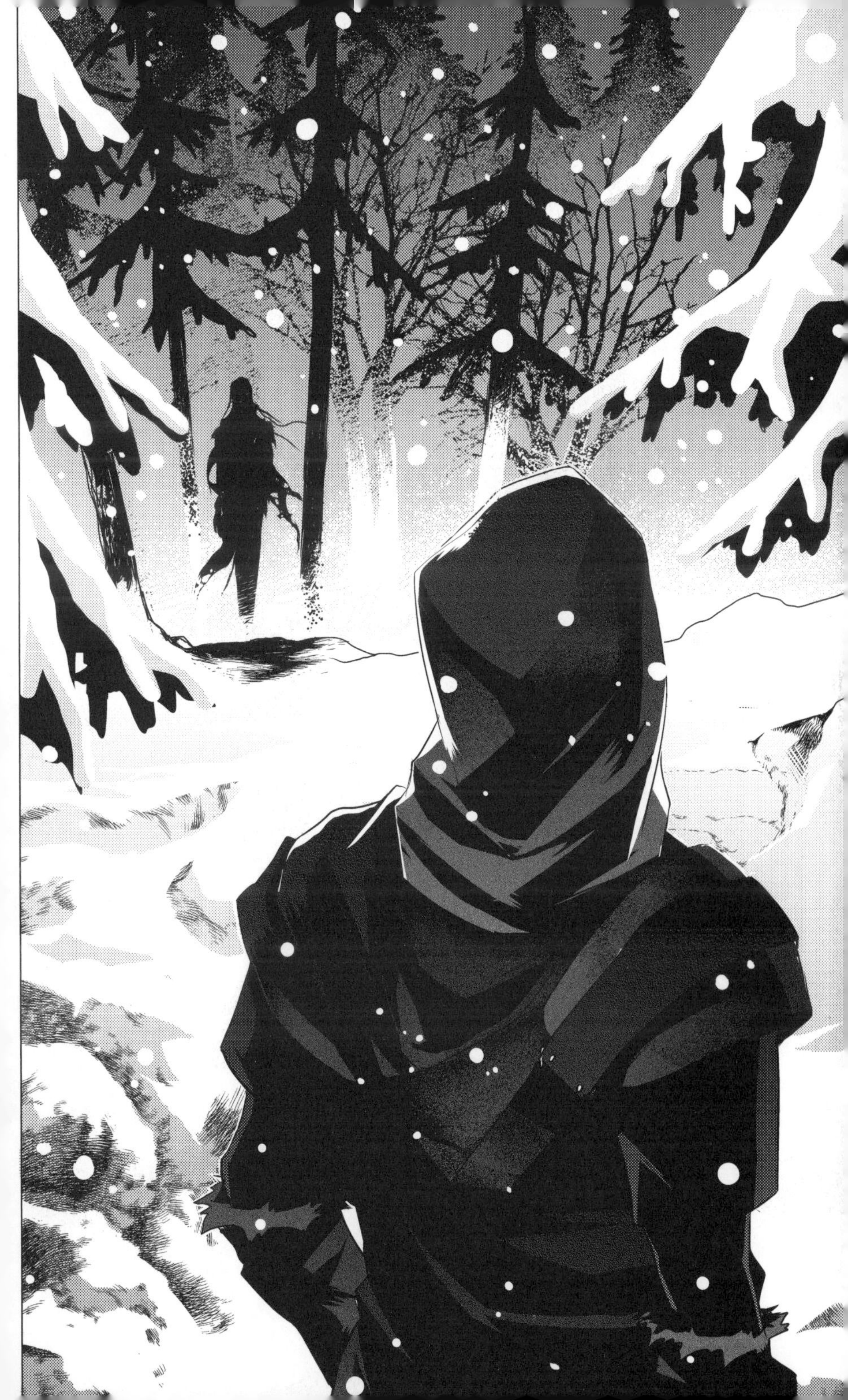

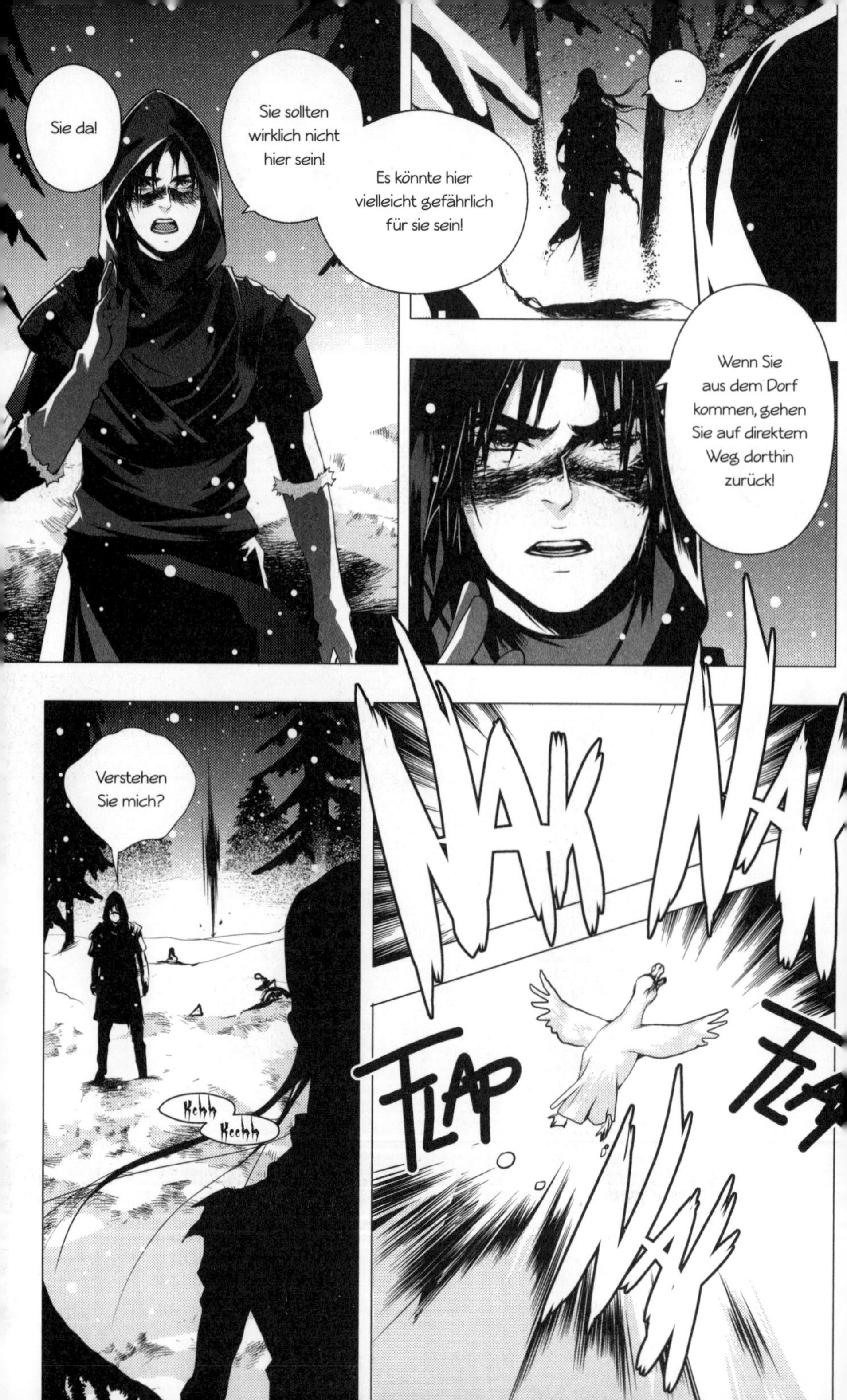

Sie da!
Sie sollten wirklich nicht hier sein!
Es könnte hier vielleicht gefährlich für sie sein!
...
Wenn Sie aus dem Dorf kommen, gehen Sie auf direktem Weg dorthin zurück!
Verstehen Sie mich?
Kehh Kehh
NAK NAK
FLAP
FLAP

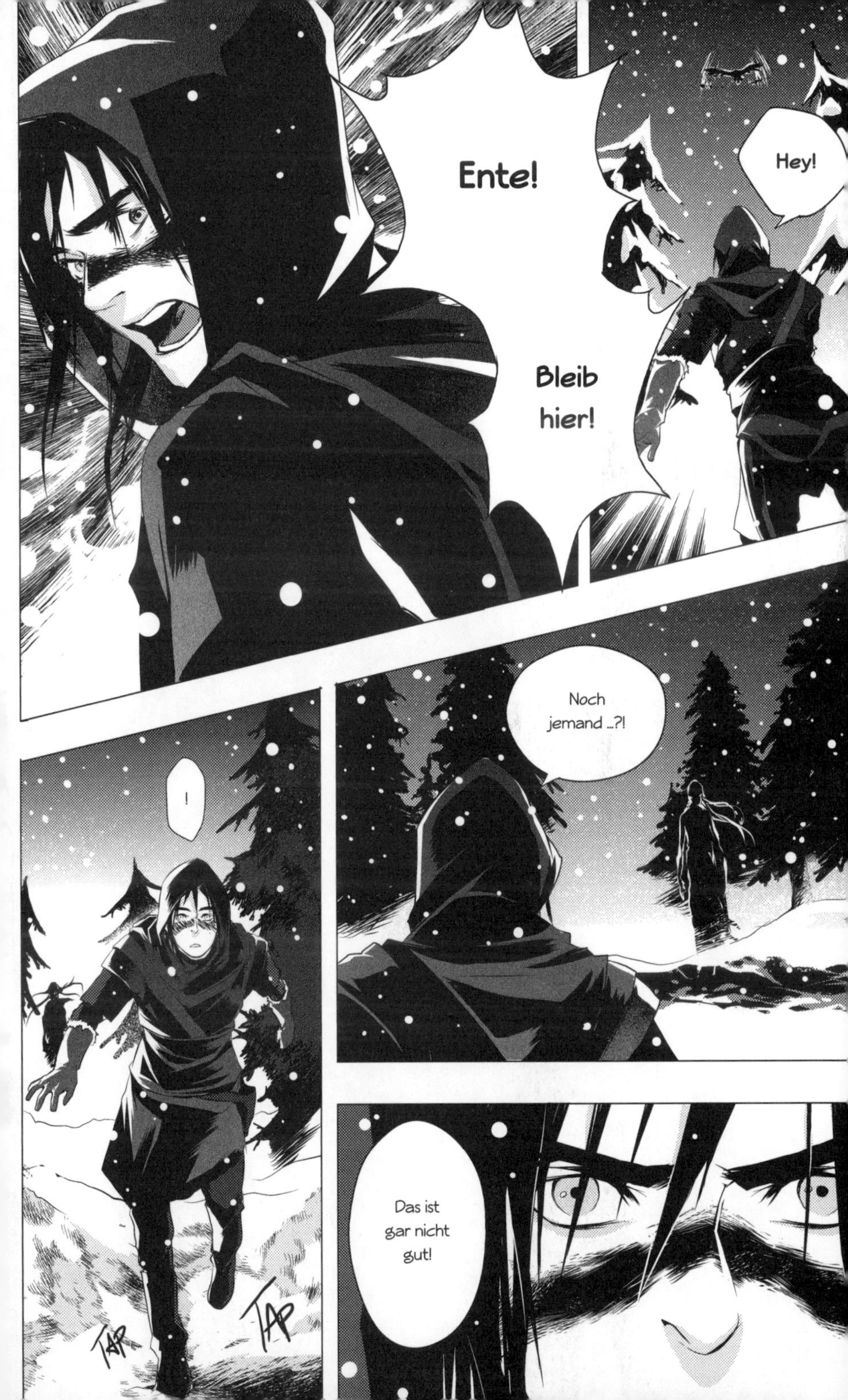
Hey!
Ente!
Bleib hier!
Noch jemand ...?!
!
Das ist gar nicht gut!
TAP
TAP

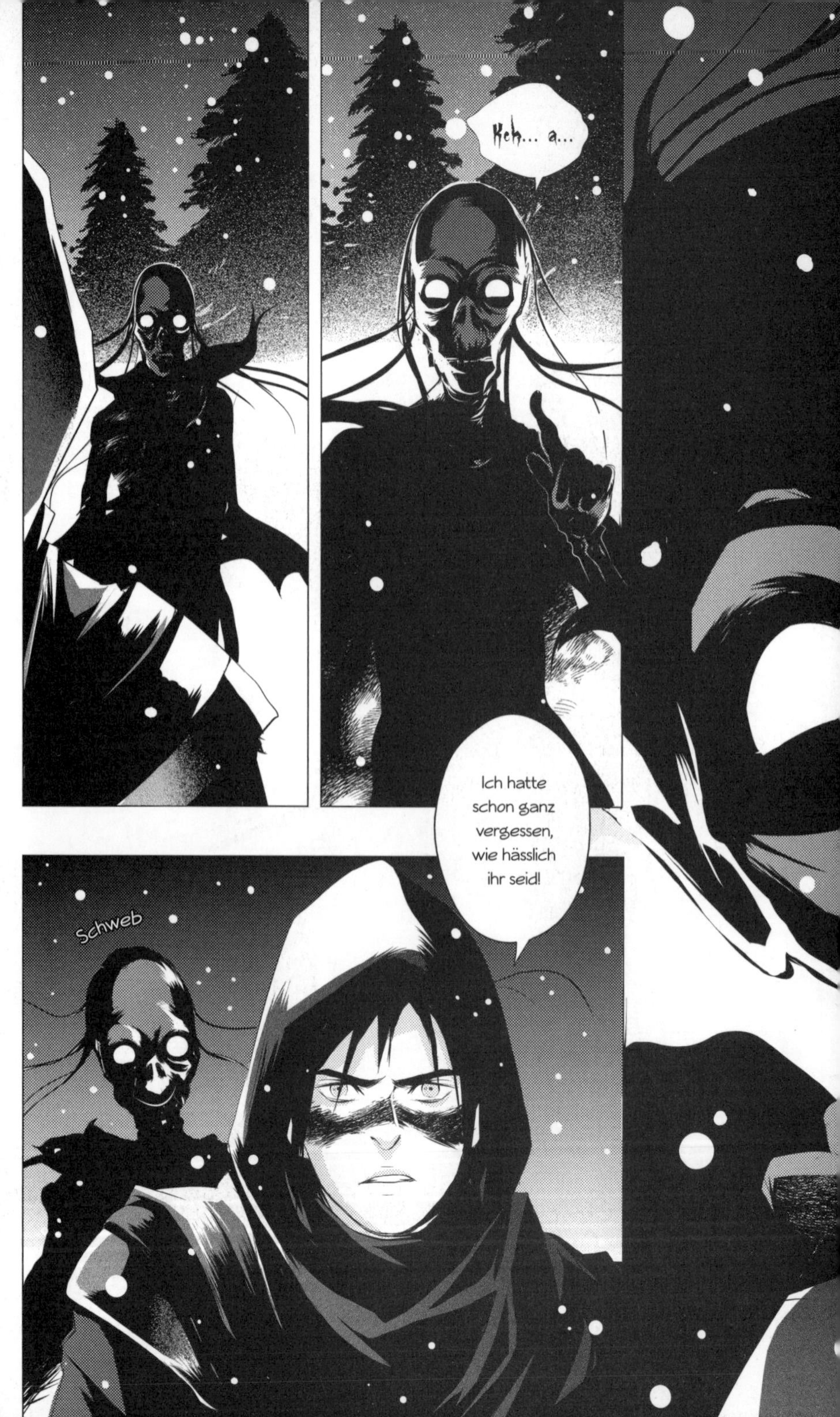
Keh... a...
Ich hatte schon ganz vergessen, wie hässlich ihr seid!
Schweb

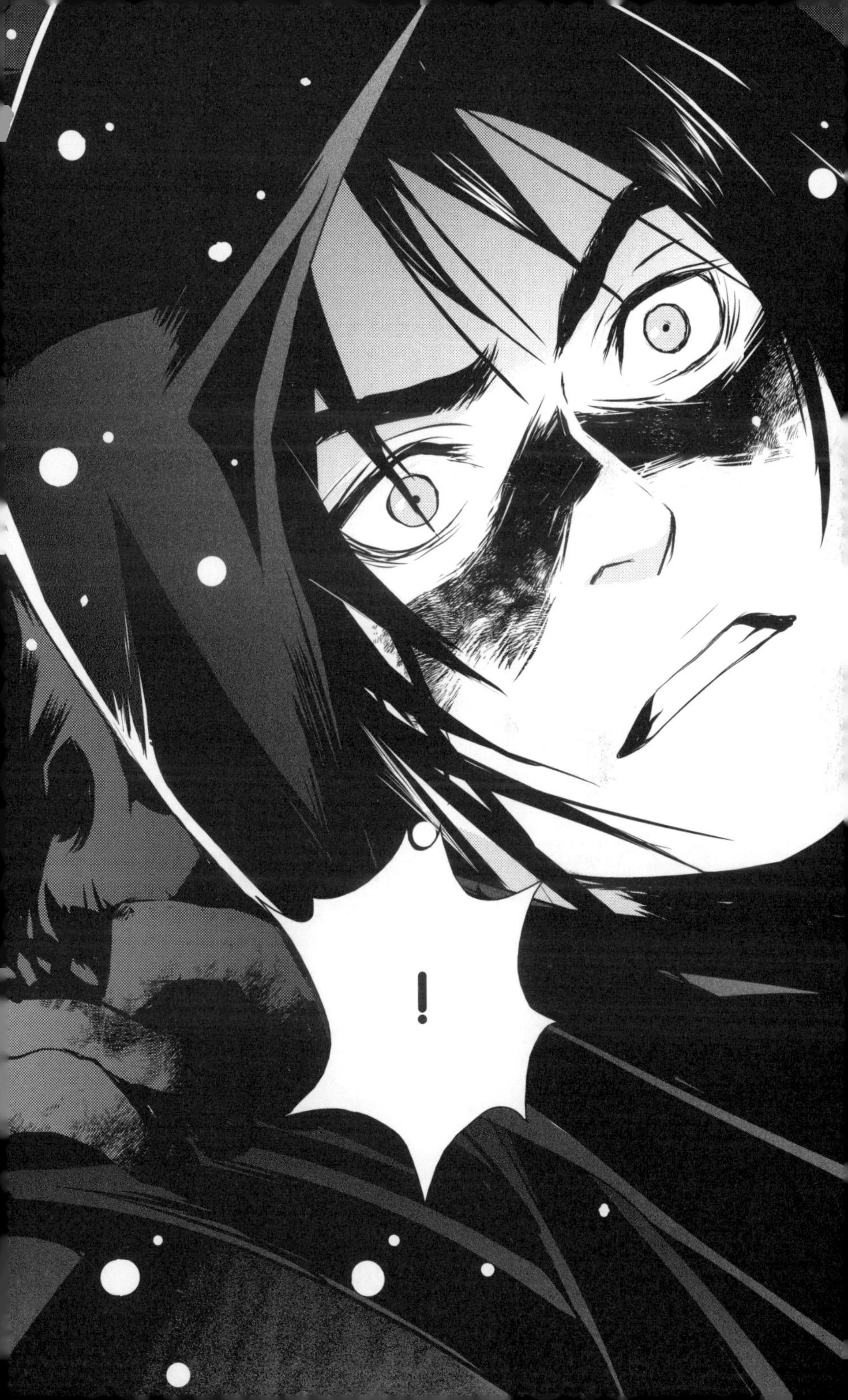

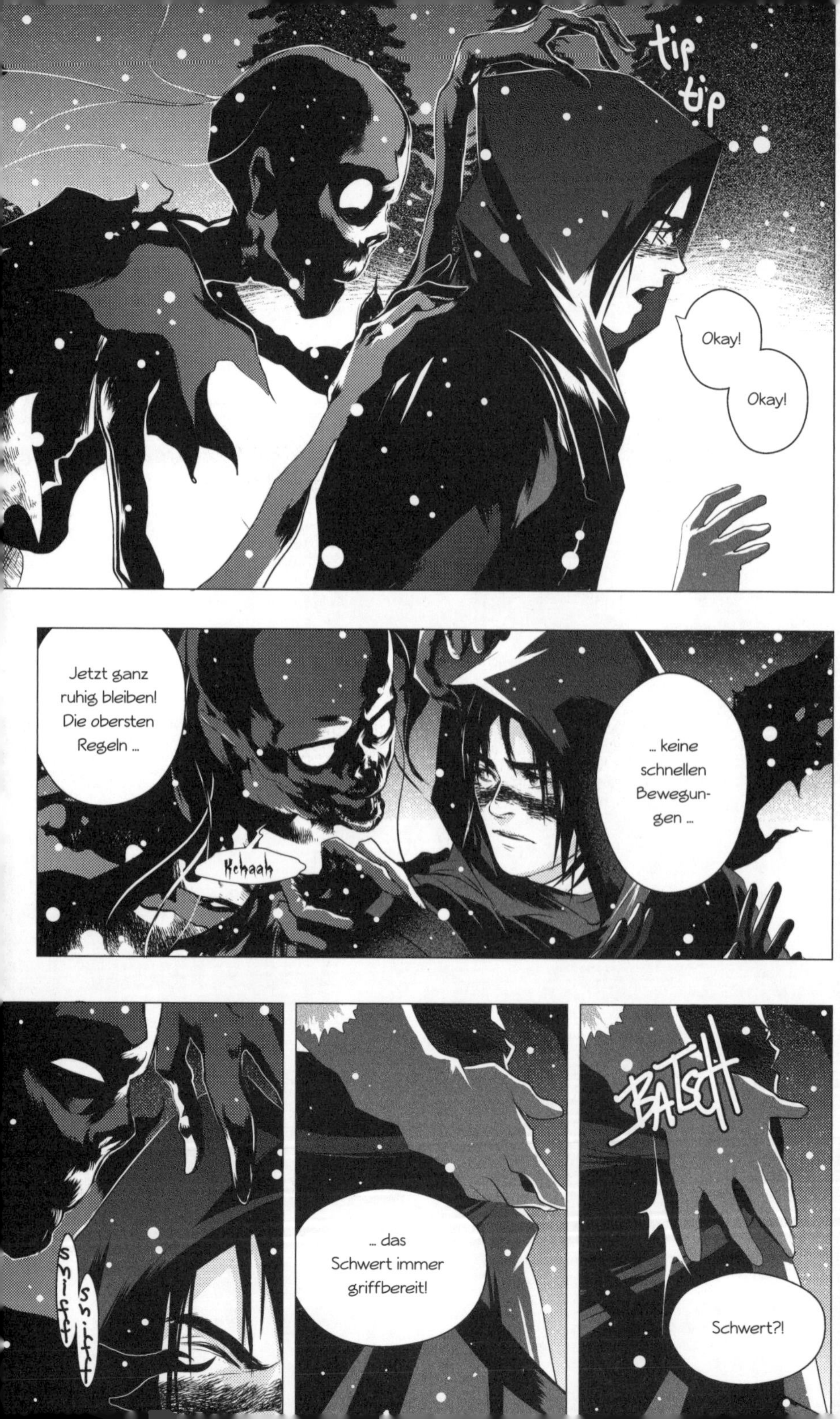

tip tip
Okay!
Okay!

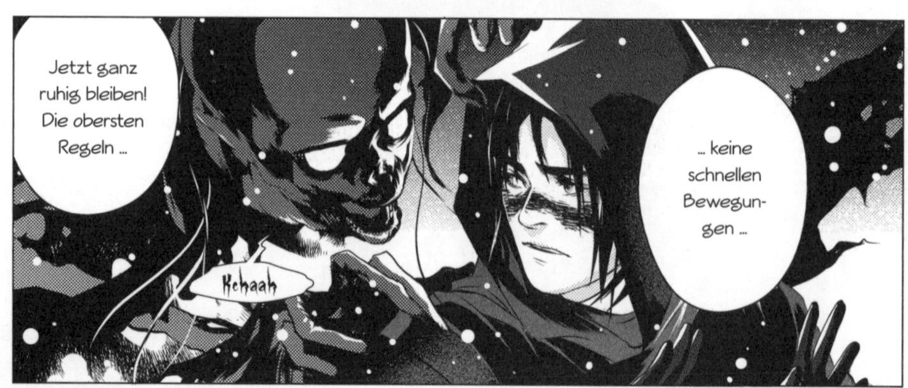
Jetzt ganz ruhig bleiben! Die obersten Regeln ...
Kchaah
... keine schnellen Bewegungen ...

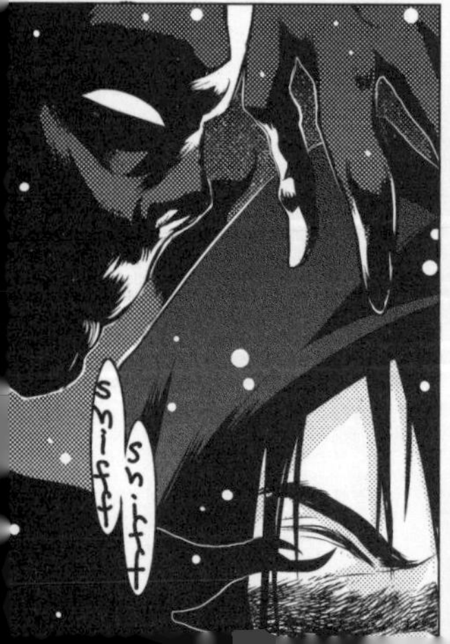
sniff
sniff

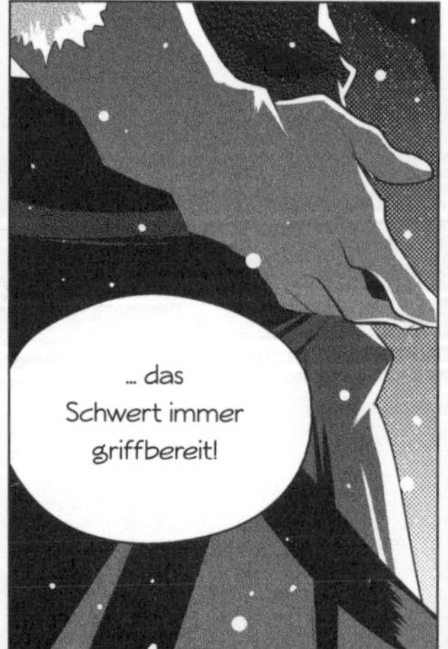
... das Schwert immer griffbereit!

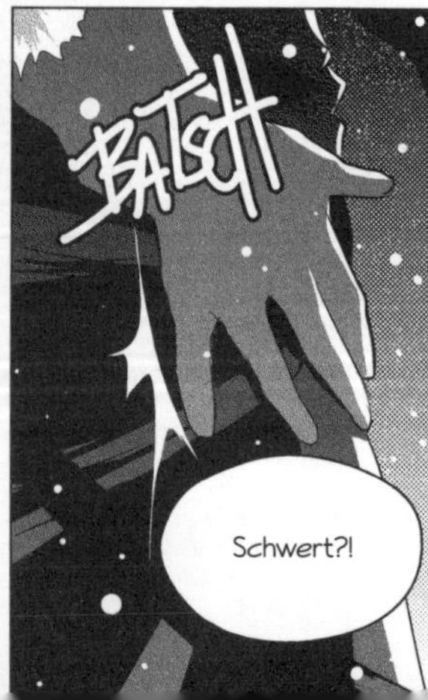
BATSCH
Schwert?!

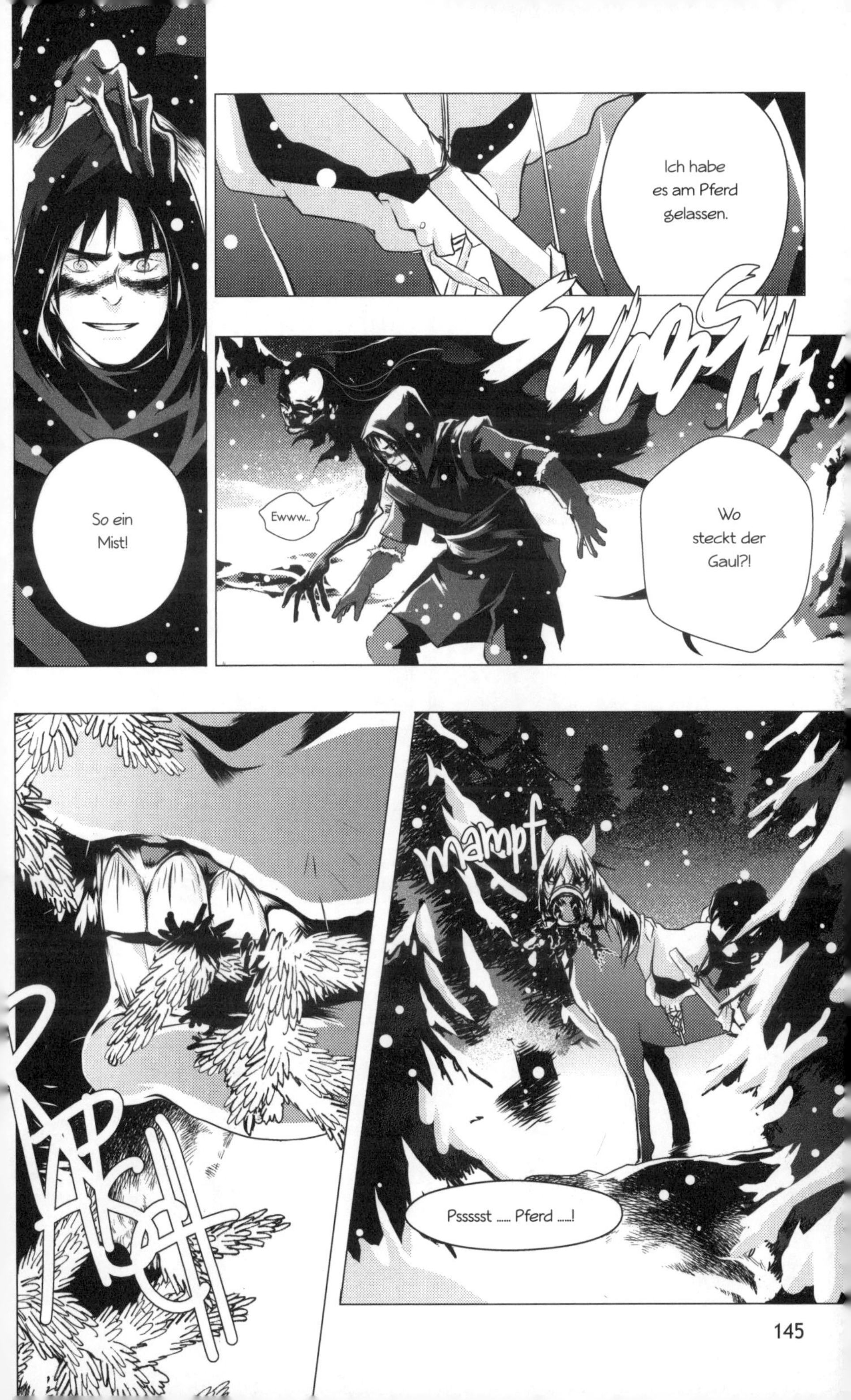

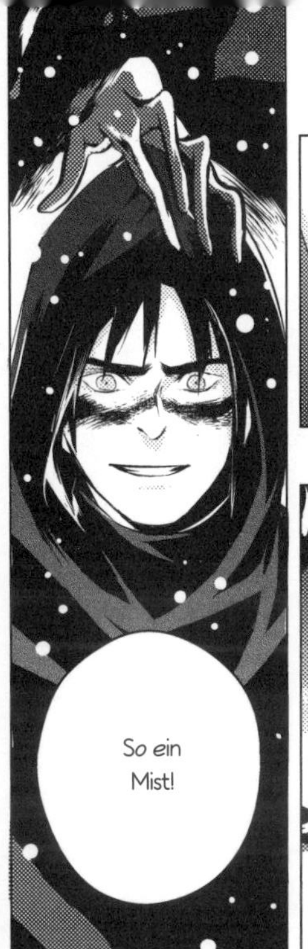
So ein Mist!

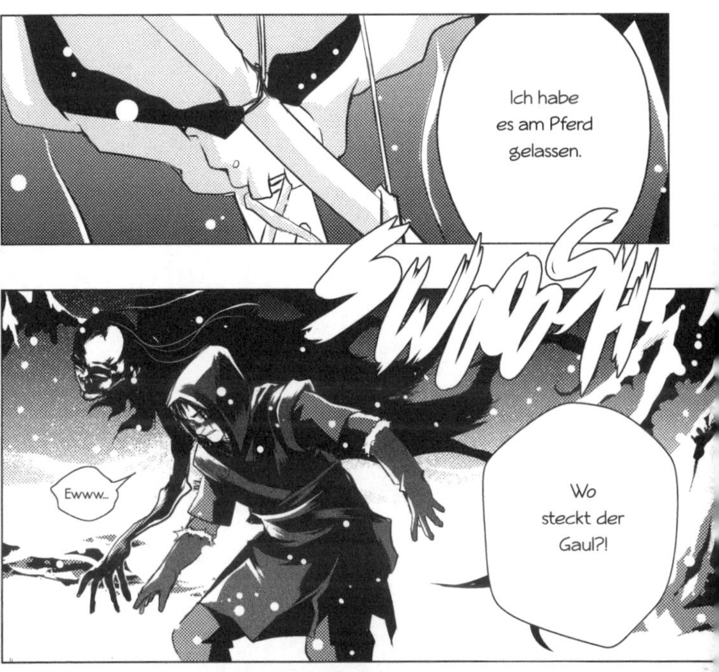
Ich habe es am Pferd gelassen.
Swoosh
Ewww...
Wo steckt der Gaul?!

mampf
Psssst ...... Pferd ......!

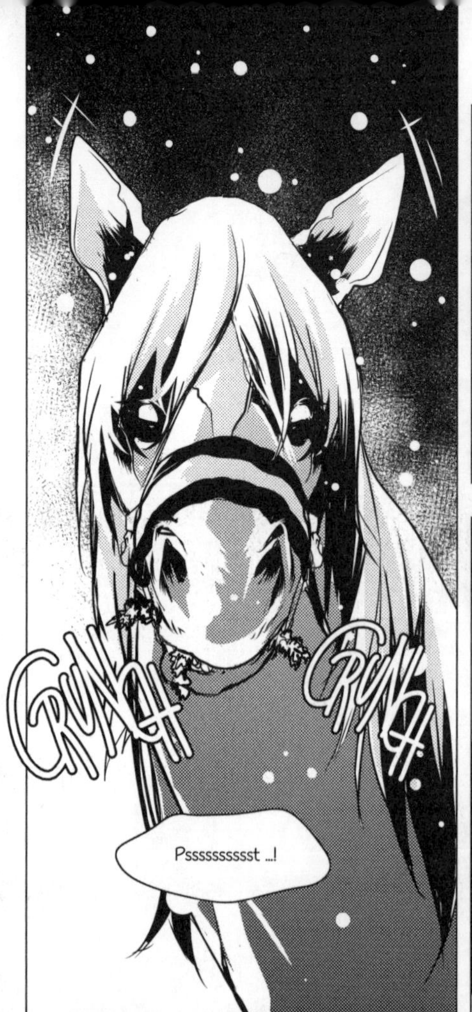
GRUNCH
GRUNCH
Psssssssssst ...!

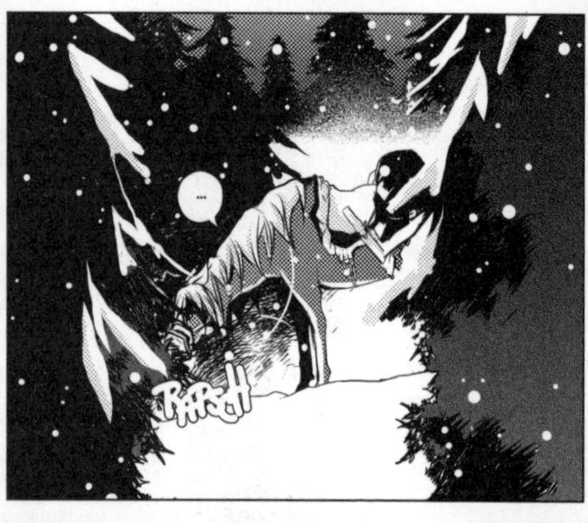
...
RAPSCH

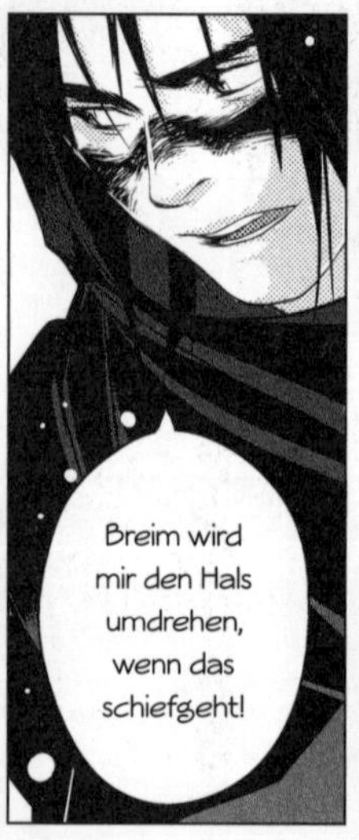
Breim wird mir den Hals umdrehen, wenn das schiefgeht!

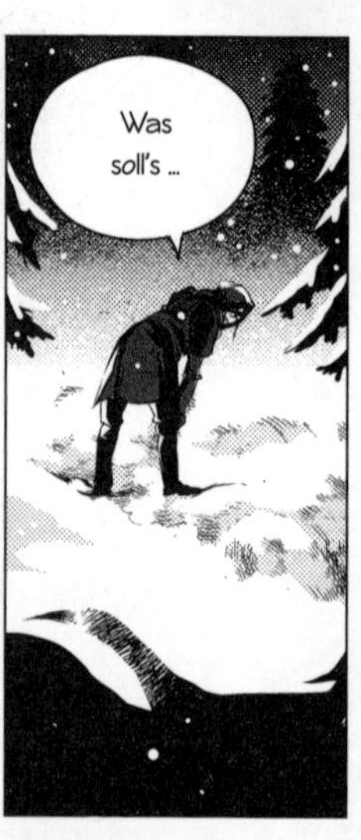
Was soll's ...

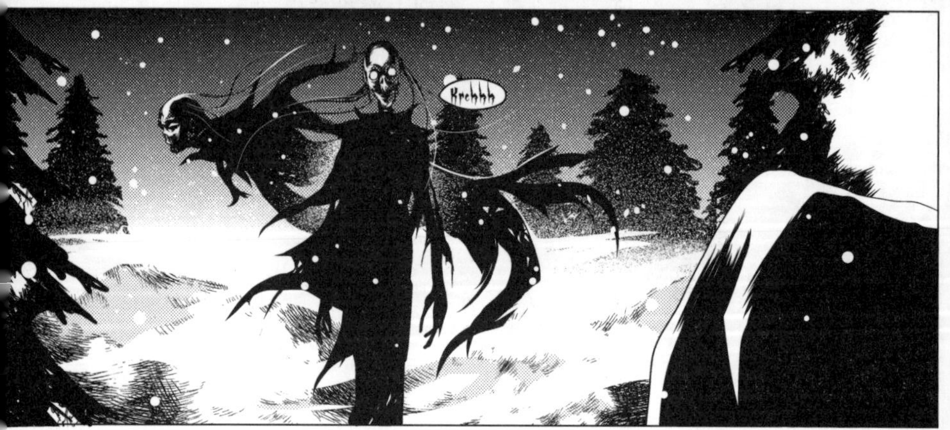
Krchhh

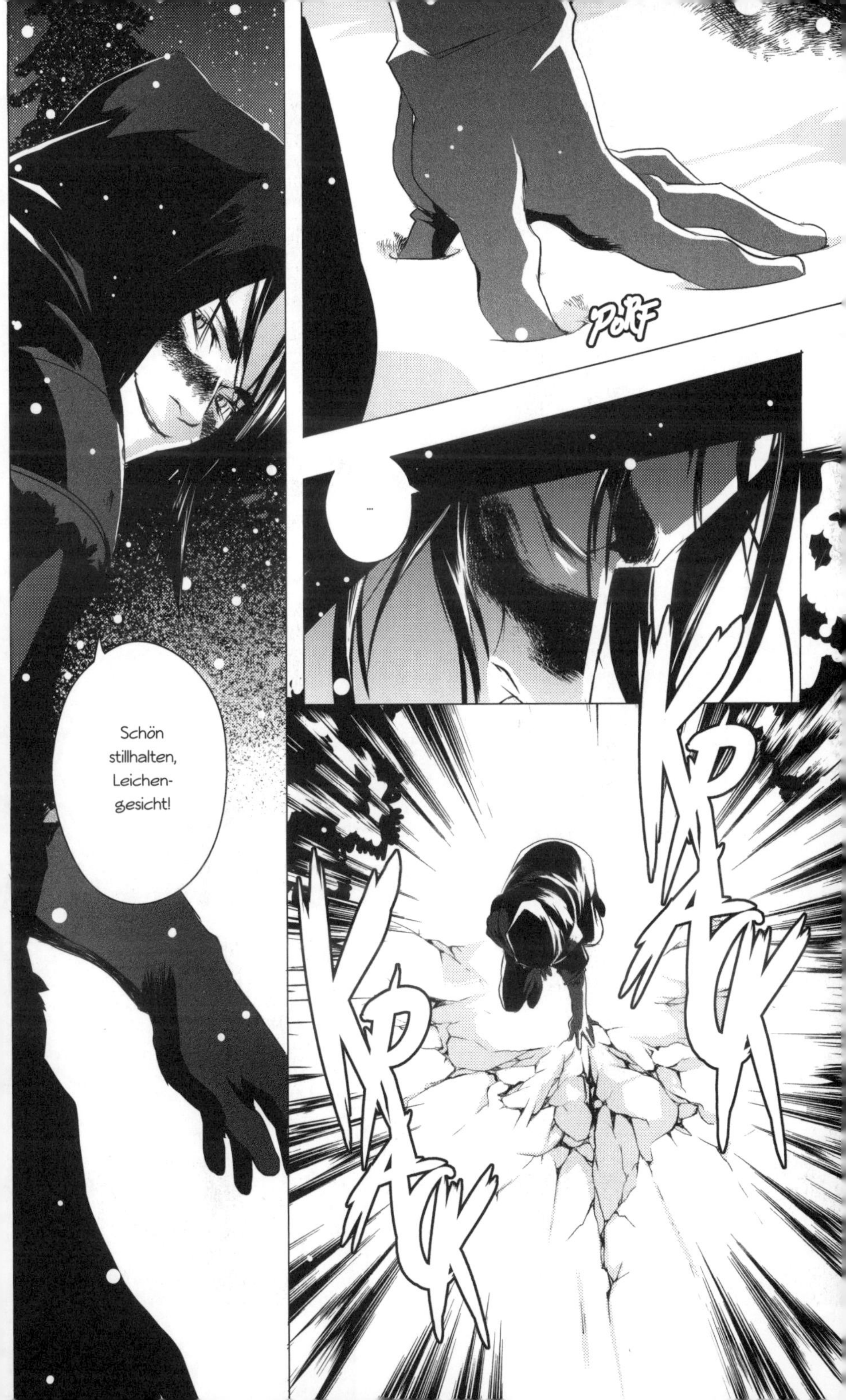
...
KRACK
KRACK
Schön stillhalten, Leichengesicht!

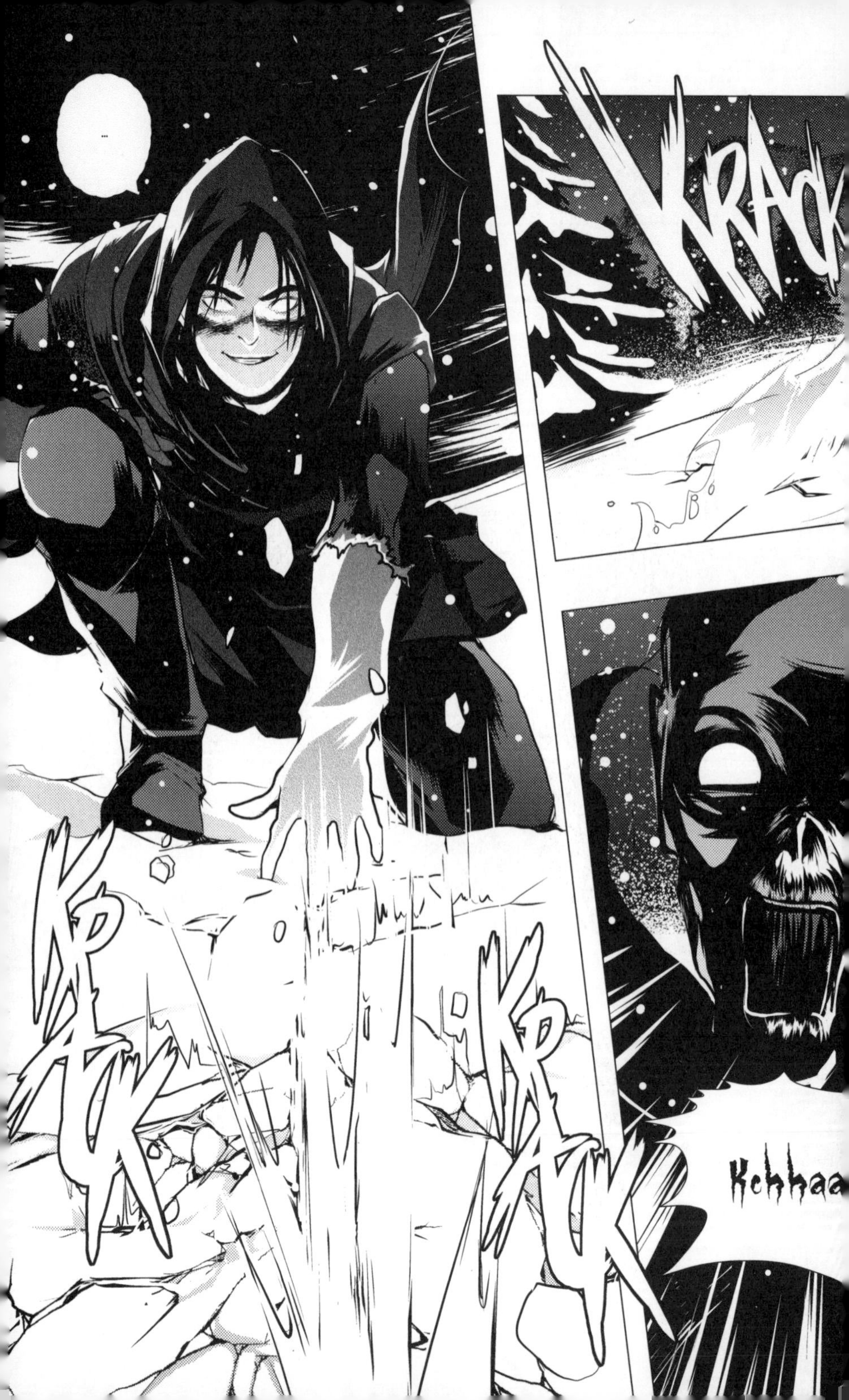
...
KRACK
KRAK
KRAK
Kchhaa

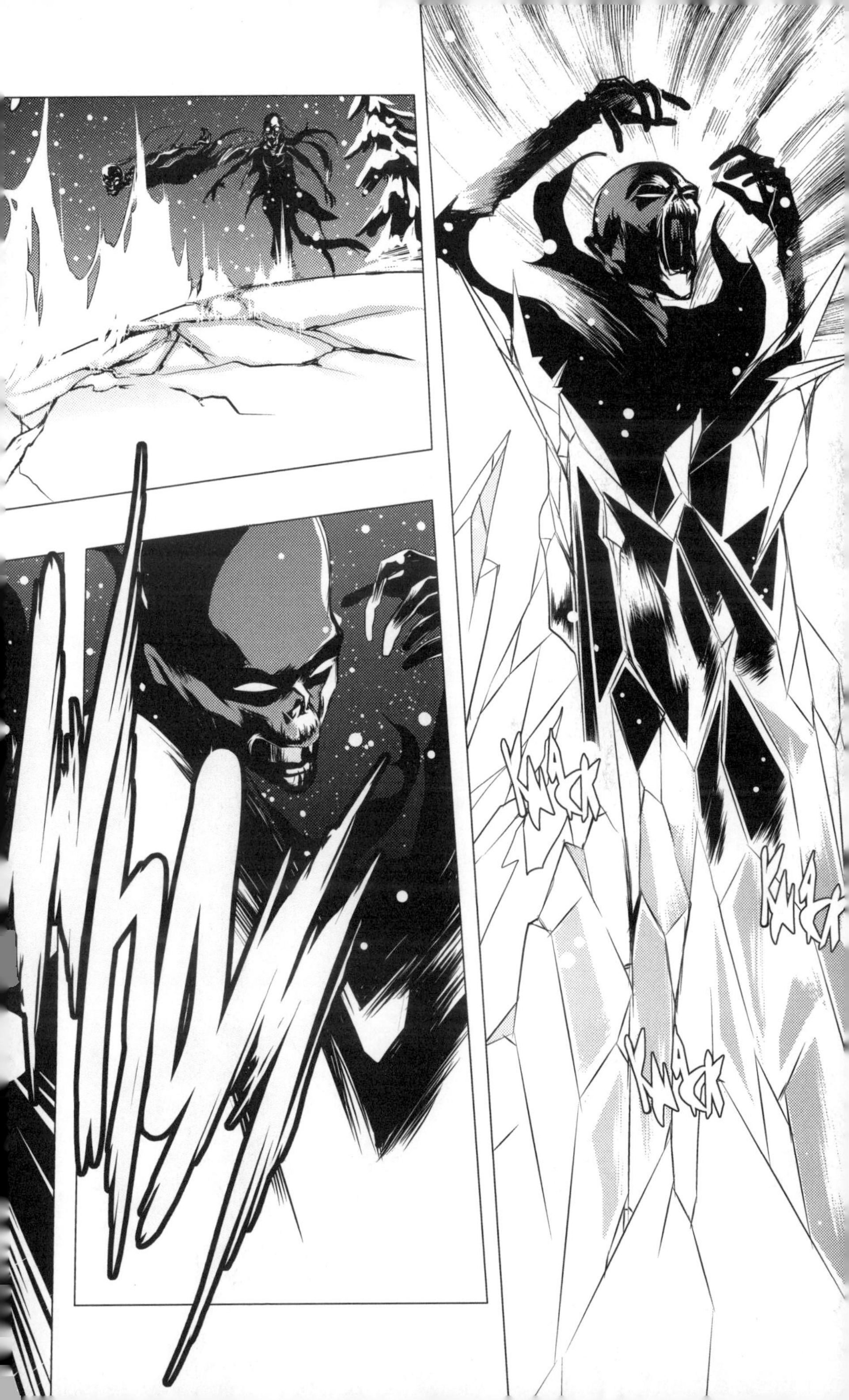
KNACK
KNACK
KNACK

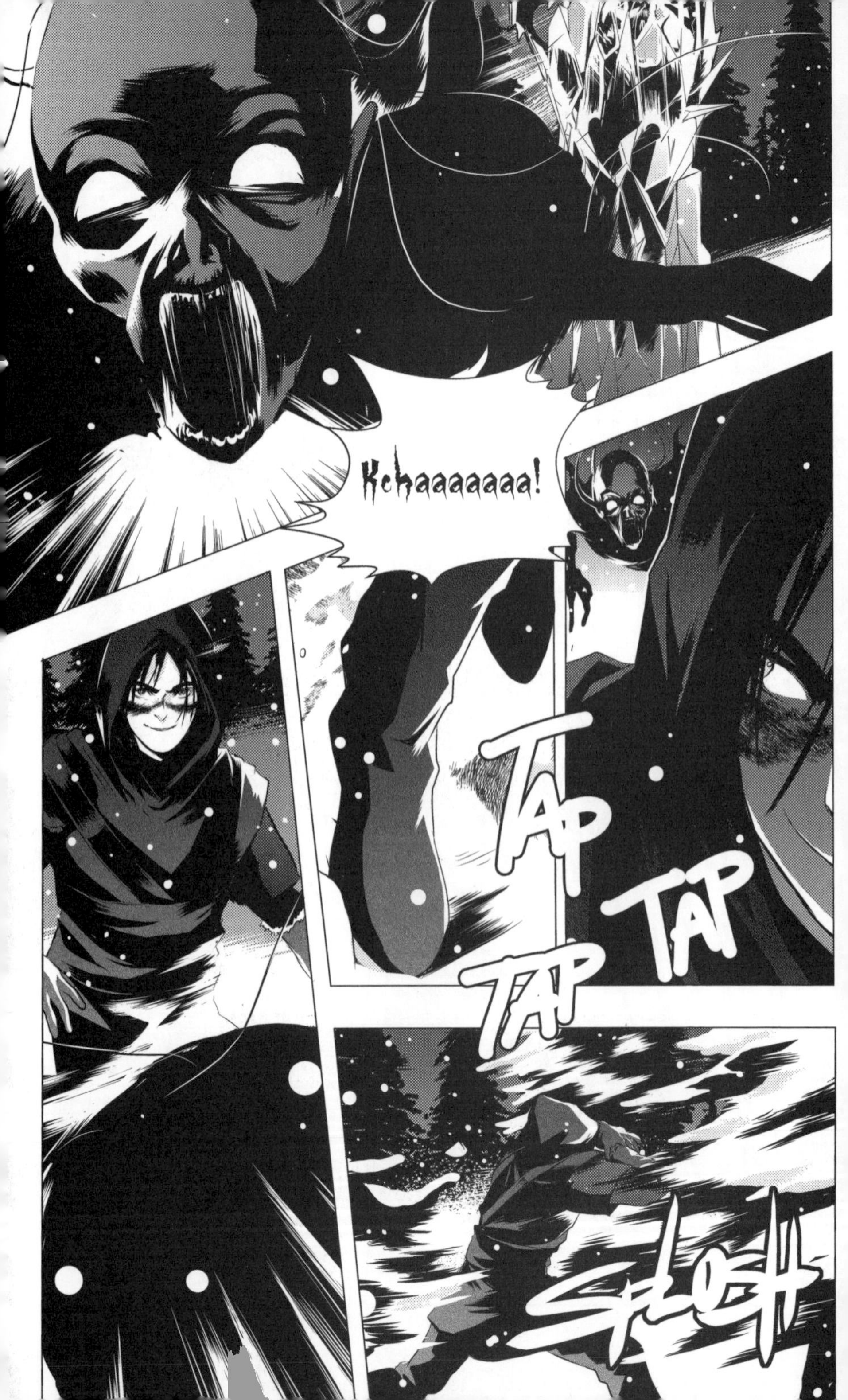
Kchaaaaaaa!
TAP
TAP
TAP
SPLOSH

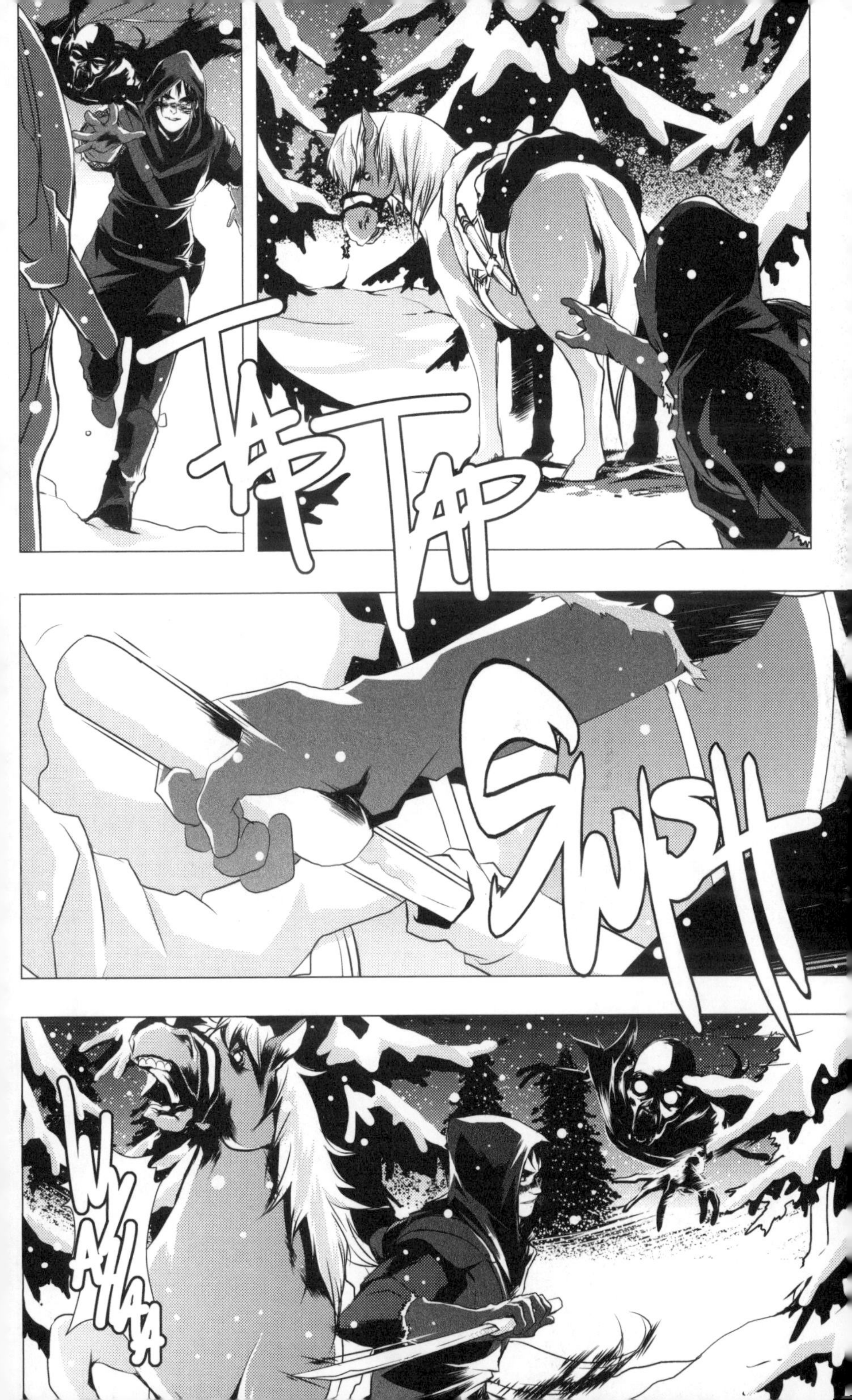

TAP TAP
SWISH
WHAAA

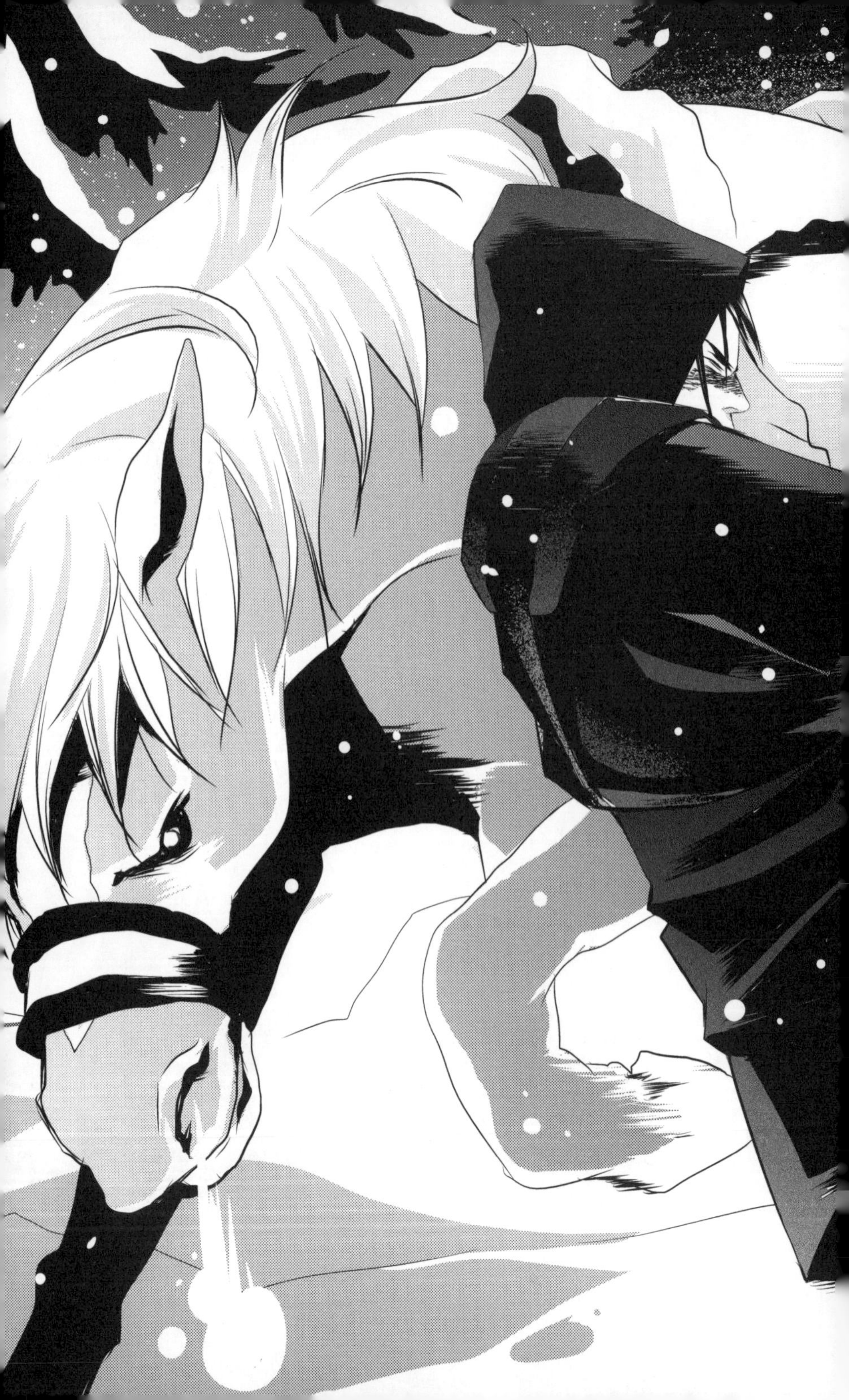

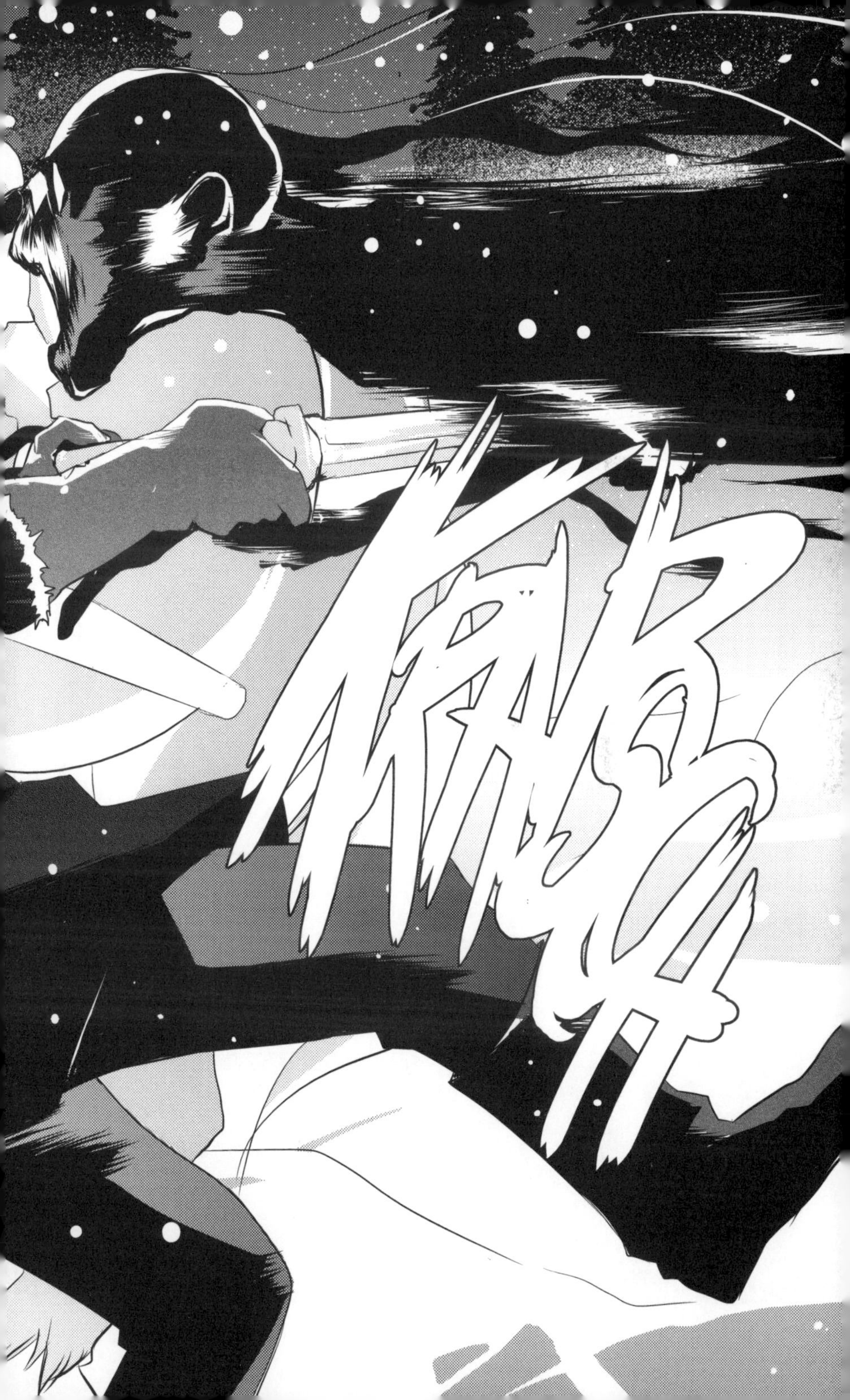

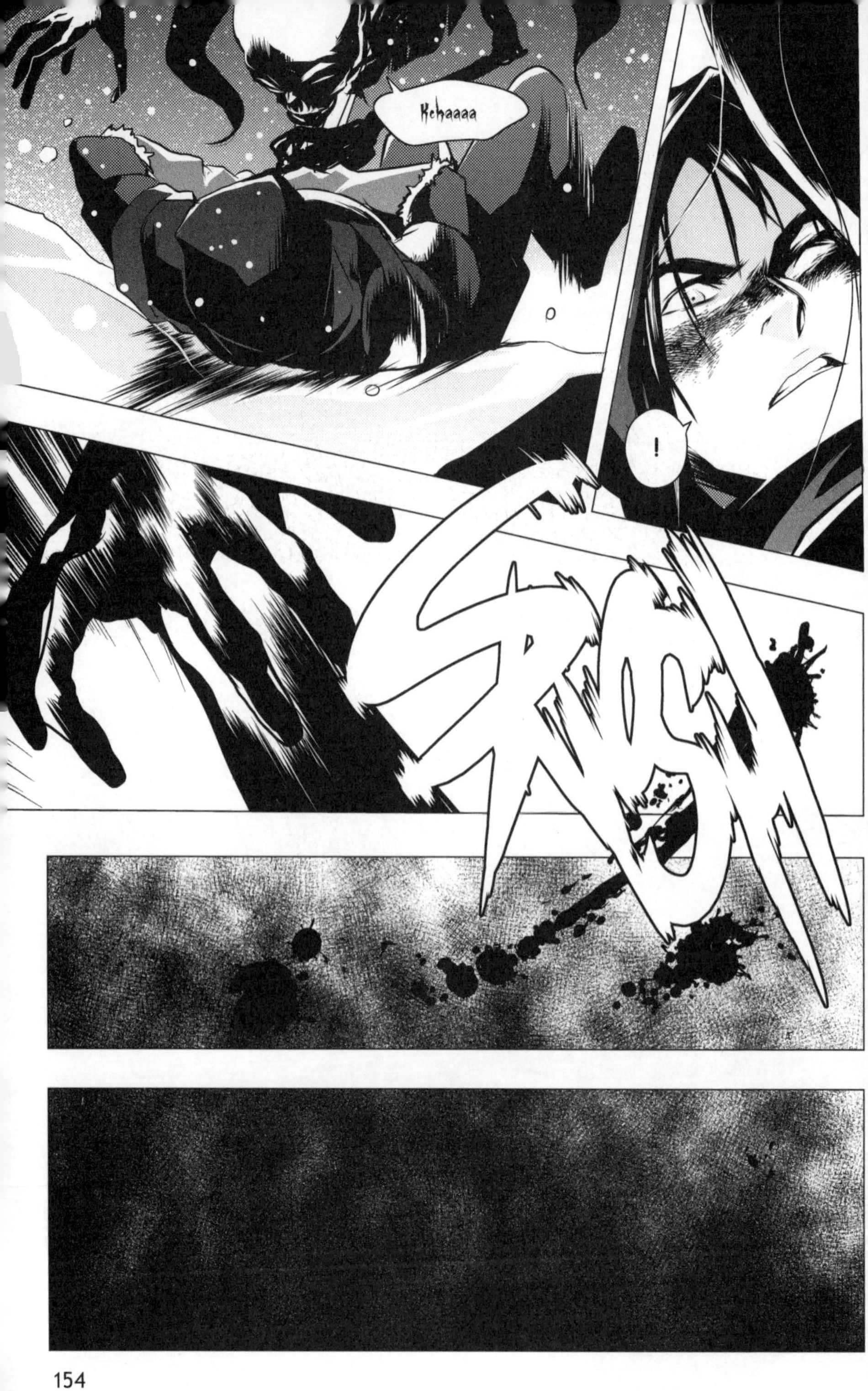

Kehaaaa

!

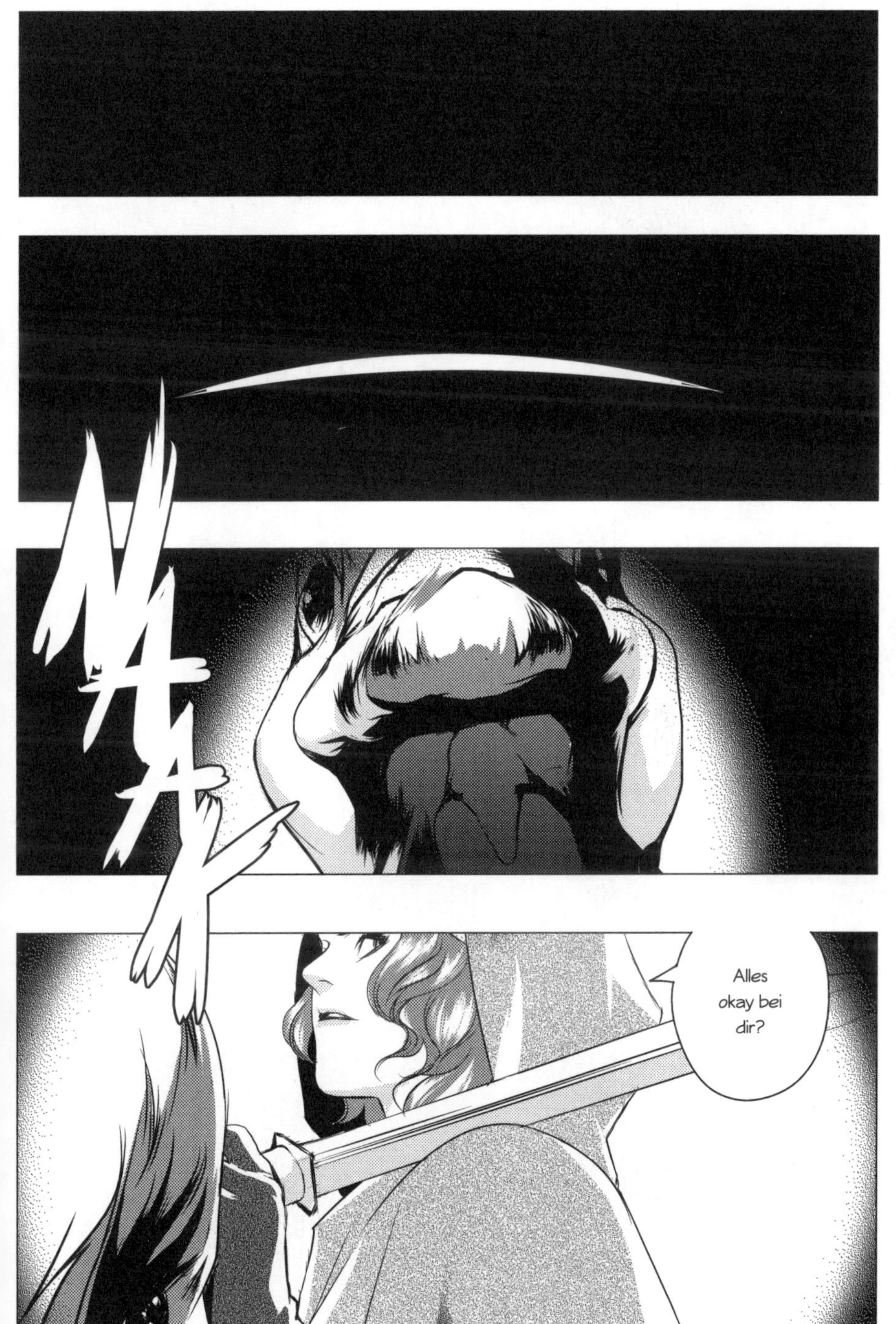
Alles okay bei dir?

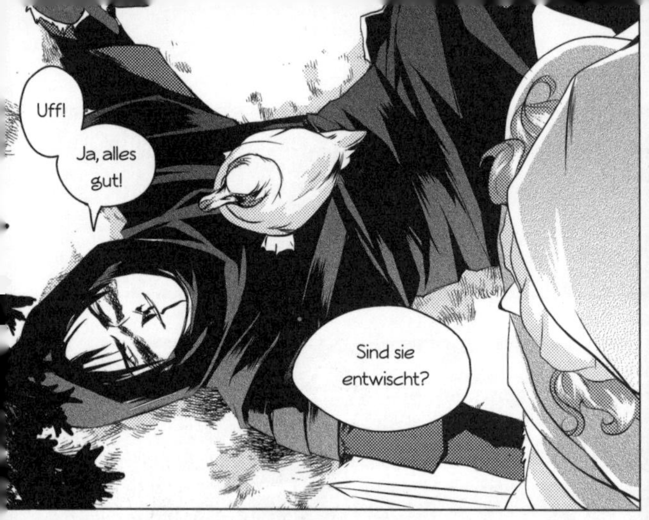
Uff!
Ja, alles gut!
Sind sie entwischt?

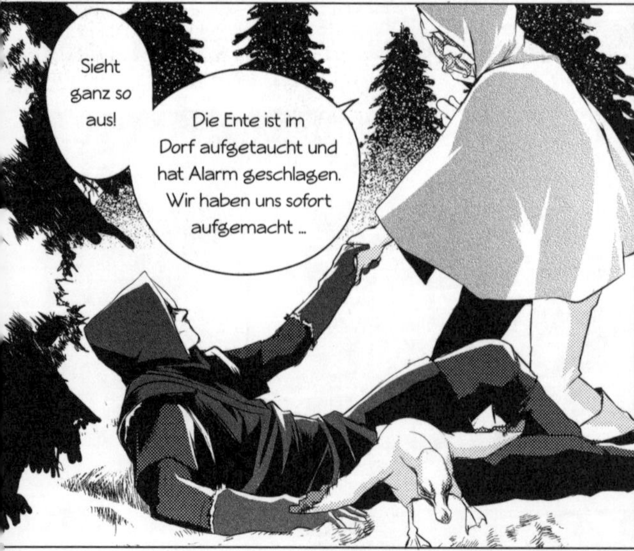
Sieht ganz so aus!
Die Ente ist im Dorf aufgetaucht und hat Alarm geschlagen. Wir haben uns sofort aufgemacht ...

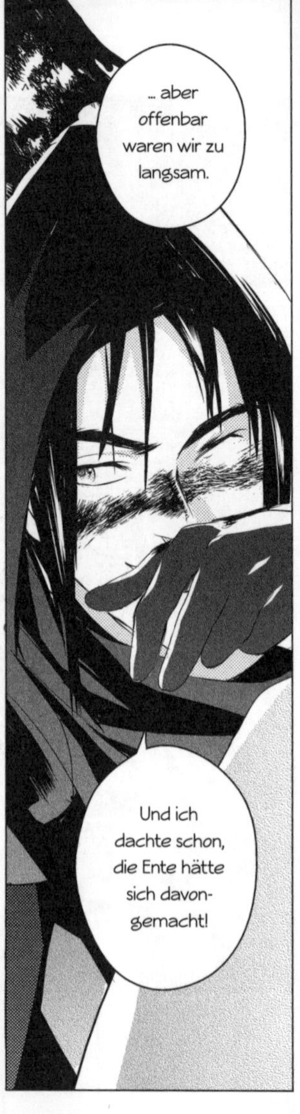
... aber offenbar waren wir zu langsam.
Und ich dachte schon, die Ente hätte sich davongemacht!

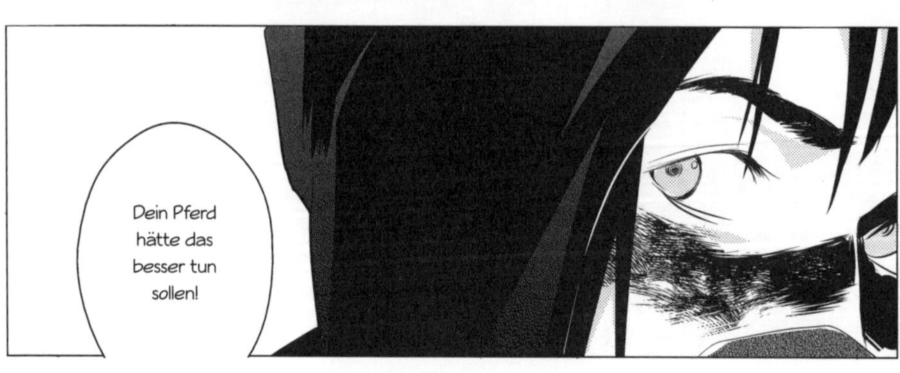
Dein Pferd hätte das besser tun sollen!

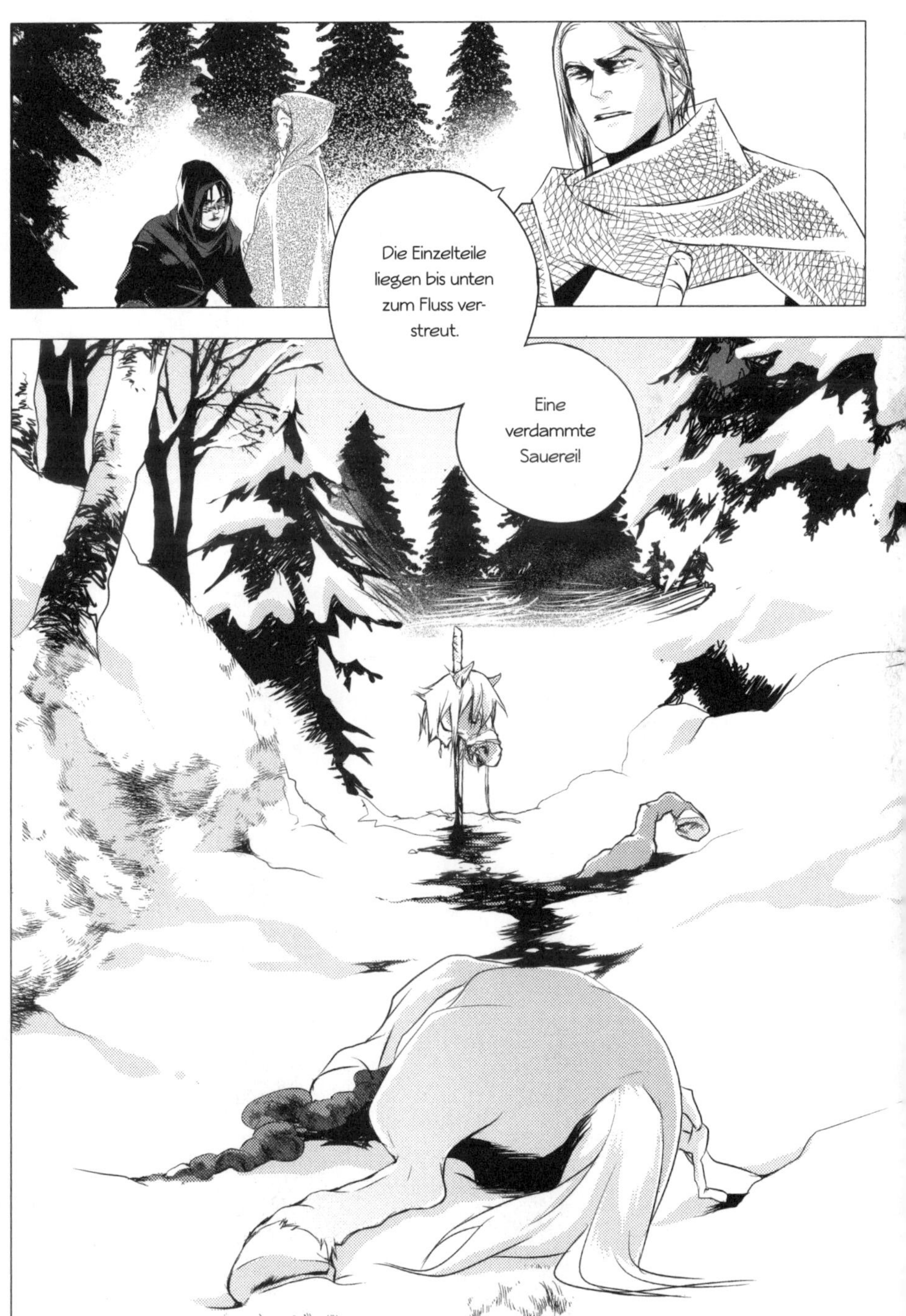
Die Einzelteile liegen bis unten zum Fluss verstreut.
Eine verdammte Sauerei!

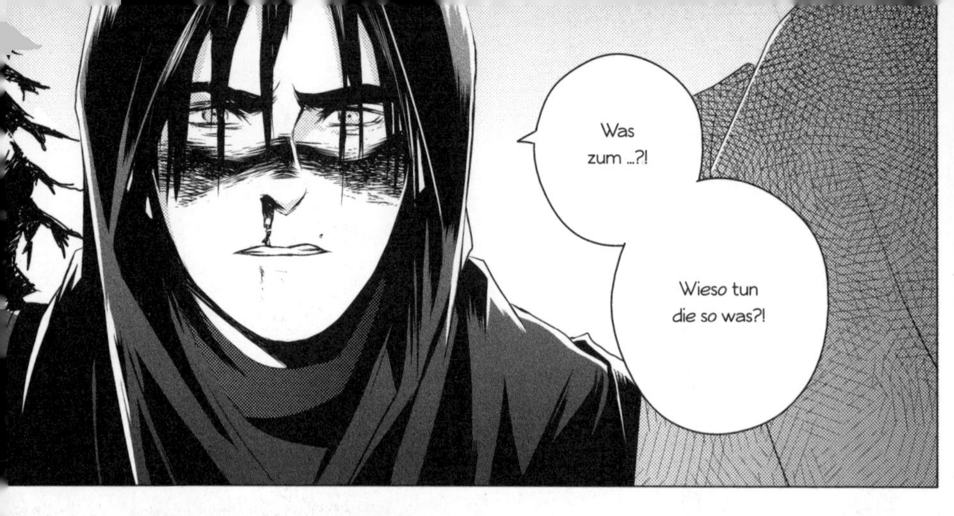

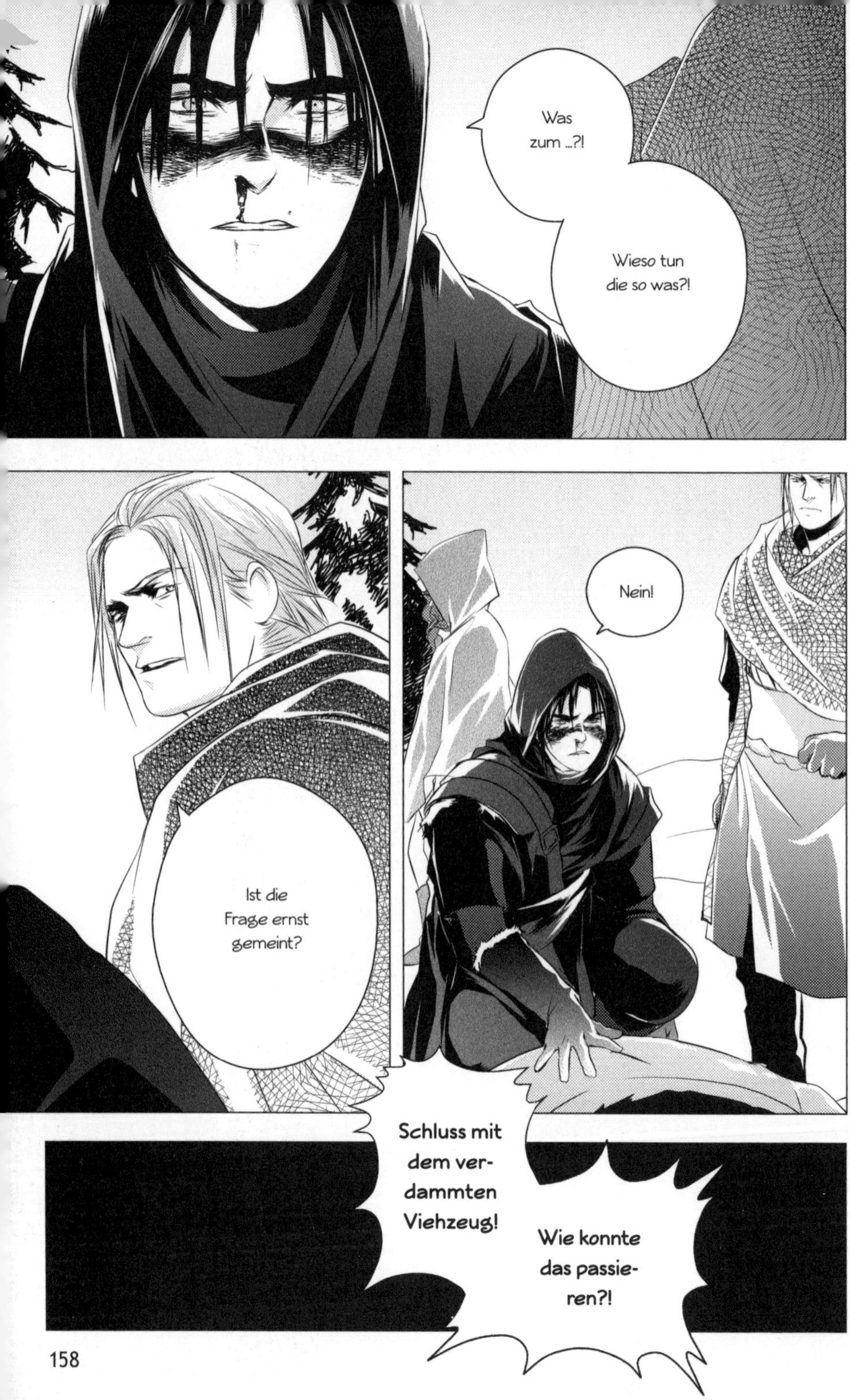

Ist die Frage ernst gemeint?

Nein!

Schluss mit dem verdammten Viehzeug!

Wie konnte das passieren?!

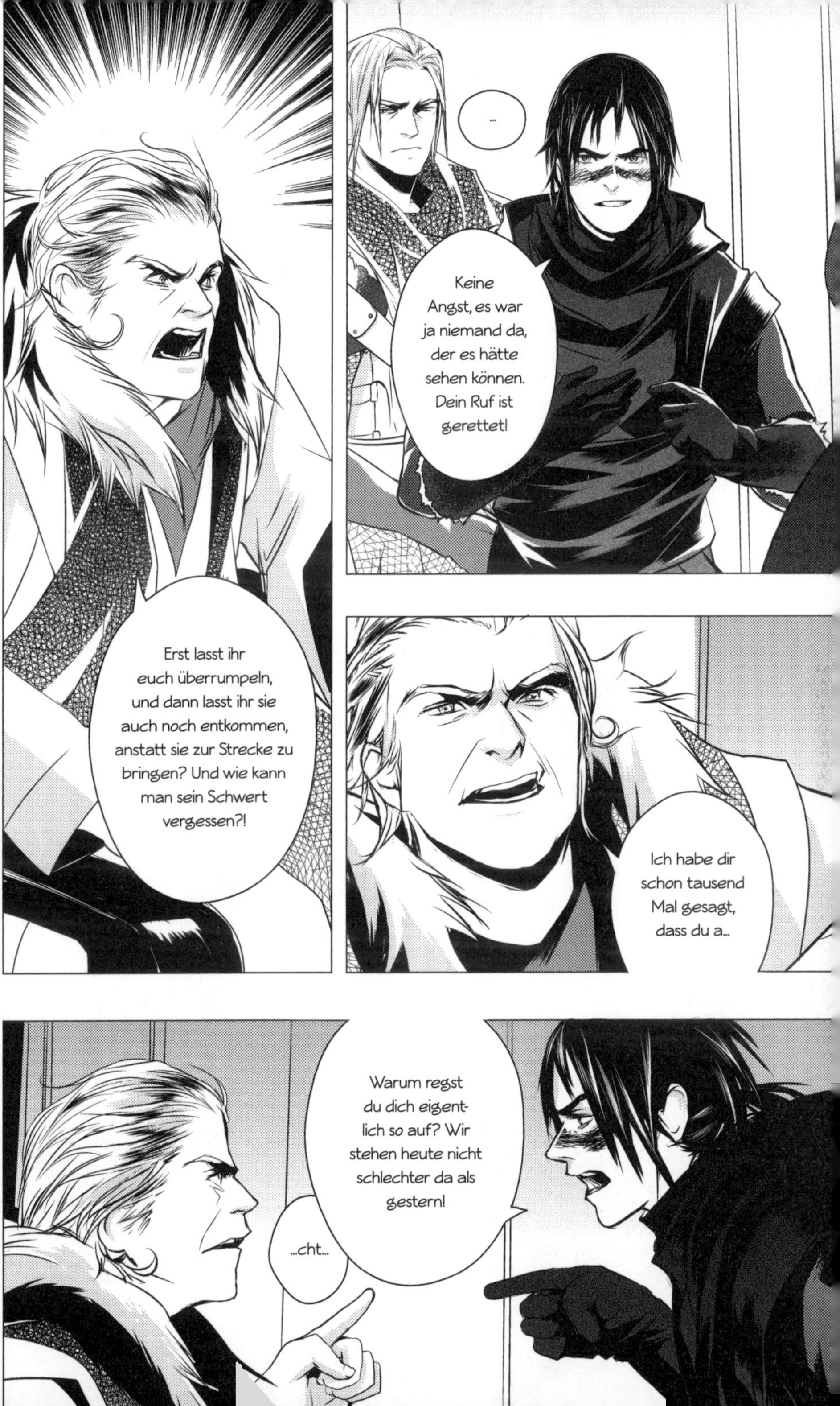

Erst lasst ihr euch überrumpeln, und dann lasst ihr sie auch noch entkommen, anstatt sie zur Strecke zu bringen? Und wie kann man sein Schwert vergessen?!

...

Keine Angst, es war ja niemand da, der es hätte sehen können. Dein Ruf ist gerettet!

Ich habe dir schon tausend Mal gesagt, dass du a...

Warum regst du dich eigentlich so auf? Wir stehen heute nicht schlechter da als gestern!

...cht...

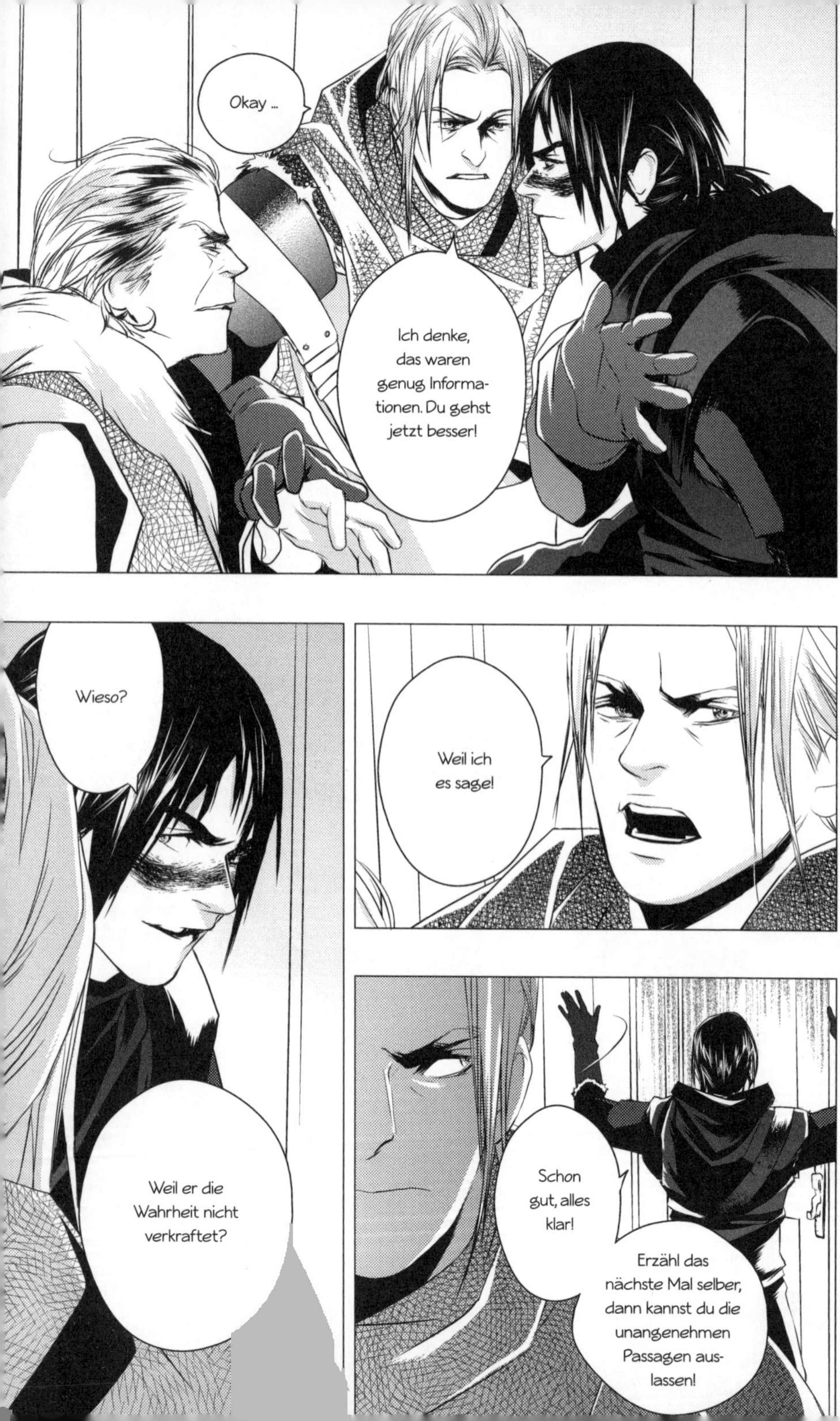

Okay ...
Ich denke, das waren genug Informationen. Du gehst jetzt besser!

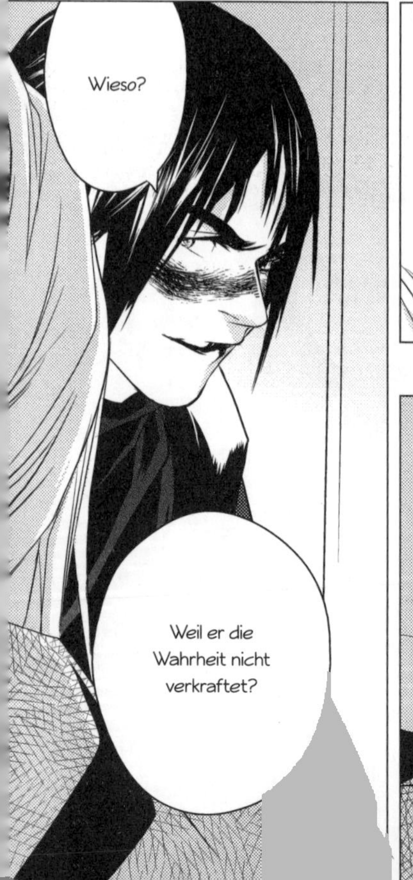
Wieso?
Weil er die Wahrheit nicht verkraftet?

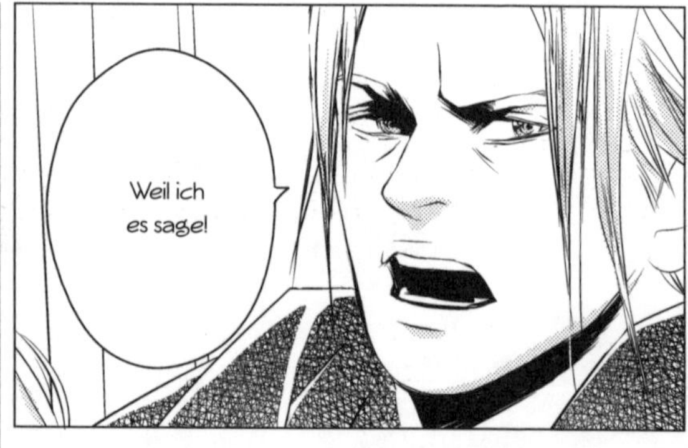
Weil ich es sage!

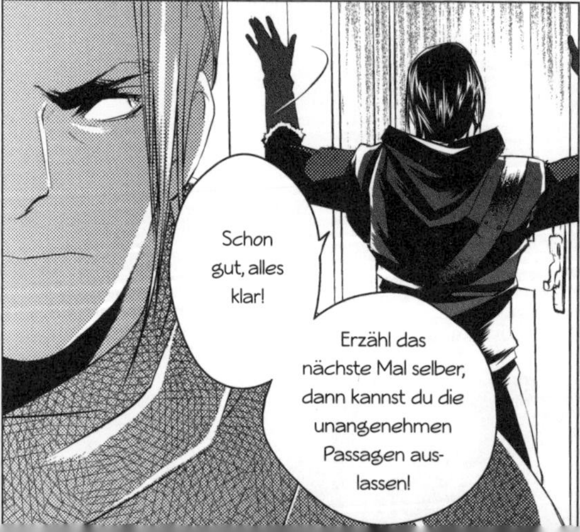
Schon gut, alles klar!
Erzähl das nächste Mal selber, dann kannst du die unangenehmen Passagen aus- lassen!

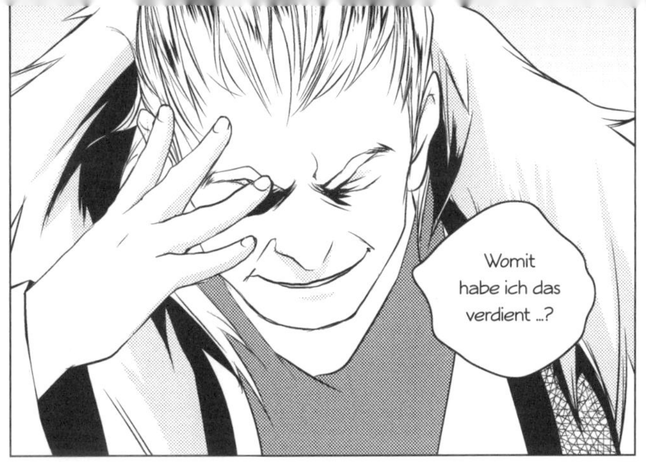
Womit habe ich das verdient ...?
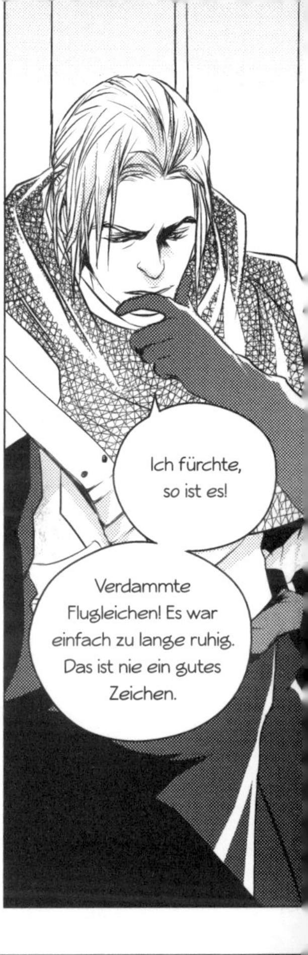
Ich fürchte, so ist es!
Verdammte Flugleichen! Es war einfach zu lange ruhig. Das ist nie ein gutes Zeichen.
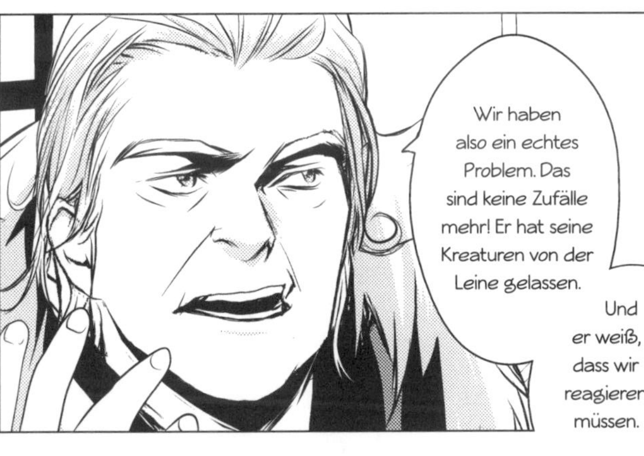
Wir haben also ein echtes Problem. Das sind keine Zufälle mehr! Er hat seine Kreaturen von der Leine gelassen.
Und er weiß, dass wir reagieren müssen.
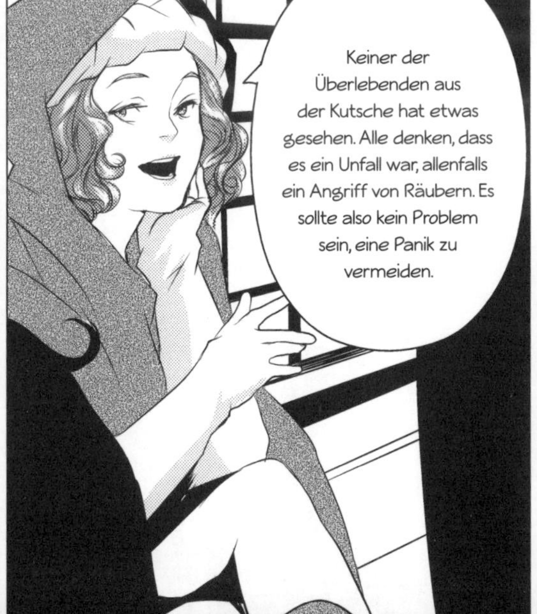
Keiner der Überlebenden aus der Kutsche hat etwas gesehen. Alle denken, dass es ein Unfall war, allenfalls ein Angriff von Räubern. Es sollte also kein Problem sein, eine Panik zu vermeiden.
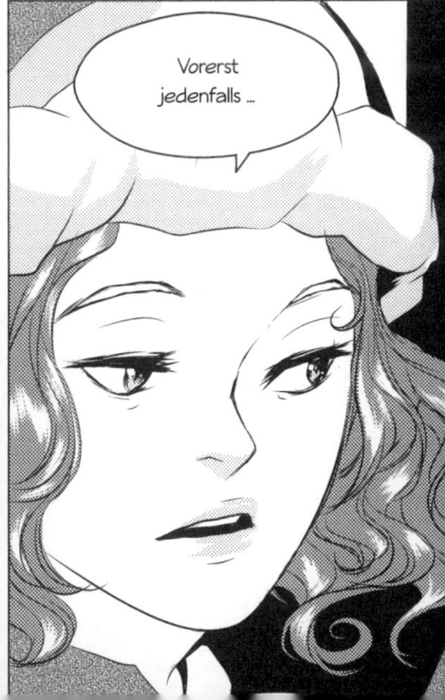
Vorerst jedenfalls ...

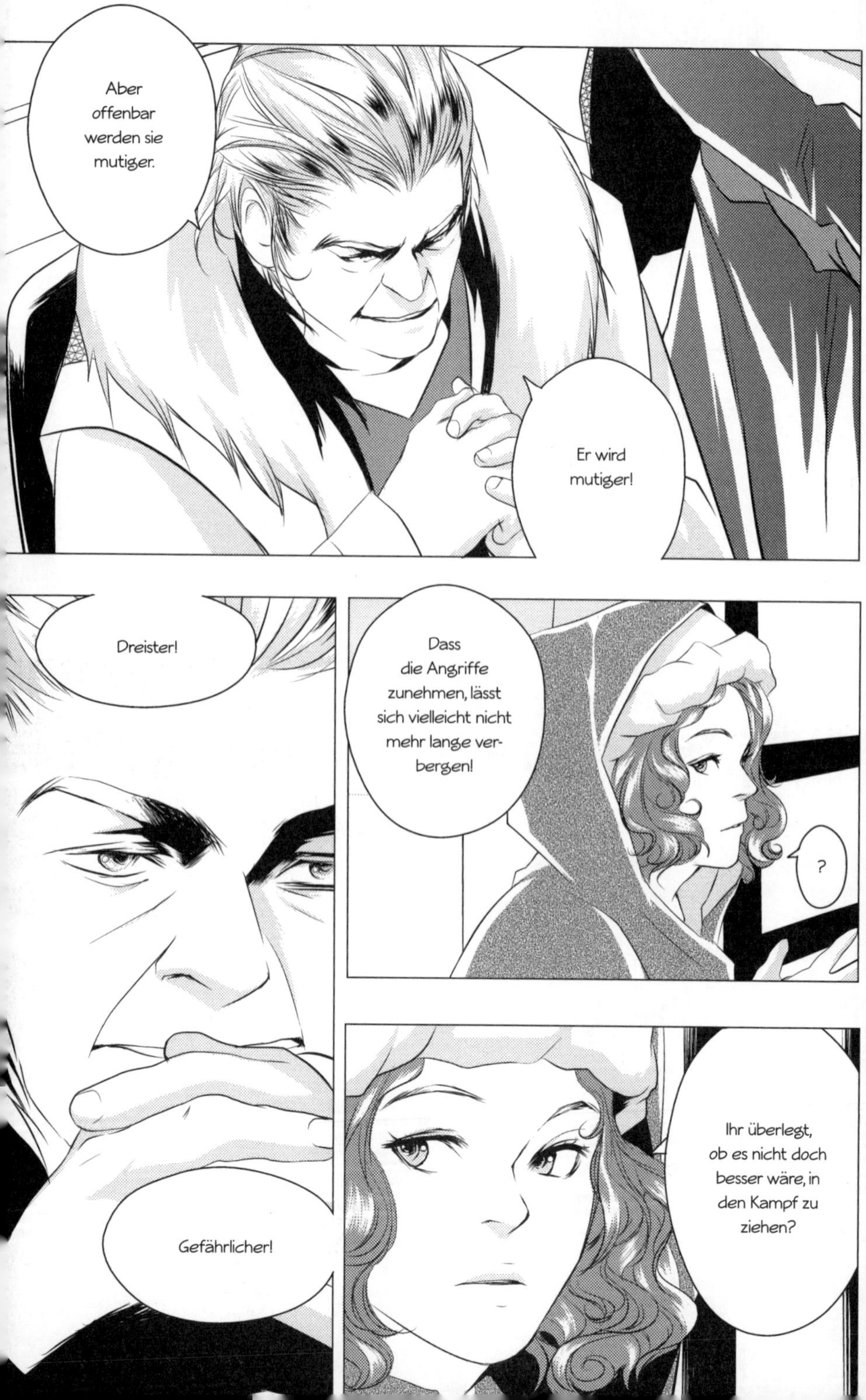

Aber offenbar werden sie mutiger.
Er wird mutiger!

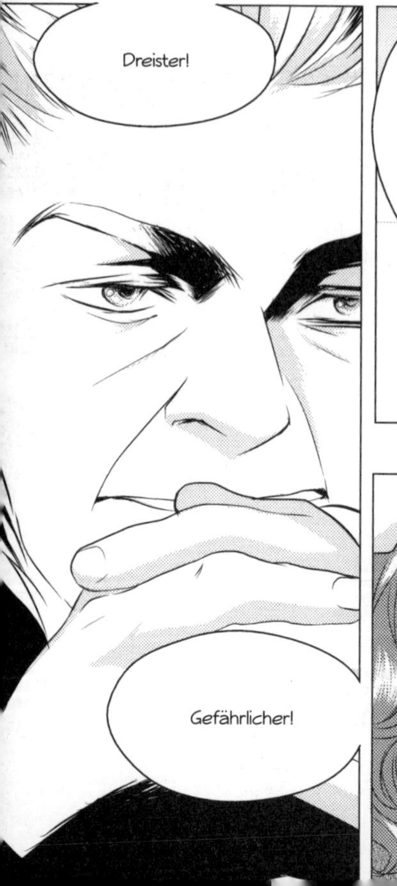

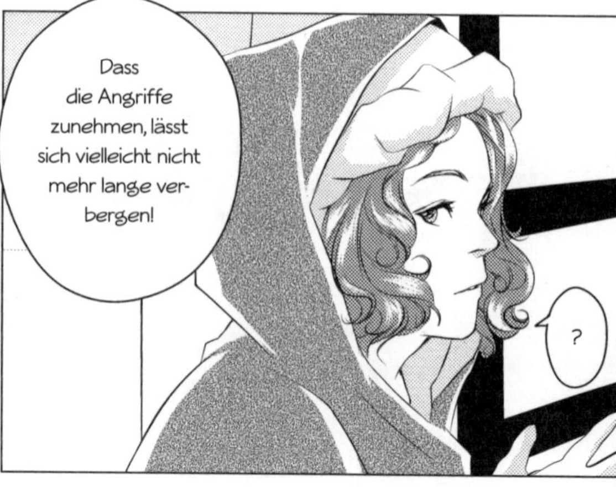

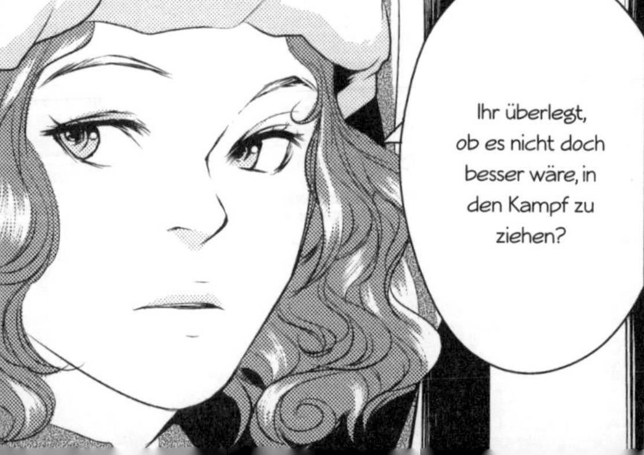

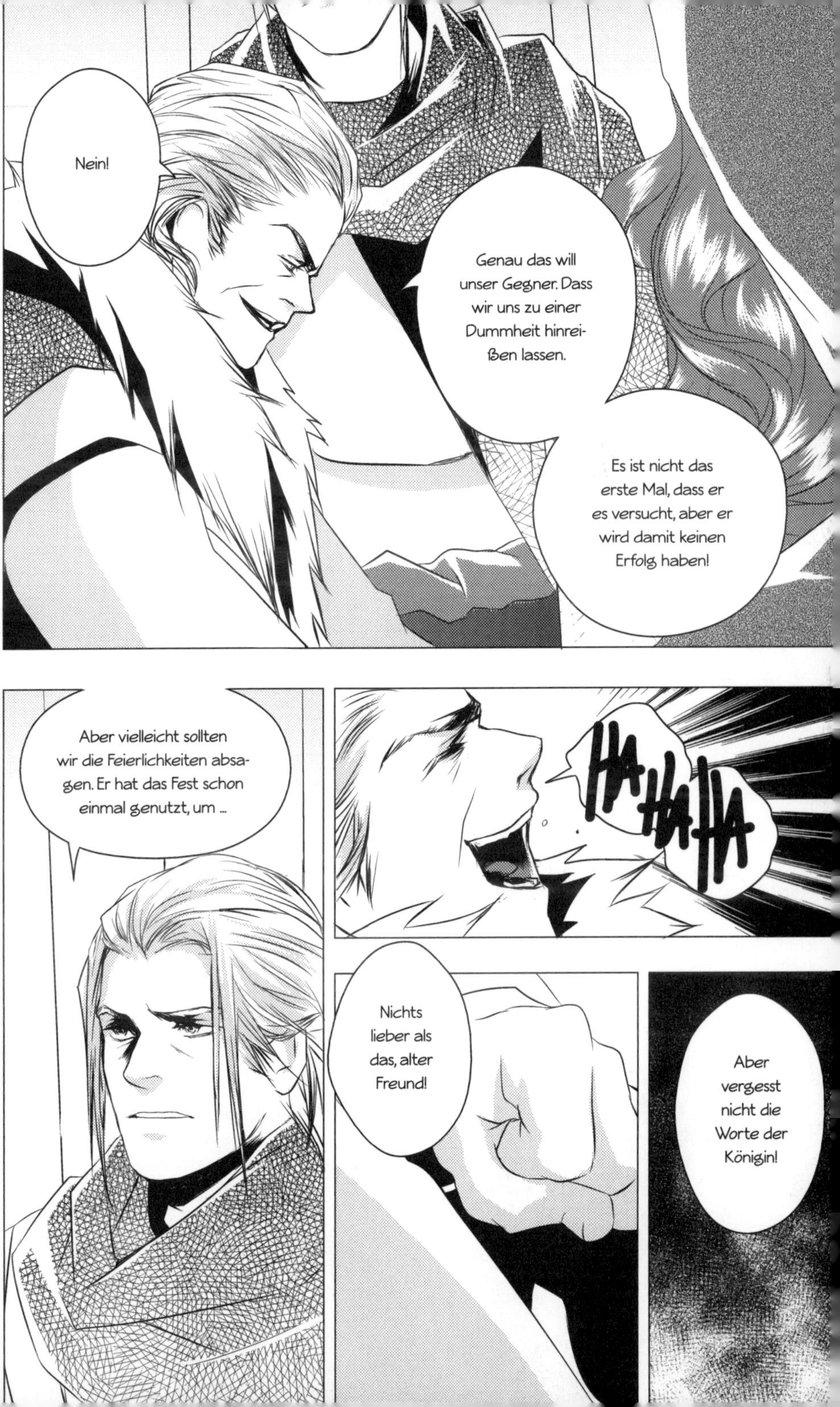

Nein!

Genau das will unser Gegner. Dass wir uns zu einer Dummheit hinreißen lassen.

Es ist nicht das erste Mal, dass er es versucht, aber er wird damit keinen Erfolg haben!

Aber vielleicht sollten wir die Feierlichkeiten absagen. Er hat das Fest schon einmal genutzt, um ...

HAHAHA

Nichts lieber als das, alter Freund!

Aber vergesst nicht die Worte der Königin!

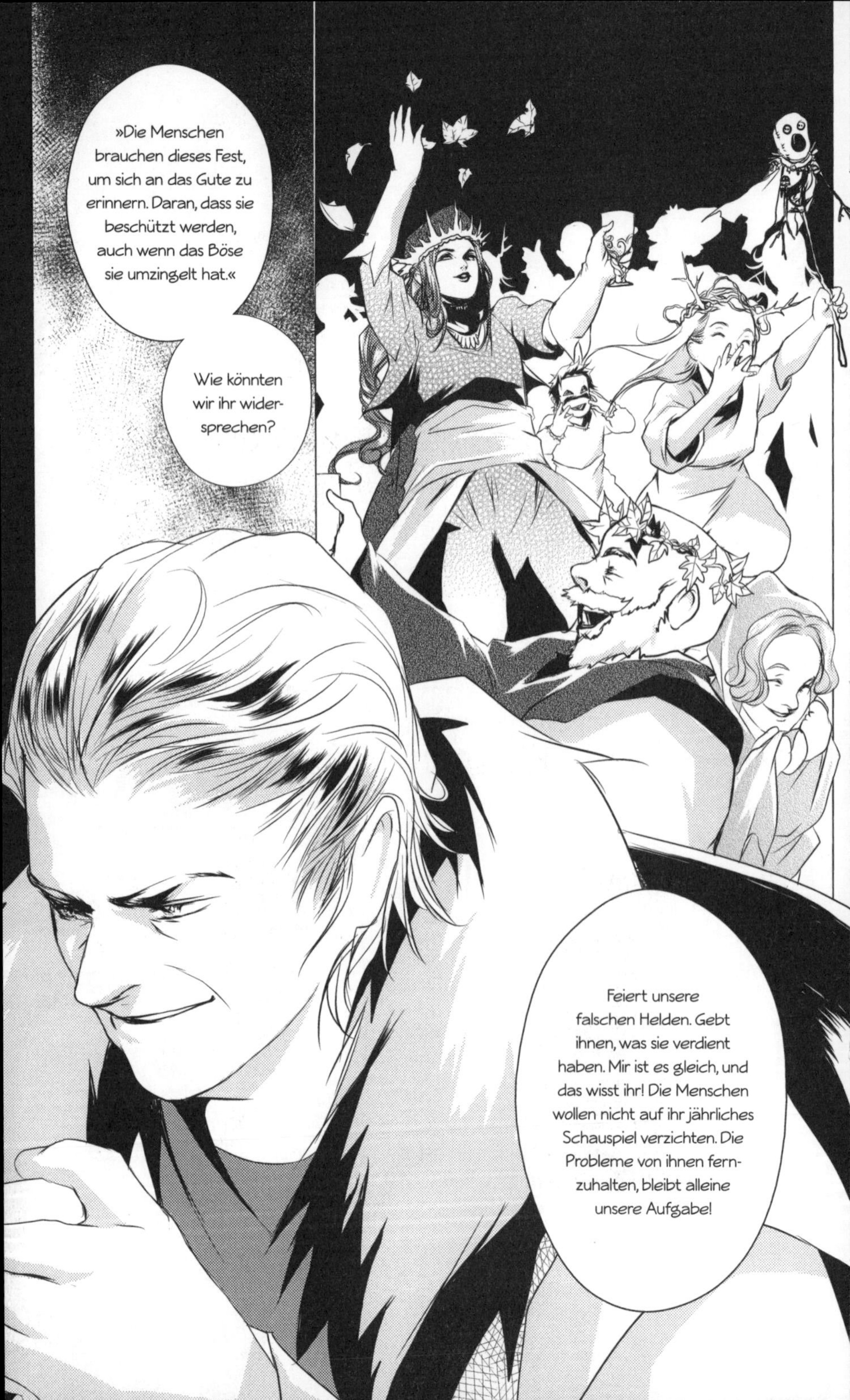
»Die Menschen brauchen dieses Fest, um sich an das Gute zu erinnern. Daran, dass sie beschützt werden, auch wenn das Böse sie umzingelt hat.«
Wie könnten wir ihr widersprechen?
Feiert unsere falschen Helden. Gebt ihnen, was sie verdient haben. Mir ist es gleich, und das wisst ihr! Die Menschen wollen nicht auf ihr jährliches Schauspiel verzichten. Die Probleme von ihnen fernzuhalten, bleibt alleine unsere Aufgabe!

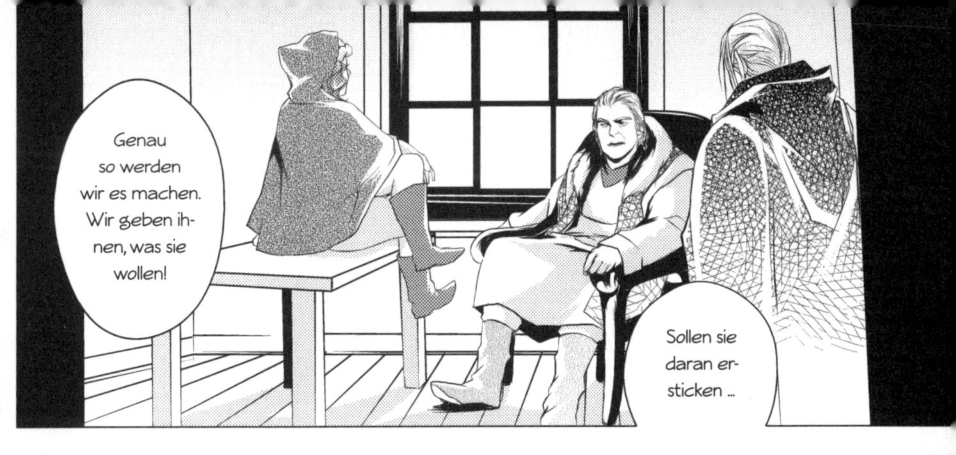
Genau so werden wir es machen. Wir geben ihnen, was sie wollen!
Sollen sie daran ersticken …

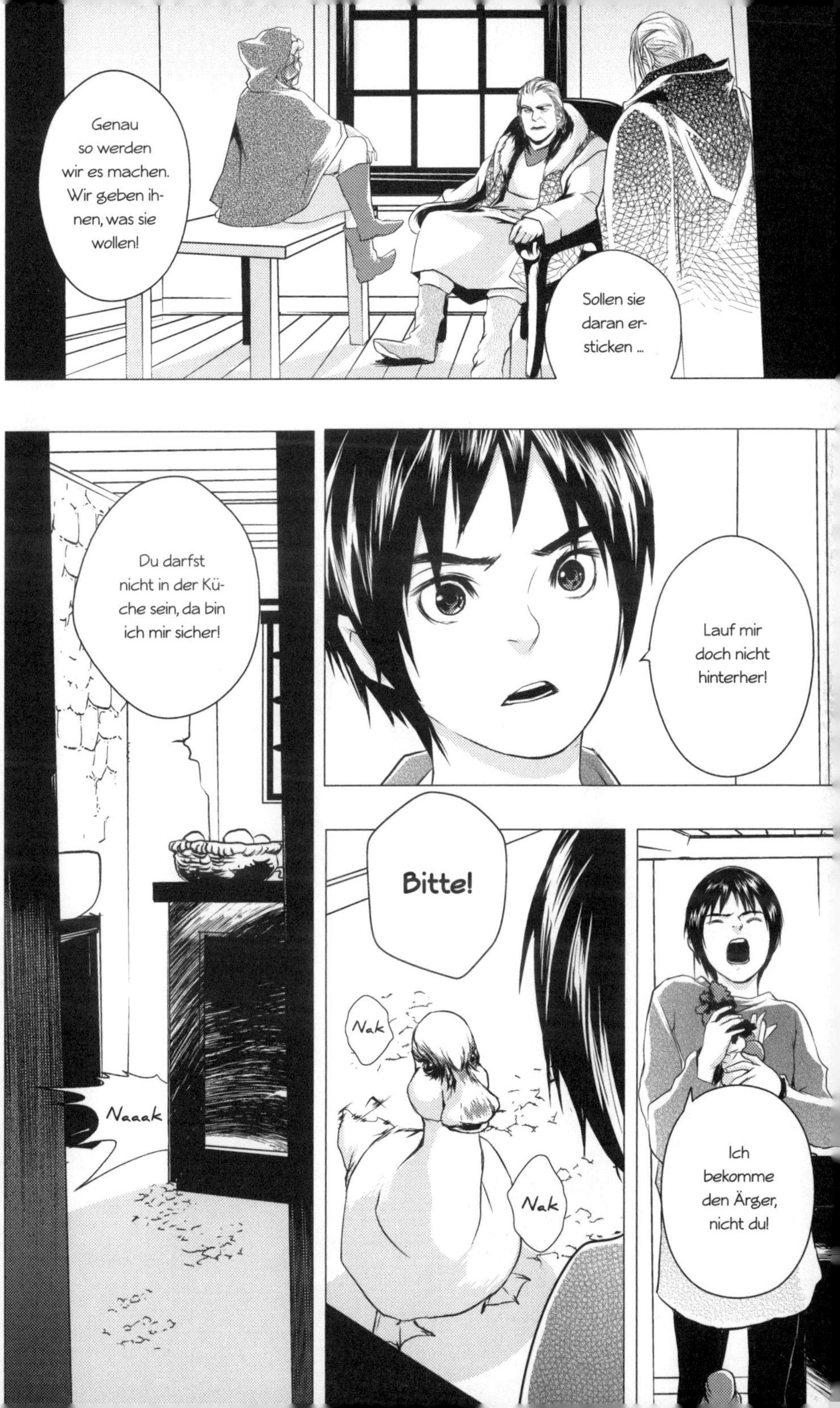

Du darfst nicht in der Küche sein, da bin ich mir sicher!
Naaak
Lauf mir doch nicht hinterher!
Bitte!
Nak
Nak
Ich bekomme den Ärger, nicht du!

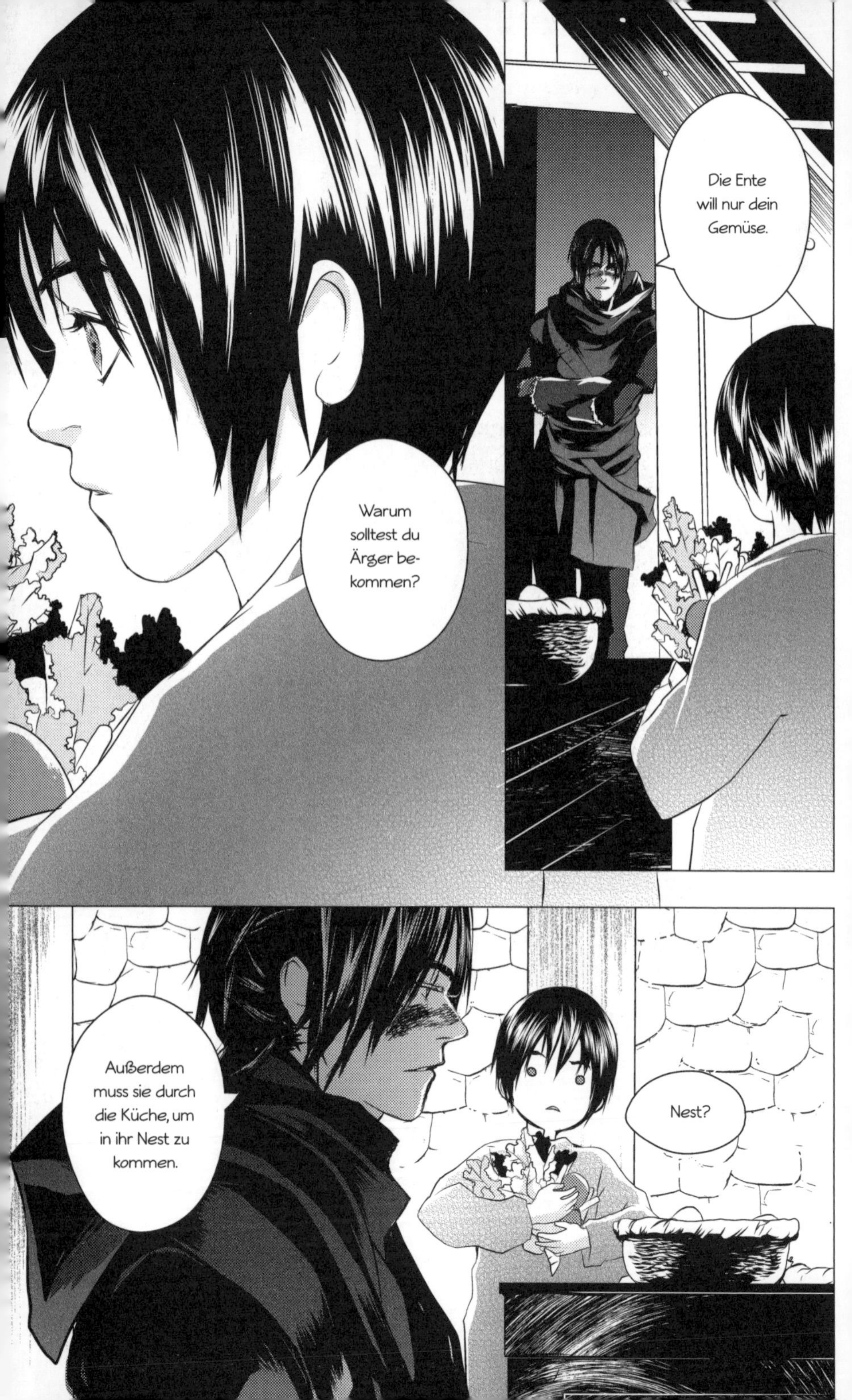
Die Ente will nur dein Gemüse.
Warum solltest du Ärger be- kommen?
Außerdem muss sie durch die Küche, um in ihr Nest zu kommen.
Nest?

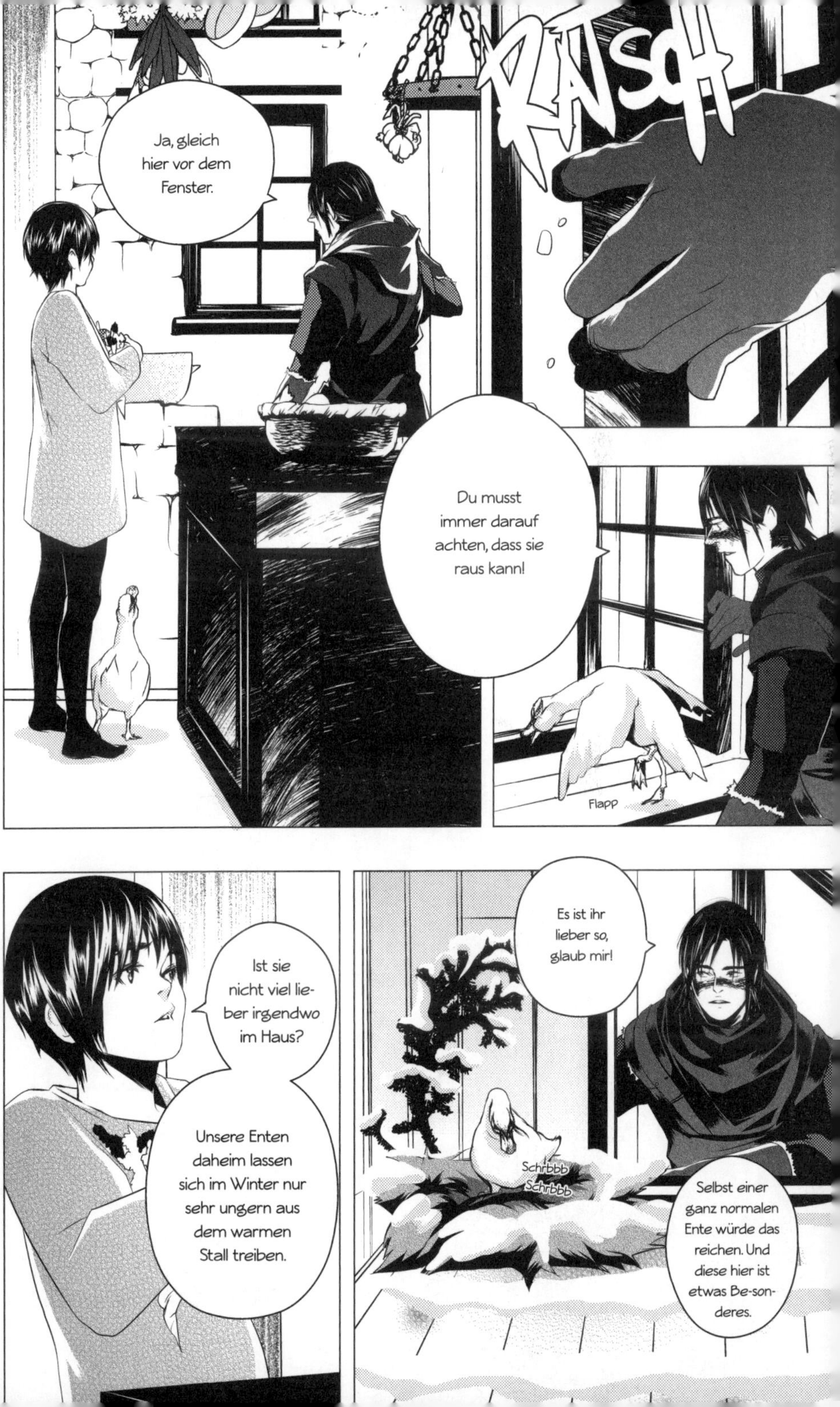

Ja, gleich hier vor dem Fenster.

RATSCH

Du musst immer darauf achten, dass sie raus kann!

Flapp

Ist sie nicht viel lieber irgendwo im Haus?

Unsere Enten daheim lassen sich im Winter nur sehr ungern aus dem warmen Stall treiben.

Es ist ihr lieber so, glaub mir!

Schrbbb
Schrbbb

Selbst einer ganz normalen Ente würde das reichen. Und diese hier ist etwas Be-son-deres.

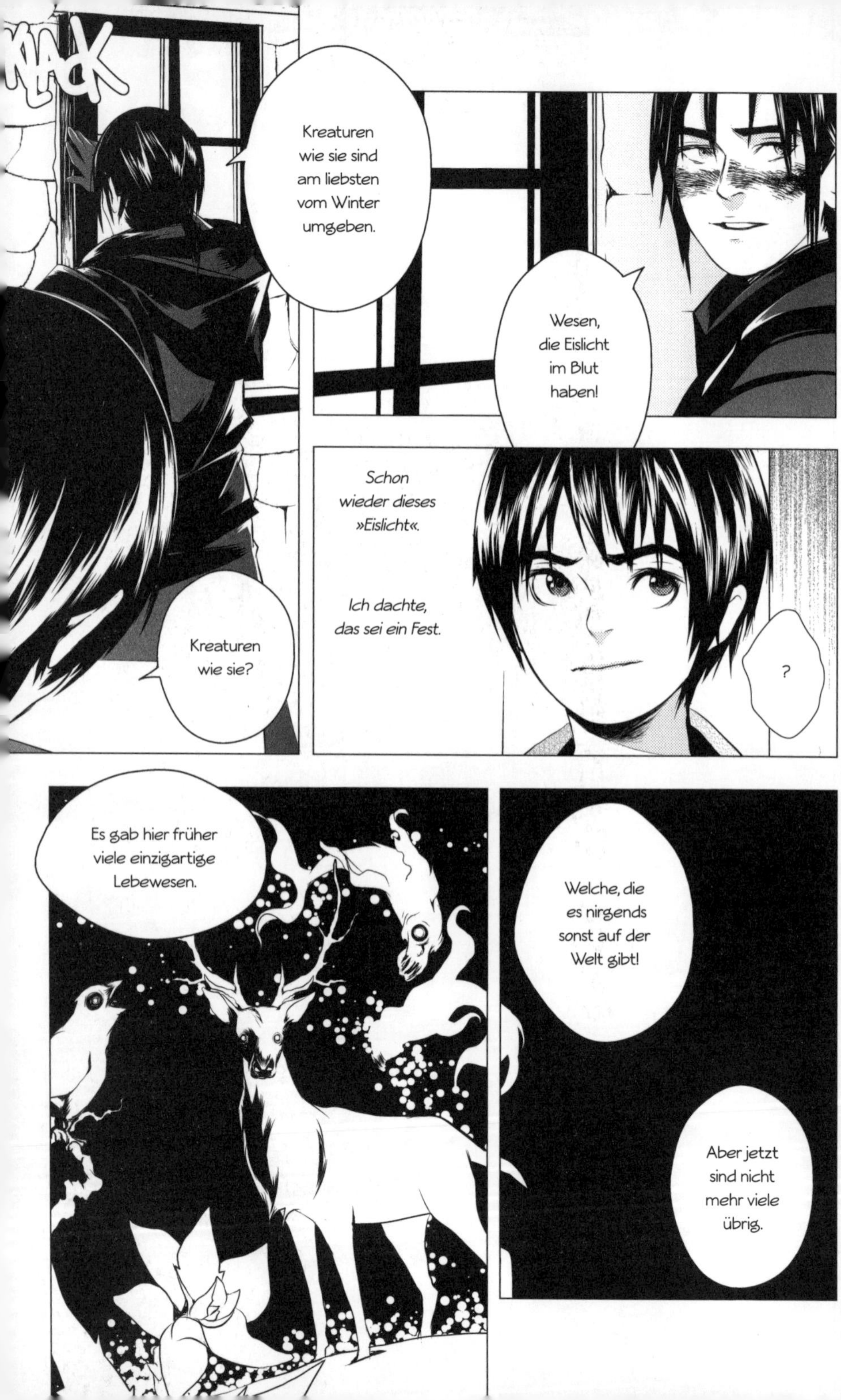

KLACK

Kreaturen wie sie sind am liebsten vom Winter umgeben.

Kreaturen wie sie?

Wesen, die Eislicht im Blut haben!

Schon wieder dieses »Eislicht«.

Ich dachte, das sei ein Fest.

?

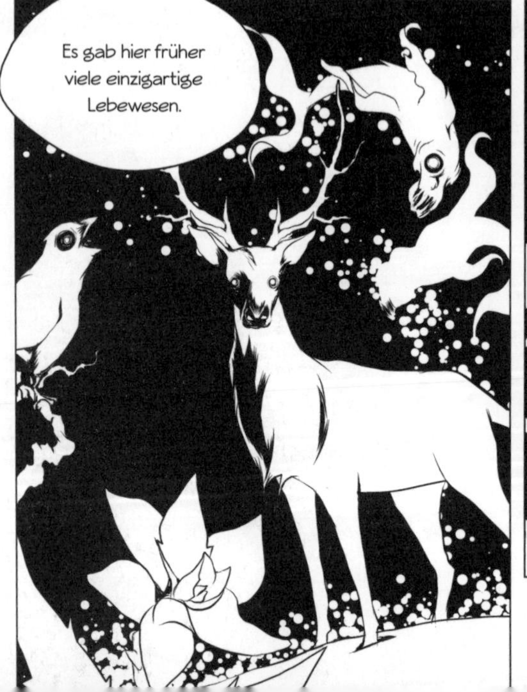

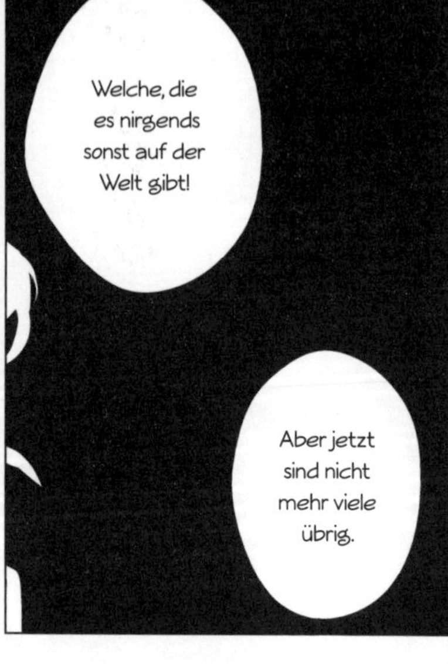

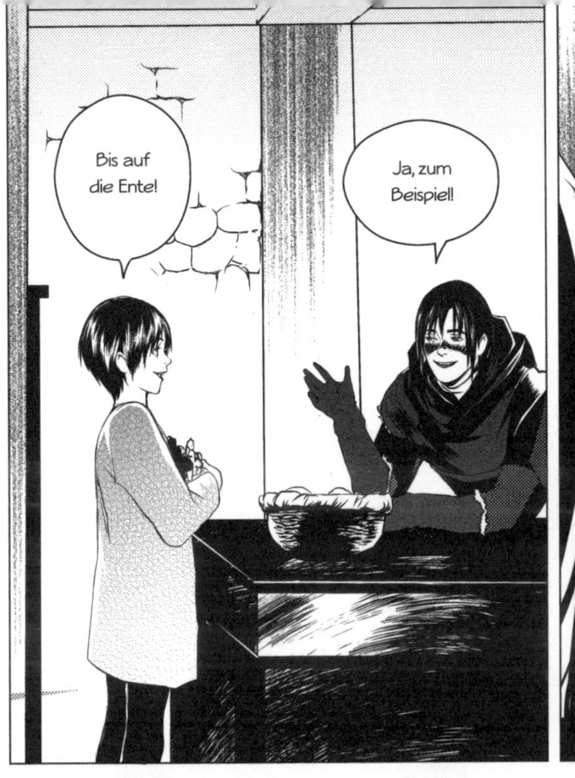
Bis auf
die Ente!
Ja, zum
Beispiel!

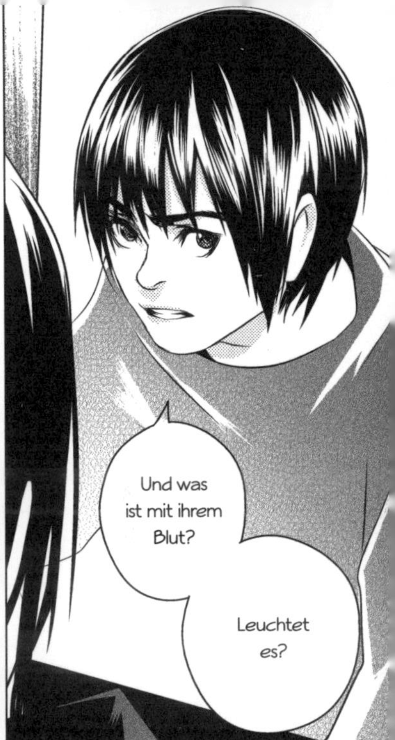
Und was
ist mit ihrem
Blut?
Leuchtet
es?

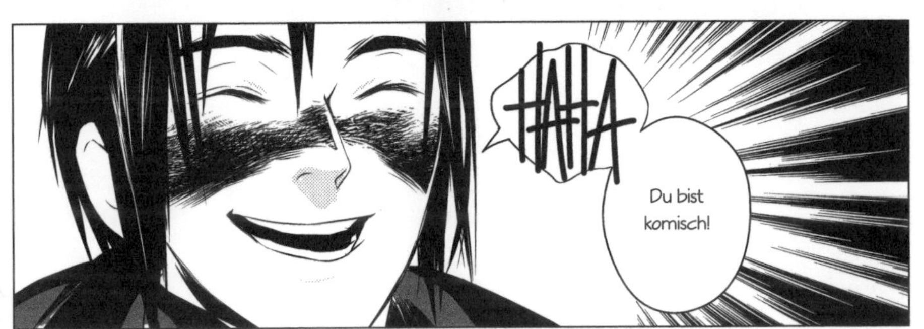
HAHA
Du bist
komisch!

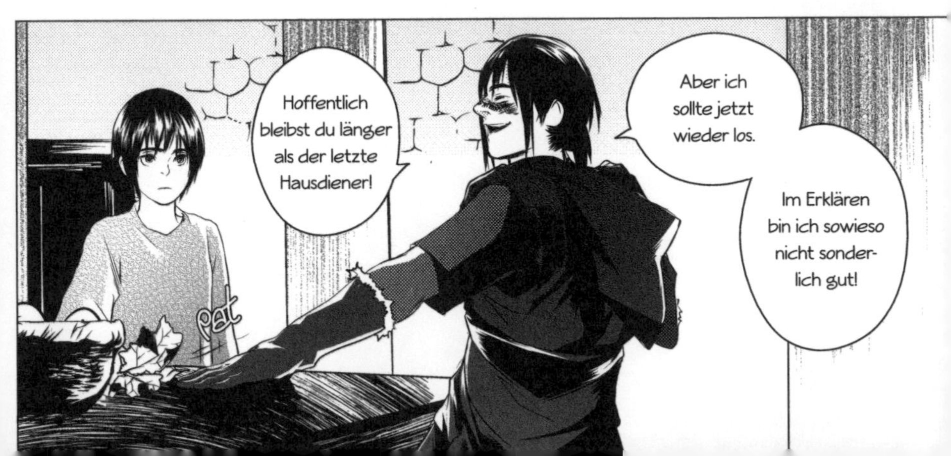
Aber ich
sollte jetzt
wieder los.
Im Erklären
bin ich sowieso
nicht sonder-
lich gut!
Hoffentlich
bleibst du länger
als der letzte
Hausdiener!
pat

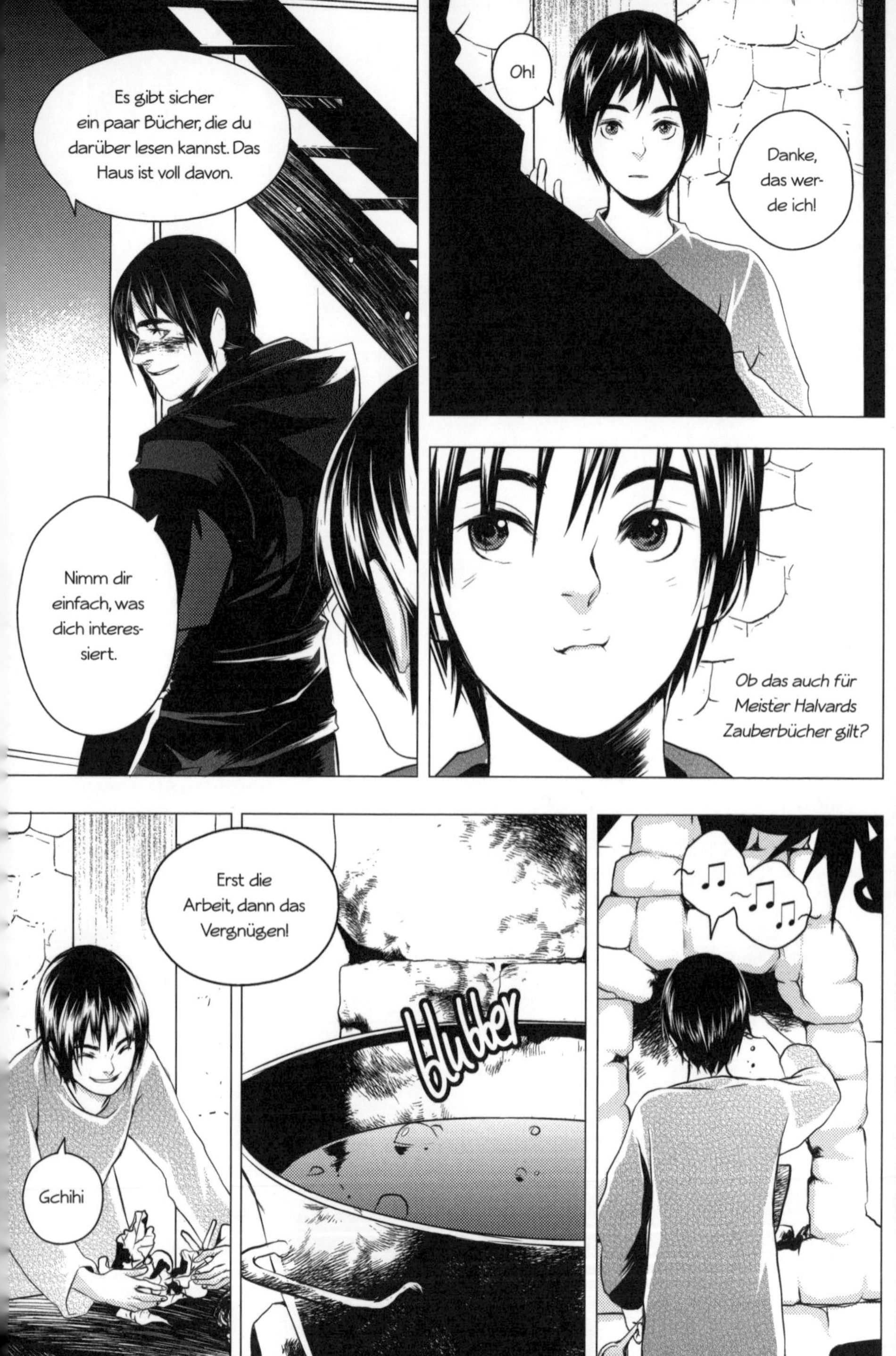
Es gibt sicher ein paar Bücher, die du darüber lesen kannst. Das Haus ist voll davon.
Oh!
Danke, das wer-de ich!
Nimm dir einfach, was dich interes-siert.
Ob das auch für Meister Halvards Zauberbücher gilt?
Erst die Arbeit, dann das Vergnügen!
Gchihi
blubber
♫~♫♫

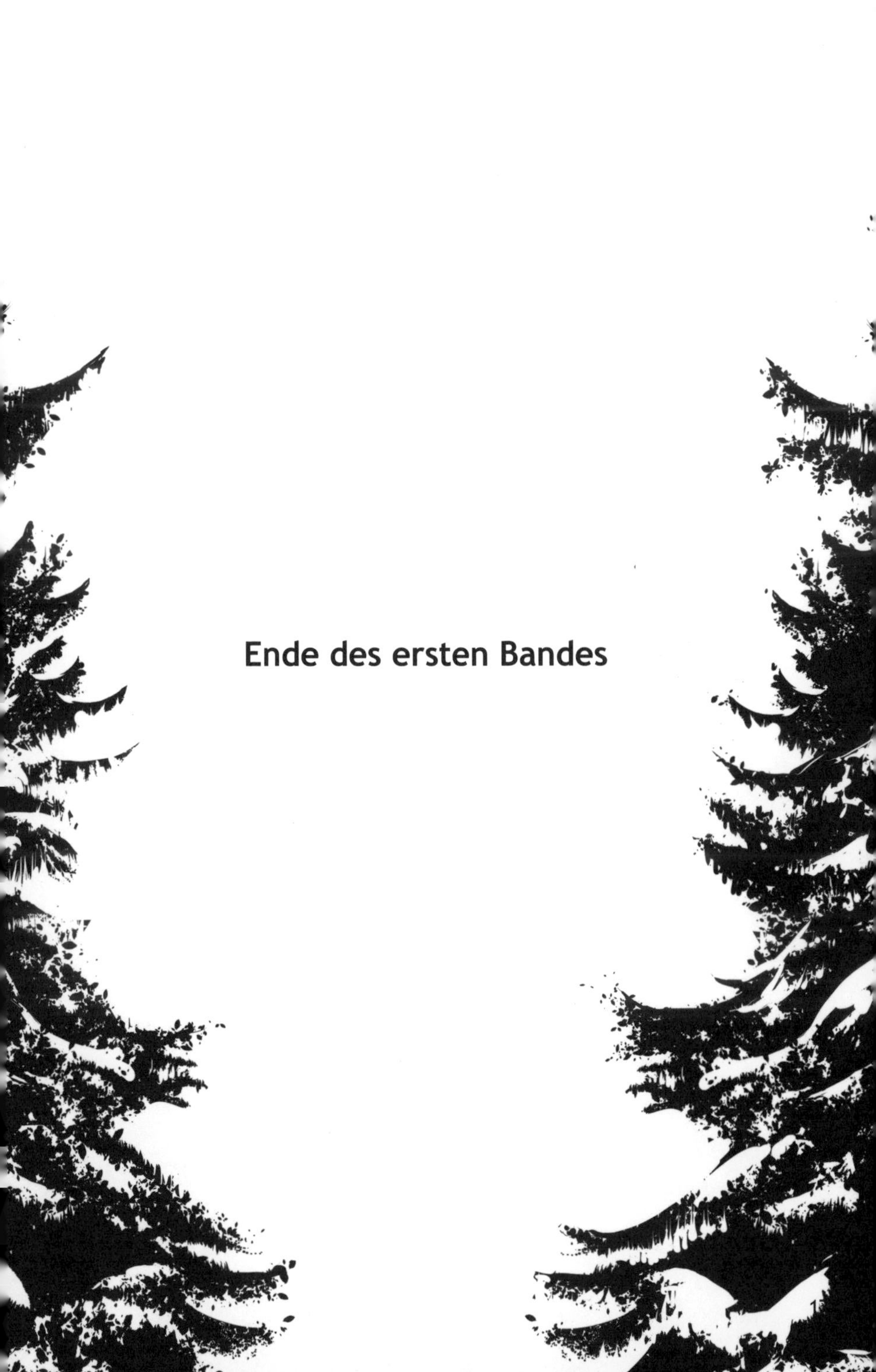

Ende des ersten Bandes

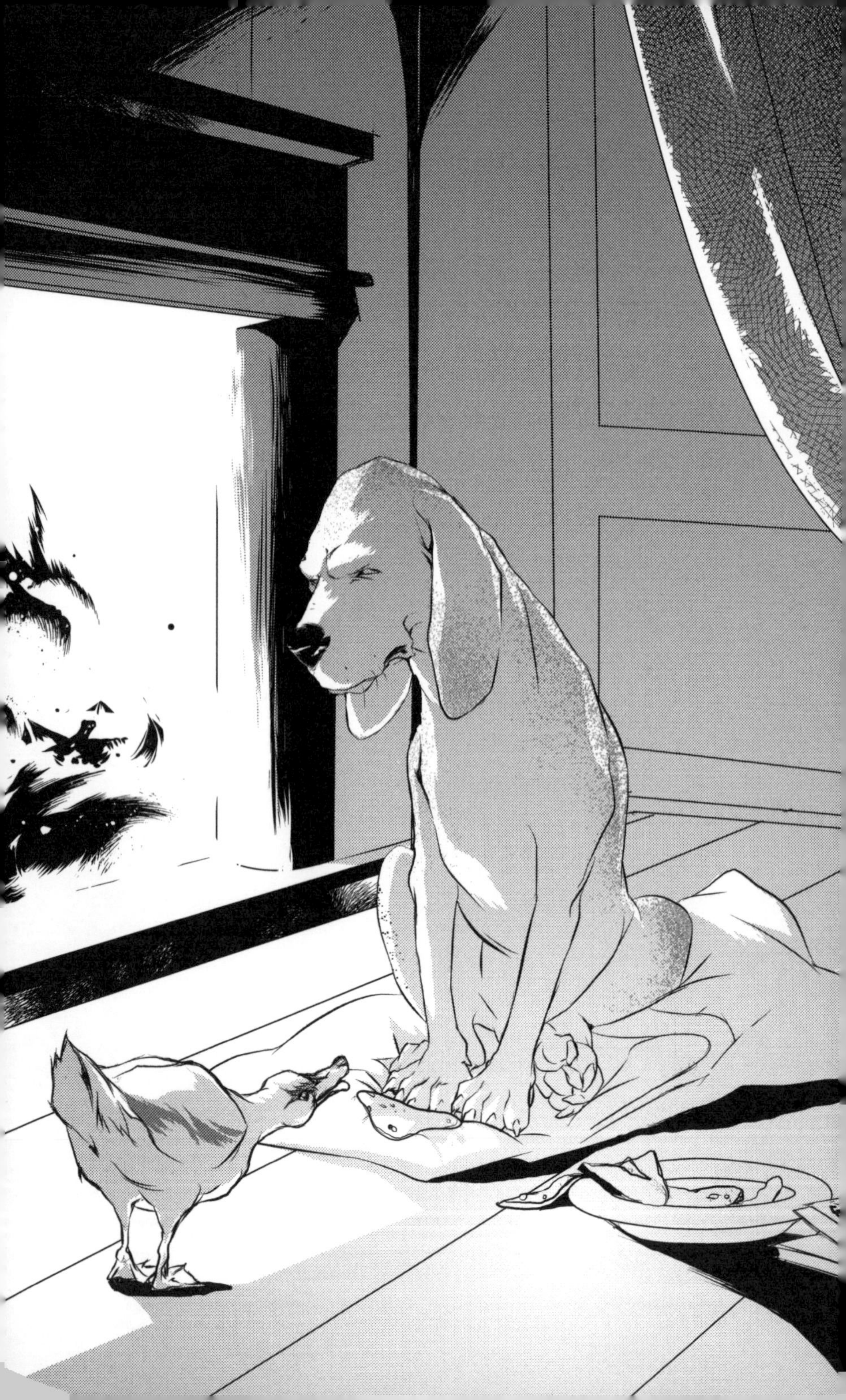

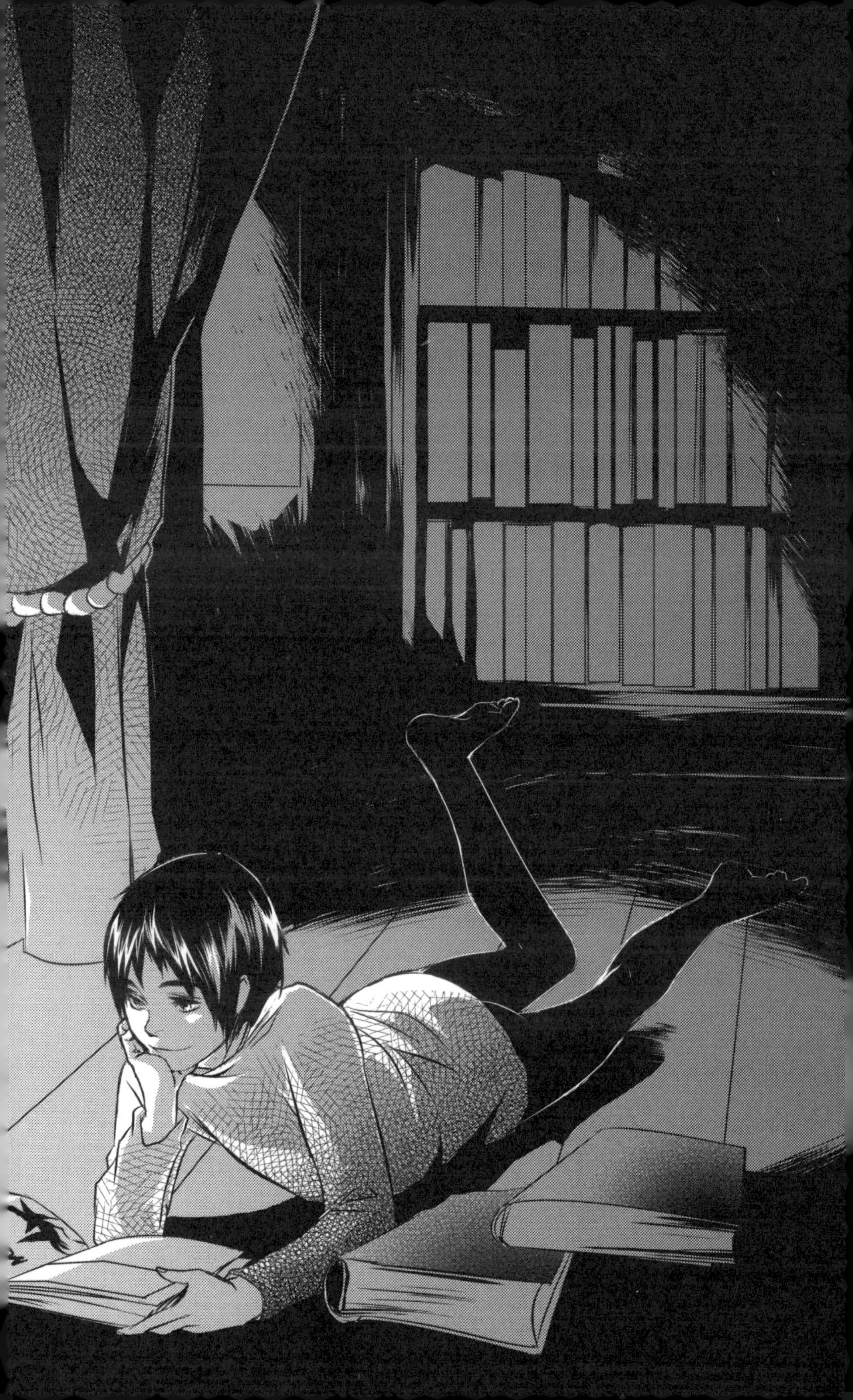

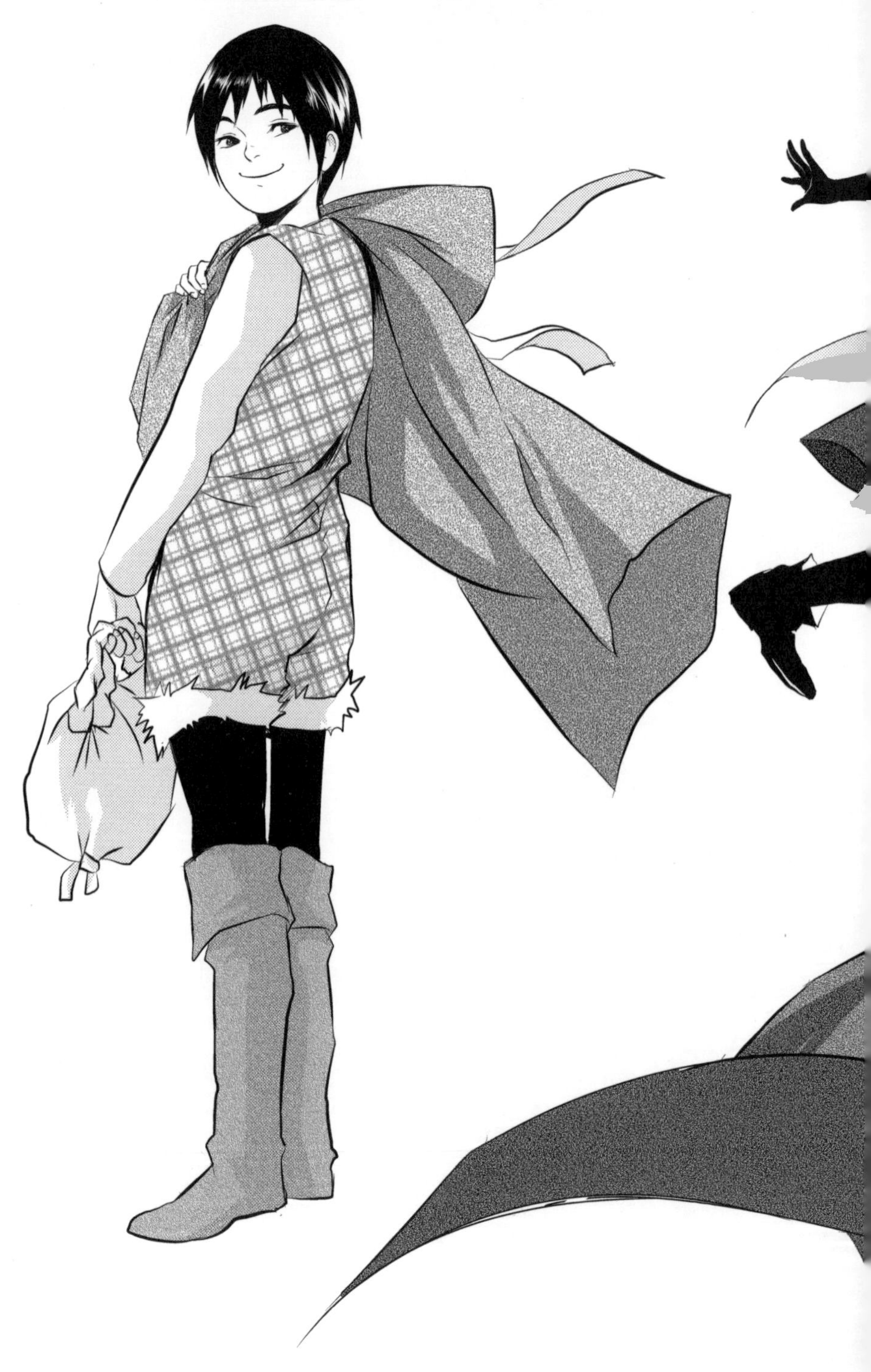

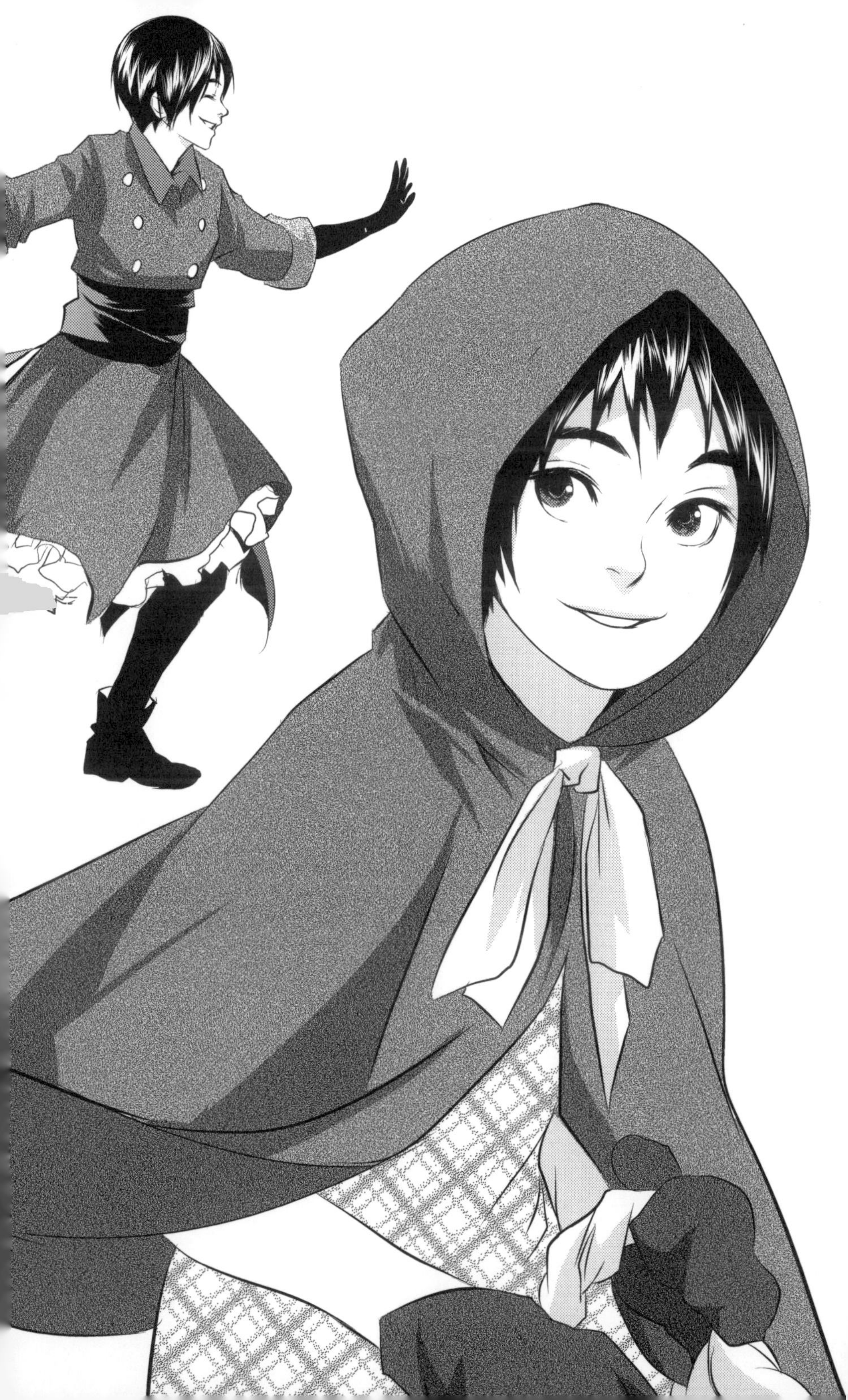

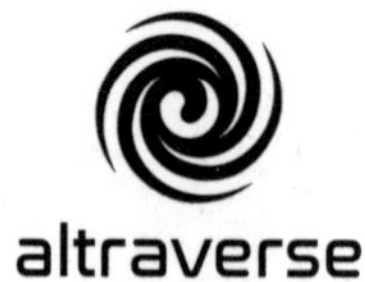

Originalausgabe
Altraverse GmbH – Hamburg 2018

EISLICHT 01

Redaktion: Joachim Kaps
Herstellung: Martina Stellbrink
Lettering: Vibrant Publishing Studio

Druck: CPI books GmbH, Leck
Printed in Germany

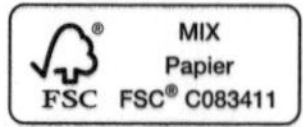

ISBN 978-3-96358-175-5
1. Auflage 2018

www.altraverse.de